황실연구 시리즈
일월오악도⑦

특급전범

천황을 고발한다

대한황실문화정책사

안 천 지음

교육과학사

머리말

대한황실의 역사는 잃어버린 비극사였다. 실종선고 상태에 있던 대한황실의 역사를 되살리려는 지난 세월을 회고할 때, 그 기간은 나의 인생 전체를 모두 바친 것이었다.

대학교수로서 강단에 처음 섰던 혈기왕성했던 때를 출발점으로 30년 정도를 임금님을 찾아서 달려왔다. 그 후 모든 인생을 쏟아 붓고 정년퇴임을 눈앞에 두게 되었다. 지난 30년 동안에 대한황실은 완전히 죽었던 상태에서 놀라울 정도로 되살아났다. 실로 사망선고 상태에서 경이롭게 기사회생된 부활의 시간이 흘렀다.

황실발상지 경기전을 비롯한 전주시는 어둠의 도시에서 약동하는 도시로 환골탈태 되었다. 죽었던 문화유적이었던 종묘는 당당한 세계문화유산이 되었다. 아무나 놀러 가서 뛰놀고 고성방가를 하던 여러 임금님 능은 성스러운 세계문화유산이 되었다. 경복궁, 창덕궁을 비롯한 궁궐과 여러 황실유적은 민족의 자랑이 되었다. 다양한 황실문화가 멋지게 살아났다.

사실상 죽었던 조선시대가 재생된 듯한 30년이었다. 다만 존엄한 임금님께서는 아직도 실종된 채로 계신다. 생각하면 대한황실의 기본틀은 완전하게 부활되었으나, 오로지 임금님만 먼 곳에 계신다. 왜 그럴까? 그것은 임금님께서 되살아 날듯 하니까, 곳곳에서 흑심을 품고 사심을 가진 사람들이 준동하기 때문이다.

오직 임금님 체제만은 아직도 어두운 추친일체제의 늪에 빠져 헤어나질 못하고 있다. 우리사회는 일제침략의 상처를 완전히 치유하지 못한 추친일 사회에 머물러 있다. 완전한 탈친일 사회가 되려면 아직도 시간이 더 필요하다.

순친일(純親日)체제	→	추친일(追親日)체제	→	탈친일(脫親日)체제

그러나 대한황실의 영광을 되찾고 임금님을 다시 모시려는 열정은 신시대를 갈망하는 용광로 같이 나날이 끓어오르고 있다.

그 뜨거운 용솟음 속에 유구왕국의 일월물결도가 펄럭이고 있다. 일제침략의 괴물이 짓누르고 있던 동아시아에 먹구름이 걷히고 새로운 희망의 시대가 오자, 놀랍게도 일월오악도의 숨겨진 모습인 일월물결도가 강렬히 되살아나고 있다. 아직도 일제침략의 쇠사슬에 묶인 오키나와 유구왕국에 일월오악도의 영광을 품은 일월물결도가 신시대의 꿈을 꾸고 있다.

본서는 최근 학술지에 게재되었던 논문들로서, 일월물결도를 바탕으로 일월오악도의 총합적 모습을 체계화한 것이다.

일월물결도의 꿈을 향해 경이롭게도 아와모리 독립운동, 가라데 항일전쟁이 서서히 용틀임하는 것을 보며 나의 지난 30년이 자랑스럽게 느껴진다. 지난 30년을 회고하면서, 아직도 임금님이 어둠 속에 계셔도 결코 후회하지 않는다. 우리의 임금님은 꼭 재기하실 것이다. 그 자랑스런 날을 생각하면서, 지난 긴 시간에 좋은 책을 확실하게 만들어준 교육과학사 김동규 사장님과 임직원들에게 뜨거운 애정을 느낀다. 심심한 감사의 인사를 드린다.

단기 4344년(서기2011년) 8월 15일 광복절

안천(安天)

사은문(謝恩文)

안천 교수님을 처음 만나고서 많은 시간이 흘렀습니다. 젊고 활력이 넘치던 때가 엊그제 같은데, 벌써 정년퇴임을 맞으시게 되어 너무나 아쉬움이 큽니다.

안천 교수님은 대한황실의 국사(國師)님 이십니다. 제가 처음으로 안교수님을 '나라스승'으로 모시고서, 이제는 많은 분들이 큰스승으로 받들고 계십니다. 그 까닭은 설명할 필요도 없습니다. 사라졌던 대한황실이 안교수님에 의해서 다시 살아나게 되었기 때문입니다.

제가 안천 교수님을 처음으로 만났던 무렵만 해도, 우리사회는 일제침략의 고질병을 앓는 중환자 상태였습니다. 대한황실은 거의 잊혀졌었고, 황실이 존재한다고 생각하지도 않았습니다. 전주이씨 황실가문 조차도 백안시 당할 정도로 어둠의 시대였습니다.

안천 국사님께서는 생애 전체를 일제침략으로 끊긴 대한황실의 부활에 바쳤습니다. 모든 이론을 처음부터 시작하여 집대성하며, 미지의 신대륙을 찾듯이 현대 황실을 찾아 주셨습니다. 일제침략으로 초토화된 황실사에 정론정설을 용기있게 확립시켜 주신 놀라운 위업입니다.

금번에 일월오악도 제7권이 발간됨은 안교수님의 일생의 최고 금자탑을 세우는 순간이 됩니다. 최초로 일월오악도 개국신화의 총합적 체계를 세우고, 용비어천 개국신화의 논리를 완성시키셨습니다. 일제침략으로 무너진 조선개국의 정당성을 600여 년 만에 확고하게 재정립시켜 주셨습니다. 정말 고마운 일입니다.

안교수님은 살신성인의 자세로 가시밭길을 헤치면서 현대성학(現代

聖學)으로서의 황실학(皇室學)을 만드셨고, 천대받던 대한황실사를 존엄한 역사로 바꾼 기적을 이룩하셨습니다. 일제침략자들의 악성최면에 걸려 조롱받던 임금님을 다이아몬드 보석 같이 중요하게 만들어 주셨습니다. 대한황실의 명예를 되찾고 황실가문의 자존심을 세우며, 온 겨레의 희망을 북돋는 위대한 업적이 되겠습니다.

요컨대 안교수님에 의해서 일제침략으로 사라졌던 지난 100년의 대한황실 실록이 만들어졌습니다. 누구도 관심을 갖지 않았고 망각 속에 빠져 있던 실록공백을 극복하기 위해 고군분투한 유일한 학자이십니다. 그리하여 최악의 나락에 떨어졌던 대한황실과 황실가문이 명예롭게 신시대를 맞게 되었습니다.

안교수님은 또한 정의의 붓을 들고 전범천황의 죄악을 낱낱이 응징하며 단호히 처단하셨습니다. 안교수님에 의해 미완성 항일전쟁이 승리를 거두며 자랑스러운 역사를 만들게 되었습니다.

안교수님의 정년퇴임을 맞아서 대한황실을 대표하여 큰절을 올립니다. 안천 국사님께서 이룩하신 찬란한 업적을 청사에 길이길이 새기고, 대한황실과 황실가문이 앞장서서 온 겨레의 자랑스러운 스승으로 정성을 다해 모시겠습니다. 일월오악도 제7권 발간에 심심한 감사를 드립니다.

융희 105년(단기4344년) 5월 13일

스승(안천 국사님)의 날(생신)을 맞아서

대한황손(광무황제 증손자) 이초남(李初男)

차 례

유구왕국의 가라데 무예문화 연구

문용옹주의 출생 비밀

대한황실 문화정책사 논리

이구 황태손 죽음의 비밀 제2차 추적 연구

친일 블랙홀에 따른 친일청산 부당성 연구

일월오악도 개국신화의 총합체계 연구

유구왕국(琉球王國)의 일월물결도

-일월오악도의 문화전승-

유구왕국(琉球王國)의 일월물결도

−일월오악도의 문화전승−

Ⅰ. 들어가는 글

1. 조선왕국의 일월오악도

조선왕국(朝鮮王國)의 일월오악도(日月五岳圖)는 우리나라에만 있는 독특한 정치상징 그림이다. 그것은 세계 어디에도 존재하지 않는 특이하고 독보적인 존재이다. 이웃나라인 일본이나 중국에도 존재하지 않는다. 한국적 아름다움을 뛰어나게 표현한 것으로서, 유일성과 독자성을 가진 것으로 평가받는 유아독존적인 그림이다.[1)]

조선시대의 일월오악도는 조선개국(朝鮮開國)의 정당성을 상징하는 용비어천가(龍飛御天歌), 천상열차분야지도(天象列次分野之圖), 혼일강리역대국도지도(混一疆理歷代國都之圖)[2)], 몽금척무(夢金尺舞)와 몽금척요(夢金尺謠)에 맞먹는 최고의 정치상징물이다.

이는 조선개국의 성스러운 뜻이 깃든 전라북도 마이산(馬耳山)을 형상화한 것이다. 마이산은 조선개국사에 있어서는 종묘(宗廟)에 맞먹을 만큼, 국가적 정통성 수립을 상징하는 성스럽고 중요한 개국성지(開國

1) 이성미, 조선시대의 오봉병, 궁중유물전시관, 특별문화강좌: 지역문화학교 자료집 제8권, 2000, p. 30.

2) 미야 노리코, 김유영 옮김, 조선이 그린 세계지도(서울: 소와당, 2010) 참조.

聖地)이다. 그렇기에 일월오악도는 대한황실 궁중문화의 높고 고귀함을 말해주는 고급상징물로 우리나라에만 있는 독보적인 그림이다. 이것은 마이산을 통해서 조선개국의 정당성을 그림으로 상징화시키고 형상화시켜서 그린 것이라고 하겠다.

1) 황산대첩(荒山大捷)

일월오악도는 조선 태조 이성계 장군에게 새로운 나라를 세울 개국의 명분을 제시해 준 몽금척(夢金尺) 성지(聖地)인 마이산을 이념적으로 상징화하여 도식화한 그림이다. 그것을 노래하는 몽금척요 및 그것을 표현한 무용인 몽금척무와 함께 조선 국왕의 정치적 정통성을 정립해 주는 것이다.[3] 몽금척은 바로 고려 우왕 6년(1380년)에 지리산 기슭인 전라북도 운봉에서 왜구 대부대를 궤멸시키고 대승을 거둔 황산대첩(荒山大捷)의 찬란한 승리를 배경으로 탄생한다.

황산대첩에 의해서 침략국인 일본은 자숙하며 감히 왜구 노략질을 할 생각을 삼갔고, 훗날 임진왜란까지는 우리나라가 평온했다. 그 후 세종대왕의 대마도 정벌도 있었지만, 조선 초기의 우리나라가 안정과 번영을 갖는 토대를 놓은 매우 중요한 승리였다.

2) 마이산(馬耳山)

이성계 장군은 일본의 왜구 대부대를 격멸시키며 나라를 구하고 개선하면서 마이산을 들렀다. 단군시대부터 이어지는 유명한 기도성지(소도: 蘇塗)였던 마이산에서,[4] 산신령님이 이성계 장군에게 국가운영의 명령 또는 대권(大權)을 상징하는 금으로 만든 자(금척:金尺)를 주었다

3) 본 논문은 아래 논문과 함께 읽어야 종합적 이해에 도움을 줄 것이다. 안천, 일월오악도 제3권(서울: 교육과학사, 2002), pp. 61-114.

4) 박성수, 단군문화기행(서울: 서원출판사, 2000), pp. 239-240.

는 꿈의 성지인 마이산을 그린 것이 일월오악도이다.

그러니까 일월오악도는 고조선 이래의 성스러운 땅인 소도 유적에서도[5] 대표적인 마이산에서,[6] 태조 이성계 장군에게 하늘의 뜻을 전승시켜준 천명(天命)의 성지를 강조한 것이다. 태조 이성계 장군이 마이산에서 하늘의 뜻을 계시 받았고, 도탄에 빠진 고려왕국을 재건할 정치적 명분을 부여 받았음을 상징화한 그림으로써 태조의 개국이념을 정당화시켜 준 그림인 것이다. 그리하여 임금님의 용상(龍床) 뒤에 꼭 배치해 놓는 정치상징적 존재인 것이다.

2. 일월오악도의 출발 시점

1) 태조 할아버지의 신비한 꿈

일월오악도는 생각건대 태조 이성계 장군이 몽금척(夢金尺)의 신비한 꿈을 자손들과 측근들에게 전달해주면서 시작되었다고 보인다. 그리고 점차 조선개국의 명분을 축적하고 정당성을 정립해주는 몽금척 신화(神話)로 발전되었고, 조선개국의 이념체계로 상징화되면서 정착되었다고 생각된다. 그리하여 훗날 광무황제 때에 역사상 최초로 훈장(勳章)제도를 만들면서,[7] 최고의 제1순위 훈장이 십자형 금척의 눈금까지 표시된 금척대훈장이 된다.[8] 이는 조선개국의 몽금척 신화를 모르면 이해할

---

5) 김기홍, 한국고대사(서울: 역사비평사, 1993), p. 102.

6) 진현종, 마이산 탑사(서울: 은행나무, 2003).

7) 최초의 훈장조례는 광무 4년(1900년) 4월 17일에 칙령13호로 반포하였다. 고종실록 제40권.

8) 훈장의 정확한 명칭은 대훈위(大勳位) 금척대수정장(金尺大綬正章)이다. 이는 태조 고황제가 임금님에 오르기 전에 꿈을 꾼 바에 의해 나라를 세우고 천하를 다스리게 됨에서, 가장 높은 대훈장 이름으로 정하게 된 것이다.
이강칠, 대한제국시대 훈장제도(서울: 자유출판사, 1999) 참조.

수가 없는 것이다.[9)]

몽금척 신화가 정착되면서 태종 임금님은 몸소 그 시대에 험한 길을 따라 멀리 떨어진 마이산을 답사하기도 했다.[10)] 이렇게 조선개국의 성스러운 땅이 된 성산(聖山) 마이산을 도화서(圖畵署)에 명령하여 그림으로 그려 오도록 함에서, 그것이 점차 추상성, 철학성, 사상성이 가미되며 일월오악도로 형상화되어 정착되었다고 하겠다.

2) 현존 일월오악도 현황

현존하는 조선시대의 일월오악도는 21개이다. 그 중에는 병풍이 13점인데 주로 4폭 혹은 6폭 짜리로, 필요한 곳으로 이동하며 쓰기에 편리하도록 만들어졌다. 나머지는 액자로 4점, 벽장 문짝이 4점 전해지고 있다. 그런데 현존하는 21개의 일월오악도는 조선 중기(17세기) 이후에 그려진 것이다. 왜냐하면 조선시대의 대표적 외침인 임진왜란과 병자호란 등으로 궁궐이 많이 불탔기 때문이다.

현존하는 일월오악도는 21개니까 나름대로 여러 개가 남았다. 그 까닭은 임진왜란과 경술왜란의 왜구(일본) 도둑떼들이 무지하여 일월오악도를 그대로 두었기 때문일 확률이 가장 높다.[11)] 일본 침략자들이 거의 모든 것을 휩쓸듯이 약탈해 가면서도 세계적 수준의 국보인 천상열차분야지도를[12)] 그대로 두었듯이, 일월오악도는 처음 보는 그림이라 생소해서 그냥 두다 보니 21개나 남았다고 하겠다.

---

9) 안천, 일월오악도 제3권, op. cit., pp. 105-107.

10) 마이산은 馬耳山으로 불리고 있으나, 원래는 최고의 산을 뜻하는 머리산, 마리산이던 것을 일본인들이 바꿔 변했다고 한다. 따라서 머리산으로 고쳐야 옳다.
박성수, op. cit., pp. 239-240 참조.

11) 병자호란 때의 청나라는 과도한 전쟁배상은 요구 했어도, 원색적으로 왜구(일본) 도둑떼들 같이 크게 약탈, 살육, 방화, 강간, 파괴를 하지 않았다.
케이넨, 신용태 역주, 임진왜란 종군기(서울: 경서원, 1997), pp. 60-61 참조.

12) 박창범, 하늘에 새긴 우리역사(서울: 김영사,2003), pp. 112-122 참조.

그렇다면 조선개국(1392년)으로부터 병자호란까지의 유물 공백기에 대한 논의가 요망된다. 그런데 이때는 조선왕국이 개국되면서 존재하고 있던 일월오악도가 임진왜란과 병자호란을 겪으면서 전란으로 없어졌다고 생각된다.

왜냐하면 현존하는 일월오악도는 우선 ① 전주 경기전(京畿田)의 것 하나는 숙종 임금님 때에 그려졌으며 ② 경복궁 근정전의 것은 대원군 섭정 때에 경복궁을 다시 지으며 그렸고 ③ 나머지 대부분의 것은 창덕궁에 존재했는데, 창덕궁은 인조반정 때에 불이 나고서 재건축되며 그려진 것들이기 때문이다.

임진왜란과 병자호란 이전에는, 경복궁이 제1의 법궁(法宮)이었다. 따라서 경복궁의 근정전에 일월오악도가 조선개국을 상징하는 그림으로 정확히 자리를 잡고 있었다고 생각된다. 그러다가 경복궁이 임진왜란 때에 불타고 나자, 그 후 새로 짓는 건물에다 새로이 일월오악도를 그렸다고 하겠다. 그리하여 일월오악도는 당대 최고의 궁중화가가 그린 최고수준의 정치상징 그림으로서, 국보급 그림으로 현존하게 되는 것이다.

Ⅱ. 유구왕국(琉球王國)과 삼별초

1. 유구왕국의 비극

유구왕국(류큐왕국)은 우리나라에 조공을 바치며 밀접한 관계를 갖고 있던 대단히 중요한 독립국가였다. 유구국은 미국과 1854년에, 그리고 프랑스와는 1855년에, 네덜란드와 1859년에 수호조약을 맺은 독립국가였다. 그렇지만 일제침략에 의해 불운하게 일본에 흡수통합이 되어, 우리들에게는 잊혀진 나라와 같이 되었다.

유구왕국은 휴양지로 각광받는 곳이다. 꿈같이 신비로운 빛의 영롱한 바닷물을 만드는 아름다운 산호초로 둘러싸인, 약 45개의 유인도를 포함한 130만 인구에 160여 개의 섬으로 이루어진 2262.81㎢의 땅이다. 그 가운데 오키나와 섬이 1220㎢로 중심된 위치에 있다.

한겨울에도 섭씨 16도 이상의 따뜻한 곳이다. 연간 관광객이 약 600만 명이며, 이 가운데 외국인은 10% 정도 된다. 요즘 우리나라의 여러 체육단체가 겨울철 전지훈련 장소로 애용할 만큼 가까우며 기후가 온화하고 환경이 좋다. 이모작 농사가 가능하고 사탕, 유황, 산호를 비롯한 많은 남방 특산물이 나오며,[13] 3월부터 11월까지 해수욕을 즐길 수 있는 상하(常夏)의 따뜻한 나라이다.

그런데 일본은 임진왜란과 경술왜란에 있어서, 매번 우리나라를 침략하기 전후에 예행연습을 하듯이 유구왕국을 무참히 침략하였다.[14] 그리하여 유구왕국은 19세기 말엽에 일본땅으로 편입되었다. 오늘날 곤혹스럽게도 오키나와라고 부르는데, 우리나라와 같은 시대에 꼭 같이 비참한 침략을 당했던 우방국으로서의 유구왕국을 보는 시각은 결코 편안한 마음일 수 없다.[15]

일본은 우리나라를 침략하고 대동아전쟁을 일으키고 태평양전쟁을 벌이면서, 그 잔혹무비의 악독함은 온 세계에 악명이 높게 알려졌다. 그런데 유구왕국과 북해도(홋가이도)의 아이누 학살은 크게 알려져 있지

---

13) 하우봉, 손승철, 이훈, 민덕기, 정성일, 조선과 유구(서울: 아르케, 2002), pp. 25-26.
14) 우에자또 다까시, 유일전쟁 1609: 시마즈 씨의 유구침공(나하: 보더인크, 2009).
15) 1879년부터 오키나와라고 불려지고 있지만, 그것은 일본의 침략지명이요 잘못된 지명이다. 요즘에도 '유구'라고 부르던가 '유구왕국' 옛터로 불러야 옳다.

않다. 유구왕국의 비극도 참혹하지만, 홋가이도의 아이누족은 씨를 말려버릴 정도로 잔인하고 무참한 학살이었다. 그 주제에 오늘날 티베트, 위구루 만행을 저지르는 중국의 침탈을 탓하기도 하는데, 낯이 뻔뻔하고 두꺼우면 무슨 언행은 못하겠는가 하는 생각이 든다. 인류사회에 신이 존재한다는 말이, 일본 같은 악독한 나라가 존재함을 볼 때에 결코 신뢰가 가지 않을 정도이다.

2. 삼별초(三別抄)의 망명

삼별초는[16] 몽골군 침략 때에 조국수호를 위해서 장렬하게 맞서 싸운 것으로[17] 유명하다.[18] 최씨 무인정권(武人政權)의 사병이었던 삼별초는 고려왕실이 개경으로 돌아가 몽골에 타협적 굴복을 하자,[19] 항복을 거부하고 끝까지 항전을 선언한다. 승화후(承化候) 왕온(王溫)을 새 임금님으로 모시고 배중손(裵仲孫) 장군의 지휘로 진도 섬에서 단호하게 대몽항쟁을 시작한다. 삼별초는 몽골과 항쟁하며, 비굴한 고려정권을 근본적으로 부정하면서 정면 대결을 하였다.

생각하면 몽골은 역사상 가장 큰 세계제국을 만들면서도, 고려왕국은 끝까지 정치적 예우를 하며 최후의 항복을 받지 못했었다. 이는 고려의 강화도 항전은 물론 삼별초 항전이 있었기에, 내심 크게 고려를 두려워했기 때문이라고 생각된다.

삼별초는 1271년 5월에 다시 제주도로 옮겨 간다. 고려와 몽골의 연

16) 윤용혁, 고려 몽골 전쟁사, 육군본부 군사 연구소, 2007, pp. 153-198.
17) 동아일보, 2010. 1. 9, 삼별초의 길-유구왕국의 기초를 닦다, 이광표, 이새미.
18) 조선일보, 2009. 3. 14, 사라진 삼별초, 오키나와 건너가 유구왕국 세웠나, 유석재.
19) 사병이라고 하지만 당시는 무인들이 정권을 쥐던 때였기에, 당시 고려왕국의 정규군이며 가장 정예부대였다고 보아야 한다.

합군이 공격해 와서 진도가 함락되자, 다시 김통정(金通精)을 지도자로 하여 제주도에서 항거를 했다. 그리고는 우리나라의 남해안 지역을 지배하며 때로는 경기도 부천까지 공격을 하는 과감한 혈전을 폈었다.[20] 이에 고려와 몽골 연합군은 160척의 대군으로 제주도를 함락시켰다. 그리하여 1273년 4월에 김통정과 핵심부는 항복이 아니라 자결을 했고, 남은 약 1300명이 포로가 되었다는 것이 지금까지의 알려진 역사이다. 그 후 삼별초는 우리나라 국군의 모범상이며, 조국사랑 및 구국혈전의 상징과 같이 회자되어 왔다. 그리고 한국사의 자랑거리로 국사 교육에서 강조되어 왔다.[21]

그런데 유구왕국의 옛터인 오키나와에서 그간 고고학자들이 발굴을 하며 놀라운 자료가 발견되었다. 오키나와 본섬에 있는 우라소에(浦添)성(城)과[22] 왕궁인 수리성(首里城)의 여러 곳에서 오래 전부터 고려기와가 발견된 것이다. 특히 대단히 중요한 고고학 자료로 계유년에 고려의 기와장인(匠人)이 만들었다(癸酉年高麗瓦匠造)고 확실히 기록된 암키와까지 출토되었다.[23] 그간 일본학계에서는 계유년을 1393년으로 보면서 자기들만 알고 입을 다물어 왔었다. 고려사에 처음으로 역사적 기록이 나오길, 고려에 유구국의 중산왕(中山王) 찰도(察都)가 사신을 파견하였다는 기록이 있는 계유년이 1393년이기 때문이다.

그러나 오키나와의 고려기와가 한국학계에 본격적으로 알려지기 시작하면서 학설이 바뀌게 된다.

---

20) 윤용혁, op. cit., p. 186.
21) 교육과학기술부, 중학교 국사, 국사편찬위원회 국정도서편찬위원회, 2009, p. 113 참조.
22) 제주도에는 환해장성(環海長城)이라는 장장 3백리에 걸친 옛 성벽이 남아 있다. 그런데 이는 유구왕국의 것을 연상시키는 모습이다. 다만 유구왕국의 산성은 일본이 현대에 쌓으며 본모습을 많이 왜곡시켰다.
윤용혁, op. cit., pp. 212-214 참조.
23) 임동권, 한국에서 본 일본의 민속문화(서울: 민속원, 2005), p. 138.

고구려 기와막새(평양)

유구왕국 기와막새(오키나와)

오키나와의 고려기와가 삼별초 옛터인 전라남도 진도의 용장산성(龍藏山城)에서 나온 기와와 같다는 것이 밝혀진 것이다. 발견된 수막새의 연꽃무늬와 제작된 방식이 같다는 것이 알려지며, 계유년은 1393년이 아니라 1273년이라고 보게 되었다. 1273년에 제주도의 삼별초가 진압되었기 때문이다.

삼별초는 외교문서에 연호(年號)는 없이 간지(干支)를 썼음에서도, 삼별초가 만든 기와라고 확신하게 되었다. 또한 고려자기 파편들이 발견되었고, 2000년대 들어 일본 고고학계에서 탄소 연대측정을 한 바로도 계유년을 1273년이라고 결론내리게 되었다.

3. 유구왕국 건국의 주체 세력

삼별초는 유구왕국이 건국됨에 주축 세력이 되었다고 해석될 수 있다. 그러니까 김통정을 비롯한 최고 지도자는 자결을 하였고, 배를 타고 탈출한 나머지 핵심적 중견 지도급 집단이 오키나와로 갔다고 해석된다.

그리고 배를 탈 수 없는 하급 군인들이나 부녀자 등이 포로가 된 1300명이라고 보인다. 아니 김통정의 자결도 믿을 수 없는 기록일 수 있다. 아마도 배가 충분했다면 나머지도 옮겨가서 재차 항전했을 것이다. 따라서 오키나와로 간 삼별초는 고려군인 집단 중에서도 가장 우수한 군인들이었다고 보인다.

삼별초의 구국정신은 정치사적으로 깊이 있게 되새기고 의미 있게 생각되어야 한다. 오늘날 한국사에 있어서 특히 조선시대 역사는 일본인들에 의한 왜곡과 오염이 심하다.[24] 그러므로 순수하게 우리민족의 입장에서 볼 때의 역사적 평가는 근본적으로 해석이 달라져야 할 곳이 많다.

삼별초의 망명은 이미 당시의 사람들이 고려시대를 떠나 새로운 시대로의 변화를 바라는 중대한 시대적 징표였다고 생각된다.[25] 그들은 썩고 무능한 고려왕조에 반발하고, 고려왕조를 부정하며 타도의 대상으로 보았다. 그들은 고려왕조에 정면으로 반기를 들면서, 새로운 시대정신과 리더십을 강력히 요망했던 것이라고 해석된다. 삼별초의 핵심 세력들이 바라는 신시대는 고려시대를 극복하는 것이었다. 삼별초의 망명은 고려시대가 끝나고 조선시대가 등장하는 것을 강력히 예고하는 것이다.

나중에 그것이 현실화되는 것이 태조 이성계 장군의 조선개국이었다고 보아야 옳다.[26] 조선개국에 대한 해석은[27] 일본계 친일사학에 의해서 너무나 오도되었다. 조선개국은 당시 사람들의 시대정신이 개혁적으

---

24) 이덕일, 한국사: 그들이 숨긴 진실(서울: 역사의 아침, 2009) 참조.

25) 삼별초가 일본에 보낸 외교문서에는 개경정부를 부정하며, 삼별초가 오히려 정통정부라고 일본에 당당히 얘기할 정도였다.
윤용혁, op. cit., p. 174.

26) 김영수, 건국의 정치(서울: 이학사, 2006) 참조.

27) 공민왕의 죽음을 비롯해, 최영과 이성계의 충성심, 국가관, 역사적 판단도 근본적으로 다시 재평가되어야 옳다.
김창현, 신돈과 그의 시대(서울: 푸른역사, 2006) 참조.

로 구체화된 것이라고 의미를 크게 부여해야 하겠다. 긍정적 해석을 하며 적극적 시각으로 보아야 옳다.[28)]

그간 일제 친일계열에서는 일방적으로 정몽주를 충신으로 강조하고, 태조나 태종을 극도로 나쁘게 강조하여 조선개국을 부정적으로 나쁘게 평가한 것이 주류를 이루었다.[29)] 그러나 조선개국은 우리나라를 병약한 고려말기에서 신시대로 바꾼 회심의 개혁이었고, 구국의 결단이었다고 해석되어야 옳다. 그렇기에 세종대왕 때의 찬란한 역사를 만들면서, 평안도, 함경도의 넓은 땅을 되찾고 한글을 만들며 강력한 나라로 환골탈태(換骨奪胎) 시킨 것이다.

신시대를 바라는 진취적 삼별초 집단이 병들고 썩은 고목나무와 같이 된 고려왕조에 항거하며 작전상 후퇴를 거듭하다가 최고의 망명지요, 최고의 이상향이요, 마지막 항쟁의 최고 전략요충지로 떠난 곳이 오키나와 섬이었던 것이다.

1) 활발한 교류

기록상 유구왕국이 최초로 나타나는 것은 고려사로서, 고려 말 창왕 때인 1389년이다. 그리고 조선 초(1392년)인 태조 원년부터 헌종 6년(1840년)까지 총 437건의 기록이 조선왕조실록에 나온다.[30)] 조선왕조실록에는 일찍이 태조 6년(1397년)에 조선인 9명이 유구에 표착되었다가 송환된 기록이 나온다. 그리고 명종 1년(1546년)까지 표착된 조선인의 송환기록이 13건이나 나온다.

---

28) 현대 한국사는 그 기본골격이 일본사학자들이 만든 골격과 서술방식을 그대로 답습하는 친일흐름이었다.
이태진, 고종시대의 재조명(서울: 태학사, 2000), p. 122.

29) 안천, 일월오악도 제5권, op. cit., pp. 228-232.

30) 하우봉 외, op. cit., pp. 25-26.

유구왕국에서는 조선국에 사신을 보내며 조공을 바치고 대장경 등의 여러 물품을 받아 갔다. 그리하여 꾸준히 교류관계가 지속되는데, 임진왜란 직후 유구왕국이 일본의 침략을 받을 때까지 매우 활발한 외교관계가 유지된다.

2) 신세계를 향한 항해

오키나와 섬은 태평양 바다에 멀리 떨어진 섬으로 신석기 수준의 잠자는 섬이었다. 그러한 섬에 13세기부터 별안간 놀라운 활력과 발전이 시작된다. 사실상 역사적으로 새로운 탄생이 되는 것이니, 삼별초가 집단 망명한 뒤부터이다. 이는 매우 놀라운 일이다. 그 남쪽의 타이완섬은 오키나와보다 큰 잠재력을 가진 인접한 섬인데도,[31] 먼 훗날까지 잠자는 섬이었다.[32]

그렇다면 당시 우리민족에게 있어서 오키나와는 전혀 모르는 미지의 섬이었던가? 아니다. 결코 오키나와가 전혀 알려지지 않은 생소한 땅은 아니었다고 생각된다. 왜냐하면 훗날 쓰여지는 대표적인 옛 소설 홍길동전은 소설에 담긴 근본사상이 삼별초와 전혀 다를 것이 없다고 생각되기 때문이다. 홍길동전에 있어서 최후의 이상향으로 찾아가는 율도국(硉島國)은 오키나와라고 보는 것이 요즘의 통설이다. 그것은 바로 오키나와가 예부터 우리민족에게 있어서의 신세계, 유토피아에 해당하는 곳이기 때문이라고 해석된다.

3) 삼별초의 건국 작업

삼별초가 마지막 망명지로 떠난 오키나와는 제주도 남쪽으로 약 800㎞ 떨어진 곳에서 신천지를 만들 것을 바란 곳이면서, 새로운 유토피아

31) 김영신, 대만의 역사(서울: 지영사, 2001), pp. 41-48.
32) 안천, 타이완의 힘(서울: 교육과학사, 2009) 참조.

를 찾는 사람들이 선망하는 꿈의 땅이었다고 보인다.

오키나와에서는 예부터의 도교 신선사상(神仙思想)에 따라, 늙지도 죽지도 않는 불로장생(不老長生)의 신선이 사는 이상향 개념인 봉래섬(蓬萊島)이 유구왕국이라고 말한다.33) 오키나와 궁전의 정전(正殿)에 걸렸던 높이가 154.5cm, 지름이 94cm에 중량이 600kg이나 되는 큰 크기의 만국진량종(萬國津梁鐘)에는 유구국이 봉래섬이며, 삼한(三韓)의 빼어남을 이은 종(鐘三韓之秀)이라는 글귀가 있을 정도로 우리나라의 영향이 절대적이다. 유구왕국 제1의 국보에 해당하는 보물 종의 명문을 쓴 사람은 안잠(安潛)으로서, 명나라나 일본보다 조선을 우선시하며 조선에서 문화를 배운다는 명문을 써 넣었으니34) 당시 유구사람들의 의식을 뚜렷이 보여준다.35)

삼별초의 상륙 이후인 13세기에 들어서 오키나와는 인구가 급격하게 확장되었다. 그리고 농경이 본격화되며 생산력이 급증하여 원시적 산업혁명이 일어났다. 차츰 정치역량과 경제력이 축적되면서 곳곳에 성을 쌓고 정치적 조직화가 본격적으로 나타나게 되었다.

그런데 그 무렵에 삼별초 집단은 그들이 떠나온 조국이 고려에서 조선으로 바뀌면서, 무인집단이 주축이 된 새나라가 만들어졌다는 충격적인 소식을 접하게 된다.36) 그들이 그토록 원하던 새로운 나라가 생겼고,

33) 하우봉 외, op. cit., pp. 307-308.

34) 당시의 표류기에 의하면 유구국은 전화(錢貨)를 주조하는 기술이 없었다고 했고, 명문을 쓴 사람이 '안잠'인 것으로 보아 조선국의 기술력에 의해서 만들어 졌다고 판단된다.(그런데 오키나와 현립 박물관에 전시된 종에는 제작자가 일본인으로 되어있다. 중국에서 현재의 만주땅, 티벳, 위구루, 몽골 사람을 모두 중국인으로 하는 방식의 기술이라고 보인다.)
임동권, op. cit., p. 150.

35) 이는 당시 유구국 사람들이 매우 객관적인 판단을 한 것으로 보이는데, 최고 문화선진국은 조선이라고 본 것이다. 조선시대 전반기의 동아시아 국제인식은 오늘날과 크게 달랐다.
안천, 타이완의 힘, op. cit. 참조.

36) ① 조선왕국을 건설한 이성계는 고려말 무인정권 시대의 집권자였던 이의방의 후손이

부조리와 무능에 빠진 고려말기를 극복하고 새로운 리더십의 지도자 집단이 나타났다는 신선한 소식을 전해 받게 된다. 조선에서 표류해 온 사람들에게서 신국가 탄생의 놀라운 소식을 전해 듣기도 하고, 직접 사람을 보내 고국의 정보를 수집해 오기도 하면서 점차 정치의식이 축적되는 것이다.

그리하여 새로운 정치적 공동체를 만들어 이상국가(理想國家)인 유구왕국을 만드는 것이다. 신세계 이상향을 꿈꾸는 혁신적 고려인들에 의한 이상국가가 먼 남쪽 태평양에 새롭게 탄생하게 된다.

Ⅲ. 유구왕국과 조선왕국의 깊은 관련성

유구왕국은 고려의 용감한 군인집단인 삼별초 망명세력에 의해 건국되는 만큼, 조선왕국과 대단히 깊은 관련성을 갖고 있다. 사실상 우리나라의 형제 나라로[37] 탄생한 새로운 분국(分國)이다. 너무나 비슷한 것이 많은 나라가 탄생된 것이다. 생각하면 우리나라와 유구왕국은 똑같은 나라였다고 할 정도로 유사성이 크다.

다. 이의방의 부친은 고려의 대장군 이용부였다. 이의방의 손자가 이안사이고 그 아들이 이자춘이며 다시 그 아들이 이성계였다. 따라서 이성계는 고려말 무인정권이 낳은 새로운 무인정권으로서의 조선왕조를 만든 것이다.

김창현, op. cit., p. 114.

② 따라서 이성계 세력집단과 삼별초는 같은 뿌리의 같은 성향을 갖고 있으며, 이성계 집단은 국내에서 그리고 삼별초는 해외에서 거의 같은 시기에 새로운 역사를 창출하는 것이다.

37) 하우봉 외, op. cit., p. 69.

임진왜란 직후 일본이 쳐들어가면서,[38] 유구왕국의 흐름을 오도하고 왜곡시켜서 달라진 것도 있지만 우리나라와 유구왕국의 뿌리와 원판은 궁극적으로 같다. 같은 씨앗에서 싹튼 같은 나라이지만 교란작용으로 달라졌을 뿐이다.

1. 건국신화(建國神話)

제주도에는 현대시대인 지금도 최후의 삼별초 최고 지도자인 김통정 장군의 전설이 다양하게 전해진다. 전설에 의하면 김통정은 태어날 때부터 온 몸에 비늘이 덮혀 있어 칼로도 그를 죽일 수 없었다고 한다. 겨드랑이에는 작은 날개가 있었으며, 변신술이 능한 장군이었다고도 한다. 제주도에 현존하는 여러 전설에서의 공통점은, 김통정이 아주 특별한 출신의 특별한 지위의 인물로 인정되는 특별한 사람으로 구전되고 있음이다.[39] 이것은 제주도민에게 뿌리깊게 남은 김통정의 신화적 인식인 것이다.

제주도에 전해지는 김통정 장군의 구비전승 신화는, 유구왕국의 건국신화 탄생에 있어서 징검다리 구실을 했다고 생각된다. 김통정 장군의 신출귀몰 신화가 보다 확대되고 신화화되면서 유구왕국으로 옮겨져 정착되었다고 보인다.

유구왕국의 건국신화는 우리민족과 깊은 관련성을 가졌다. 그것은 우리민족과 매우 친숙한 '나무꾼과 선녀'의 전래동화 혹은 민담설화의 아

38) 유구왕국에서는 일본이 임진왜란 때에 군량미와 배를 요구했으나 확실히 거절하였다. 유구왕국이 사실상 모국인 조선왕국에의 의리를 지킨 것이라 하겠다.
박성수, op. cit., p. 412 참조.

39) 윤용혁, op. cit., p. 197.

류이다. 유구왕국의 임금님은 하늘에서 두레박을 타고 나타난 천손(天孫)의 자손이다. 천손의 혈통을 아주 소박하게 설명하고 있다. 우리민족은 예전 고조선 때부터 스스로를 천손족(天孫族)이라고 부르면서 하늘을 숭배하는 종교사상을 갖고 있었다.[40] 그런데 유구왕국의 지도자도 하늘에서 강림한 지도자로서의 천손신화(天孫神話)를 새로운 정권 등장의 정당성 논리로 내세우고 있다.

2. 수리성(首里城)

유구왕국의 왕궁인 수리성은 조선왕국의 경복궁을 참조하여 세운 것임이 뚜렷하게 드러난다. 아무 것도 없는 신석기 상태의 원시수준 생활을 유지하고 있던 태평양의 섬에다, 새로운 이상향으로서의 새나라를 건설하는 삼별초 집단의 뜻이 뭉쳐서, 궁궐을 새로 수축하는 사람들의 건설의지가 그대로 반영된 것이다.

첫째로 궁성의 이름이 수리(首里)로서, 우리나라의 평민들이 섬에 도착하여 마을 이름을 지은 것에서 유래되었다고 생각된다.[41] 삼별초는 외교문서에도 연호(年號)가 아닌 간지(干支)를 썼듯이, 평민들이기에 마을 리(里)를 쓰면서 머리 수(首)를 쓴 것이 소박한 느낌을 뚜렷이 준다. 그것은 예부터 우리민족이 쓰던 큰 고을, 큰 마을, 머릿마을 등을 한자로 쓴 것이 분명하다. 우리말로 큰 고을, 수도(首都), 상도(上都) 등을 수릿골(수리+골)로 예부터 불렀기 때문이다. 예부터 우리민족이 중심지를 수리(首里)로 부른 것으로, 수릿골을 한자로 쓴 것이 수리성인 것이다.

---

40) 윤내현, 한국고대사(서울: 삼광출판사,1989), p. 60.

41) 수리는 하늘 또는 솟대라는 뜻의 우리말이다.
박성수, op. cit., p. 428.

수리성 왕궁

예부터 우리민족이 수도인 서울을 수선(首善)이라고 불렀던 것을 생각할 때에, 수리(首里)는 삼별초가 부른 이름이 확실하다고 보인다.42) 그리하여 수리(首里)에서 비롯되어, 처음에는 그곳 산꼭대기 언덕에 새로운 대몽항쟁 전투기지를 만든다.43) 그리고 결사항전을 위한 성곽을 지으며 이름을 수리성(首里城)이라 지었다고 보인다. 수리성은 수리산(首里山)이라고 불리는 높은 고지에 있어서 주위를 내려다 볼 수 있다. 사방의 바다를 바라 볼 수 있는 전략적 의미가 큰 땅이다. 사람들이 평상적인 삶을 살기 위한 곳이라기보다, 전투와 방어를 위한 산성(山城)의 위상인 것이다. 그렇지만 시간이 흘러 새로이 나라를 세우며, 이름은 그대로 수리성으로 두면서 점차 왕궁으로 발전되었다고 정리가 된다.

둘째로 수리성의 왕궁 모습이 경복궁의 근정전과 전혀 다르지 않

42) 세종 임금님 때에 신숙주가 쓴 '해동제국기'에는 수리성의 명칭이 국두성(國頭城)이다. 생각건대 신숙주는 당시 유구왕국을 직접 방문하지 않았고 대마도에서 면담한 것을 바탕으로 썼기에 국두성이라고 번역했다고 보인다. 그것은 수리(首里)를 일본인들이 불러주는 바에 따라 한자로 직역한 것으로 보인다. 그리고 일본의 수도와 유구의 수도를 같은 정도로 확실하게 표시하였다.
신숙주, 신용호 주해, 해동제국기(파주: 범우사, 2004), 속표지.

43) 수리성의 모습은 일본의 강점침략과 제2차 세계대전을 겪으며 많이 변질되었지만, 전라남도 진도에 있던 용장산성과 배치구조가 거의 비슷하다.
윤용혁, op. cit., p. 200.

다.[44] 수리성은 일본의 본토에 있는 성들과 전혀 다른 모습이다. 일본인들도 수리성은 전혀 일본의 모습이 아니라고 이구동성으로 말한다. 유구왕국이 일본과는 전혀 다른 나라임을 말해 준다. 수리성의 정면 출입문이 일본식을 띠고 있으며, 근정전과 달리 내부를 층별로 사용하고 있지만 외형은 기본적인 틀이 근정전과 매우 흡사하다. 그것은 수리성을 짓는 사람들이 모국인 조선왕국의 왕궁을 흉내 내어 지었으나, 임진왜란 이후에 일본의 침략에 의해 강점되면서 옛 모습에 교란이 일어나 약간 변형이 생겼다고 보인다. 특히 유의할 것은 현재의 수리성은 제2차 세계대전 때에 완전히 초토화된 것을, 1992년에 옛 기록과 자료를 보고 새로 지은 것이다. 당연히 수리성은 침략 강점하고 있는 일본인들에 의해 겉모습에 심각한 왜곡이 일어났다. 일본풍이 강하게 가미되며 오도된 잘못된 것이다.[45]

셋째로 수리성에서는 고려기와가 계속 발견되었다. 그것은 수리성이 삼별초 망명집단에 의해 건설된 것임을 뜻한다. 물론 애초에는 수리성을 크게 짓지도 않았을 것이다. 그러다가 차츰 유구왕국의 국가체제가 완성되며 왕궁도 크게 고쳤다고 하겠는데, 애초에 지을 때의 기와가 계속 훗날에도 쓰여지며 그것이 오늘날에도 이어서 발견되었다고 보인다. 수리성은 언제 창건되었는가가 현재는 불명하다. 그런데 최근의 발굴조사에 의하면 가장 오래된 건물터는 14세기 말에 지어진 것으로 추정된

---

44) 임동권, op. cit., p. 152.

45) 따라서 2000년 12월에 '구스쿠 유적 및 유구왕국 유적'이란 이름으로 등록되어, 현재 세계문화유산으로 되어 있는 수리성은 실제로 '수리성터'가 세계문화 유산일 뿐이다. 그것은 유네스코를 비롯한 세계 각국의 국제 인식이 유구왕국의 옛터를 공인한 것 일 뿐이다. 나중에 다시 지어진 건물이나 성벽은 인정치 않아 침략강점한 일본을 원천적으로 부정하는 것과 같다.
이라사키 모리테루, 정영신·미야우치 아키오 옮김, 오키나와 현대사(서울: 논형, 2008), pp. 166-169 참조.

다. 따라서 수리성은 애초에 방어용 성터로 지어졌다가 14세기에 본격적인 궁궐이 되었다고 보인다. 수리성에서 발견되는 고려기와는 그것을 잘 증명해 준다고 해석된다.

넷째로 특히 수리성의 가장 중심이 되는 뜰(어정: 御庭)로 들어서는 입구의 문을 봉신문(奉神門)으로 부르고, 내부를 성스러운 공간으로 만든 점을 주목해야 되겠다. 그리하여 수리성은 유구왕국의 정치적 중심지인 동시에 최고의 성역(聖域)이 되는 곳이다. 수리성의 정전 앞에는 수리성의 발상지인 숲이 있는데, 이것이 바로 수리성이 존재하게 된 출발점인 것이다. 수리성은 그리하여 신녀(神女)들이 주관하는 제사를 지내는 곳이기도 하였다. 그 풍습은 1992년에 수리성이 복원되기 직전까지도 잔류풍습이 생생히 남아 있었다. 옛터에 남은 절에 끊임없이 향불이 피워지고 성스러운 종이 등이 바쳐지며, 찾아 온 사람들의 절하는 모습이 항상 존재했던 곳이다. 그래서 수리성이 복원되며 건물은 생겼으나, 성스러운 성역은 사라지며 절도 파괴되었다는 지적을 받을 정도가 되었다. 즉 수리성은 예전에 우리나라 서낭당과 같은 기능을 겸하던 성역이었는데, 현재는 여행객의 구경거리 관광지로 전락되고 말았다. 그러니 마지막으로 남은 생명력까지도 일본이 1992년에 마저 죽여 버린 것이 되고 말았다. 그리고는 세계문화유산이라고 부르니 전통정서와 혼이 단절된 죽은 옛터를 그렇게 부른들 무슨 의미가 있을까 의아스럽다.

3. 홍길동전(洪吉童傳)

우리민족의 역사상 최초의 한글소설로 유명한 홍길동전은 작가 허균(許筠)에 의해서 쓰여졌다. 홍길동전은 당시의 사회를 신랄하게 비판하며, 새롭고 신선한 이상사회를 꿈꾼 통쾌한 내용을 담고 있는 사회소설이다. 홍길동전은 생각하면 그 소설에 담긴 사상적 흐름이 삼별초 망명집단과 전혀 다를 바가 없다.

작가 허균은 과거시험 문과에 급제하여 형조판서, 의정부 참찬을 지낸 최고위 지배층 양반이다. 그렇지만 광해군의 잘못된 정치에 반발한 정치행동을 진행하는 중에 잡혀 반역죄로 참형을 당한다. 허균의 생애를 지탱한 사회개혁 사상을 담은 소설이 홍길동전이다. 허균은 임진왜란이 끝난 뒤의 사회제도가 가진 결함과 부패한 정치를 개혁하려는 혁명사상을 홍길동전으로 작품화하였다. 그리고 그 사상을 실천하려다 비운의 죽음을 맞는 소설과 흡사한 삶을 산다.46)

홍길동전 소설의 주인공은 세종 임금님 때의 홍정승과 하녀 춘섬 사이의 아들로 태어난 서자(庶子)로서, 괄시와 천대 속에서 성장한다. 그렇지만 도술과 무술을 열심히 연마하여 부정부패에 찌든 탐관오리를 응징하며 잘못된 사회제도를 혁파한다. 그리고 정의를 세우며, 고통 받는 사람들의 아픔을 치유해 주는 가슴이 시원한 일을 실천한다. 또한 비바람을 뜻대로 하며 둔갑술에도 뛰어난 신출귀몰한 사람이 된다.

그것은 홍길동이 바로 민중의 소망을 담은 이상적인 인물로서, 꿈의 협객이었음을 말하는 것이다. 그는 활빈당(活貧黨) 당수로서 탐관오리를 응징하고 빈민을 구제하는 의로운 일을 신출귀몰하게 하는데, 이는 바로 삼별초의 꿈을 소설로 만든 것에 가깝다. 그리고는 끝내 멀리 남쪽으로 떠나 율도국(硉島國)의 임금님이 되어 새로운 이상국가를 건설한다는 것이다. 그런데 홍길동전에서는 율도국을 제주도 바로 남쪽에 있는 남해의 낙원으로 보면서, 아주 가까운 섬으로 묘사하고 있다.

홍길동전은 그 이전에 이명선(李明善) 장본으로 김길동전(金吉童傳)

46) 정주동, 홍길동전 연구(서울: 민족문화사, 1983), pp. 21-43.

이 있었는데, 내용은 홍길동전과 같다.[47] 그리고 소설의 시대배경이 조선 초기이며, 멀리 남쪽 율도국으로 떠나는 것은 고려말기에 있었던 삼별초의 대탈출과 비슷한 모티브(motive)를 갖고 있다. 생각건대 유구왕국 전성기의 최초 임금님이 본명은 김환(金丸)이다. 그는 새롭게 국왕이 되면서 김(金)씨를 상(尙)씨로 하여 상원(尙圓)이라고 바꾸는데, 삼별초 출신으로서 임금님이 된 놀라운 실제 소설이 탄생한 것이다. 그의 놀랍고 충격적이며 재미있는 얘기가 부풀려 전해지며 김길동으로 되고, 다시 각색되면서 홍길동이 된 것이 아닌가 생각되기도 한다.

김길동전이 존재했던 점과 시대배경 등을 종합해서 판단할 때에, 홍길동전 이전에 비슷한 줄거리의 상쾌한 얘깃거리가 사전에 존재했었다고 생각된다. 그것을 허균은 소설로 정리했다고 보인다. 그런데 오늘날 홍길동이 망명한 이상국가(utopia)는 유구왕국이라고 보는 것이 정설로 굳어지고 있다.[48] 생각건대 홍길동전은 유구왕국을 세운 어떤 사람의 신출귀몰한 전설적 얘기가 부풀려지고 각색된 신화가 되어 후대로 전승된 것이다. 그리고 점차 고려 말기와 조선 초기의 민중들이 선망하였던 신선한 꿈의 얘기가 재미있는 소설로 발전한 것이라고 풀이된다.

그런데 오키나와를 가면 홍길동은 전혀 소설이 아닌 실존 인물이 되어 역사로 살아 있다. 오키나와의 남쪽 아시가키시마(석원도: 石垣島)[49]의 박물관에는 홍길동 처남의 족보가 '장전대주'라고 실존하고 있다. 또한 홍길동의 부인 고을노는 조선왕국에서 우수한 품질의 볍씨를 가져왔다며, 오키나와의 팔중산(八重山) 지역에서는 고을노를 풍요의 여신으로 모시고 있을 정도이다. 홍길동은 1443년에 전라남도 장성에서 출생한 실존인물로서 홍길동전 소설 그대로 살았고, 1500년 12월 5일에 유구

---

47) 이홍직, 국사대사전(서울: 지문각, 1968), p. 1743.
48) 정주동, op. cit., p. 185, pp. 312-315.
49) 우리말 뜻으로는 '돌담섬'이라는 뜻이다.

왕국의 남부로 망명하여 여러 섬을 장악하는 해상왕국을 건설했다는 것이다. 그러니까 허균은 실화를 소설로 썼다는 것이 된다.

오키나와에는 홍길동의 유적으로 도래 기념비, 장전대주 영웅 기념비, 무궁화, 홍길동이 어머니와 이별하고 망명한 것을 기리는 모자 이별제단, 홍길동 집단 거주지인 후루스토 성, 홍길동 추모비, 조선왕국에서 가져 간 농기구나 화폐 및 홍길동 집단의 족보가 보관된 야에야마 박물관이 있다. 또한 조선 양식의 초가집 8채가 보존되어 있으며, 홍길동 집단이 축성한 10여 개의 성과 함께 각종 유물이 박물관에 보관되어 있다. 또한 오키나와 현립 박물관에는 홍길동 관련의 각종 문헌자료가 보존되고 있다.

4. 불교와 대장경

유구왕국과 조선왕국의 교류관계에 있어서 대표적인 것은 불교와 관련된 것이다. 대장경, 불교서적, 불구(佛具), 범종(梵鐘) 등이 유구왕국으로 계속 보내졌다.[50] 출발은 세조 1년(1455년)부터로, 연산군 6년(1500년)까지 유구국에서는 7차례나 대장경을 요구하였다. 그들이 받아간 대장경을 보관한 건물인 장경각(藏經閣)이 지금도 오키나와의 수리성에 그대로 남아 있다. 또 불교서적도 수십 권이 수차례에 걸쳐 주어졌고, 유교서적이나 시문집도 전해졌다.

유구왕국에서 조선왕국에 대장경을 요구한 것은 유구왕국의 건국 주체가 삼별초 세력임을 강력하게 증명한다. 왜냐하면 고려말 몽골군의 침입으로 대구 부인사에 보관하고 있던 대장경의 판목이 불타자, 강화도에

50) 하우봉 외, op. cit., pp. 170-171, 261-268.

서 16년에 걸쳐 팔만대장경을 만들었기 때문이다. 대장경은 삼별초의 정신적 항몽 애국사업과 일치하는 귀중한 존재이다. 강화도에서 몽골군과 싸우는 동안 대장경을 만드는 일이 동시에 수행되었기에, 삼별초 집단은 망명을 떠나서도 대장경에의 집념을 버릴 수 없었다고 생각된다.

이미 조선왕국은 새로 탄생되면서 국가경영의 기본원리를 불교에서 유교로 바꾼 때인 데도 불구하고, 유구왕국에서는 꾸준히 대장경을 요구했고 조선왕국에서도 꾸준히 대장경을 주었다는 것은 매우 이례적인 현상이라 하겠다. 유구에서는 답례로 세조 13년(1467년)에 희귀한 중국 불교서적 3종과 금불상 3개를 갖다 바친 적이 있으나, 거의 조선에서 일방적으로 유구에 제공되었다.

성종 8년(1477년)에 유구국 사신이 서울에 와서, 서울의 3대 장관 중 하나가 경회루의 돌기둥이며 거기에 새긴 용이 너무 아름답다고 했었다. 그런데 오키나와의 수리성에는 용담(龍潭)이라는 이름의 인공연못이 있다. 용담은 옛 고구려, 고려에 널리 분포한 것이다. 대표적인 것으로는 만주땅 길림에 있는 고구려 성터의 용담이 있고, 근대 시대의 천도교 발상지가 용담이며 수운 최제우의 말씀을 모은 책이 용담유사이다. 또한 전국 곳곳에 용우물, 용연못, 용담, 용산, 용강이 아주 많이 존재하고 있다. 그런데 경회루를 모방한 대장경이나 서적을 보관하는 장경각을 용담에다 지어 놓았다.[51] 그가 감동한 것을 그대로 재현해 놓았다고 하겠다.

유구왕국의 보물인 만국진량종(萬國津梁鍾)에는 수많은 절(十萬刹)마다 해외에서 온 보물이 꽉 차있다(異産至寶充牣)고 자랑할 만큼 불교가 번창했음을 말해준다. 유구왕국은 불교가 번창했던 고려의 삼별초 군인들이 건국한 만큼 불교가 확고하게 뿌리를 내리고 있었다. 조선왕

51) 박성수, op. cit., p. 414.

국이 유교국가로 바뀌었으나, 유구왕국은 예부터의 불교가 변함없이 왕성하여 삼별초 문화를 그대로 보여주는 것이다.

다만 서글픈 것은 대장경을 비롯하여 수많은 보화가, 임진왜란 직후에 일본 남부지역 사츠마번의 왜구 도둑떼에 의해 약탈되고 황량한 폐허만 남게 된 것이다. 당시 유구왕국에서는 조선왕국에서 받아간 많은 대장경을 만책장경(萬册藏經)이라고까지 높여 불렀다. 그리고 장경각에 보관하면서 국가보물로 관리해 왔는데, 그 모든 것이 임진왜란으로 약탈되며 사라지고 말았다.

5. 외교관계

조선왕조는 실록에 의하면 유구에 사신을 파견한 경우가 3회이다. 그런데 유구에서 조선에 사신을 파견한 경우는 50여 차례에 이른다. 생각하면 일방적 짝사랑 외교관계라고 할 정도로 유구왕국은 조선왕국을 빈번하게 찾아 왔다.

그것은 유구왕국의 지배계층이 조선왕국을 얼마나 친밀하게 생각했느냐를 말하는 준거가 된다고 생각된다. 두 나라 사이에는 매우 활발한 교류관계가 있었고, 조선왕국에서도 돈독하고 가깝게 생각하며 예우를 해주었다고 하겠다.[52]

두 나라 사이에는 태풍 등으로 표류한 사람들의 비공식 교류가 많았다.[53] 그리하여 유구왕국을 사칭하는 왜구들의 가짜 사신이 왔던 경우도 여러 차례가 있었다고 할 정도이다.[54] 유구국에서는 왜구에게 잡혀간 사

52) 하우봉 외, op. cit., p. 48.
53) 임동권, op. cit., p. 148.

람들이나, 태풍 등으로 표류해 간 사람들을 송환해 옴으로써 조선왕국과 우호관계를 쌓아 갔다. 그리고 이러한 사람들에 의해 상호 정보교환도 이루어졌다.[55] 유구국에는 배를 잘 만드는 사람들이 있어서, 태종, 세종 임금님 때에 유구국의 기술자가 조선에서 배를 만들기도 했다.[56] 또한 유구국의 물소뿔이 활을 만드는 재료로 조선에서 많이 쓰였다.

6. 흑도(黑陶)

오키나와에는 조선의 도공(陶工)도 오키나와로 가서 유명한 오키나와의 흑도가 탄생되게 되었다고 한다. 조선왕조실록에는 우리나라에서 임진왜란 이후에 유구왕국 상녕왕의 초청을 받아서 3명의 도공이 갔으니, 장일육, 안일관, 안심간이 그들이다. 그러나 원료인 백토가 유구왕국에는 존재하지 않아 두 안씨는 귀국했고, 장일육은 남아서 오키나와의 특산품인 흑도를 개발하였다고 알려져 있었다.

장일육과 오키나와 여인과의 사랑 이야기도 전해 내려와서 그에 따른 민속춤이 존재하고 있다고 한다.[57] 장일육은 마우시라는 유부녀를 좋아했는데, 유구국왕이 그것을 알고 결혼까지 시키며 잔류시켜서 남게 되었고 흑도가 그래서 개발된 것이라고 한다. 또한 고려자기 파편들이 발견되고 있음에도 유의해야 한다.

따라서 오키나와의 도공이 언제 그곳으로 갔는지가 관심사항이 되겠는데, 이제는 도공도 기와공과 함께 삼별초를 따라 간 것이라는 해석이

---

54) 하우봉 외, op. cit., pp. 51-62.
55) 임동권, op. cit., pp. 152-163.
56) 하우봉 외, op. cit., pp. 156-159, 269-271.
57) 박성수, op. cit., p. 415.

가능해진다고 보인다. 오키나와에는 삼별초와 함께 고려의 고급기술자가 옮겨 갔으며, 여러 여건상 고려자기가 아닌 고려흑도가 남았다고 해석된다. 다만 그 흑도가 삼별초와 함께 간 기술자가 개발을 했느냐, 임진왜란 이후의 장일육이 개발을 했는가가 앞으로의 연구과제이다. 어떻든 흑도가 우리나라에서 간 기술자에 의해 만들어진 것은 분명하다.

그런데 특별하게 유의할 사항은 고려시대에는 귀족문화가 발달하며 흑자(黑磁), 흑유자(黑釉磁)가 발달했었음이다. 따라서 장일육 설화는 오히려 믿기가 어려우며 삼별초에 의해 흑도가 옮겨갔다고 보아야겠다. 왜냐하면 우리나라에서는 고려시대에 흑도가 번성했으나 조선시대에는 그 문화가 끊겼는데 장일육 설화가 있다는 것은 논리상 성립되기 어렵기 때문이다. 따라서 오키나와의 특산품인 흑도는 고려흑자가 분명한 것으로 보인다.

7. 줄다리기, 막걸리, 아와모리(泡盛)

오키나와에는 풍년을 기원하고 풍작에 감사하는, 예전 우리민족의 제천의식(祭天儀式)과 같은 굿이나 마을제사(洞祭, 神祭)에 해당하는 것이 생생히 살아 있다.[58] 그러한 문화적 토양 위에 민속축제도 그대로 남아 있다.[59]

오키나와의 줄다리기는 우리나라의 것과 똑같다.[60] 그것은 삼별초와 함께 건너 간 것이 확실하다. 그것은 천제단(天祭壇)에서 우선 삼신님(三神信仰)께 산신제(山神祭)를 지내고 징과 북을 동원한 농악과 함께 시행

58) 임동권, op. cit., p. 140-142.
59) 이필영, 마을신앙의 사회사(서울: 웅진출판사, 1995) 참조.
60) 박성수, op. cit., pp. 416-426.

한다. 팥죽을 쑤어 먹고, 흰색의 바지저고리에 검은 허리띠를 두르고 하는 모든 것이[61] 일본과 다르고 우리나라와 똑같다.

오키나와에서는 임진왜란 전에 충남 당진 기지시에 살던 김복선이란 사람이 줄다리기 행사를 전해주었다고 한다. 그런데 복장, 산신제, 줄다리기 행태의 모든 것이 훨씬 옛날인 우리나라 고대시대의 것이다. 일본학자들은 그래서 줄다리기가 아이누족의 것이라는 등의 기상천외 학설을 내세웠는데, 일본학자들은 결코 우리나라와의 관계를 생각하지 않기 때문에 오도된 해석을 낳는 것이다.

특히 제천의식이나 신을 모시는 제사 때는 술이 중요한데, 그것은 15세 소녀가 흰쌀을 이로 깨물어서 만드는 것으로 우리의 막걸리와 같다.[62] 현재 오키나와에는 아와모리라는 특산품 술이 있다. 아와모리도 삼별초와 함께 옮겨진 술일 가능성이 크다.

8. 봉술(몽둥이춤: 棒術), 태권도복

원초적으로 일본에는 바지나 검은 띠가 없다. 그런데 오키나와에는 이채롭게도 줄다리기는 물론이고 봉술에 있어서도 그것이 존재한다. 오늘날의 태권도복과 같은 것으로써,[63] 옛 우리나라 조상들의 화랑(신라), 선배 또는 선비(고구려), 조의(고려)가 입던 흰 바지저고리에 검은 띠가 있는 것이 꼭 같다.[64]

---

61) 고조선, 동부여, 고구려의 영역이었던 만주지역과 우리나라의 고대 복식재료와 형태는 고유한 독자성을 갖고 있다. 이웃 한족이나 일본과는 다르다.
박선희, 한국고대복식(서울: 지식산업사, 2003), pp. 675-703 참조.

62) 막걸리는 전통성이 매우 강하다. 그런데 제천의식용의 술이 일본과는 다르고 한국과 같은 막걸리인 것은 중요한 것을 시사해준다.

63) 김기홍, op. cit., p. 25.

또한 봉술무용에 해당하는 오키나와 몽둥이춤 무예가 옛 사명대사의 무예에서 보여주는 바와 원형이 똑같다.65) 불교국가였던 고려의 불교무예와 일치하는 것이다. 현재 오키나와의 관광객들에게 상설 공연장에서 누구나 보게 만드는 봉술 무예는 상무정신을 갖고 밤낮으로 무예를 익힌 삼별초와의 연관성을 보여주는 주요한 국방체조가 분명하다.

9. 널뛰기, 씨름, 돌싸움(石戰), 소싸움

오키나와에는 박물관에 전시된 절구통, 방망이, 또아리, 베틀 등의 여러 가지 민속문화가 우리나라와 너무나 똑같다.66) 비교민속학으로 차이가 전혀 없고, 두 나라의 원초적 생활문화가 같다는 것을 말한다. 또한 우리나라의 청도, 진주 등에서 시행되는 바와 똑같은 소싸움이 인기리에 시행되고 있다.

오키나와의 널뛰기가 조선 초기에 전승된 것은 이미 조선 시대의 실학자 유득공의 기록에 정확히 나온다. 그리고 씨름이나 돌싸움도 일본과는 다르고, 복장을 비롯한 진행 방법이 우리나라와 똑같다. 특히 씨름은 고려희(高麗戲)라고 불러서 고려에서 온 놀이라고 명백히 불리고 있을 정도이다.67)

홍길동 관련 자료에 의하면 줄다리기, 택견, 탈춤, 서낭당제, 용왕제, 축성술, 의술, 쌀, 무궁화, 화폐 등 다양한 조선왕국 생활문화가 그대로 전승되어 갔다고 한다. 홍길동 유적에서는 고려청자, 조선백자, 조선 화

64) 김인희, 1300년 디아스포라 고구려 유민(서울: 푸른역사, 2010) 참조.
65) 박성수, op. cit., p. 421.
66) 임동권, op. cit., p. 139.
67) 박성수, op. cit., pp. 426-427.

강암으로 만든 선박용 닻은 물론이고 다양한 우리문화가 토착화되어 있다. 심지어는 용봉통보(龍鳳通寶)라는 국적 미상의 엽전도 발견되어, 홍길동 집단이 새로운 돈을 만들 정도의 독자적이고 독립적인 강력한 나라를 건설했다고 보고 있다.

따라서 유구왕국에는 삼별초에서부터 홍길동 집단까지 대규모로 고려시대, 조선시대의 생활문화가 직접 전승되어졌다고 보인다. 또한 빈번한 교류관계로 두 나라는 거의 동질적인 문화체계가 만들어져 있었다고 보인다. 오키나와의 생활문화를 보면 유구왕국은 우리나라와 똑같게 복제된 나라라는 확신을 갖게 만든다.

Ⅳ. 유구왕국의 일월물결도 추적

도대체 왜 머나먼 태평양에 일월물결도가 탄생했는가? 왜 일월오악도를 빼닮은 유일한 정치상징 그림이 특이하게 그곳에만 있는가? 그것은 거대한 정치인류학적 추적에 의해서 자연스레 정답이 나오게 되어 있다.

1. 깊은 동질성(同質性) 사회

유구왕국의 탄생에 있어서 특히 생각할 일의 하나는, 조선왕국과 깊은 동질성을 갖고 있었음을 고려해 보는 것이다. 두 나라는 원초적으로 같은 문화권의 같은 나라이다. 그것은 개인관계와도 같은 것으로서 친구관계가 만들어지려면 수준과 문화의 동질성이 존재하거나 비슷해야 하는 것과 같다. 유유상종(類類相從)은 개인만이 아니라 국가도 같은 것이다. 그래야 외교가 되는 것이다.

일본은 임진왜란 이전까지만 해도 유구왕국보다도 문화수준이 낮았다. 따라서 유구왕국이 존경하면서 숭앙할 수준의 나라는 조선국이 확실했다고 보인다. 일본은 임진왜란 이전까지 원색적이고 흉악한 칼잡이 폭력배 집단에 불과한 낮은 차원의 나라였다고 보인다.[68] 그러한 나라가 임진왜란을 일으키면서 조선왕국을 통째로 약탈하여 오늘날의 일본이 될 토대를 만든 것이다. 그리고 떼도둑이 숫자가 많으니까 유구왕국도 약탈, 강점하였다.

따라서 유구왕국은 조선국과 뿌리도 같지만 문화수준도 비슷하고 인간미도 있는 등의 여러 요인으로, 조선왕국의 일월오악도가 전승될 토양을 충분하게 갖추고 있었다고 하겠다.

반면에 일본은 당시 너무도 무식해서 온갖 것을 왜구가 되어 노략질 약탈은 했어도, 일월오악도가 무언지도 모르는 천박하고 낮은 수준의 사회였을 것이다. 돼지 목에 진주라는 수준의 낮고 무식한 사회라, 일본에는 전혀 영향이 갈 수 없었다고도 하겠다. 생각하면 당시에 있어서 국가 서열을 매기면 조선은 월등한 선진국이고 다음에는 유구왕국이 뒤를 잇는다. 그리고 일본은 아주 낮은 수준의 무식하고 무지막지한 나라가 확실했다고 본다.[69]

유구왕국이 배움에 굶주린 학생의 나라요 공부하는 나라였다면, 일본은 무지몽매한 도둑떼에 불과했다고 보겠으며 유구국보다 훨씬 후진사회였다고 사료된다. 요즘 일본에서 억지로 떼도둑 칼잡이 왜구문화를

68) 와타나베 히로시, 박홍규 옮김, 주자학과 근세 일본사회(서울: 예문서원, 2007).
69) 하우봉 외, op. cit., p. 308.

무사도라고 꾸미며 위장시키는데,[70] 그들의 칼잡이 문화는 아무리 좋게 말한다고 해도 결코 무사도라고 미화될 수 없다. 짝을 찾기 어렵게 흉악한 것임을 동아시아 역사가 증명하고 있다.[71]

그렇기에 일본은 해외에 대한 폭력적 침략과 약탈이 그들의 본성인 것이다. 그것은 오늘날에도 근본적으로 변함이 없다. 흉악한 폭력에 의한 왜구의 약탈은 상대방을 별안간 급습하는 것은 가능해도 결과적으로는 패전하게 되어 있다. 일본의 역사는 항상 그렇게 비참한 패전으로 종말을 맺었다. 일본은 앞으로도 그것을 극복하지 못하면 미래의 발전을 스스로 그들의 칼문화로 경직되게 정체화시킬 것이 분명하며 끝내 자멸할 것이다.

2. 일월물결도 탄생의 배경

유구왕국과 조선왕국 사이의 교류는 특히 조선 초기부터 임진왜란 이전까지인 전반기의 조선시대에 집중적으로 이루어졌다. 임진왜란 이후는 유구국이 일본에 강제로 복속되며, 외교권을 상실한 상태로 존립하여 교류가 될 수 없었다. 조선왕국은 침략한 일본을 격퇴하여 승리를 했으나 유구왕국은 그렇지 못했기 때문이다.

따라서 조선국의 정치문화가 유구국에 영향을 미쳐 일월물결도가 탄

70) 안천, 타이완의 힘, op. cit., pp. 313-321.

71) 사무라이를 억지로 견강부회식 이론에 의해 무사도라고 설명한 니토베 이나조는, 그의 미국인 부인이 자꾸 일본정신이 무어냐고 물어 답변을 못하다가 책을 썼다고 했다. 그러니까 자기의 미국부인에게 거짓말을 한 것이다. 그런데 오늘날 이 책이 일본 사무라이를 대변하는 대표적인 책이 된 것이다. 사무라이가 거짓이론으로 둔갑된 것은 위선된 학자의 간교한 글에서 비롯되었다.
니토베 이나조, 양경미·권만규 옮김, 사무라이(서울: 생각의 나무, 2004) 참조.

생하게 된 것은, 조선 전반기 때에 두 나라가 교류를 활발하게 진행하며 영향을 주었기 때문이라고 본다.

1) 조국에 대한 향수

일월물결도가 탄생된 가장 확실한 배경은 유구왕국 사람들이 그리운 모국에 대해 확실한 애착심을 갖고 있었음에서 비롯되었다고 생각된다.[72] 본의 아니게 떠나온 고향을 생각하면서 모국을 자랑스럽게 생각하고, 모국에 남다른 애착을 갖고 조선국과의 교류관계를 빈번하게 가졌다고 생각된다. 그것이 일월물결도 탄생의 가장 직접적인 배경이 되었다고 하겠다. 일월물결도는 유구국 왕족이나 지배층의 조국을 향한 애틋한 사랑의 마음이 없이는 결코 탄생되기 어려운 것이었다.

유구왕국의 사회문화는 우리나라와 매우 일치하는 특이한 것이다. 일본의 본토에서는 찾아볼 수 없는 문중조직(門中組織)에다 종중회(宗中會) 간판이 붙어 있다. 또한 우리민족과 같은 족보가 대대로 전승되어 소중하게 보존되고 있다. 우리민족과 같은 씨족적 문중개념이 생생하게 살아있고, 제사 때에 문중 전체가 모이는 것 등의 모든 것이 현재도 그대로 살아있다. 오키나와의 사회문화는 그 자체가 바로 강한 뿌리의식에 바탕을 둔 조국애, 조국에 대한 꿈을 말하는 것이다. 그것은 스스로의 혈통이나 뿌리가 옛 조국이었던 조선왕국에 있음을 강하게 표출하는 것이다.[73]

2) 조선개국의 정보

유구왕국의 사람들은 자신들이 탈출한 고려왕국이 고향인 만큼, 모국인 고려왕국이 조선왕국으로 바뀌어져 새롭게 탄생한 바에 대한 정보수

---

72) 하우봉 외, op. cit., pp. 309-312 참조.
73) 임동권, op. cit., p. 140 참조.

집에 많은 노력을 기울였다고 생각된다.

조선왕국의 탄생이 자신들이 탈출했던 고려왕국을 뛰어 넘어서 새로운 신시대를 만든 것이라고 보면서, 유구왕국의 건국에 필요한 기초지식이나 기초정보를 다양하게 수집하게 된다. 그리하여 정치제도도 조선과 같이 의정부, 6조, 5군통제부를 두는 등 똑같다.[74] 그렇게 조선왕국과 비슷한 나라를 건립하는 가운데 일월오악도에 대한 정보도 입수하게 되면서 일월물결도 탄생의 토대가 만들어졌다고 하겠다.

3) 유구국 건국이념의 창출

유구왕국을 만든 사람들인 삼별초 핵심세력은 그들의 모국인 고려왕국이 조선왕국으로 바뀌어 새롭게 개국됨에 대한 소식을 수집하면서, 점차 자기들도 새로운 나라를 세울 생각을 다듬어 가게 되었다고 본다.

따라서 새로운 국가를 만들기 위한 명분축적이 필요함을 알게 된다. 그 명분축적용으로 조선왕국에서 일월오악도가 만들어진 것을 원용하여, 자신들도 건국이념에 맞는 창업도식화 그림을 만들었다고 하겠다. 그러므로 일본이나 중국을 비롯하여 세계의 다른 나라에 전혀 없는, 일월오악도의 아류 그림이 만들어지게 되었다고 생각된다. 그것은 그들의 건국이념의 뿌리를 선언한 것일 수도 있다.

3. 일월물결도의 의미

일월오악도는 조선왕국을 세운 태조 이성계 장군의 개국신화로서의, 신비스러운 금척(金尺) 꿈의 배경이 된 마이산을 형상화한 것이다.[75] 유

74) 하우봉 외, op. cit., p. 309.

구왕국을 창건한 주체세력인 삼별초 지도층들은 모국인 조선왕국에서 일월오악도에 대한 상세한 지식을 접수하고, 그들의 건국신화를 구상하게 되었다고 보인다. 그리하여 핵심 구성요소들을 3가지로 압축하여 일월오악도와 비슷한 생각을 갖고 정치상징적 도식화 작업을 했다고 하겠다.

1) 각 부문별 의미

(1) 하늘(天)

유구왕국의 건국세력은 자신들이 별안간 유구국 섬나라에 나타난 바를, 기존의 천손강림(天孫降臨)의 지식으로 설명했다고 보인다.[76] 천손사상은[77] 고려왕국이 예부터의 고조선, 부여, 고구려, 고려로 이어지면서 줄기차게 갖고 있었던 우리민족의 전통적인 국가철학으로서,[78] 유구왕국을 세운 건국의 아버지들은 예부터 전해들은 천손강림의 생각을 원용했다고 하겠다.

삼별초 중심세력인 그들은 자신들이 하늘에서 내려온 천손(天孫) 세력임을 '나무꾼과 선녀'의 모티브에서 차용하여, 두레박을 타고 하늘에서 강림하였다고 강조하였다. 우리나라의 평민들이 최고 정치지도자가 된 것을 정확히 표출해 주고 있는 것이다. 그리하여 자식들에게 모국을 떠나 새로운 땅에 온 것을 합리화시켜 설명하고, 정치세력화가 진행이 되면서 그것을 대국민 홍보용 신화로 번안하고 각색했다고 본다.

75) 이왕선, 마이산 예찬(전주: 신아출판사, 2007).
76) 김기홍, op. cit., pp. 99-105.
77) 윤내현, op. cit., p. 59-63.
78) 김병모, 한국의 발자취(서울: 정음사, 1985), pp. 101-104.

(2) 태평양의 바다 물결(波浪)

유구왕국의 창건세력은 다음으로 본인들이 바다로부터 나타난 것을 합리화하는 생각을 건국이념으로 구체화하였다. 그러면서 바다 물결로서의 파랑도(波浪圖)를 건국 배경으로 창출해내었다고 보인다.

유구왕국 건국의 아버지들이 실제로는 제주도에서 탈출해 온 삼별초 중추집단이지만, 그들이 바다로부터 나타나서 오키나와 섬으로 진입해 온 것을 미화시킬 필요로 정치신화적 물결도(파랑도)를 창안해 낸 것이다. 생각건대 그들은 유구왕국을 둘러싸고 있는 태평양의 망망대해(茫茫大海)를 강조하면서, 드넓은 대양(大洋)의 주인공이 되길 바랐다고 보인다. 그렇기에 그들은 유구왕국을 온 세계의 수많은 배가 다니는 태평양의 중심항구로 키웠다고 보인다.

삼별초는 원래 해군력이 강한 군대였다. 몽골 기병대와 혈전을 펴면서 몽골군의 약점은 해군력이 허약한 것임을 알고, 고려왕국의 핵심부가 강화도로 옮겨 갔었다. 그리고는 바다를 따라서 진도, 제주도로 옮겼을 정도로 해군력이 강했었다. 그러므로 삼별초가 옮겨간 유구왕국은 당연히 해양강국이 될 수밖에 없었다. 유구왕국이 태평양 바다의 중심국가가 되는 것은 당연한 것이었다. 따라서 유구왕국의 건국 아버지들이 바다로부터 나타난 것을 합리화하는 물결도를 그리되, 그것을 승화시키려면 다시 천손강림 사상을 첨부할 필요를 느껴 두 가지를 조합했다고 하겠다.

(3) 일월(日月)-해와 달

'일월'은 한 마디로 조선왕국에서 배워 온 것이라고 보아야 옳다. 조선왕국의 일월오악도가 마이산을 형상화하되, 우리민족이 가졌던 예부터의 전통사상이 가진 해와 달의 여러 의미를 담은 일월사상(日月思想)

을 수용한 것이다.[79] 따라서 그것을 그대로 전수 받아서 정치적 창건을 합리화시키는 그림으로서의 일월물결도(일월파랑도: 日月波浪圖)를 완성한 것이라고 하겠다.[80]

그리하여 지구상에 오로지 유구왕국에만 조선왕국의 일월오악도와 흡사한 형태의 정치상징 아류 도식화 그림이 탄생한 것이다.

2) 종합적 해석

유구왕국의 일월물결도는 크게 3개 부문으로 나누어진다. 그리고 하나로 합해져서 일월물결도를 이룬다. 그것은 물결, 하늘, 일월로서 그 3가지 조합에 의해서 일월물결도가 완성되는 것이다.

그런데 유구왕국의 일월물결도는 조선시대의 일월오악도와 대비해 보면 큰 차이가 별로 없다. 두 그림에 있어서 다섯 봉우리의 5악(五岳)만 조선국에 더 추가되어 있다고 보면 될 정도이고 나머지는 아주 흡사하다.[81]

유구왕국의 사신들은 조선국에 들러서 일월오악도를 매우 유심히 살펴보고 갔다고 생각된다. 설명도 듣고 모사도를 하나 그려 가지고 갔다고 생각될 정도이다. 그리하여 조선국의 일월오악도에서 5악만을 빼고 그 나머지를 유구왕국에 맞게 변형시키며 그림의 조화를 맞춘 일월물결도를 만들었다고 보면 되겠다.

---

79) 이 무렵 건국한 명나라의 시조 주원장(朱元璋)은 원래 우리민족이었다는 견해가 있다. 명나라의 국호가 日+月=明으로 된 것은 색다르게 주목받을 만하다.
안천, 일월오악도 제3권, op. cit., pp. 16-59 참조.

80) 현대시대에 일본에서는 일월물결도를 어후회(御後繪)라고 부른다. 직역하면 '임금님 뒷그림'이다. 생각하면 무엄하고 불경스러운 잘못된 표현이다.
사또 후미히꼬, 먼 옛날의 어후회: 유구회화의 재생(도쿄: 작품사, 2003) 참조.

81) 물론 조선왕국의 일월오악도에는 십장생 등이 가미되어 작품의 완성도를 높여주고 있는데, 그것은 훗날 가미되며 미화된 것으로 보인다.

자랑스러운 일월물결도

그리고는 조선왕국과 똑같이 그들의 임금님 용상 뒤에 배치해 놓아서, 정치적 정당성 확립용으로 활용했던 것이다. 또한 임금님의 용상 뒤에 일월물결도를 배치함으로써, 그들의 임금님이 천손신화를 갖고 바다에서 거룩하게 태어난 바를 설명하는 건국신화를 상징적으로 분명하게 선언했던 것이다.

4. 수리성 왕궁 전체와의 조화

유구왕국의 일월물결도를 보았듯이, 유구왕국이 조선왕국을 모형으로 삼아서 거의 모든 핵심요소를 그대로 전승받아 옮긴 것은 다양하게 드러난다. 그 가운데 대표적인 예를 추가하면 다음과 같다.

1) 수례문(守禮門)

수리성의 정문이 되겠는데, 현재의 문은 원형과는 대단히 거리가 멀다. 원래는 우리나라 방식의 문 그대로였다고 한다. 그렇지만 제2차 세계대전으로 완전히 파괴된 것을 1958년에 오늘날의 모습으로 복원시켰으나, 본래의 모습과는 많이 다르다. 일본인들이 막연하게 중국식을 본떠서 만들었다고 한다. 다만 일본식이 아닌 것은 분명하여 그렇게 엉터리로 고쳤다고 생각된다.

그런데 기록이 분명한 것은 수리성의 정문인 수리성문의 명칭이다. 그것은 침략자들이 마음대로 바꾸거나 오도시킬 수 없었다. 그리하여 옛부터의 이름 그대로 '수례문'이라고 했는데, 너무나 조선왕국과 꼭 같다. 조선 법궁인 경복궁의 광화문을 지나 근정전으로 들어서는 정문이 흥례문(興禮門)으로서, 수리성의 정문이 수례문인 것과 너무나 절묘하게 일치한다. 또 서울의 정문인 남쪽 대문이 '숭례문(崇禮門)'인데 '수례문'이라고 이름을 지었으니 예(禮)를 근본으로 삼는 것을 확실히 강조한 것을 그대로 옮겨간 것이다. 그리고 동쪽 대문 현판이 흥인지문(興仁之門)인 것을 흉내 내어 수례문의 현판을 수례지방(守禮之邦)이라고 했다. 그들이 자신들의 땅을 방(邦)으로 표현한 것도 의미가 있는데, 그것은 모국인 조선왕국에의 소속감을 뜻하는 것이라는 생각도 든다.[82)]

우리민족은 예부터 가정집의 대문, 관가의 문루, 학교의 정문에 건축의지를 집중적으로 강조시켰다. 서울의 홍례문, 숭례문과 수리성의 수례문 현판은 오늘날로 말하면 나라운영의 국정지표와도 같은 것이다. 그런데 그것이 두 나라가 꼭 같음은 매우 중요한 시사점이다.

특별히 여기서 유의할 사항은 유구왕국의 건국 아버지들은 자기들이 떠나온 고려(高麗)가 가오 또는 빠른 발음으로 꼬(高)에다가 나라이름 리(麗)를 합한 가오리[83)], 꼬리임을 잘 알고 있는 사람들이었다. 가오리(꼬리)는 1950년대 초인 6·25전쟁 때에 중국에서 조선민주주의인민공화국인 이북 편을 든다고 '조선족'으로 고치기 이전까지는 넓은 아시아 대륙 땅 전체에서 계속 가오리(꼬리)였다. 그래서 현재에도 우리나라를 태국, 라오스에서는 '가오리'라고 부르고, 이라크 등에서는 '꼬리'라고 부른다.[84)] 따라서 '꼬리+아'로 영어식 표기가 된 것이 Korea이다.[85)] 가오리(꼬리)는 순수한 우리말의 가운데를 뜻하는 (가웃, 가우)+리로서 '가운데 땅'이란 뜻이다. 따라서 Korea를 한자로 번역하면 중국(中國)이

---

82) 그런데 수례문을 제외하고 나머지 왕궁의 문 이름들은 그들의 토착 정신문화가 그대로 나타난다. 조선왕국은 정도전이 유교경전에서 따다가 지었지만, 유구국은 옛 전통의 토착 사상이나 종교에 따른 봉신문(奉神門), 광복문(廣福門), 서천문(瑞泉門), 환회문(歡會門) 등으로 지었다고 보면 된다.
이한우, 태종 조선의 길을 열다(서울: 해냄출판사, 2005), p. 171 참조.

83) 신채호, 이만열 주석, 조선상고사 상권(서울: 형설출판사,1988), p. 171.

84) 또한 러시아에서는 러시아식으로 '까레이스키'라고 부른다.

85) 안천, 거시국토통일론: 만주는 우리땅이다(서울: 인간사랑, 1990) 참조.

고 한글로 쓰면 가오리(꼬리)이다.[86] 또한 한자뜻 그대로 높은(高) 나라를 뜻했다고도 하겠다.

수리성의 정문

그런데 고구려(고려) 계열의 북방족 지배를 길게 받은 한족(漢族)들이 식민지배의 잔재로 가오리를 자기들 것인 줄 착각하게 되었다. 하도 오래 피지배 상태에 놓이다 보니까, 지배문화와 피지배 문화를 혼동하게 된 것이다. 그리하여 가오리를 한자로 번역해 중국(中國)이라고 쓰는데, 중국 즉 가오리는 원래 우리나라를 말한다. 현재 중국이 스스로를 중국이라는 국호로 부르는 것은, 그들이 1천년 이상 가오리(중국)의 식민지였음을 자백하는 식민중국(植民中國), 피지배중국(被支配中國), 불쌍한 중국과도 같은 뜻의 치욕적인 것이다.[87]

그렇지만 유구왕국의 건국 주체자들은 가오리(꼬리:高麗)에서 온 자기들을 잘 알기에 스스로를 방(邦)으로 써서, 유구왕국을 겸손하게 수례지방(守禮之邦)으로 불렀다고 생각된다. 그것은 유구국이 조선왕국과

86) 우리들이 통상 먼 옛날을 '고리 적 애기'라고 표현하는데, '고리 적'은 '가오리 적'이고 바로 '가오리 때'를 뜻한다. 그러니까 '고리 적'은 '고려 때'를 말하는 것으로서, 조선시대에 민간사회에서 널리 쓰이던 용어이다.

87) 그들은 한(漢), 송(宋), 명(明)나라였지 중국이라고 한 적이 없다. 그리고 China는 Chin(진) +a 로서 진시황 때의 진나라를 말한다. 청나라 이후에 '중국'이라고 국호를 쓴 것은 희극이며, 차라리 진(Chin+a)나라로 돌아갔어야 옳다.

같은 가우리라고 선언하는 것과도 같다.

2) 용문화(龍文化)

3500년 전의 황하문명보다 훨씬 앞서서 약 7천년 전에 문명이 발상된 요하 상류에 있는, 만주땅의 옛 고조선 영역에서[88] 최근에 가장 오래된 용의 모습 원형이 발견되었다. 중국에서는 그것을 중국제1룡(中國第一龍)이라고 높여 부르고 있다.[89] 그것은 그들의 내면적 속마음에 커다란 충격적 당혹감을 안겨 주었는데, 용은 고조선 옛터에서부터 나온 우리 민족의 고유한 문화임이 드러났기 때문이다.[90] 용(龍)은 원래 옛 고조선 문화의 전형적인 것이다.

중국이 예부터 고조선, 고구려의 후예 민족들인 거란, 여진, 몽골의 지배를 길게 받으며 용문화가 중국땅에도 옮겨졌다. 중국을 지배한 만주땅 지배문화가 전승된 것이니까, 중국의 용문화는 1천년 이상의 긴 시간에 걸쳐 중국이 만주땅 세력의 부끄러운 식민지였음을 뜻한다. 그래서 그들은 용, 가오리 등 여러 가지를 자기들의 고유문화로 착각한다. 그러므로 중국은 그들의 나라이름은 물론 가장 중요한 상징이 모두 허상이고, 가짜이다.

삼별초는 대몽항쟁의 최초 기지인 전라남도 진도에 항전기지로서 궁전과 성을 쌓았다. 그 성의 이름이 용장성(龍藏城)이다.[91] 그것은 용(龍)

---

88) 세계 4대 문명 발상지로 그간 황하를 꼽았으나, 만주땅의 고조선 옛터인 요하가 황하보다 수천년을 앞서는 선진문화임을 말해주고 있다. 중국에서 탐원공정, 동북공정을 강행하는 것은 이 충격으로 나타난 역사왜곡 작업임을 말한다.

89) 이형구, 이기환, 코리안 루트를 찾아서(서울: 성안당, 2009), pp. 56-64.

90) 이형구, 한국고대문화의 비밀(서울: 김영사, 2004), pp. 118-122.

91) 용장성은 용장사라는 절이 있던 곳을 접수하여 성을 쌓았다. 용장사는 삼별초 이전부터 존재한 것이라는 고고학 자료로서의 기와가 나왔다.
윤용혁, 고려 삼별초의 대몽항쟁(서울: 일지사, 2000), p. 166 참조.

을 모시고 보호해 준다는 뜻이다. 진도가 함락되고서 1만여 명 이상의 포로가 잡힐 정도로 큰 세력을 가졌던 삼별초가 항전했던 성으로서, 이미 용사상(龍思想)이 존재하고 있었음을 뜻한다.

삼별초는 진도에 궁전과 함께 둘레 13km에다가 면적이 약 258만평인 커다란 성을 쌓았는데, 오키나와에도 똑같이 수리성을 쌓고 궁전을 지었다. 그리고 수리성에도 용문화가 확실하게 뿌리내린다.

유구왕국에서는 삼별초의 군인집단이 예부터의 용문화를 알고서 건국하여 용문화가 그대로 전승되기도 했겠지만, 경복궁 근정전의 찬란한 용조각상 등을 보면서 수리성의 왕궁에도 용문화가 그대로 전승되었다고 보인다. 수리성에는 매우 아름답게 조각된 용의 날아갈 듯한 석상이, 정전 한 가운데 좌우로 4.1m 크기로 크고도 당당하게 자리를 잡고 있다.92) 아마도 그것은 성종 때에 유구국 사신이 경복궁의 용을 보고서 크게 감탄했던 용의 모습 그대로가 아닌가 생각된다. 두 마리의 용조각은 매우 뛰어난 예술작품으로써 세계적 수준의 아름다움을 자랑하고 있다. 용은 유구국에 많은 영향을 주어서 왕궁 전체로는 총 33개의 용조각이 있다.

그리고 수리성 성벽의 계단 아래로 물이 흘러나오는 용머리 모양의 예술성 높은 조각품인 용통(龍樋)이 있어, 왕궁의 식수로 쓰인 샘물에도 용문화가 뚜렷이 남아있다. 무릇 예전 성을 쌓을 때에는 물의 존재가 필수적인데, 수리성의 용통에는 지금도 맑은 물이 콸콸 쏟아져 나오고 있다. 그 샘물을 서천(瑞泉)이라고 부르고 물이 나오는 곳을 용통이라고 부르니, 그 샘물은 임금님이 잡수시는 용수(龍水)로 승격되는 것이다. 그리고 거기에 세워진 문을 서천문(瑞泉門)이라 불러, 성스러운 물이 나오는 성역으로의 경계를 삼는 것이다.

일본에는 원래 용문화가 없다.93) 수리성의 용 석상은 경복궁의 경회

92) 박성수, op. cit., p. 414 참조.

수리성 궁궐의 용두 석상

고려(개성박물관) 용두 석상

루에서 모방한 것이 분명하다. 더구나 경복궁은 임진왜란 때에 폐허가 된 것을 대원군이 나중에 새로 지은 것이므로, 수리성의 용 석상이 보다 경회루에 예전에 있었던 원형에 가까울 수도 있는 매우 중요한 유물이다. 현재 경복궁의 근정전 천정에는 황금빛의 찬란한 두 마리의 용이 서로를 희롱하며 하늘을 나는 눈부신 예술품이 있어 관광객을 놀라게 하고 있다. 그리고 영국 엘리자베스 여왕이 몸소 답사한 경북 안동의 봉정사 대웅전의 생동하는 용그림이나, 조선호텔 앞 환구단 돌 북(석고: 石鼓)에 새겨진 현란한 용조각은 용 문화의 본고장을 생생히 증명한다. 생각하건대 수리성의 용조각은 성종 8년에 조선

93) 훗날 약간씩 보이는 일본의 용 숭배는 오키나와에서 온 것이다. 일본에서는 용이 아니라 뱀에 대한 기록이 많다.
서영대 엮음, 용 그 신화와 문화(서울: 민속원, 2002), pp. 89-103.

왕국을 방문했던 유구왕국 신하가 크게 감동했던 것을 그대로 복제해 간 용조각의 원형으로서, 근정전 천정의 작품과 함께 세계 최고의 용조각 작품이라고 생각된다.

3) 고려견(高麗犬)과 고려초(高麗草)

서울을 상징하는 조각품의 하나가 광화문에 있는 해치(해태) 돌조각이다. 우리나라 사람들은 예전에 경복궁 앞에 좌우로 우람한 해치(해태)가 정문을 지켜주던 사진을 보면서도 감흥이 없다. 까맣게 잃어버린 문화이기 때문이다. 그런데 오키나와에는 우리의 잃어버린 해치가 생생하게 집집마다 살아 있다. 오키나와 박물관 뜰에 진열된 옛 해치는 우리나라에서 간 것이 뚜렷이 느껴지게 닮았다.

그런데 오키나와에서는 해치를 관광상품으로 개발하여 다양하게 변모시켜, 이름도 '사자'로 바꿔 판매하고 있다. 자그마한 것부터 큰 것까지 종류도 많고, 예술성이 높게 작품 수준을 향상시킨 것도 많다. 우리나라에서 간 사람들은 언뜻 보아서는 이질감을 느낄 수도 있다. 현재 오키나와의 집집마다 대문에 암 수 한 쌍이 지키고 있고 심지어는 지붕에도 당당하게 앉아서 존재하는 해치는, 예전의 신라 왕릉이 밀집한 경주에 가보면 똑같은 것을 쉽게 볼 수 있다. 오늘날의 오키나와에 있는 해치는 바로 예전의 우리민족 생활문화가 그대로 옮겨 간 것임을 알게 된다.[94]

---

94) ① 신라 때의 것은 이사부(異斯夫) 장군의 울릉도 복속 때에 사용한 사자상에서 유래했다고 한다. 현재 북청 사자놀이나 강릉 단오제 행사 등에 남은 것이 있는데, 악을 물리치는 벽사기능을 갖고 있다. 어떻든 사자놀이, 해치 등이 유구왕국에 그대로 전해져 있다. ② 이를 볼 때에 우리나라에서 해치라고 부르는 것이 틀리고, 사자가 맞는 것이 혹시 아닐까 생각된다. 유구왕국에 보다 순수한 것이 남았기 때문이다.

고구려 돌사자(평양)

유구왕국 돌사자

그런데 오키나와의 전통적인 성스러운 산에 해치 원형의 조각상이 자리 잡고 있는데, 이를 고려견이라고 부른다. 유구왕국의 정치적 상징동물이라고 하겠는데 이름이 묘하게도 고려견인 것이다. 그런데 결코 개가 아니고 우리나라 경복궁 앞의 해치 그대로의 동물이다(그런데 일본에는 신사의 어디에나 고양이, 여우 비슷한 모습으로 생긴 고려견이라고 부르는 것이 있다. 유구왕국에는 고려왕국의 것이 그대로 간 것이고, 그것이 재차 일본열도로 퍼져 나가면서 이름만 고려견이라고 일본땅에 전해지고 실체는 바뀐 것이 아닐까 생각되기도 한다).

우리민족은 현대시대로 오면서 우리의 고유한 문화를 상실한 것이 적지 않다. 예부터 집안에 들어오는 잡귀를 막아준다고 믿은 해치는 거의 망각된 생활문화이다. 그러니까 유구왕국의 옛터에 생생히 남은 해치 생활문화가 오히려 이질적으로 보여지는데, 그것은 원래 우리의 고유한 것이 전해진 우리의 고유문화가 분명하다.

그리고 우리의 전통 생활문화를 재검토할 주요한 것으로 고추가 있다. 오키나와에는 고추나무가 있어서 아주 작고 매운 고추가 달리는데,

그것의 이름이 고려초이다. 통상 우리는 고추가 남아메리카 원산이며 콜럼버스 이후에 아메리카에서 건너 온 것이라고 아는데, 고추의 전래 경로와 시기는 확정된 학설이 아직 없다. 고추는 북방전래설과 남방전래설이 공존하고 있다. 왜냐하면 임진왜란 이전의 조선서적에도 고추의 기록이 있기 때문이다. 그리고 임진왜란 당시에도 이미 고추는 우리나라에서 널리 재배되고 있었다.[95] 그런데 임진왜란 이전부터 특히 고려초라는 이름으로 고추가 오키나와에 존재하고 있는 것은 의미 있는 생활상징이다. 오키나와의 고추는 고려 때부터의 고추 원형으로서, 삼별초가 옮겨가며 고려견과 함께 가져 간 것이라고 생각된다.[96] 고려초는 옛날부터 고려에 있던 것이 분명하다고 본다.

고추는 일본인들과 우리민족을 음식문화로 구별하는 주요한 기준의 하나이다. 우리민족에게서는 고추문화를 빼고서 음식문화의 설명이 쉽지 않으나, 일본에는 고추문화가 원초적으로 없다고 본다. 그런데 유구왕국에 고려초라는 이름으로 고추가 널리 퍼져 있는 것은, 우리민족과 유구왕국이 고추에 의해서도 깊은 연결점을 갖고 있음을 말한다. 생각하건대 고추는 우리민족의 음식 상징일 수도 있다. 그래서 그것을 고려초라고 불렀다고도 생각된다. 고추는 고려초를 말하는 고초(高草)와도 깊은 연결이 있어 보이며, 그것이 고려초로서의 고추가 되었다고 생각되기도 한다. 유구왕국에 고려초(고추)가 널리 자생하는 것은, 유구왕국이 우리민족과 근본적인 생활문화가 동일하기 때문이라고 해석된다.[97]

95) 최홍식, 한국의 김치문화와 식생활(서울: 도서출판 효일, 2002), p. 237.
96) 박성수, op. cit., pp. 428-430.
97) 유구왕국의 풍속은 일본이나 중국과 유사성이 낮고 매우 독자적이다. 하우봉 외, op. cit., p. 295.

4) 나하(那覇)

'나하'는 오키나와의 중심이 되는 대표적 도시의 명칭이다. 옛 유구왕국이 그대로 있다면 수도가 될 곳으로서, 현재 오키나와의 관공서인 현청과 주요기관이 집중적으로 모여 있다.

'나하'는 예부터 유구왕국의 중심지이다. 그런데 그곳을 '나하'라고 부르는 것은 매우 의미심장하게 살펴야 되리라고 본다. 오키나와 땅에 일본인들의 침략강점 약탈이 있기 이전부터의 명칭이 '나하'인 것은, 바로 예부터 우리민족이 쓰던 '나라'가 약간 변형되어서 남은 지명이라고 생각될 수도 있다.

만주땅의 고조선 옛터는 우하량(牛河梁)이다.[98] 이것은 사실상 한자발음의 이두글이라고 보는데 누허량→누어라→나라라고 생각된다. 고조선 때부터의 '중심지 땅'이라는 용어가 오늘날에는 우리들의 '나라'라는 보통명사가 되었다고 생각된다. 그리고 머나먼 옛날에 일본으로 건너가서 현재의 '나라(奈良)' 도시 명칭이 되었음은 널리 알려진 것이다.

오키나와 언어는 일본어와 전혀 다른 독자적인 언어이다.[99] 그런데 그 언어가 우리말과 매우 유사하다. 일본인들과 유구 원주민은 기층문화가 전혀 달라서, 일본인들도 통역이 있어야 유구 원주민과 대화가 된다. 그렇지만 유구의 원주민들에는 우리말과 비슷한 것이 많아서 예컨대 엄마를 암마라고 하고 할머니를 아빠라고 부르니, 그것은 예전 고려 때까지의 모계사회[100] 흐름을 반영한다고 보인다.[101] 마찬가지로 오키나와의 '나하'는 삼별초가 건너가서, 예부터 고향에서 쓰던 대로 자기들

98) 우실하, 요하문명론(서울: 소나무, 2007), pp. 166-194.

99) 임동권, op. cit., p. 136.

100) 유구왕국은 국왕의 어머니가 실권자이고, 여성 신녀(神女)가 있으며, 여자의 권한이 크고 모계사회로서의 여권(女權)이 강하다.
하우봉 외, op. cit., p. 295.

101) 박성수, op. cit., p. 430.

의 정치행정적 사회생활의 중심지를 '나라'라고 부르던 것의 잔재라는 해석도 가능하다.

만주땅의 우하랑(나라)이나, 일본의 나라, 그리고 우리의 언어인 나라는 모두 그 중심에 행정청과 함께 수도가 있다. 유구왕국에도 수리(首里)가 있는 곳을 '나하'라고 부르는 것은 너무나 자연스러운 일이라고 보겠다. 특히 아울러 생각할 것으로 고구려 때에는 나(那) 혹은 노(奴)라고 부르는 작은 정치집단이 있었다. 나하는 이것과도 큰 연결점이 있다고 생각될 수 있다.[102)]

5) 가(家)

'나하'와 함께 생각해 볼 주요한 것이 또 있다. 오키나와에서는 일본과 전혀 다르게 집에서 돼지를 기르고 있다.[103)] 사람이 사는 주거시설 밑에 돼지가 사는 것이 만주땅의 고구려 풍습 그대로이다.[104)] 오키나와에서는 돼지우리 위에 나무판을 걸쳐 놓고서 용변을 보는 것 등이 고구려의 풍습 그대로이다.(이것은 제주도도 똑같으니, 제주도와의 연결성도 매우 크다.) 예전에 고려 문화가 삼별초와 함께 그대로 옮겨 갔다고 생각해도 무리가 없겠다.[105)]

이것은 한자 글자의 가(家)가 형성된 것을 말하는 것으로서, 가(집)는 宀+豕 의 합성글자이다.[106)] 한자의 가(家)는 한족(漢族)들의 토굴 생활과도 다르고, 일본의 다다미 돗자리 문화와도 다르다. 한자에 있어서 가(家)는 대단히 중요한 글자로서, 그것이 우리민족과 직결됨은 매우 많은

---

102) 고구려 연구재단, 다시 보는 고구려사, 2004, pp. 200-206 참조.
103) 김광언, 동아시아의 뒷간(서울: 민속원,2002), pp. 393-394 참조.
104) 임동권, op. cit., p. 137.
105) 오키나와 현립 박물관에 이 화장실을 주요 민속자료로 전시해 놓았을 만큼 학술적 가치가 있다고 보고 있다.
106) 안천, 타이완의 힘, op. cit., p. 30.

것을 암시한다.

집은 왕실로 얘기하면 왕궁이 되는 것이고, 백성들 사이에서는 집이 되는 것이다. 고구려의 국내성은 '집안'이라고 쓸 정도로, 집은 수도의 원초적 개념이 되기도 한다. 그런데 오키나와의 주거생활이 우리민족과 원형이 그대로 똑같은 것은 매우 유의해야 할 것이다. 그것은 오키나와의 수리성이 위치하고 있는 높은 궁전을 보는 눈과, 모든 오키나와 주민들의 집(家)이 우리민족과 같은 것을 뜻하는 것이다. 국가심리적으로 매우 주요하게 고려되어야 하겠으니, 오키나와 원주민의 삶이 가(家)라는 글자 그대로이기 때문이다.

생각건대 가(家)라는 글자는 우리민족과 돼지(豚)의 끊을 수 없는 밀접한 관계를 말해 준다. 그리고 오키나와의 유구 원주민들의 삶이 바로 돼지와의 긴밀한 관계를 갖는 글자 가(家)와 같은 삶을 사는 것을 말해 준다.

특히 유의할 것으로서 家의 글자는 개념상 예부터 고구려의 창고였던 '부경'이 있어야 하는데, 그것은 부경 밑에 돼지가 있는 글자이기 때문이다. 그런데 오키나와에는 곳곳의 민속촌에 부경을 고창(高倉)이라는 이름으로 특별전시 할 정도로 그대로 남아 있다. 흡사 원두막 창고와 같은 부경은 옥수수 등의 농작물을 넣어 두는 고구려 전래의 창고로서, 현재 만주땅은 물론이고 우리나라의 강원도에 까지 현존하는 것이다. 그런데 그것이 생생하게 유구왕국에 고창이라고 남은 것은 고려창(高麗倉)을 뜻하는 것이 확실하다. 오늘날 고창은 오키나와의 상징물과 같이 특별하게 모셔질 정도이다.

오키나와에는 심장병, 암, 전립선암 등이 거의 없다. 일본인에 많은 뇌졸중도 일본 평균의 1/3에 불과하다. 오키나와는 일본에서 가장 장수하는 사람들이 많은 장수지방(長壽之邦)이며, 세계적으로도 유명한 장수촌에 해당한다. 그런데 유구 원주민의 장수 음식이 곧 돼지고기 보쌈이다. 돼지고기의 기름이 하나도 없게 푹 삶아낸 담백한 고기가 오키나와의 특산품인데, 우리민족에게는 결코 그것이 특산품이 아니라 보편적인 음식이다. 돼지 머리고기나 족발, 삼겹살 및 돼지보쌈이 오키나와에서 특산품임은 유구 원주민과 일본인들은 서로 다른 삶을 살아온 것을 뜻한다. 그리고 돼지 머리고기나 돼지 족발, 돼지 귀, 돼지 삼겹살, 돼지보쌈이 우리나라에서는 보편적 음식임은, 유구 원주민이 우리민족과 음식문화의 뿌리가 근본적으로 같은 동족임을 생생히 증명한다.107)

유구왕국은 예부터 죽지도 늙지도 않는 신비로운 신선사상의 봉래섬(蓬萊島)이었다. 공해가 전혀 없고 오염이 없는 깨끗한 태평양 바다에, 장수음식을 먹으면서 성실하고 정직하게 사는 사람들이 사는 곳이 바로 신선(神仙)들이 사는 곳인 것이다. 일본인들은 왜구 도둑떼로 살다가 유구 원주민의 삶을 보면서 감탄을 하며 장수촌에 신기해 한다. 그런데 유구 원주민의 삶은 바로 조선왕국 사람들의 옛 본모습이다. 한국인들의 원초적 본모습인 것이다.

일본인들이 조선왕국 사람들과 유구왕국 사람들에게 얼마나 악독한 사람들이었나를 잊고서, 막연하게 오늘날의 유구 원주민을 보니까 놀라운 것이다. 돼지보쌈이 신기하고 장수촌도 신비하며 유구 원주민의 모든 것이 기이한데, 그것은 바로 일본 왜구들이 끊임없이 약탈 노략질을 했던 조선왕국의 옛 본모습임을 유의해야 한다.

왜구 도둑떼로 있을 때에 보지 못하던 것을 오늘날의 눈으로 보니 유구왕국이 신비로운 것이다. 그리고 오늘날 우리나라의 현대적 삶의 진

107) 유구왕국에서 일본인들이 경악하며 놀라는 것이 또 있는데, 그것은 뱀술이다. 뱀술은 그러나 한국땅에서는 예부터 보편적인 것이었고, 유구왕국은 뱀술문화로서도 우리민족과 일치한다.

실된 모습에 매료되어진 행태를 한류(Korean wave)라고 하는 것이다. 실제로 한국문화에 감탄하는 한류는 먼 옛날의 왜구 때부터 꾸준히 있어왔다.

6) 태극사상(太極思想)

유구왕국의 깃발 혹은 문장(紋章)에는 삼태극(三太極)이 새겨져 있다. 유구왕국이 최후로 일본에 강점 합병된 청일전쟁 직전까지 독립국으로서의 국기를 갖고 있었으며, 그 국기에는 태극사상에 따라 삼태극을 그려 넣었다고 보인다. 그것은 매우 기묘하게도 우리나라와 같은 사상배경을 가진 것이다.

조선왕국의 개국이념은 대한제국 때의 훈장규정을 보면 매우 뚜렷하게 상징적으로 구체화시켜서 알려주고 있다.[108] 조선왕국의 대표적 개국상징은 훈장조례에, 태조 고황제와 직결된 금척(金尺), 이화(梨花), 태극(太極), 자응(紫應)의 4가지로 규정하고 있다.[109]

따라서 최고의 위치에 금척대훈장이 있고, 그 다음으로 이화대훈장이 있다. 다음에 문관에게 주는 태극장이 8등급, 군인들의 무공훈장으로 자응장이 8등급이다. 여기서 이화대훈장은 태조 고황제의 황통을 낳은 핏줄을 잊지 말라는 것이고, 자응장은 태조 고황제의 용맹을 따르라는 것이다.

그러면 태극장은 바로 조선 황통을 낳은 사상적 배경이 태극사상임을 말해 주는 것이다. 우리는 통상적으로 알기를 예전 대한제국 무렵에 일본이나 미국 등을 방문하면서 박영효 등의 외교관이 국기를 처음으로 그려서 갖고 갔다고 말한다. 그러나 그것은 오해일 가능성이 크다. 국기제정과 같은 엄청난 국가 대사를 어느 고위관료가 배 위에서 즉흥성이

---

108) 고종실록 제40권, 훈장조례 참조.

109) 이강칠, op. cit., pp. 85-109.

있게 결정할 수는 없다고 본다. 우리나라의 국기로서의 국가상징은 개국사상으로서의 태극사상에 따른 태극이었다고 보인다. 그렇기에 문관의 훈장이 8등급으로 정한 태극장이 되어 나왔다고 보인다. 왜냐하면 금척, 이화, 자응이 확고하게 태조 고황제의 조선개국 사상과 직결되는데, 태극만 나중에 등장할 수는 없다. 우리나라의 태극기는 조선개국의 상징인 태극사상을 구체화한 것이 맞다. 왜냐하면 최초의 태극기에는 삼태극도 있기 때문이다.[110)]

그런데 유구왕국의 국기가 4괘가 없는 삼태극인 것은 매우 흥미로운 일이다. 유구왕국의 건국이념은 너무나 놀라울 정도로 조선왕국과 일치함이 크다. 사실상 태극기도 두 나라가 똑같다.

7) 장례문화(葬禮文化)

오키나와에는 일본인들이 전혀 이해할 수 없는 장례문화가 존재한다. 그것은 특히 유구왕국의 왕릉인 옥릉(玉陵: 다마우돈)에서부터 매우 특이한 모습을 갖는다. 그리하여 세계문화유산으로 유네스코에서 공인된 지위를 가질 만큼 특별한 장례풍습이다.

옥릉은 역대 유구왕국 국왕의 유골을 안치한 왕릉이다. 옥릉은 유구왕국의 3대 상진왕(尙眞王)이 1501년에 부친인 상원왕(尙圓王)의 유골을 모시면서부터 건축된 것이다. 옥릉은 서실, 중실, 동실의 3개 건축물이 붙여져 있다. 중실은 장례 후 시신을 탈골될 때까지 모셔 두는 방이다. 탈골이 되면 뼈를 깨끗이 씻어서 왕과 왕비의 뼈는 동실에, 다른 왕족의 뼈는 서실에 모신다.

이러한 장례문화는 우리나라의 남쪽 바닷가 지방과 섬 지역에 오늘날까지 그대로 남아 있는 보편적인 모습이다. 생각하면 상원왕은 본명이

---

110) 송춘영, 태극기의 변천과 국기교육(서울: 형설출판사, 2006), pp. 57-63.

김환(金丸)으로 유구왕이 되면서 상(尙)씨로 바꿔 부른 것이다. 상원왕이 사실상 유구왕국의 시조 임금님이면서 삼별초 출신일 것은 거의 확실하다. 그러니까 유구왕국의 왕릉이 우리나라의 남도 바닷가나 섬 지역의 장례문화와 일치하는 것은 전혀 이상한 일이 아닌 것이다.

우리나라의 남쪽 해안지방, 섬에서는 사람이 죽으면 바닷바람이 잘 통하는 큰 나무 아래 등에 시신을 짚으로 잘 싸서 모셔 둔다. 그리고 시신이 완전히 썩어서 뼈만 남은 상태를 탈골이라고 하는데, 그렇게 깨끗이 남은 뼈만 잘 씻어서 매장하는 것을 초장(草葬) 혹은 풍장(風葬)이라고 부른다.

5. 일월물결도의 사상

1) 만국진량종(萬國津梁鐘)

유구왕국의 국가혼(國家魂)을 말해주는 주요한 것으로서, 일월물결도에 담긴 사상을 대변하는 것이 있다. 현재 일본의 국가중요문화재로 지정되어 있는 '만국진량(萬國津梁)의 종'이 그것이다.[111] 1458년에 유구왕 상태구(尙泰久)는 유구왕국의 번영을 바탕으로 국가적 자존심을 상징하는 13개의 종을 만들어, 수리성을 비롯한 전국의 성이나 주요한 절에 걸어 두게 하였다. 그 가운데 수리성의 정전(正殿)에 걸린 종의 명문(銘文)이 유명하다.

여기에는 '유구국은 남해의 승지로서(琉球國者南海勝地) 삼한의 뛰어난 문화를 모으고(以鍾三韓之秀), 명나라로써 보차를 삼으며(以大明爲輔車) 일본 지역과는 순치의 관계를 이루니(以日域爲脣齒), 유구왕국은 명

111) 하우봉 외, op. cit., pp. 306-308.

나라와 일본의 가운데에 용솟아 오른 봉래섬이다(在此二中間湧出之蓬萊嶋也). 많은 배로써 모든 나라의 항구가 되고(以舟楫爲萬國之津梁), 외국산 물품과 보물은 수많은 절에 가득하도다(異産至寶充牣十萬刹)라고 선언하고 있다.

이 종에는 유구왕국이 '세계 중심 항구'라고 하는 만국진량(萬國津梁)이란 유명한 구절이 있어 '만국진량종'이라고 부른다. 이것은 유구왕국이 오늘날의 뉴욕이나 부산, 싱가포르와 같이 세계무역선의 거대한 집합항구이며,[112] 외국 산물과 보배가 수많은 절에 가득하다면서 유구왕국의 국력을 자랑하며 국가경제가 탄탄함을 뽐내고 있다. 일본은 이렇게 잘 사는 유구왕국을 임진왜란 직후에 급습하여 휩쓸어 약탈했다. 그리고 훗날 경술왜란 직전에는 강점 침략을 하고서 끝내 일본땅으로 만든다.

일본 남부의 사츠마번(薩摩藩)은 유구왕국을 전면 침공하여 약탈한 왜구 도둑떼의 총본산이다. 그들은 임진왜란 때에도 선봉에 서서 조선왕국을 전반적으로 살육, 방화, 약탈하였다. 그리고는 약탈한 힘을 바탕으로 훗날 일본 전체를 제패하며 명치유신을 하고서, 다시 경술왜란으로 조선왕국을 강점 침략했다. 형편없는 칼잡이 흉악왜구들이 조선왕국과 유구왕국을 휩쓸어 약탈하며 오늘의 일본이 된 것이다. 사츠마번이 일본을 제패한 것은 결코 우연이 아니다. 번영의 정점에 있던 조선왕국과 유구왕국을 휩쓸어 약탈한 도적질이 사츠마가 부강하게 된 기본 토대였다. 그래서 일본인들에게는 도적질, 약탈, 침략이 체질화되어 있다.

그럼에도 일본에서는 사츠마번이 별안간 부강해진 이유를 포르투갈,

112) 유구왕국이 남해(南海)에 있다고 함은, 그들의 원초적인 존재 의식이 원래 유구왕국의 북쪽에 있었다는 뜻이다. 그들의 마음의 고향이 북방임을 의미한다. 특히 뒷 문장을 보면 유구왕국의 본고향이 조선왕국임을 그대로 증명한다.

네덜란드 등의 서양과 무역을 하여 부강해졌다고 원색적인 거짓말을 하고 있다. 그 거짓말은 사츠마번이 유구왕국의 세계무역항구 기능까지 약탈했다는 뜻의 변명이다. 너무나 뻔뻔스럽고 구차한 거짓말이다. 솔직하게 도적질 약탈로 돈을 모았다고 해야 옳다.113)

만국진량종에는 당시 유구왕국이 보는 국제적 안목이 뚜렷이 나타나 있다. 여기에는 첫째로 조선왕국(三韓)을 명나라나 일본보다 높게 평가하고 있다. 둘째로 중국과 일본은 정치적 군사적 측면을 말하면서, 조선왕국에서는 뛰어난 문화를 배운다고 하여 조선국이 명나라나 일본보다 높게 평가되고 있다. 만국진량종에는 유구왕국의 건국 아버지들이 가진 국가관, 국제관이 명쾌하게 나타나 있다.

일월물결도에 담겨진 유구왕국의 건국이념이나 국가이념은 만국진량종에 그 입장이 뚜렷이 담겨져 있다. 유구왕국은 당시 조선왕국을 그들의 모국이라고 보는 것 이상의 시각을 갖고 있었다고 생각된다. 현재의 우리들은 일본에게 처참하게 침탈당했던 경술왜란의 후유증으로 매우 위축된 자기인식을 하고 있다. 그리고 부정적 자화상을 가진 경우가 부지불식간에 많이 나타난다.

그렇지만 당시 유구왕국은 명나라가114) 거란족, 여진족, 몽골족에게 수백년간 처참한 지배를 받던 한심한 나라로서 북방족들의 비굴한 식민지였던 나라임을 잘 알고 있었다. 더구나 몽골족을 몰아낸 주원장은 떠돌이 돌중이며, 그가 황건적 떼도둑 정권으로서의 나라를 세웠기에 명나라가 천박하고 무식함을 잘 알고 있었다고 보인다.115) 또한 일본도 무자비한 칼잡이들의 어설픈 미성숙 국가단계 임을 잘 알고 있었기에, 나라라고

113) 그 거짓말에서 유일하게 숨기지 않는 것이 도자기 기술 약탈이다. 하지만 일본은 도자기는 물론이고 전방위 전천후 약탈로 오늘의 일본이 만들어졌다.

114) 전순동, 명왕조 성립사 연구(청주: 도서출판 개신, 2000), 참조.

115) 오함, 박원호 옮김, 주원장전(서울: 지식산업사, 2003), pp. 23-82.

부르지도 않고 국가 취급도 않으며 해뜨는 곳이란 지역(日域)으로 낮게 평가했다고 보인다. 유구왕국의 일월물결도에는 당시의 동아시아 국제관이 그대로 담겨져서 정치적 상징그림으로 만들어졌다고 생각된다.

2) 유구혼(琉球魂) – 유구왕국의 위대한 건국정신

유구왕국의 건국정신을 담은 정치상징 도식화 그림으로서의 일월물결도는 단순한 도형이 아니다. 거기에는 유구건국의 사상이 담겨 있고 위대한 정신이 깃들어 있다. 지금까지 논의해 온 바를 종합하여 정리하면, 유구왕국의 건국정신인 유구혼은 다음과 같이 정리될 수 있다. 물론 보다 다양한 것이 거론될 수 있겠지만, 가장 확실한 것을 말해 보면 아래와 같다.

(1) 독립정신(獨立精神)

유구왕국의 건국 아버지들의 가장 확고한 기본정신은 절대로 침략자에 굴복하거나 타협하지 않는 독립정신이라고 하겠다. 유구왕국의 건국이 이루어진 출발점은 삼별초의 항쟁에서 비롯되었다. 몽골족의 거센 침략에 맞서 끝까지 싸우면서 결사항전의 전투를 감행한 것은, 어떠한 외세에도 굴복하지 않는 독립정신을 뜻한다.

물론 유구왕국은 임진왜란 무렵부터 엄습해 오는 일본의 침략에 직면하여, 군사력이 약하여 참담하게 강점을 당하였지만 결코 궁극적 항복을 한 것은 아니라고 하겠다. 몽골족 같은 무서운 외적의 침략에도 항복함이 없었던 삼별초 정신은, 유구왕국의 원주민들에게 오늘날에도 꿋꿋이 살아있다고 생각된다.

극악한 일본인들의 침략, 약탈, 방화, 강간, 파괴, 폭력을 겪고 홋가이도의 아이누족은 씨가 마를 정도로 비참하게 사라졌으나 유구왕국의 원주민은 의연하게 살아 있다. 그리고 일본인들 때문에 미군 주둔이 이루어진 것을 극복하려고, 현재에도 단호하게 주체적인 목소리를 내고 있다.

유구 원주민들은 역사상 가장 확고한 독립정신의 화신(化身)으로서 유구왕국을 세운 사람들이기에, 오늘날 일본인들도 감히 지나친 탄압은 어려울 것이다. 그들은 일본인들의 차별과 탄압이 클수록 독립의지도 커지고 있다. 유구 원주민들은 머지않아 폭발할 독립운동의 화약을 쌓아 놓은 폭발직전의 화약고 상태에 있다. 머지 않아서 일본의 뜨거운 감자가 될 것이다.

(2) 상무정신(尙武精神)

삼별초의 구국항쟁 정신을 근간으로 유구왕국을 개국시킨 건국의 아버지들은 최고의 용맹한 군인들이었다. 지구상의 어떤 침략자들과도 맞서서, 과감하고 용기 있게 나라를 지켜내는 용맹한 기백으로 무장된 군인집단이다. 비록 삼별초는 군세가 역부족하여 진도로 후퇴하고 제주도로 밀려났지만, 멀리 떨어진 섬으로 가서 유구왕국을 세웠다. 하지만 그들에게는 굴욕적이고 비굴한 면이 전혀 없다. 용맹하게 싸우면서 후퇴하여 권토중래의 내일을 기약하며 당당하게 싸우는 사람들이었다.

삼별초의 군인들은 애초부터 오키나와로 망명을 떠나면서도, 도망을 간다는 생각은 추호도 없었던 사람들이다. 내일의 승리를 위한 후퇴의 개념으로 작전상 밀려난 것이다. 후퇴를 해도 용맹한 전투정신으로 옮겨간 것이다. 그들은 무엇을 해도 항상 용맹무쌍이었다.[116] 그렇기에 삼별초 군인들은 즉시 높은 산꼭대기에 대몽항쟁의 전투기지로서 수리성을 쌓는다. 그것은 최후의 항쟁을 위한 것이다. 그들에게는 비겁한 항복이란 개념이 없었다.

116) 하우봉 외, op. cit., p. 281.

오늘날 오키나와에는 여러 민속놀이에 삼별초의 용맹한 상무정신이 생생하게 남아 있다. 오키나와의 생활문화는 모든 면에서 용감한 무인기질이 넘치고, 생활 속에 상존하는 강인한 무예문화가 넘치고 있다. 오키나와에서 현재 관광객에게 널리 보여주는 공연물은 유구왕국의 전투적 상무정신을 보여주는 국방춤, 국방무용, 국방연극이다. 그것이 참담한 구경거리로 전락되었으나, 그 내면에는 유구 원주민의 한 많은 꿈이 용틀임하고 있다.

(3) 개척정신(開拓精神)

삼별초 군인들 집단인 유구왕국의 건국 아버지들은 그들의 앞을 가로막을 장벽이 없는 진취적이고 적극적인 사람들이었다. 그들은 미지의 세계로 계속하여 전진해 나갔다. 그들은 몽골군에 밀려서 후퇴를 했지만, 거꾸로 생각하면 계속하여 새로운 땅을 향해 전진해 나간 것이다. 그들이 앞으로 나아가며 도착한 땅은 당시까지는 버려진 땅이었다. 그리하여 신석기 상태의 시원적 모습을 그대로 간직한 태평양의 섬에 도착하였다.

삼별초 군인들은 진도섬에서 궁궐을 짓고 도성(都城)을 쌓으며, 새로운 수도로서의 제경(帝京)을 만드는 등 해상왕국을 건설하였다.[117] 그리고 다시 제주도에 해상왕국을 만들었다가, 끝내 새로운 섬에 도착하여 유구왕국을 건설했다. 거기서 수리성을 쌓아 대몽항쟁의 기지를 만들면서 모든 것이 새롭게 개척되었고, 모든 것이 신선한 모습으로 개창되었다.

그들이 원래 출발한 곳은 강화도인데, 당시는 강화도를 강도(江都)라고 불렀다. 한강과 임진강, 예성강이 만나는 사통팔달의 교통 요충지 강화도를 전쟁시 임시수도로 그렇게 부르고 있던 사실상의 해상왕국이었다. 그들은 바다에 약한 몽골군과 대적하는 해양지향 군대였기에 계속

117) 박성봉, 이연복, 민족한국사(서울: 보림사, 1990), p. 138.

하여 강화도 해상왕국을 진도, 제주도, 오키나와로 옮겨가며 남쪽으로 나아가는 것이다. 그러니까 오키나와는 그들이 강화도 해상왕국을 연이어 수평이동시키면서 그대로 옮겨 놓은 것이라고 보아도 될 것이다.

따라서 해상왕국으로서의 유구왕국의 건국정신은, 기본토대가 미지의 신세계를 향해 나아가는 개척정신을 확고하게 갖고 있다. 삼별초는 현대식 군대 개념으로는 해군, 해병대와 육군이 합해진 기동력 넘치는 특공군대였다. 그 군대는 태평양의 드넓은 바다가 좁다고 생각하며 전진하는 진취적 기동부대였다. 그러므로 유구왕국의 개척정신을 담은 일월물결도에는 태평양을 향해 나아가는 물결이 힘차게 약동하면서 넘실대고 있으며, 오대양 육대륙을 내다보는 아름다운 구름세계가 생동감있게 펼쳐져 있다. 그들이 새로운 '만국진량 해상왕국'을 세우는 것은 결코 우연이 아니었다.

(4) 애국정신(愛國精神)

유구왕국을 건설한 삼별초 군인들에게 있어서 애국심은 가장 확고한 기본정신이었다. 그들의 애국심은 원래 고려왕국에의 무한한 충성심이었다. 고려왕국에 모든 것을 바치면서 나라를 지키기 위해 온몸을 던진 사람들이었다. 그렇기에 그들은 목숨을 바치는 것도 서슴지 않았고, 재산을 던지는 것도 주저하지 않았다. 조국을 개인보다 우선하는 사람들로서, 나라에 모든 것을 바친 사람들이었다.

오늘날 삼별초의 정신은 우리나라에 연면히 살아있다. 그들은 사라졌어도 임진왜란 때에 벌떼같이 일어난 의병이나 이순신 장군의 신출귀몰한 수군(해병대, 해군)이 그랬고, 경술왜란의 의병, 독립군이 그랬다. 마찬가지로 임진왜란과 경술왜란 무렵에 희생된 유구왕국의 유민들에게도, 유구왕국을 향한 애국심은 마음속에 생생히 살아서 약동하고 있을 것이다. 그들의 몸 속에는 세계최고 해군대장 이순신의 혈맥이 생생하게 살아 있는 것이다. 아니 그들은 또 다른 이순신 장군들이었던 것이다.

유구왕국의 원주민들은 고려왕국에 충성을 바치다가 망명하여 새로운 나라를 만들었다. 그리고 새롭게 건설된 유구왕국에다가 고려왕국에 바쳤던 충성을 새롭게 바치게 되었다. 유구 원주민들의 애국심은 뿌리가 깊고 절대적이다. 지구상의 어디에서도 쌍벽을 찾기가 어려울 정도의 절대애국심을 가진 사람들이 그들이다.

오늘날 유구왕국은 오키나와라는 치욕적 이름의 땅으로 바뀌어 있으나, 원주민의 마음에 확고하게 뿌리내린 유구왕국에의 절대애국심을 꺾을 수는 없을 것이다. 오키나와라는 부끄러운 이름이 족쇄가 될수록, 유구왕국을 향한 애국의 불꽃은 내면에서 거세게 용솟음치며 타오를 것이다. 그 불꽃을 일본인들은 절대로 건드리지 못 할 것이다. 온 세계가 놀라도록 활활 타오르는 나라사상의 화염을 보는 날이 곧 올 것이다.

(5) 수례정신(守禮精神)

유구왕국을 건설한 삼별초 집단은 일본의 왜구와 같은 폭력 무뢰배들이 아니었다. 흉악한 칼잡이 왜구 도둑떼들에게 겁탈을 당한 참담한 상태의 유구왕국이 되어 있으나, 유구왕국이 오키나와가 되어 있다고 유구 원주민들도 왜구가 되어 있다는 착각은 금물이다.

수리성의 정문은 수례문이다. 예절을 지키고 의리를 숭상하는 정의의 나라가 유구왕국이다. 침략, 약탈, 방화, 강간, 폭력의 나라인 일본에 의해서 겁탈을 당하는 유구 원주민들은, 비참한 상태에 있어서도 당당한 기백을 확고하게 유지하고 있다. 유구 원주민들은 예부터의 문화적 뿌리가 확고한 문화민족이기 때문이다.

우리민족은 세계에서 가장 먼저 건국된 나라를 갖고 있다. 만주땅 '우하량'의 고조선 유적은, 황하문명을 두 배나 능가하는 인류 최초 수준의 빛나는 문명을 만든 나라이다.[118] 따라서 세계 최고의 문화적 전통과 역사를 가진 고구려, 고려의 맥을 이어서 탄생한 유구왕국의 문화수준이 세계 최고의 흐름을 잇고 있을 것은 당연한 일이다. 세계 최고 수준으로 정의를 사랑하고, 의리를 지키며, 문화를 아끼는 수례지방(守禮之邦)이 유구왕국이다.[119]

그렇지만 일본은 변함없는 불의(不義)의 무뢰배(無賴輩) 나라이다. 예부터의 기나긴 역사가 그랬다. 더구나 현대시대에 있어서도 결코 불의의 나라에서 벗어나지 않고 있다. 유구왕국을 강점하고서 겁탈하고 있으며 우리나라를 그토록 약탈하고 파괴하며 능욕한 긴 역사를 갖고서도,[120] 동해의 독도를 자기 땅이라고 거짓주장을 내세우며 불의의 더러운 모습을 노골적으로 보여주고 있다.

반면에 유구왕국은 정의의 나라요, 수례지방의 나라이다. 법도가 살아있고 정직한 사람들이 살고 있으며 상학(尙學)이 살아있는 나라이다. 불의의 구름이 걷히고 정의의 태양이 떠오르는 날은 결코 멀리 있지 않을 것이다. 인류사는 더디지만 항상 정의를 찾아가기 때문이다.

유구왕국 임금님의 용상 뒤를 장식하는 일월물결도는 유구왕국이 일월오악도의 나라인 조선왕국과 뿌리가 같음을 선언하며, 유구왕국이 조선왕국과 같은 정의의 나라임을 말하는 것이다. 조선왕국이 흥례문과 숭례문을 세우고 예절의 나라를 만든 것과 꼭 같이, 유구왕국도 수례문을 세우고 정의의 나라를 건설한 것이다.

---

118) 이형구, 한국 고대문화의 비밀, op. cit. 참조

119) 하우봉 외, op. cit., p. 296.

120) 일본의 자기모순은 일본의 역사가 침략, 약탈, 강간, 방화, 살상을 미화하는 잘못된 문화에 찌든 상태에서 나온다. 관광객에게도 흉악 칼잡이 문화를 관광 상품이라고 내세우고, 영화, 문학, 예술의 모든 것이 흉악한 칼잡이를 무사도라고 미화시키는 눈 먼 위선의 나라가 일본이다. 그러면서 그들이 한 것은 모두 합법적이라는 모순된 흉악범들이다.

3) 요약

요컨대 유구왕국의 임금님 용상 뒤에 있는 일월물결도는 유구왕국이 기나긴 문화적 뿌리가 있고, 빛나는 역사적 전통이 있는 예절 바른 정의의 나라임을 선언한 것이다. 그리고 일월물결도를 통해 역사와 전통을 확고히 지키려는 독립정신, 개척정신, 상무정신, 애국정신, 수례정신을 만천하에 선포한 것이다.

일월물결도가 유구왕국의 독자성과 독립성을 강력하게 선언하며 유구왕국의 찬란한 문화를 자랑함은, 일월물결도가 초대 상원왕에서부터 8대 상풍왕까지만 존재하다가 임진왜란 이후부터 외교권을 상실한 사실상의 강점상태가 되면서 임금님 용상 뒤에서 참담하게 사라졌다는 점에서 매우 뚜렷이 드러난다.[121]

V. 맺는 글

고려말기와 조선초기의 우리민족이 꿈꾸던 이상향으로서의 봉래섬(蓬萊島)! 신세계로서의 샹그릴라[122] 혹은 유토피아(Utopia)가 삼별초에 의해 현실화되며 나타난 유구왕국은, 결코 우리가 눈감고 방관할 수 없는 사실상의 독립국이다.

121) 사또 후미히꼬, op. cit., 어후회 화보 참조.

122) 샹그릴라는 중국 운남성의 티베트자치주 히말라야 산자락에 있는 소수민족의 땅이다. 이곳의 소수민족은 우리민족과 비슷한 면이 많고 고구려 유민들도 많다. 그들이 꿈꾸는 이상향이 사실상 봉래향이다. 샹그릴라는 중국어가 아니다. 봉래향과 비슷한 뜻이고, 서양식의 유토피아와도 거리가 있다. 더구나 샹그릴라는 실제로는 존재하지 않는다. 영국 소설가 힐턴(Hilton)이 1933년에 쓴 소설 '잃어버린 지평선'에 나오는 상상의 땅을 중국 공산당이 날조해서 만든 가짜이다.

(황산대첩), (마이산), (몽금척)

해	일월오악도	달

삼별초

고려기와(형제나라)　　(외교관계) 만국진량종

일(日)	일월물결도	월(月)

건국신화
홍길동전

수리성	수례문
의정부, 6조, 5군통제부	용문화(龍文化)
불교, 대장경	고려견, 고려초(고추)
흑도, 고려창(고창)	아와모리(泡盛)
장례문화	나하(나라, 나, 노)
줄다리기, 봉술(몽둥이춤), 고려희(씨름)	가(家), 문중조직, 종친회
널뛰기, 돌싸움, 소싸움	돼지보쌈, 돼지 머릿고기

(세계최고 장수국가)　(청정환경 휴양지)　(불로장생 봉래섬)

독립정신　상무정신　개척정신　애국정신　수례정신

〈일월물결도 유구왕국 국가사상 개념체계〉

유구왕국에만 존재하는 일월물결도를 추적해 보면서, 온 세계 사람들에게서 망각된 비극의 역사인 유구왕국 멸망사를 재음미해 보아야 할 필요성이 절실해진다. 더구나 유구왕국사는 우리민족사와 뚜렷하게 직결되어 있다. 처참한 피해국인 유구왕국이 국제법 유린상태에서 그대로 침략일본에 흡수된 것은 용서되기 어려운 일이다. 유구왕국의 원주민들은 지금도 내면적으로는 생생히 살아서 빛나는 옛 시절의 영광을 꿈꾸고 있다. 유구왕국은 현재도 일본 속에 살아있는 왕국으로, 분노하며 잠자는 시대를 보낼 뿐이다.

1. 일월물결도의 꿈

21세기 초의 동아시아는 위선과 모순과 왜곡으로 뭉쳐져 있다. 그 질곡의 쇠사슬을 만든 범죄국가 일본은, 아직도 거짓된 선전으로 씻을 수 없는 전범행위를 호도하고 있다. 일본의 계산된 야비한 선전은 곳곳에서 내세우는 평화선전이다. 일본인에 있어서 평화를 내세우는 위선자는 곳곳에 널려 있다. 그들은 성스러운 평화개념을 악용하는 추악한 위선자들이다. 그들의 평화선전은 진실을 감추려는 위선의 가면이기 때문이다.

일본인들의 평화선전이 거짓선전인 까닭은 그들이 내세우는 평화의 선결조건이 완전히 결여되어 있기 때문이다. 일본인들이 예로부터 평화를 진심으로 실천해 온 사람들이라면 그들의 평화는 진실일 수도 있다. 그러나 수없이 살인, 약탈, 강간, 방화, 폭력, 사기, 고문, 징용, 징병, 조롱, 모욕, 탄압, 성희롱, 차별을 자행한 뒤에, 전혀 납득할 만한 사죄행위가 없이 무조건 평화 타령을 하고 다니는 것은 제2의 침략행위와 같은 것이다. 뼈에 사무치는 피해를 입은 피해자들에게 무조건 평화를 외치는 비열한 위선자들이 일본인들이다.

일본에서 자행하는 오늘날의 반전 평화운동은 철저히 계산된 새로운 침략범죄이다.[123] 그토록 반전을 외치고 평화를 외치는 자들이, 야스쿠니 신사에서는 끝없이 새로운 침략을 다짐하고 있다. 그리고 히로시마와 나가사키에서는 일방적으로 미국만 규탄하고 있다. 원자탄을 맞게 된 이유는 감추고, 맞아서 억울하다고만 궤변을 늘어 놓는다.

일본의 전범행위는 홋가이도 아이누족과 유구왕국에서, 그리고 한국에서 근본적 반성행위가 없었다. 그나마 한국에 대해서는 미국의 강요에 의해 억지로 사죄의 흉내만 냈다. 그러나 아이누족은 물론이고 유구왕국에는 전혀 그것이 없었다.

일월물결도의 찬란한 꿈은 완전하게 유린되며 짓밟혔다. 일본이 저지른 천인공노할 죄악은 모두 덮어두고, 위선적이고 일방적인 평화선전을 하는 일본이 역겨운 것은 온 세계인의 공통된 심서일 것이다. 21세기 초의 동아시아 최대 과제의 하나는 유구왕국 일월물결도의 한(恨)을 풀어주는 것이다. 그리하여 일월물결도의 거룩한 꿈을 다시 찾아 주는 것이다.

2. 유구왕국을 위한 진심어린 담론

유구왕국을 위한 진심의 담론은 무엇일까? 유구왕국의 피맺힌 한을 덮어두고, 카데나 공군기지와 후텐마 공군기지 문제로 본질을 감추는 계산된 논쟁을 벌이고 있는 일본의 위선을 정확히 헤아려야 한다. 그것

---

123) 독도에 대해서도 강제약탈은 빼고 서류상 합법적이라고 우기고, 일제강점도 광무황제가 서류상 합법적으로 넘겼다는 것이다. 모든 법을 짓밟은 무법국가가 준법을 운운하는 세계적 희극이다. 온 세계에다 범죄행위는 감추고, 날조된 침략결과만 서류상 합법적이었다는 최악의 무법, 불법국가가 일본이다. 일본이 국제법만 주장하고 최악의 전범악행을 숨기는 것은 제2차적 전범행위와 다를 것이 없다. 일본은 영원한 왜구에 불과하다.

은 또 하나의 거짓된 평화선전이다. 침략원흉 일본에 의해 연출되는, 위선된 오늘날의 참담한 속 모습을 직시해야 옳다. 일월물결도의 피맺힌 눈물에 감춰진 진실은 무엇인가?

1) 첫째 담론: 일본의 역사왜곡에 따른 유구왕국 논의는 무의미 하다.

일본은 유구왕국을 1872년에 불법으로 침략강점을 하고서는 유구왕국이 조선왕국과는 전혀 관계가 없는 나라인 듯이 날조된 역사를 만들었다. 원색적으로 일본의 종속국으로서의 일본문화권에 속한 나라로 만들어 버린 것이다. 일본은 홋가이도와 대마도(쓰시마)도 그렇게 만들었고,[124] 우리나라도 그렇게 만들려고 온갖 악행을 저지르다가 미수에 그쳤다.

일본은 유구왕국이 일본의 종속국으로 예부터 중국하고만 교류를 했던 듯이 거짓되게 역사날조를 했는데, 그것은 오늘날에도 크게 변함이 없다. 일본은 유구왕국이 조선왕조와 직결된 나라임을 잘 알고 있기에 의도적으로 중국을 강조했다고 보인다. 그것은 바로 우리나라와의 깊은 연고관계가 밝혀질 것을 극도로 경계한 것이라고 생각된다.[125] 그리고는 유구왕국이 일본의 고유한 영토라도 되는 듯이, 요즘에는 후텐마(普天間) 공군기지 이전 문제 등에서 완전히 미국을 우롱하는 자세를 취하고 있다.

후텐마 공군기지 문제는 미국과 일본의 관계가 아니다. 그것은 오히려 미국과 유구왕국의 관계로 보아야 할 것이다. 왜냐하면 일본은 유구왕국을 침략한 범죄국이며, 근본적으로 유구왕국에의 발언권이 전혀 없

124) 이훈, 대마도 역사를 따라 걷다(서울: 역사공간, 2005), p. 187.

125) 임진왜란 때에 유구왕국은 일본의 출병준비를 조선과 명나라에 분명하게 알렸다. 그리고는 명나라에 은밀히 합류하여 간접참전을 했으며, 도요토미 히데요시의 사망소식을 즉시 알려주었다. 또한 일본의 패배를 진심으로 크게 축하 하였다. 확실한 동맹국이요 우방국으로의 모습이었다.
하우봉 외, op. cit., p. 312.

카데나 공군기지

기 때문이다. 요즘 주객이 전도된 논의가 계속되는데, 약탈 도둑국가인 일본이 사실상 합법적 주둔국인 미국에게 오히려 주인행세를 함은 비정상적인 것이다. 미국은 일본과 상대를 한 제2차 세계대전 이후의 실수를 인정하고, 늦었지만 유구왕국과 지금이라도 대화를 시작해야 한다. 후텐마 기지에서 일본은 제3자일 뿐이다.

2) 둘째 담론: 미국은 제2차 세계대전 전후처리에 큰 실책을 저질렀다.

미국은 제2차 세계대전 뒷처리에서 크게 실수를 한 것이 있다. 미국은 일본인들이 얼마나 나쁜가를 모르고 선의를 베풀었다. 50년 이후를 전혀 내다보지 못하는 중대한 실책을 저질렀다.

첫째로는 일본을 너무 과잉 대접해 주었다. 그리하여 오늘날 일본은 흡사 자신들이 오히려 전승국으로 착각을 하는 모습도 보이고 있다. 그리하여 자기들이 히로시마 원자탄을 맞은 것을 과잉으로 강조하면서, 오히려 미국이 나쁜 나라라는 가증스런 역선전을 하고도 있다. 일본의 평화선전은 미국을 욕하기 위해 악의적으로 계산된 더러운 침략행위의 전형적인 모습이다. 아시아 전체를 지옥의 아비규환 상태로 만든 최악의 전범국이며, 일본이 지구상에서 없어져도 될 만큼 변명의 여지가 없는 범죄를 범한 최악의 전범 흉악국가인데 오히려 피해국가라며 미국을 탓하고 있다. 배은망덕도 이런 배은망덕은 없다.

미국은 생각건대 현존 지구상의 여러 나라에 있어서는 가장 국제 도덕성이 높은 나라이다. 미국이 없었다면 흉악국 일본이 얼마나 더 악행을 저질렀을 것이며, 6·25전범국인 중국, 러시아가 얼마나 더 흉악전범행위를 저질렀을까를 생각해 보아야 옳다. 중국이나 일본은 아무리 노력해도 현재로는 미국을 절대로 따를 수 없을 만큼 미국은 훌륭한 나라이다.

공산당 간부들만 모든 국가적 가치와 영광을 독점하는 전형적인 불량국가 중국이나, 끊임없이 사무라이 흉악범 칼잡이들의 후예가 상층 지도부로서의 절대 독재정치를 하는 일본은 미국과 같은 꿈의 나라가 될 수 없다. 중국이 원색적으로 비방하고 일본이 꾸준히 견제하는 미국도 잘못이 있기는 하다. 그러나 중국이나 일본에서 케냐 유학생의 풋사랑으로 태어난 외톨이 오바마가 최고지도자가 되는 것은 절대로 불가능하다. 미국은 현존하는 지구상의 나라에 있어서는 가장 국가 도덕성이 높은 나라이다. 아무리 일본이 미국(美國)을 쌀나라 미국(米國)이라고 폄하해도, 일본이 미국과 같은 훌륭한 나라를 따라가려면 현재로서는 절대로 불가능하다.

일본은 그토록 잘못된 나라인데도 미국이 너무 일본에게 아량을 베풀었다. 독일이 4개국에 분할되듯 징벌을 받았어야 하는데, 오히려 우리나라가 남북분단이 되게 한 것 등 미국의 오판이 일본의 배은망덕을 낳았다. 미국은 제2차 세계대전을 끝내면서 러시아(소련)와 중공(中共)을 막으려고 일본을 키워준 것인데, 요즘에는 배은망덕 행위에 한계가 없고 중공, 러시아 방어에 큰 기여도 없다.

결과적으로 미국은 범죄국가 일본을 응징하지 않았다. 그리고 피해국인 유구왕국은 그대로 어둠 속에 존치시키고, 더 큰 피해국인 우리나라를 남북분단시키면서 거꾸로 피해국들에게 형벌을 내려 준 부조리를 낳았다. 그리고는 미국의 엄청난 실수의 업보로, 전범국 일본에 의해 오히려 농락을 당하고 있으니 자업자득일 수 있다.

둘째로 일본에게 유구왕국 침략죄를 준엄하게 묻고, 유구국을 독립국으로 만들어 주었어야 했었다. 생각하면 유구국민들은 지금도 다수가 독립을 원한다. 지금이라도 유구국민들의 뜻에 따라서 자유로운 국가를 만들어 주어야 한다. 요즘 미국이 배은망덕한 일본에 분개하고 있는데, 이 때가 바로 유구국을 독립시켜 줄 명분이 생긴 때라고 보인다. 수없이 무한 악행을 저지르며 이웃나라들을 괴롭힌 일본이 온 세계의 식민지가 거의 모두 해방된 현대시대에도 홋가이도, 대마도는 물론이고,[126] 유구국을 강점침략하고 있는 것은, 국제법을 위반하고 국제도의에 어긋난 국제 범죄이다. 미국은 지금이라도 국제정의를 세움에 단호해야 옳다.

3) 셋째 담론: 일본의 전쟁범죄는 일본땅 전체를 내놓아도 해소될 수 없는 인류 최악의 만행이다.

유구왕국은 일제강점 침략과 제2차 세계대전의 참혹한 피해를 딛고서 옛 문화를 되찾아 가고 있다. 이러한 흐름은 계속하여 가속화되면서, 유구국의 빛나는 옛 문화전통이 완전히 재건되어야 하겠다. 옛 문화파괴에 대한 생각을 해 볼 때에 다시금 강조하게 되는데, 일본은 유구국을 강점할 명분이 전혀 없다. 그 이유는 특히 일본이 자행한 간접침략이 극악하게 더 나쁘기 때문이다.

일본은 자기들의 직접침략은 물론이고 제2차 세계대전 때에 자신들의 국토는 전혀 피해를 입지 않게 하려고, 미군을 유구왕국(오키나와)에

126) 인재환, 대마도 우리역사 답사기(서울: 한림출판사, 1997) 참조.

상륙하게 유도하여 간접침탈로 유구국 전체 건물의 90%를 잿더미로 만들도록 초토화시키며 수많은 유구국민을 죽음으로 몰아 넣었다. 일본은 유구국과 유구국민을 제2차 세계대전에 있어서 죽음으로 몰아 총알받이로 쓴 만고에 씻기 어려운 참담한 전쟁범죄를 저질렀다. 더구나 추악하게 주민을 집단자살하도록 강요했고, 미군 밀정을 잡는다고 집단학살을 자행했다.[127)]

하와이 진주만 기습 전범국 일본을 응징하려는 미국의 '철의 폭풍' 작전은 오키나와의 지형이 바뀔 정도로 집중포화가 쏟아진 것이었다. 그리하여 20만 명 이상의 사상자를 냈는데, 12만 명이 유구 원주민이다. 또 우리민족도 1만 명 이상의 다수가 강제징병으로 끌려가서 개죽음을 당하여 커다란 한국인 위령탑이 만들어져 있다. 흉악전범국 일본의 잘못에 의해 너무나 많은 유구 원주민과 우리민족이 총알받이가 되어 가치없는 개죽음을 맞았다.[128)] 그런데도 일본이 지금도 유구왕국을 자기들 영토라고 함은 추호도 명분이 없다. 유구왕국을 강점하고 폐허를 만들며 전 주민을 총알받이로 내몰은 죄 많은 일본은, 유구왕국에 대한 발언권이 단 1%도 없고 연고권도 전혀 없다.

더구나 일본이 당할 죄값을 모두 유구국민들에게 뒤집어 씌우고서 자기들만 되살아나고자 했으면서도, 미국이 잔혹하게 오키나와 상륙작전을 자행했다고 역선전 교육을 하고 있다.

---

127) 오늘날 일본의 청소년들에게 미국이 무참히 유구 원주민을 살해하고 유구국을 초토화시켰다고 거짓된 역선전을 교육하고 있다. 그러고도 그들의 하와이 급습 전쟁범죄는 가르치지 않는다.

128) 일본은 제2차 세계대전 끝 무렵에 패전이 임박하자 초토항전(焦土抗戰)한다고 선전을 했다. 그러나 오키나와만 초토화시키고, 본토항전 직전에 간교하고 비열한 항복을 했다. 오키나와만 초토화 시켰으니 정말로 비겁한 나라이다.
김을한, 인간 영친왕(서울: 탐구당, 1981), p. 59 참조.

한국인 위령탑

히로시마 원자탄을 쏜 미국만 나쁘다고 온 세계에 거짓말 평화론을 내세우며[129] 사실상 미국이 침략자라고 뒤집어씌우는 것과 똑같다. 일본인들은 어디에서도 사죄라는 말은 없다. 그리고는 평화만을 앵무새같이 말한다.

정말 전율할 몹쓸 나라가 일본이다. 일본이 제2차 세계대전에 있어서 유구왕국을 희생양으로 삼아 초토화 시킨 것을 볼 때에, 유구왕국은 결코 일본에 속하여 있을 명분이 추호도 없다. 일본은 정말 추악한 나라이다. 일본은 유구왕국에 철저히 사죄하고 즉시 독립을 시켜주어야 한다.

129) ① 최악의 전쟁범죄국인 일본은 전국 곳곳에 위선의 평화유적을 만들었다. 따라서 오키나와에도 평화기념공원, 평화기념당, 평화기념상, 평화의 언덕, 평화기념자료관, 평화의 초석이 만들어져 있다. 흡사 세계 제일의 평화 애호국으로 착각할 정도로 위선의 시설을 만들어 놓았다. ② 더구나 일본이 만든 평화유적은 일방적으로 일본의 전범행위를 미화하는 내용이 있어, 오키나와 원주민의 극심한 반발을 샀다. 그리하여 몇 차례의 내용수정이 있었으나 지금도 유구 원주민의 강력한 반발을 사는 낯 뜨거운 거짓평화 선전일 뿐이다.

그리고 유구왕국에 대한 완전배상이 확실하게 이루어져야 한다. 일본은 유구왕국에 대한 문화파괴, 문화재 약탈, 문화재 분실 등에 대해 무한책임을 지고 배상을 해야만 된다.

일본이 우리나라와 유구왕국 및 홋가이도 아이누족에게 지은 죄는 어떤 말로도 변명이 불가능하다. 무한배상을 하고 또 해야만 한다. 일본이 그러한 나라이기에 미국이 앞서서 여론 환기를 시키고 한국이 도우면서, 유구국에 대한 독립부여와 배상을 완성시켜야 하겠다. 유구왕국 독립실현은 지금이 바로 최적기이며 늦어질수록 정의실현은 멀어진다. 특히 미국은 제2차 세계대전의 마무리에 있어서 저지른 실책에 결정적 책임이 있다. 가장 피해를 입은 유구왕국을 독립시켜주지 않고, 다시금 늑대굴에 쓸어 넣은 잘못은 너무나 큰 실책이다. 미국은 지금이라도 유구왕국에 정중히 사과해야 하며, 즉시 유구왕국을 독립시켜주어야 한다.

4) 넷째 담론: 미군기지 이전은 유구왕국과 미국의 논의로 해결되어야 하고, 미군은 유구왕국의 독립 이후에 철수해야 한다.

현재 미국과 일본의 최대 현안이 후텐마 공군기지 이전문제이다. 그런데 후텐마 기지 이전 논의의 본질이 빗나간 담론이 비일비재한 상태이다. 현재 후텐마 기지 이전 논의는 전후관계가 잘못된 것이다. 후텐마 기지 이전 논의 이전에 유구왕국 독립이 선행되어야 한다. 따라서 현재 진행되는 후텐마 기지 이전 논의는 근본적으로 논의가 잘못되고 있는 것이다. 유구왕국 독립논의가 선행되지 않고 진행되는 후텐마 미군기지 이전 논의는 일본이 나쁜 나라임을 또 다시 증명해 주고 있다. 일본은 제2차 세계대전에 패전하고 미군이 일본을 점령하자 점령지로 오키나와를 내주었다. 그것은 오키나와를 자기들 땅이 아니라고 인정한 것이다. 그럼에도 유구 원주민을 부추겨서 1972년에 반환을 받았다. 그리고 이제는 다시 유구 원주민을 부추겨 미군을 물러나게 유도하고 있다. 후텐마 미군기지 문제는 단순하게 해석할 일이 전혀 아니다.

첫째로 미국의 제36 해병 항공군이 주둔하는 후텐마 공군기지가 만들어진 배경은 일본에 원천적인 책임이 있다. 일본에서 사실상 자기 땅이 아니라고 생각하며, 유구왕국(오키나와) 사람들을 총알받이로 쓰면서 제2차 세계대전의 격전장을 의도적으로 만들었던 업보로 공군기지가 들어선 것인데 그러한 논의가 없다.[130)]

일본에서 그곳에 공군기지를 만들게 하는, 제2차 세계대전의 패전에 의해 미군이 주둔하게 만들 때의 심서도, 오키나와가 자기들의 땅이 아니라는 생각이 전제적으로 깔려 있었다. 그것은 유구왕국을 초토화시켜 지옥으로 만들고는 또 다시 미군에 내주며 제2차 희생양을 만든 것이다. 또한 제2차 세계대전의 전후처리가 잘못되며 일본이 분할될 것을 오히려 우리나라가 남북분단이 되며 일본 대신에 이유도 없이 징벌을 받은 것은, 오키나와에 미국 공군기지가 만들어진 것과 같은 흐름이다. 끊임없이 일본 대신에 유구왕국이 희생되고, 우리나라가 고통을 겪고 있다. 일본은 그토록 침략범죄를 저지르고서 그 죄값은 유구왕국과 우리나라에 뒤집어씌우고는 추호도 미안한 마음이 없고 반성의 자세가 없다. 그렇기에 후텐마 공군기지 이전 논의 이전에 유구왕국을 독립시켜주는 논의가 선행되어야 한다. 전범국이 되었으면 독일과 같이 당당히 사죄하고 죄값을 받아야지, 일본은 너무나 비열하고 비겁한 나라이다.

---

130) 오키나와 미군기지에 있어서 쟁점이 된 후텐마 기지는 주택가에 인접해 있어서 문제가 되고 있다. 동아시아 군형추 구실을 하는 카데나(嘉手納) 공군기지에 비해서 작은 후텐마 기지를, 카데나 보다 먼저 거론하는 것은 일본인 특유의 간교함을 보여준다. 후텐마 다음에 카데나가 순서대로 거론될 것이 분명하다. 그것이 일본의 교활한 계산이다.

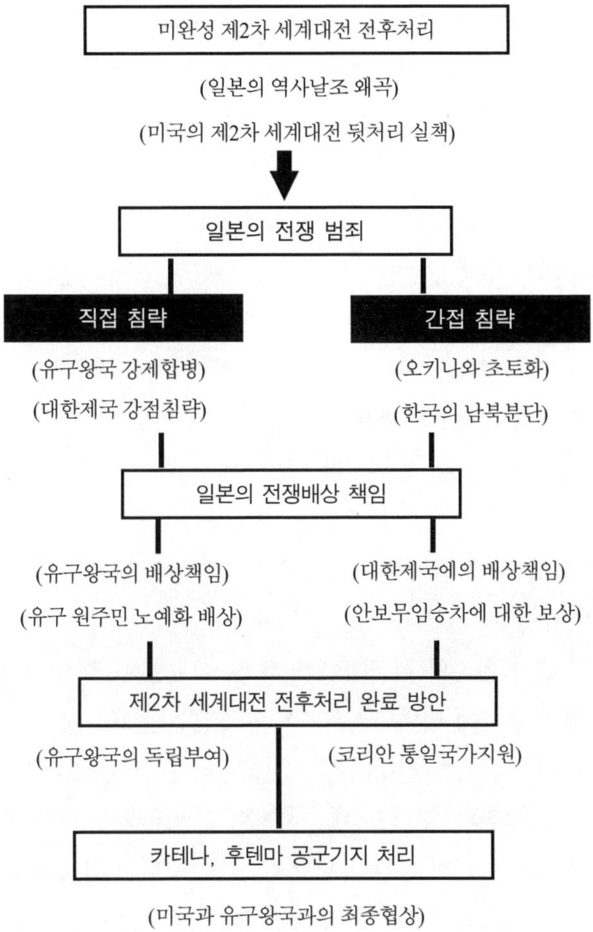

둘째로 침략전범죄를 이웃나라에 뒤집어 씌운 주제에, 후텐마 공군기지를 요즘 들어서 계속 북한을 막는 것이라며 한국을 위해 존재한다고 속보이는 역선전을 한다. 그것이 얼마나 가증스럽고 위선적인 거짓말인가는 새삼 논의할 필요도 없다. 미군기지는 한국만이 아니라 일본이 더 큰 혜택을 보고 있는 것이다. 한국군이 휴전선에서 막아주는 뒤에서 공짜 안보를 향유하는 가운데, 미국의 핵우산 밑에서 전혀 돈을 쓰지 않는 상태로 전후 번영을 이루었으면서도 그것을 간교하게 감추고 있다. 6·25전쟁은 중공, 소련(러시아), 북한의 남침에 의한 공산화 침략이다.[131] 6·25전쟁은 모택동, 스탈린, 김일성이 남한만을 침략하고 공격한 것이 아니다. 미군과 유엔군의 참전이 없었으면 일본까지도 공산화에 직면할 전쟁이었다. 조용히 구경하면서 6·25전쟁의 전쟁특수에 따라 엄청난 혜택만 본 나라가, 지금도 맨입으로 혜택을 최대한 누리는 부도덕한 나라가 일본이다. 그러면서도 후안무치의 거짓된 궤변을 남발하고 있다. 일본도 정직한 나라로 바뀌어 궤변을 중지하고 지금이라도 한국이 공산침략을 막는 바에 대해 공동 방위금을 내야 한다. 한국이 쓰는 국방비의 반 이상을 일본의 국가 예산으로 내놓는 것이 옳다. 일본 대신에 남북분단이 되어, 일본을 간접 방어하는 한국에 무임승차하면서의 사악한 거짓 논리를 끝내야 한다.

셋째로 후텐마 기지의 미군들에 의해서, 피폐할 대로 피폐한 제2차 세계대전 패배 당시에 얼마나 많은 이익을 얻었는가를 생각하지 않고 있다. 필리핀에서 미군이 철수하면서 필리핀이 완전히 3류 국가로 전락한 것을 참고해야 한다. 군인은 어느 나라나 외적을 막고 악을 물리치기 위한 필요악이다. 그러한 돈은 부담을 않고, 거꾸로 현대시대에 미군에 의해 간접혜택을 보고서 은혜를 모르고 있다. 미군기지 이전문제를 보면서 일본의 진실성 부족은 뚜렷이 나타나고 있다.

요컨대 일본이 후텐마 기지 이전을 요구하는 숨겨진 마음은 오키나와를 완전한 일본 땅이 되게 하려는 저의가 숨겨진 것일 뿐이다. 침략자인 일본은 후텐마 기지에 대한 추호의 발언권도 없다. 일본이 후텐마 기지 이전을 요구함은 새로운 침략행위와 같다. 침략자인 일본이 늦었지만

131) 안천, 남침유도설 해부(서울: 교육과학사, 1994) 참조.

사죄하는 길은, 후텐마 기지에 대한 어떠한 발언도 삼가고 즉시 유구왕국을 독립시켜주는 것이다. 오키나와를 강점한 원천적 도둑놈이 누구를 탓하고 누구보고 나가라며 주인행세를 하는지 이해할 수가 없다. 도둑이 더 큰 소리를 치니, 국제도의가 땅에 떨어진 것을 증명할 뿐이다. 도둑국가 일본보다는 후텐마 기지를 쓰고 있는 미국이 오히려 정의롭고 옳다. 미국은 유구왕국과 대화를 나누며, 유구왕국을 재건시키고 철수해야 옳다. 일본과는 대화 상대도 아니다.

3. 결론: 유구왕국에의 독립부여

오늘날 오키나와 사람들이 후텐마 미군기지 이전을 요구하는 것은, 겉으로 표출된 것과는 전혀 다르다. 오키나와 원주민인 유구왕국 사람들이 가진 근본적 속마음을 헤아리면 미군이 밉다는 것이 아니다. 일본이 미우니까 물러가라는 것이 내면의 마음속에 숨겨진 진짜 본뜻임을 헤아려야 한다. 아니 유구국 사람들은 진짜 속마음으로는 미군이 오히려 고마울 수 있다. 궁극적으로는 침략자들인 일본을 응징하며 혼내준 나라가 미국이기 때문이다. 그리고 미국을 생각하는 진심은 악귀(惡鬼)를 쫓아내준 '정의의 나라'라는 감사의 마음이지, 전혀 미국이 미울 수가 없는 것이다. 유구국 사람들의 속마음을 제대로 알고서 보면, 미군기지가 미운 것이 아니라 미군기지를 만들게 한 일본이 원천적으로 미운 것이다.

따라서 즉시 당당한 독립국이었던 원래 상태대로 유구왕국을 독립시켜 주어야 한다.[132] 유구왕국의 원주민들은 일본을 미워하는 것이 아니라 증오하고 있다.[133] 그들은 일본의 악독한 침략을 너무나 장기적으로

132) 박성수, op. cit., p. 412.

워낙 지독하게 당한 사람들이다.[134] 그들은 일본 침략에 의해 모든 것을 빼앗기고 일본 변방에서 노예상태의 하층 부락민이 되어 있다. 부락민은 일본의 최하층민을 말하는데, 일본은 우리나라를 침략하고 우리를 부락민(部落民)이라고 했고, 유구 원주민을 부락민으로 만들었다.[135] 태평양의 낙원이며 봉래섬이었던 나라를 빼앗아 빈털터리 부락(部落)으로 만들고 말았으니, 도둑놈이 어떤 가정집을 빼앗아 차지하고 그 주인은 노예로 부리는 것과 똑같다.

현재 미국의 하와이에는 일본인들이 다수가 살고 있다. 그런데 그 중에는 오키나와의 유구 원주민이 가장 많다. 유구 원주민의 일본 탈출 현상이라고 생각이 된다. 그러니까 하와이에는 일본인이 많은 것이 아니라, 유구 망명객들이 몰려 있는 것이다. 사실상의 망명사회 구성체가 되어 있고, 망명정부가 잠재적으로 존재하고 있는 것이다. 왜 유구 망명객들이 미국의 하와이로 몰려갔는가를 깊게 생각해야 하겠다. 그들은 오키나와를 증오하며 망명을 떠났고, 유구왕국의 독립을 위해 망명을 떠난 독립운동가들이다. 그들은 현재 직설적 표현을 자제하는데, 독립된 유구왕국을 절실히 갈망하고 있다. 그들의 미군기지 이전 요구는 사실상의 독립 요구임을 확실히 유의해야 된다.

> 「미국은 제2차 세계대전의 마무리에서 저지른 큰 실수를 인정하고 또한 1972년에 미군 기지를 일본에 반환한 잘못을 반성하면서, 늦었지만 즉시 유구왕국을 독립시켜 주어야 한다. 원래의 봉래섬 유토피아로 만들게 해야만 된다. 일월물결도의 찬란한 꿈을 부활시켜 주어야만 한다.」

---

133) 임동권, op. cit., p. 135 참조.

134) 하우봉 외, op. cit., pp. 68-69.

135) 일본부락해방연구소, 최종길 옮김, 일본 부락의 역사(서울: 어문학사, 2010).

유구왕국의 아와모리 충군애국교육

-일월물결도의 독립전쟁-

Ⅰ. 들어가는 글
Ⅱ. 조선왕국과 유구왕국의 친밀한 관계
Ⅲ. 유구왕국의 술문화 분석
Ⅳ. 대한황실의 술문화 실종
Ⅴ. 맺는 글

유구왕국의 아와모리 충군애국교육

–일월물결도의 독립전쟁–

Ⅰ. 들어가는 글

유구왕국(琉球王國)은 1609년에 있은 일본의 공격으로 모든 것을 빼앗겼다. 다시 1879년의 2차 침공으로 인해 강제 병탄되며 오키나와현이 되고 말았다. 조선왕국이 7년 간의 임진왜란 혈투로 도요토미 히데요시 정권을 붕괴시키며 침략군을 격퇴한 직후에, 유구왕국은 모든 보물, 무기, 재산을 완전히 약탈당하였다. 조선왕국에 역전패 당하여 패퇴한 것을 보충하려는 일본의 더러운 침략이었다. 더구나 강화도 수호조약 직후에 나라까지 빼앗기며 흡수 통합을 당했다.

그런데 기묘하게도 유구왕국은 나라가 일본에 강점되었어도 생생하게 민족이 살아있다. 모든 문화와 생활이 살아있다. 그중에서도 유구왕국의 전통술인 아와모리가 그대로 살아있고, 그것을 통해서 실질적인 시민교육(市民敎育)이 그대로 실시되고 있다. 한국의 술 전통이 사라지고 허망한 술문화가 남은 바에 비해서, 천지 차이라고 할 만큼 현격하게 아와모리 술문화가 살아있다. 술문화로 볼 때에 한국에는 죽은 시민교육이 있다면, 유구왕국은 나라가 강점된 비극상태에서도 비상시 시민교육이 건재하고 있다.

1. 글머리(prologue)

현재 일본땅 오키나와가 되어 버린 유구왕국(류큐왕국)에를 가면 놀라운 특산술이 존재한다. 이름은 '아와모리'이다. 그것은 한자가 포성(泡盛)으로 '거품이 무성하다'는 뜻이다. 아와모리는 술 이름으로는 매우 특이한 것이다. 그것은 결코 술이름이 아니다. 흡사 별명과도 같은 것인데 술이름으로 굳어져 버린 것이다.

아와모리가 오키나와의 특산술 이름이 된 것은, 임진왜란 직후인 1609년에 일본 남부의 사쓰마에 의한 침략에서 비롯된다. 일본인들이 아와모리의 실체를 모르는 가운데 모든 귀중품을 약탈해 나가다가, 거품이 무성한 술을 발견하고서 그것이 약탈자들의 입소문을 타고 '아와모리'로 굳어진 것이라 하겠다. 아와모리는 무식한 왜구 약탈자들이 온갖 보물, 무기, 귀중품을 휩쓸어서 빼앗아가는 약탈사(史)에서 비롯된 특수 호칭이다. 유구왕국의 고유한 술은 그리하여 아와모리라는 독특한 이름으로 오키나와에 이어져 오게 되었다.

아와모리에는 그후 놀라운 일이 벌어졌다. 유구왕국의 긍지와 자부심이 넘치는 특산술을 통해서 독특한 시민교육이 발전된 것이다. 흡사 '아와모리 시민교육'이 탄생되어 꽃을 피웠으니, 빼앗긴 나라의 비상시 특수 시민교육이 생긴 것이다. 예전에 일본의 침략을 받아서 망명한 대한제국 독립지사들이 만주땅의 망명지에서 '신흥무관학교'를 세우고,[1] 항일전쟁을 준비할 때의 교육과정과 같은 흐름이 아와모리 술문화에 생생하게 살아있다. 그 특징은 다음과 같다.

첫째로 위기상황에서의 비상시 시민교육과 같은 내용을 담고 있다. 둘째로 모든 무기를 빼앗기고 가라데(韓手, 唐手, 空手)를 무예로 닦았듯

1) 안천, 신흥무관학교(서울: 교육과학사, 1996) 참조.

이, 철저히 감시되는 상태에서의 항일전쟁 시민교육과 같은 형태이다. 셋째로 공식적인 교육과정을 구체적으로 만들 수가 없게 된 절망적인 상태에서 아와모리를 통한 구국활동 시민교육이 만들어졌다. 넷째로 문자로 만들어진 성문(成文) 시민교육이 아니라, 영국의 불문법(不文法) 형태의 실질적인 불문 시민교육이 생활 속에 살아 있다. 다섯째로 현존하는 지구차원(global)에서 가장 애국적이고 민족주의적인 충군애국(忠君愛國) 교육이 문자 이전의 생활 속에 확실하게 존재하고 있다.

2. 막걸리의 화려한 부활

술은 인류사에 있어서 장구한 역사를 갖고 있다. 머나먼 옛날에 발견된 술은 인류의 삶에 따라 생활필수 음식이 되었다. 그러면서 다양한 술문화를 만들어 내었다. 우리민족의 술도 긴 역사를 갖고 있다.[2] 그렇지만 술이 우리의 삶과 직결된 만큼, 역사적 부침현상을 보이면서 시대적으로 다른 모습을 보이고 있다.

최근에 별안간 나타난 막걸리 열풍은 이 시대의 새로운 술 풍속도이다. 그러면서 새로운 술문화 역사가 되겠다. 막걸리는 장구한 세월에 걸쳐서, 우리의 삶과 함께 역사를 이어 온 친숙한 술이다. 술이 인간생활의 흥취를 돋우는 기호음식인 만큼, 막걸리는 우리민족의 흥겨운 정취와 긴 생명을 함께 해 왔다. 그렇지만 막걸리는 일제침략 이후 근현대사에 들어서며 많이 잊혀져서 오늘에 이르렀다.

그런데 매우 놀랍고 기이한 현상이 돌출했다. 막걸리 열풍이 별안간 몰아친 것이다. 느닷없이 일본 중년여성 관광객들의 입소문을 타고서,

2) 술은 고대시대에서부터 스블→수블→수불→수울→술로 변하며, 우리민족사와 함께 했다. 김영일, 한국어 단어족 사전(서울: 박문사, 2009), p. 434.

일본에서부터 열풍이 시작된 것이다. 일본의 중년여성들이 한류관광(韓流觀光)의 물결을 따라 한국땅을 찾았다가, 막걸리를 마셔 보고 그 맛에 빠져들기 시작한 것이다. 전혀 광고나 홍보도 없었다. 잊혀져서 버려진 상태의 막걸리에 생각 밖의 일이 생긴 것이다.

막걸리는 신선하고 상쾌한 맛을 가진 술이면서, 몸에 부담을 주지 않고 즐길 수 있는 술이다. 더구나 건강에도 좋은 술이면서 영양가도 높다. 그리고 일본 중년여성들에게 미용에도 좋다는 입소문이 퍼지면서, 특이하게도 일본에서 별안간 열풍이 분 것이다.

그렇게 되자 한국에서도 다시금 막걸리 열풍이 거세게 일어나게 되었다. 점차 한류(韓流) 열풍을 타고 미국, 중국 등 세계 각국으로 퍼져 나가고 있다. 그러한 흐름에서 막걸리가 다시 우리민족의 술로 급속히 중심을 잡아 나가게 되었다. 매우 기이한 일이다. 유구왕국의 아와모리와는 다르게, 까맣게 잊혀졌던 술문화의 하나가 급속히 재생된 것이다. 막걸리의 부활은 중요한 것을 말해주고 있다.

1) 망각문화

우리사회는 고유한 생활문화에서 망각된 것이 많았었다는 것이 지적되어야 하겠다. 요즘 세계 5대 건강식품으로까지 각광을 받는 김치와 된장은, 그토록 세계적으로 유명한 건강식품이 되었지만 약 20년쯤 전까지는 거의 주목을 받지 못했었다. 세계적으로 인정받는 건강식품 두 가지는 오로지 우리민족만이 예부터 개발하여 생활에 밀착되며 오늘에 이른 것이다.

그런데 막걸리도 세계적인 건강식품으로 공인되며 새롭게 주목을 받게 된 것이다. 막걸리는 더욱 망각의 정도가 심했던 것으로서, 막걸리의 새로운 부활은 실로 감개무량한 바 크다.

2) 외국변인

우리사회의 고유한 삶을 대표하는 것들에서, 온돌 난방과 같이 외국에서 진가를 알고 우수성이 인정된 경우도 의미가 큰 것이다. 막걸리는 거의 잊혀진 술이었다. 최근에는 일종의 천대받는 버려진 술에 가까웠는데, 흙 속에 묻혔던 보석을 발견해 내듯이 막걸리가 화려하게 부활되었다.

더구나 그 부활의 주인공들이 일본 중년부인 관광객들이었다는 것은 뜻깊은 것이다. 외국에서 참된 가치를 인정하며 우리문화가 부각된 대표적 사례가 되기 때문이다.

3) 술주체성

우리사회는 그간 술문화의 중요성을 잊고 살았었음을 지적해야 하겠다. 그리하여 술 주체성(主體性)을 상실한 바가 컸었다. 우리사회는 다양한 부면에 있어서, 지난 100여 년 전의 가혹했던 일제침략의 후유증으로 주체성을 잃은 사례가 매우 많았다. 술문화도 마찬가지였다고 하겠다.

우리사회는 언젠가부터 맥주, 와인, 꼬냑, 위스키, 보드카 등의 해외유입 술에 몰입되어 버렸다. 해외여행을 가서는 이성을 잃고 정신없이 양주를 구입하는 몰상식한 행태를 보인 경우도 있었다. 공항 입국 때의 주요 점검품목 1순위가 양주라는 부끄러운 면을 보이고도 있다.

4) 술주권

우리사회가 일제침략 강점 비극시대에 강압적으로 잃었던, 술주권 상실 후유증이 매우 큼을 지적해야만 되겠다. 우리는 정치적 국가주권(國家主權)을 잃었다고 생각했는데, 우리가 그때에 잃었던 것은 많다. 일제강점의 비극상황을 대변하는 주요 경제부문의 하나가 양조장 운영권이었다. 일제당국은 양조장 운영권을 오로지 친일인맥에게만 부여했었다. 철저하게 신원조회를 하고 친일 매국의 성향을 점검하고서, 양조장 허가를 내주었기 때문에 술주권은 전혀 없었다.

술문화도 철저히 주권상실(主權喪失) 상태였다. 따라서 국적불명의 참담한 술문화 행태를 보였다. 일제지배를 받는 침략강점 비극시대의 술문화를 생생히 보여주게 되었다. 술도 철저히 일제지배를 받은 비극의 후유증은 오늘날까지 참담하게 이어지고 있다.

5) 술실종

우리사회의 술주권 상실현상으로, 우리술 자체가 실종되는 비극을 맞게 되었다. 막걸리는 우리민족의 유구한 삶을 대변하는 자랑스러운 술이다. 그럼에도 불구하고 그간 막걸리는 잊혀진 망각의 술로 내몰렸다. 그러면서 가혹하게 천대를 받았던 긴 시간이 있었다. 나라를 강점당하면서 술문화도 강점되며 술주권을 잃었기에 나타난 참담한 현상이다.

더구나 일제침략자들이 쫓겨간 뒤에도 6·25전쟁과 보릿고개를 겪으면서, 일제강점 비극시대의 술문화가 그대로 이어져 오게 되었다. 일종의 술문화 추친일(追親日) 체제가 만들어진 것이다. 그 흐름 속에서 우리들의 술을 잃었고, 막걸리도 망각하고 있었다. 캄캄한 술암흑 시대의 참담한 후유증이 하염없이 이어진 것이다.

6) 술친일파

우리사회에는 나름대로 술친일 문화도 크게 잔존해 있었다. 일제침략자들이 물러가고 난 뒤에도, 과거의 일본술에 맛을 들이고 일본음식에 맛을 들인 사람들의 입맛이 별안간 변하기는 어려운 것이었다. 그리하여 예전 친일문화(親日文化)에 찌들어 있던 계층에는, 나름대로 강력하게 술친일파들이 잔존해 있었다.

그 암울한 시기에 일식당에서 일본술 사케에 취해서 홍청대던, 부끄러운 인간이 누구인가를 입맛은 거짓없이 증명해 주고 있다. 친일주당(親日酒黨) 그들이 누구인가를 입맛은 속이지 못한다. 요즈음 세월이 흐르며 일본 관광객이 많이 유입되는 흐름 속에, 술친일파들의 부활이 적지않게 나타나는 모습은 부인하기 어렵다.

Ⅱ. 조선왕국과 유구왕국의 친밀한 관계

1. 상호관계

조선시대의 외교관 시험인 역관시험에 있어서는 6개국의 언어가 있었다. 위구르어, 몽골어, 만주어, 일본어, 유구어, 한어(중국어)의 여섯 개였었다. 그러니까 유구왕국은 조선왕국이 외교교류를 할 확실한 독립국의 하나로서, 독립된 고유의 언어도 있는 나라였다. 요즘 일본에 강점되어 있으나 일본어와 전혀 다르다.[3] 유구왕국은 조선왕국과 빈번하게 외교사절을 파견하여 교류관계를 돈독히 유지해 왔었고, 나름대로의 고유한 독자성이 있었다. 정체성(正體性) 있는 국가체제를 운영하고 있었음을 유의해야 되겠다.[4]

3) 임동권, 한국에서 본 일본의 민속문화(서울: 민속원, 2005), p. 136.

4) 오키나와의 독자성을 최초로 문제화시킨 출발은, 1911년의 가와카미 하지메 설화사건이었다.

반면에 유구왕국의 바로 남쪽에 있는 타이완은 예전에는 전혀 나라가 아닌 하나의 변방 섬에 불과하였다. 그러나 청일전쟁 이후 일본에 할양되며 일본땅이 되었었다. 그후 중국 국민당이 망명하여 오늘의 모습이 된 것이다. 그리하여 타이완의 원주민은 독립국이 되길 원한다. 반면에 국민당은 타이완이 중공군을 몰아내고 본토를 찾을 교두보이므로, 독립은 불가하다는 엉거주춤한 입장이다.[5)]

당당한 독립국이란 기준으로 볼 때에, 오늘날 일본에 강점된 유구왕국은 타이완에 비하면 사실상 비교한다고 말할 수가 없게 유구왕국이 월등했다. 유구왕국이 당당한 나라였다면, 타이완은 나라도 아니었었다.

2. 일제침략 정책의 차이

우리나라와 유구, 타이완은 일제침략 강점시대를 겪은 비극의 역사를 공유하고 있다. 그 3개국 가운데에서 유일하게 유구왕국은, 오늘날까지도 일제강점의 비극이 계속되고 있다.

1) 타이완(台灣)

타이완은 독자적인 정치주체(政治主體)가 아니었다. 외따로 떨어져 있는 독립된 섬에 가까웠다.[6)] 그리하여 명, 청 시대에는 타이완이라는 섬이 있다는 인식 정도로 존재했던 곳이다.

애초에 타이완은 정치적 독립성이 없는 하나의 섬에 불과했었다. 누

다카라 구라요시, 원정식 옮김, 류큐왕국(서울: 도서출판 소화, 2008), pp. 9-43.

5) 그리하여 타이완 국민의 대다수를 차지하는 본성인(원주민)은 독립을 원하고, 대륙의 중공측에서는 타이완이 자기들의 땅이라고 상반된 주장을 하고 있다.

6) 김영신, 대만의 역사(서울: 지영사, 2001), pp. 41-48.

가 주인이라고 말하기도 어려운 개별체에 불과했고 차라리 타이완 원주민이 주인이었다. 그런데 그것을 청일전쟁 이후에 일본에게 전쟁배상금으로 떼어 준 것이다. 타이완 원주민의 뜻과는 전혀 관련도 없었다.[7] 사실상 제3자였던 청나라가 자국령이라고 했다가, 일본령으로 해주며 할양절차를 밟은 것이다. 그러므로 타이완은 기층적 중심문화가 미형성된, 정치적 미성숙 상태에서 일본에 할양되었다.

그리하여 타이완에는 거의 순수한 조선왕국 문화가 전승된다. 왜냐하면 일본은 본시 문화부재에 가까웠던 야만적 해적국가로서, 임진왜란의 7년 간에 조선왕국을 약탈, 복제해 간 나라에 불과하기 때문이다. 타이완이 일본의 지배를 받은 것은 실질적으로는 조선왕국의 문화가 그대로 전승되는 과정이었다고 말해도 된다.[8]

그러나 나름대로의 일본 생활문화가 있었기에, 일본화된 조선왕국 문화가 전승될 수밖에 없었다. 따라서 타이완 사람들은 매우 일본에 친밀한 정서를 갖고 있는데, 그 친밀의 뿌리는 사실상 조선왕국이다. 한류의 최초 발원지가 타이완인 것은 그 뿌리가 확실한 때문이라 하겠다. 그러므로 타이완의 술문화는 일본성향이 높은데에다, 국민당 점령군에 의한 대륙 술문화가 접목된 것이다.

2) 유구왕국(琉球王國)

일본은 원래 도요토미 히데요시가 통일국가를 만들기 이전에는 사실상 살벌한 전쟁으로 이어지는 여러 개의 쪼개진 나라였었다.[9] 아니 미개한 정치조직의 지역 분립상태였다. 반면에 유구왕국은 1609년에 일본

---

7) 흡사 두만강 하구의 커다란 조선영토인 녹둔도를, 청나라가 조선왕국과는 상의도 없이 러시아에 일방적으로 떼어 준 것과 같았다.
8) 안천, 타이완의 힘(서울: 교육과학사, 2007) 참조.
9) 신숙주, 신용호 주해, 해동제국기(파주: 범우사, 2004) 참조.

남부 사쓰마의 시마즈가(家)로부터 공격을 받기 이전에는 자랑스러운 독립왕국이었다.[10] 일본의 여러 쪼개진 나라들을 가볍게 보는 당당한 나라였다. 그렇지만 통일일본에 비해 유구왕국은 국력 면에서 워낙 현격하게 차이가 났다. 그렇기 때문에 일방적인 지배를 받는 상태가 되고 말았던 것이다. 특히 청일전쟁 무렵에 강제병탄이 되고나서는, 독자적 힘을 상실하고 강점상태가 되어 오늘날에 이른 것이다.

따라서 유구왕국은 매우 색다른 문화현상을 보이게 되었다. 일본에 의한 강점상태의 비참한 상황이지만, 유구왕국은 고유한 전통문화를 나름대로 생생하게 유지하고 있는 나라이다. 말하자면 나라가 없어졌어도 고유문화는 그대로의 원형이 살아있다고 할 만큼 특이한 문화현상을 보여주고 있다. 외형적 나라는 없으나, 내면적으로는 생생히 나라가 살아있는 것과 흡사하다. 그렇게 된 까닭은 일본의 사쓰마는 1609년의 10일간에 걸쳐 유구왕국을 휩쓸어 약탈을 한 뒤[11] 외형상으로는 청일전쟁 무렵까지 유구왕국의 독자성을 인정했기 때문이다.

그리고 다시 1879년에 유구왕국의 국왕을 강제로 도쿄에 압송시켜서 후작(侯爵)으로 봉했다. 조선왕국의 황태자 영왕을 인질로 잡아간 것과 같은데,[12] 국왕을 더구나 후작으로 낮춰서 봉하는 치욕적 조치를 취했다.[13] 그리고는 강제병탄을 실시했는데 '유구처분(琉球處分)'이라는 이름으로 완전 강점을 하였다. 그리하여 유구왕국이란 국명은 사라지고 오키나와현이 되고 만다. '처분'이란 흡사 쓰레기 처분을 하는 정도의 몰상식한 개념이다. 일본은 우리나라도 강점침략을 하고는 그들의 천민

10) 上里隆史, 琉日戰爭 1609:시마즈 씨의 유구침공(나하: 보다 잉크, 2009) 참조.
11) 다카라 구라요시, op. cit., p. 192.
12) 안천, 일월오악도 제4권(서울: 교육과학사, 2004), pp. 75-91.
13) 참고로 매국노 이완용에게 내린 작위가 후작이었다. 이완용은 처음에 을사오적 역적질로 백작이었다가, 거듭 매국행위를 열심히 하여 후작으로 승격된다.

촌인 부락(部落)이라고 불렀듯이, 유구왕국도 그렇게 원색적으로 모독을 한 것이다. 그리고는 유구왕국이 빈 집에 가깝기에 약탈할 것도 없어서 방치한 듯이 버려 두었다.

그것은 조선왕국을 임진왜란 때에 7년에 걸쳐 약탈하고서, 이순신 장군에게 참패하며 패전을 한 경우와 전혀 달랐었다. 일본은 조선왕국을 침략은 했으나, 조선왕국이 매우 큰 힘을 갖고 고유문화가 일본보다 월등했기에 끝내 참패를 하였다. 역전패 당한 것이다.

도요토미 히데요시 가문이 도쿠가와 이에야스 가문에 망했다는 것은 훗날의 역사해석이다. 실제로는 도요토미 히데요시 나라가 조선왕국에 패전하며 나라가 망한 것과 같다. 당시 일본은 조선을 공격했다가 완패하며 패전국이 된 것이다. 그리하여 도쿠가와 이에야스 나라가 어부지리로 국권을 차지했던 것이다.

일본은 조선왕국보다 매우 후진국이었다. 그래서 1871년에 폐번치현(廢藩置縣)이라는 조치로 중앙집권국가를 만들 때까지는, 각 곳이 번(藩)이라는 부족국가 체제로 나뉜 나라에 가까웠던 난립상태였었다.[14] 조선왕국은 이미 3대 태종 때에 단행한 중앙집권화를 그렇게 늦게야 시행한 것이다. 도쿠가와 이에야스는 그후 도요토미 히데요시가 망한 것을 보며 자숙하여 외국을 침략하지 않았다. 그러나 명치유신 이후에 일본천황이 제 분수를 모르고, 다시금 도요토미 히데요시를 흉내냈다가 망한 것이 제2차 세계대전의 참담한 패전이다.

3) 조선왕국(朝鮮王國)

조선왕국은 일본에 침략을 당했으나, 힘있는 정치력과 기나긴 문화를

14) 그래서 신숙주는 해동제국이라는 복합국가 개념으로 규정했었다.
신숙주, op. cit., 참조.

가진 당당한 나라였다. 생각하면 일본의 능력으로는 침략강점이 버거운 나라였다. 그렇기에 일본은 조선왕국을 침략하여 강점한 경술왜란(庚戌倭亂) 35년간에 있어서, 조선왕국의 모든 것을 철저히 짓밟았다. 유구왕국은 만만했지만 조선왕국은 자신들에게 힘겨운 나라였기에 의도적으로 잔혹하게 약탈하고 파괴하며 침탈하였다. 정치, 경제, 사회, 문화적으로 전방위에 걸쳐서, 잔혹하게 침탈만행을 자행한 것이 조선왕국 강점이었다.

유구왕국에는 사쓰마에 의한 강점 이후에 자치권을 어느 정도 인정하였다. 그러면서 외형상으로 존치시키며 내면적인 수탈을 계속하여, 청일전쟁 이후에 완전히 강점할 때에는 저항이 거의 없었다. 그리하여 사실상 외형적 생활문화가 방치되었으니, 더 이상 탄압할 필요도 없었다고 하겠다.

반면에 조선왕국은 거세게 저항하며 독립전쟁을 벌였다. 그 탓에 일본의 혹심한 침탈만행을 겪었다. 그러다가 일본이 패퇴하여 쫓겨가고 나니까 상처와 공백이 너무 컸다. 그래서 남북분단에 의한 38선 분할체제가 된 것이다. 남북분단은 일제침략 후유증으로 나타난 악의 꽃이다. 완전히 일본의 잘못에 의한 것이다. 일제침략으로 임금님이 사라지며 권력공백 진공상태가 되어 나타난 것이므로, 일본이 사후책임을 완전히 져야 할 것이다. 앞으로 사후배상을 확실하게 해야 옳다. 오늘날 한국의 남북분단과 그에 따른 엄청난 국방비는 일본 침략 후유증 때문에 계속하여 부담하고 있는 것이다.

Ⅲ. 유구왕국의 술문화 분석

1. 술문화의 전승

1) 타이완의 금문도(金門島)

타이완을 상징하는 최고의 술은 고량주(高粱酒)로서, 그 대표적인 상표가 '금문도'이다. 그것은 타이완이 긍지와 자부심을 가질 만큼 자랑스러운 최고급 술이다.

고량주는 문자 그대로 '고구려 양식 술'이다. 고량주는 만주땅의 전통적인 술로서, 먼 옛날 고구려 때부터 이어지는 유구한 역사의 술이다. '붉은 수수밭'이라는 중국 영화의 영향으로 고량주가 만주땅의 술인 것은 널리 알려졌다. 하지만 원료가 붉은 수수라고 잘못 알려졌다. 물론 요즘에는 만주땅에 수수, 옥수수 등을 많이 심지만, 먼 옛날에는 귀리를 원료로 하였다.

귀리는 볏과의 2년초이다. 줄기는 밑부분에서 무더기로 나며, 잎은 보리와 비슷하다. 봄에 이삭 모양의 꽃이 핀다. 열매는 술과 과자의 원료로 쓰거나 가축의 사료로 쓴다. 연맥(燕麥) 혹은 작맥(雀麥)이라고도 부른다.[15] 귀리는 거칠고 조악한 곡식이다. 그래서 요즘에는 수수, 옥수수에게 밀려나 별로 재배를 하지 않는다. 하지만 옛날 고구려 때에는 널리 재배되던 곡식이었다. 문자 그대로 고량(高粱)으로서, 고구려 양식이었다. 고구려의 주식이라고 할만 했고, 고량이라고 불릴만 했었다.[16]

---

15) 동아출판사, 우리말 돋움사전, 1996, p. 169.
16) 고량은 고구려 양식을 말하는 보통명사 수식어이다. 고구려 양식에는 널리 쓰여서, 현대

고량주는 고구려 양식인 귀리로 빚은 술이지만, 엄밀히는 고구려 술이란 말이다. 고구려는 역사 속으로 사라졌지만, 고량주는 오늘날까지 생생히 살아있는 것이다. 국가는 사라져도 사람의 입맛은 그토록 긴 생명력과 전통, 역사를 갖고 강하게 이어지는 것이다. 그렇다면 왜 타이완을 대표하는 술이 고량주가 되었는가? 그것은 논의의 여지가 없다. 사람의 입맛은 변하지 않는다는 것을 증명하는 만고불변의 진리를 정확하게 말해주는 것이다.

청(淸)나라는 고구려 옛터에서 나온 여진족, 만주족이 세운 나라였다.[17] 여진족, 만주족은 만주땅을 대표하며, 고구려 옛터의 중심부에서 탄생한 나라이다. 고구려 후계국가라고 해도 맞을 수 있다. 청나라는 따라서 예부터의 고량주를 즐겨 마셨다. 그것은 그들이 고구려 계통의 국가임을 뜻한다. '붉은 수수밭'은 바로 만주땅을 상징하고, 고량주가 만주땅의 술임을 뚜렷이 증명한다.

청나라는 금(金)나라를 계승한 나라이다.[18] 그런데 처음에 후금(後金)이라고 했다가, 나라이름을 맑고 맑은 술인 고량주에서 따다 맑을 청(淸)을 국호로 정했다고 전해진다. 또한 청국장(淸麴醬)에서 국호가 유래했다는 견해도 있다. 여진족, 만주족들이 고량주와 청국장을 사랑하는 마음에서 그렇게 국호를 정한 것이다. 청국장은 머나먼 옛날의 고구려 때부터 만주땅을 대표하는 음식이었다. 그리고 만주는 콩의 원산지이다. 혹자는 생각하길 청국장이 청나라에서 유래한 음식인 듯이 착각을 한다. 그러나 청국장이 먼저이고 청나라는 아주 나중이다. 고량주와

에도 예컨대 타이완에서는 '고구려 양식 말린 소고기'를 고량우육건(高粱牛肉乾)이라는 상품으로 팔고 있다.

17) 임계순, 청사(서울: 신서원, 2001), pp. 21-28.

18) 만주족이 세운 '금'나라는 우리민족의 감(神)사상에서 비롯되었다.
안천, 거시국토통일론: 만주는 우리땅이다(서울: 인간사랑,1990), pp. 199-258참조.

청국장은 예부터 만주땅의 영원한 상징이다.

타이완은 82%의 토착 원주민이 살던 독립된 섬이었다. 중국 대륙에서 태평양 쪽으로 멀리 떨어진 그곳이 돌연 청일전쟁 이후에 일본땅이 되었다가, 제2차 세계대전이 끝나며 국민당 장개석 부대에게 별안간 점령된 것이다. 당시 장개석 군대와 함께 나타난 사람들이 타이완의 외성인(外省人)으로서 약 18%가 된다. 따라서 본성인(本省人)이라는 원주민이 약 82%인 것이다.

그런데 중공군 주력부대는 사실상 최하층 천민들이다. 장개석의 국민당 군대는 패퇴하기는 했지만, 일본군과 정면으로 싸우며 중국을 지켜낸 정통 애국세력이다. 모택동은 장개석 군대가 일본 침략군과 싸우는 뒷전에서 비열하게 숨어 지내다가, 장개석의 국민당 군대가 붕괴된 뒷자리를 슬쩍 훔치며 차지한 것에 불과하다. 생각하면 비겁한 집단이다. 일본군의 침략은 국민당이 막고 국민당이 무너지자, 국민당이 썩었다고 뒤에서 비방하다가 공산당이 나라를 차지했다. 애국심은 없고 당리당략만 있던 집단이 공산당이다. 그렇기에 오늘의 중국(중공)은 일본이 세워준 나라이고, 영국과 프랑스가 침략하여 세워준 역설적인 나라이다.[19] 영국과 프랑스의 침략이 없었다면 지금도 만주족의 청나라일 것이다. 일본의 침략이 없었으면 중공군의 모택동 집권은 불가능했다.[20]

그러니까 청나라의 중심 지도부는 사실상 국민당 군대로 편입이 되었고, 항일독립 전쟁에서 정면으로 싸우다가 모택동의 공산군에 밀려서 타이완으로 간 것이다. 타이완의 국민당은 많은 숫자가 청나라 정통 주체세력이었고 고위 지도층이었다. 그들을 따라 최고급 술인 고량주가 타이완으로 간 것은 지극히 당연하다. 입맛은 불변하기 때문이다. 그것

---

19) 안천, 타이완의 힘, op. cit., pp. 22-26.

20) 임계순, op. cit. 참조.

이 금문 고량주가 탄생한 유래이다. 금문 고량주는 청나라의 최고급 술이 그곳으로 간 것인데, 고량주를 만들 좋은 물이 금문도 섬에서 나기에 공장을 금문도에 세운 것이다.

금문도는 대륙에 붙은 최전방 군사지역이다. 그 살벌한 최전선 섬에 고량주 공장을 지을 수밖에 없었던 까닭은 타이완의 본 섬에는 좋은 물이 없기 때문이었다고 한다. 그런데 살벌한 최전방에라도 고량주 공장을 지을 강력한 마음이 있을 사람이 중요한 것이다. 그들은 고량주의 정통 인맥이 망명온 것임을 명백히 증명하기 때문이다.

생각하건대 금문도 최전방 섬에다가 고량주 공장을 짓고서, 금문도를 술이름으로 정한 사람들의 진짜 속마음은 무엇이었을까? 그것은 고량주의 옛땅을 찾는 것이 바로 본토탈환의 목표라는 뜻일 수도 있다. 그리고 금문도(金門島)라는 섬의 이름이 바로 금(金)나라의 문(門)을 뜻한다고도 하겠다. 고량주가 상징하는 땅을 향한 출발점이 바로 금문(金門)이라고 생각했다고 할 수 있다. 공산당에게 빼앗긴 본토를 찾고, 고량주의 고향땅을 찾겠다는 다짐을 최전방에서 확고히 다지겠다는 뜻일 수도 있다.

고량주는 한국인들도 아주 높게 선호한다. 타이완, 중국의 고량주 이전에 한국의 전통적인 고량주가 있었다. 요즘에는 중국산 저가 고량주가 값싸게 밀려오며 한국산 고량주가 거의 사라졌으나, 고량주는 먼 옛날 고구려 때의 전통을 잇는 우리민족의 뿌리 깊은 술이다. 그래서 한국인의 입맛에 아주 잘 맞는 술이다. 담백하고 깨끗하며 우리민족의 기호에 정확히 맞는 그것은 고량주가 고구려 술이기에 우리민족의 입맛에 꼭 맞는 것을 말하는 것이다.

하지만 현재의 중국 본토에는 술문화가 중구난방이다. 정통 고량주가 입맛에 맞는 타이완에는 청나라의 정통성이 그대로 살아 있지만, 중국본토에는 술 맛도 모르는 최하층민들이 공산당을 따라 어부지리로 집권을 했기 때문에 어느 것이 올바른 술맛인지도 모른다. 입맛이 엉망인 것이다. 무조건 공산당에서 시키는 대로 마오타이가 최고라고 했다가, 하도 가짜가 많으니까 또 다른 술이 나오기도 하지만 중국땅의 정통 술이 아니다. 그래서 중국에서는 술맛도 공산당 중앙의 독재적인 명령에 따른다. 공산당에서 좋다면 좋은 술이고 싫다면 나쁜 것이다. 요즘에는 수정방 술이 좋다면서 다시 등장을 했는데, 그것도 믿을 수가 없다. 중공당국은 입맛도 모르면서 끊임없이 거짓 선전을 하니까 믿을 술이 없는 것이다.

중국은 1천 년 이상을 만주땅의 고구려 옛터에서 나온 북방족들의 식민지였다. 그렇기에 고량주가 최고의 술이고, 술의 대통은 타이완 금문도로 전승된 것이다. 타이완의 금문도 술은 중국땅의 최고급 인간집단이 타이완에 있고, 타이완이 정통세력임을 말해주는 확고한 증거물이다. 오히려 중공군의 대륙땅은 신판 황건적에 의한 혼란시대임을 말하는 것과도 같다. 술이 동아시아 국제사회 현실을 정확히 증명하고 있다. 사람은 속여도 술은 못 속이는 것이다.

2) 유구왕국의 아와모리(泡盛)

유구왕국은 일본과는 전혀 다른 당당한 독립국이었다. 결코 일본에 종속될 수가 없는 색다른 곳인데 강제적으로 합병되며 일본땅에 속해 있다. 그래서 유구왕국을 일본 속의 다른 나라(異國)로 부른다.

유구왕국을 한때 일본에서는 남방계가 아닐까 생각도 하고, 중국본토의 영향을 받지 않았을까 생각하기도 했었다. 그러면서 무조건 일본과 유구왕국은 같은 뿌리라고 우기기도 했었다.[21] 그러다가 최근에 전혀 의외의 놀라운 사실이 밝혀지고 있다. 그것은 유구왕국이 삼별초가 세운 나라라는[22] 기상천외의 사실이 밝혀진 것이다.[23] 일본으로서는 매

21) 다카라 구라요시, op. cit., p. 193.

우 충격적인 것이었다. 유구왕국은 너무나도 많은 기본문화가 조선왕국 그대로이기 때문이다.

유구왕국의 최상층부에는 '고리'라는 최고위 관직이 있었다. 그것은 대단히 중요한 것인데, 그것에 대한 정확한 규명은 아직 없다. 다만 최고위 직군에 속하며, 3개 조직(삼사관: 三司官)으로 나뉜 중앙관인들이었다.[24] 그런데 우리는 국호 고려(高麗)가 원래 발음은 '고리'로 읽어야 함을 유의해야 한다.[25] 일제침략 이후에 우리는 '고려'라고 틀리게 읽는데, 麗는 훈이 두 가지이다. 아름답다는 뜻은 '려'로 읽고 나라이름일 때에는 '리'로 읽어야 한다.[26] 사마광의 자치통감(資治通鑑)과, 육당 최남선이 일찍이 편찬한 신자전(新字典)에서 바르게 지적했지만 온 나라가 무식해져서 잘못 읽고 있는 것이다.[27] 일제침략 후유증으로 우리가 잊게 되었으나, 예전 고려 때에는 '고리'라고 읽었으며 삼별초 조직이 그대로 유구왕국의 상층 고위직군을 장악했다는 해석이 가능할 수 있다.

유구왕국은 삼별초가 국왕과 상층지도부를 이룬 나라라고 해석되어야 하겠다. 그것은 특히 유구왕국의 수리성 정전에 걸었던 만국진량종(萬國津梁鐘)에 새겨진 글에, 조선을 중심으로 하며 명나라와 일본을 종속개념으로 선언한 바에 뚜렷하게 감지된다.[28] 사실상 조선이 주격이고, 명나라와 일본은 보조격이다. 그런데 특히 유의할 것은 오히려 유구왕국이 우리나라보다 더 고유한 문화를 많이 간직한 순수성이 높은 나라라는 점이다. 예부터의 전통을 보다 더 간직한 나라로서, 유구왕국이

22) 동아일보,2010. 1. 9, 삼별초의 길, 유구왕국의 기초를 닦다, 이광표, 이새미.
23) 조선일보,2009. 3. 14, 사라진 삼별초, 오키나와 건너가 유구왕국 세웠나, 유석재.
24) 다카라 구라요시, op. cit., pp. 172-178 참조.
25) 김인희, 1300년 디아스포라 고구려 유민(서울: 푸른역사, 2010), pp. 151-153.
26) 안천, 대한황실황통쟁투사(서울: 교육과학사, 2009), pp. 154-161.
27) 서병국, 고구려제국사(서울: 혜안, 1997), pp. 8-9.
28) 하우봉 외, 조선과 유구(서울: 아르케, 2002), p. 307.

보다 문화적 정통성이 크다고 해석된다.

유구왕국은 한국보다 더 한국적인 순수한 나라로서, 오늘날에도 유구왕국에서는 일본국기의 게양이 불가능하다. 일본 국가도 부르지 않는다. 유구왕국 고유언어로 행복, 자연과의 조화를 뜻하는 '가리유시'를 내세운 가리유시 클럽(류큐독립당)이 있어 완전한 독립을 추구하고 있다. 일본에 강점되어 있어도 유일하게 천황이 방문하지 못하는 곳이다. 황태자가 겁없이 한 번 갔다가 화염병, 계란 세례를 받고 소요가 일어나 혼비백산했다.[29)]

가리유시 클럽 깃발을 든 유구 어린이(유구독립당 웹사이트)

한국의 김대중, 노무현, 이명박 대통령이 순서대로 일본을 찾아가 구걸하듯 천황의 방한을 요청하는 한심한 추태와는 천지 차이다. 한국에는 그런데도 죄 많은 천황이 지레 겁을 먹어 오지 못하는 기막힌 상태이다.30)

오늘날의 우리사회는 예부터의 본모습을 상실한 나라이다. 많은 것을 잃어버린 나라가 되었고, 족보 없는 나라와 같이 변모되었다. 하지만 유구왕국은 일본땅에 강점된 포로가 되어 있는 나라이기에, 오히려 다른 이질적인 것이 파고들 여지가 없었다. 더구나 유구왕국의 사람들은 대단히 반일감정이 크고 독립심이 크기에, 일본문화도 수용을 하지 않고 독자성을 강하게 유지하며 오늘에 이른 것이다. 그래서 우리민족 보다 더 순수한 고유문화를 간직한 특이한 곳이 만들어졌다. 유구왕국은 오늘날 오키나와라는 치욕적인 이름으로, 일본의 강점지배 상태에 있다. 그렇지만 우리들이 낯붉히며 부끄러워할 정도로 문화적인 자존심, 자부심이 강한 독자성을 갖고 있다.

유구왕국의 여러 가지 문화가 모두 그러한데, 술문화도 매우 독특하며 확실한 독립국이다. 오늘날 일본은 유구왕국을 침략강점하고 있지만, 특히 술에 있어서는 전혀 강점을 못하고 일종의 술 치외법권(治外法權) 지역이 되어 버린 것이다. 그간 일본땅에서는 유구왕국에만 있는 특산술 아와모리(泡盛)가, 도저히 뿌리를 알 수 없는 독특한 술이라고 얘기되었다. 아와모리는 우선 일본 본토에 있는 술에 비해 매우 도수가 높은 독한 술이다. 아와모리 술병에는 '직화(直火)의 술'이라고 썼을 정도로, 곧바로 속이 불붙는 독한 술이다. 그렇기에 일본 침략자들도 아와모리를 도저히 침탈할 수가 없는 난공불락의 놀라운 독특한 술이라고 생각했다.

---

29) 아라사키 모리테루, 정영신·미야우치 아키오 옮김, 오키나와 현대사(서울: 논형, 2008), pp. 132-137, pp. 146-147 참조.

30) 안천, 대한황실황통쟁투사, op. cit., pp. 326-327.

항아리 저장법
(한국의 옛날 전통과 꼭 같다)

그런데 유구왕국에서 더욱 난해한 것은 그곳이 아열대 지역이란 것이다. 매우 더운 나라인데도 불구하고 놀랍게 독한 술이 있다는 점이다. 그러니까 일본 땅의 어디에도 없는 독한 술이고, 더운 나라에는 도저히 있을 수가 없는 독한 술인 것이다. 그래서 일본인들이 생각하길 아와모리를 시암(태국)에서 배웠다느니, 예전에 포르투갈, 네덜란드 무역선에서 전수된 것이라는 등의 생각을 했을 정도였다. 그러다가 유구왕국이 삼별초가 세운 나라라는 것이 알려지면서, 아와모리는 삼별초에 의해서 고려시대의 술이 전해진 것이라는 해석이 가능하게 되었다.[31] 그것은 마치 만주땅의 고량주가 그곳 사람들의 입맛을 따라 타이완의 금문도 고량주로 탄생된 것과 꼭 같다.

오키나와에서는 자신들의 술이 유구왕국의 '전통적인 예부터의 고유

31) 고려시대 공민왕 몽진에서 비롯된, 한국의 안동소주와 똑같은 술이라고 하겠다.

한 제조법'으로 만든 증류주라고 한다. 쌀을 발효시킨 뒤에 증류시키는 독특한 제조법은 '600여 년 전과 똑같게' 그대로 라고 한다.32) 그들이 600여 년 전이라고 하는데, 그것은 대단히 중요한 것이다. 그것은 거의 삼별초의 망명 이후와 같다. 그들의 고유한 전통제조법을 그대로 지키며, 순수하게 쌀로 만드는 '천연 양조법'이란 바로 삼별초가 전수한 것이 분명하다.

아와모리는 예전에는 아무나 만드는 술이 아니었다. 나라에서 세 곳의 마을만을 특별히 허가하여 제조한 특산술이었다. 더욱 유의할 바는 유구왕국의 아와모리는 왕실에서 직접 관리하는 '유구왕의 술'이었다. 각종 행사, 교역품, 공을 이룬 장군에게 하사하는 고귀한 술이었다. 특히 600년 역사를 가진 '항아리 저장법'이라는 전통 비법에 의해 5년 이상 숙성한 고주(古酒)를 최고의 술로 쳤다. 그래서 고주가 있는 집은 품격이 높은 집으로 받들었다고 한다.

그것은 매우 놀라운 것이다. 현재의 우리사회는 일제침략, 6·25남침전쟁 등을 겪으며 많은 것을 상실하고 망각한 사회이기에 더욱 놀라운 것이다. 오늘날의 우리들이 갖지 못한 옛 전통을 그들은 그대로 갖고 있다. 생각하면 우리민족의 고유한 술이 유구왕국을 통해 먼 남쪽에 원형 그대로 남아있다고까지 생각된다.

현재 우리사회에서는 옛 전통주를 개발하고, 옛 술문화를 부활시키려고 많은 노력을 하고 있다. 그런데 엄밀히 말해서 옛 술문화의 뿌리는 원형(原型)이 끊겼다. 이미 전통이 사라졌다. 솔직하게 말해 옛 술문화의 진짜 모습을 아는 사람도 거의 없다. 너무나 일제침략 술공격이 극심했던 후유증이다. 그렇지만 2011년 1월 4일에 충청북도 충주 가금면에 있

32) 원래는 고구마로 빚는 술이었다.
박성수, 단군문화기행(서울: 서원, 2000), p. 416.

는 세계술문화박물관에서는 뜻깊은 행사가 열렸다. 대한황실 황족인 이호창(텍사스 휴스턴 한국문화원장) 선생님에 의해 대한황실 임금님의 어주(御酒)를 전수하는 모임이 있었다. 이호창은 대한황실의 숨겨진 황녀(皇女)였던 문용옹주에게서 어주 제조법을 배운 것으로서, 문용옹주의 모친 임상궁은 궁궐 소주방 상궁이었다. 그러니까 이호창은 대한황실의 정통 어주 제조법을 전수받은 유일한 인물인데, 그 모임에서는 황족 이호창의 시연으로 김종애 관장에게 전수되었다.[33)]

최근에 우리나라의 국새(國璽)를 새로 만드는 일로 인해, 온 나라가 떠들썩 했던 때가 있었다. 그러나 예전의 국새를 옛 그대로 만들 방안은 거의 없다. 일본의 침략으로 전통이 끊겼는데, 요즘의 방법으로 재현한 것을 논증하고 고증할 방법도 없는 것이다. 일제 침략의 상처는 곳곳에 너무나 큰 것이고, 국새도 맥이 끊겼다.[34)] 마찬가지로 술문화도 그렇다. 예부터의 전통을 되살리는 것이 엄밀하게는 불가능한 실정이다. 잔혹한 일제침략으로, 우리나라의 술전통은 사실상 맥이 끊겼다.

그런데 강제로 오키나와가 되어버린 유구왕국에는 일제침략자들이 전혀 건드릴 수 없는 술 성역이 만들어졌다. 술 치외법권 체제가 확립되어서 변동없이 오늘날까지 이어져 내려 온 것이다. 매우 경이로운 일이다. 그들은 확고한 술주체성을 갖고서 술주권을 수호하며, 일제침략자들의 영향을 전혀 받지 않은 상태에서 당당하게 오늘에 이르렀다. 그러므로 '아와모리'가 우리민족의 원초적인 고유한 술이라는 생각까지 크게 든다.

---

33) 안천, 일월오악도 제5권(서울: 교육과학사, 2005), pp. 22-23 참조.
유주현, 황녀 문용옹주 1, 2권(서울: 아름다운 날, 2010) 참조.
김귀달, 설민호, 굽이굽이 흐르는 강물처럼(부산: 삼보문화사, 1980) 참조.
이종기, 술 이야기(서울: 다할미디어, 2010) 참조.

34) 민홍규, 옥새(서울: 인디북, 2005) 참조.
김성호, 옥새(서울: 예나루, 2006) 참조.
국립전주박물관, 옥새전(서울: 인디북, 2006) 참조.

2. 유구왕국의 아와모리 독립전쟁

1) 아와모리 시민교육(市民教育)의 현황

현재 오키나와가 된 유구왕국의 수도 나하(那覇)를 비롯한 섬 곳곳의 상점에는 아주 경이로운 현상이 있다. 한국 관광객들이 그 곳의 아와모리 상점에 진열된 술이름을 보면 매우 놀라운 바가 있다. 한국인들로서는 상상도 못할 술이름을 붙인 것에서, 유구 독립정신과 충군애국심을 강력하게 느낄 수 있기 때문이다.

유구왕국은 임진왜란 직후에 사쓰마 침공을 받고서, 긴 시간을 외형상으로는 정상적으로 살아 있는 나라와 같이 자치권을 인정했다. 그리고는 무장해제된 위성국 수준의 나라를 청일전쟁 무렵에 강점하여 흡수통합을 하였다. 그렇게 서서히 목숨을 끊은 만큼, 나중에는 큰 저항이 없었다고 보인다. 그래서 우리나라와 같은 잔혹한 침략, 살육, 방화, 약탈, 탄압은 상대적으로 적었다고 해석된다. 이미 1609년에 모두 빼앗겼기 때문일 수도 있다. 그리하여 빼앗길 것을 모두 빼앗겼어도 생활문화가 그대로 남은 것이다.

그들은 오늘날에도 일본과는 생활문화가 판이하게 다르다. 일본 전체가 양력만을 써도 음력을 함께 쓰는 유일한 곳이다. 결혼풍속도 다르고, 청명, 한식에 성묘를 하는 유일한 곳이다. 관혼상제를 비롯한 여러 생활문화가 모두 일본과 다르다.[35] 그리하여 오늘날에도 유구왕국 유민(원주민)들은 자신들을 일본인이라고 부르지 않고 오키나와 사람이라고 부른다. 실제로는 오키나와 사람이라기보다는 유구사람이라고 한다. 그리고 '일본 속의 다른 나라'라고 공공연히 말한다. 일본인들을 일본인이라

---

35) 일본은 생활문화가 미개하여 즉시 서양화될 수 있는 뿌리없는 나라였고, 유구왕국은 주체적 뿌리가 탄탄한 전통있고 격조높은 뼈대있는 나라였음을 뜻한다.

고 부르기보다 예부터의 야마또(和)인으로 부르며, 유구인과 대등하게 생각하는 당당한 자세를 갖고 있다.[36] 따라서 오늘날에도 예전 아와모리 술전통이 그대로 남았다고 하겠는데, 술 점포에 진열된 술이름들은 가히 놀랄만 하다. 대표적인 술이름의 사례를 들어 보자.

(1) 김환(金丸)

김환은 유구왕국을 세운 상원왕(尙圓王)의 본명이다. 그가 김(金)씨이며, 그가 처음 나타난 섬(伊是名島)이 그의 고향이라며 자부심을 갖고 만드는 술의 이름이 김환이다. 김씨였던 그가 나라를 세우며 상(尙)씨 왕조가 된 것인데, 후손들이 지금도 그토록 추앙하는 것이다.

김환은 쿠데타로 즉위했다. 집권 후에 성을 그곳의 왕조를 따라서 상(尙)씨 왕조로 하였다. 유구왕국에서는 제2 상(尙)왕조라고 부르는데, 김환을 이어 잠깐 동생이 이었다가 아들로 왕위가 이어졌다. 그 아들이 유구왕국 최고의 왕이니, 우리나라의 세종대왕과 같은 임금님이시다. 그러나 많은 것이 수수께끼에 싸여 사라진 역사이다.[37] 아직도 모르는 역사가 많은 유구왕국이다. 일본이 너무나 역사를 짓밟은 때문이다.

'김환'은 우리나라로 말하면 예컨대 이성계 술이 되겠다. 이성계에게 온갖 일제탄압이 집중되며 이성계를 못된 악인(惡人)으로 만든 일제침략자들을 생각할 때에, 김환 술은 도저히 상상도 못할 이름이다. 일제 당국은 조선 태조, 태종을 철저히 탄압하며, 최영, 정몽주를 일방적으로 부각시켰다.[38] 온갖 역사를 악의적으로 왜곡시켜 강조하여 거론하며 이성계를 확실히 짓밟고 헐뜯었음을 생각할 때에, 너무나 놀라운 술이름이라고

36) 2005년의 유구대학 설문조사에서는 40.6%가 일본인이길 부정하며 자신을 오키나와인이라고 했고, 24.9%가 독립을 원했다.

37) 다카라 구라요시, op. cit., pp, 70-72 참조.

38) 안천, 일월오악도 제5권, op. cit., pp. 229-234 참조.

생각된다.

일제강점 때의 우리나라에는 고주몽 술, 왕건 술은 물론이고, 이성계 술은 전혀 상상도 못했었다. 그런데 작은 섬나라 옛터에 김환 술이 당당히 존재하고 있음은 의미있게 생각해야 한다. 김환은 특히 상원왕이 되기 이전의 본명이기에 더욱 뜻깊다. 더구나 김환 술병은 물론이고 포장용 상자에도 황금빛 용(龍)의 그림이 휘황찬란하다. 역사를 알고 생각하며 술병을 보면 놀라움에 경악할 정도이다.

(2) 유구왕(琉球王)

'유구왕'은 사라진 유구 임금님을 정면으로 내세운 술이름이다. 일제 침략으로 사라진 나랏님을 결코 잊을 수 없다는 술이름인 것이다. 특히 유의할 것은 아와모리가 원래 유구왕의 술이었다. 그러니까 '유구왕'이라는 술이름이 있는 것은 당연하다.

유구왕은 더구나 유구왕국의 수도인 나하 시내에 있어서도 최중심부인 수리(首里)시에 양조장이 존재한다. 예전 유구왕이 있던 곳에 정확히 유구왕 술이 존재하는 것이다. 실제 유구왕은 사라졌어도 유구왕 술이 그 자리를 지키고 있다. 유구왕국의 궁성 이름이 수리성(首里城)임을 생각할 때에, 유구왕은 임금님을 애타게 사랑하는 존왕애국심을 정면으로 내세운 술이름이라고 생각된다.

술이름을 유구왕으로 정할 때의 마음은 분명하다. 일본에 의해 강점 침탈을 당하면서 청일전쟁 무렵에 없어진 나라에 대한 통탄과 함께, 동경에 강제로 끌려가서 현재까지도 인질상태로 억류되어 있는 나랏님에 대한 애끓는 사랑의 마음이 합해져서 술이름을 그렇게 지었다고 보인다. 그들은 유구왕 술을 만드는 모든 제조과정과 판매과정, 그것을 마시는 고객들 모두의 소비과정에서 '무언의 독립운동'을 하는 것이 분명하다.

술을 마신다기보다는 단호하게 '충군애국 결의대회'를 하는 것일 수도 있다. 임금님을 즉시 돌려달라고 '항일전쟁 독립운동'을 하는 것이다.

(3) 여러 가지 술 이름

이상의 대표적인 술이름만 해도 유구왕국 유민들의 마음이 노골적으로 드러난다. 그러나 여기저기 진열된 다양한 술이름들은 모두가 사라진 조국에 대한 애국심, 독립심, 자존심이 철철 넘친다.

① 임금님 사랑

임금님을 잊지 못한다고 노골적으로 '주(主)'라는 인기 있는 술이 있다. 사라진 주님(임금님)을 정면으로 내세웠다. 한국말로 하면 '임금님'이라는 술이름이다. 우리나라에서도 예전에는 주군(主君), 군주(君主), 주님, 주상(主上), 주(主)가 널리 쓰였다. 그러나 일제침략으로 무참하게 끊겼다[39]. 예컨대 관악산 꼭대기에 효령대군이 세종대왕인 동생을 생각하면서 세운 연주암(戀主庵) 등을 보고도, 주님의 개념이 전혀 실감나지도 않고 그것을 너무나 잊고 있다. 그러나 유구왕국에서는 현재 인기있는 술이름이다.

심지어는 김환시대를 자랑하는 술이름으로 '김의(金の) 황(煌)'이 있어 당당하게 옛 영광을 부각시킨다. 그리고 '유구왕조(琉球王朝)'와 '남해왕국(南海王國)', '왕조내방(王朝乃邦)', '궁의 영화(宮の華)', '어전(御

39) ① 대마도의 최고 지배자는 예부터 도주(島主)라고 불렀다. 그러니까 '대마도 임금님'을 뜻한다. 대마도는 원래 우리 민족의 땅이었는데 차츰 독립이 되었다. 그것을 일본이 임진왜란 무렵에 강제점령한 것이다. 대마도는 당연히 대마국으로 독립되어야 할 나라이다. 노희상, 2012년 위기 살수경영으로 돌파하라(서울: 승연사, 2009), p. 171 참조.
② 대마도를 강점지배한 일제당국은 대마도주에게 그 대가로 덕혜옹주를 선물로 주어 강제결혼 시키고, 작위를 주어 일본귀족으로 강제편입시켰다. 그 모든 것이 저질 왜구 해적들이나 하는 추악한 전범행위의 연속이다.

殿)', '어주(御酒)'가 당당히 진열되어 있다. 술이름마다 임금님 사랑의 마음이 변함없이 확고하다.

② 조국사랑, 애국심, 애향심

사라진 유구왕국이나 수도였던 수리성에 대해 정면으로 애국심을 주장한다. 주요한 술이름은 유구혼(琉球魂), 수리성정전(首里城正殿), 고유구(古琉球), 고도수리(古都首里), 수리(首里), 대유구국(大琉球國), 유구의 영화(琉球の華), 뿌리깊은 나라(源國), 남국의 영예(南の譽), 유구대하(琉球大河), 유구낭만(琉球浪漫), 장수내방(長壽乃邦), 대성가의 술(大城家の酒), 억만장사(億萬長蛇), 만국진량(萬國津梁) 등이 있다. 따로 시간을 내어 역사교육을 시킬 필요가 없을 정도이다. 각 가정에서 부모가 한 잔 술을 마시며 가정교육 차원에서 조국을 사랑하고 역사와 문화를 사랑하는 애국, 애족 시민교육을 단호하게 분명히 실시하는 것이다.

③ 임금님 문화의 긍지

아와모리가 원래 유구왕 임금님의 술이었듯이, 유구 임금님 문화에 대한 드높은 자부심과 긍지가 넘친다. 예컨대 서보(瑞宝), 서천(瑞泉), 서수(瑞穗), 서광(瑞光), 선대(先代), 용(龍), 고룡(古龍), 광룡(光龍), 용천(龍泉), 신천(神泉), 천좌(天座), 만좌(萬座), 영은(迎恩), 충효(忠孝), 수례(守禮), 오두마(五頭馬) 등을 보면 유구 원주민들의 시민교육, 정치교육은 술을 통해서 이루어진다고 해도 과언이 아니다. 실로 놀라운 술이름의 연속이다.

2) 아와모리 충군애국 시민교육의 의미

일제침략이 인류공영을 짓밟은 지극히 부당하고 잔혹한 만행이었음은 온 인류가 동의하는 것이다. 인류사에 길이길이 남을 추악한 전쟁범죄이다. 최악의 전범인 이토 히로부미는 광무황제의 제1충신 안중근 의사에 의해 단호하게 응징되며 처단되었다. 하지만 최악의 전범 천황은 전혀 사죄절차가 없었다. 원색적인 전쟁범죄자 그대로이고, 변함없는 현행범이다.

홋가이도의 아이누를 학살하여 씨를 말렸고, 우리민족에게는 극악한 살인, 약탈, 방화, 강간, 징용, 징병으로 필설로는 표현할 수도 없는 막대한 전쟁범죄를 저질렀다. 또한 유구왕국에서는 모든 것을 빼앗고 노예를 만든 뒤에, 미국 하와이 진주만 급습으로 분노한 미군을 오키나와로 상륙하게 만들어서 유구왕국 유민을 인간방패로 썼으며 모든 것을 초토화시켰다. 그리고 대동아전쟁, 태평양전쟁으로 아시아를 지옥으로 만들었다.

더구나 일본은 유구왕국의 영유권을 주장하는 철면피 행태를 변동없이 유지하고 있다. 일본은 전혀 권한이 없음에도 불구하고 미국에게 오키나와를 반환하라는 망언을 하고 있다. 일본은 왜구 도둑에 불과하다. 유구왕국은 독립되어야 한다. 미국은 절대로 오키나와에서 철수하면 안된다. 미군은 책임지고 유구왕국의 독립을 지원하고 안보를 보장해 주어야 한다. 그것이 동아시아의 국제정의이다.

특히 유구왕국은 일본만이 아니라, 또 하나의 최악의 전범국가 중국이 노리고 있기에 더욱 미국이 주둔해야 한다. 티베트, 위구르, 만주족, 장족, 묘족, 내몽골 등을 처절하게 강점 탄압하고 있으며, 6·25전쟁범죄로 우리나라를 초토화시키고 수백만의 인명을 살상시킨 최악의 전범국가 중국을 막을 정의의 나라는 미국뿐이다.

생각하되 유구왕국의 아와모리 충군애국 교육에는, 이와 같은 현실 국제정치 상황을 배경으로 새로운 유구왕국의 탄생을 염원하는 모든 것이 담겨 있다고 보겠다. 특히 유구왕국의 임금님은 1879년에 강제로 동경에 인질이 되어 끌려가 감시를 당하며 오늘까지도 그 후손이 억류되어 있다. 유구왕국의 유민들은 임금님이 돌아오시기를 간절하게 앙망하고 있다.

오키나와의 아와모리 상점들에는, 유구왕국 임금님의 귀국을 학수고대하는 말없는 시위가 계속되고 있다. 모든 유구왕국의 어린이, 젊은이에게 그리고 온 국민에게 비상시 시민교육이 말없이 실시되고 있다. 아니 무언(無言)의 항일전쟁이 맹렬하게 전개되고 있다. 유구왕국의 아와모리 시민교육은 예전에 우리민족이 35년 간 일본에 강점된 상태나, 오늘날 티베트, 위구르, 만주족, 장족, 묘족, 내몽골이 중국에 강점된 상태와 같은 참혹한 비극 속에서의 전시(戰時) 비상체제 시민교육의 모습을 그대로 보이고 있다. 피눈물 시민교육의 모습이 너무나 역력하다.

베르디(Verdi)의 오페라 나부코(nabuco)에 나오는 '히브리 노예들의 합창(chorus of the Hebrew slaves)'은 이탈리아의 제2의 국가와 같이 유명한 국민찬가이다. 바빌로니아와의 전쟁에서 패해 바빌로니아에 잡혀가 노예가 된 히브리 사람들이 고향을 그리워하며 부른 노래이다. 그것은 오스트리아의 지배를 받고 있던 1842년의 이탈리아 국민들을 하나로 뭉치게 하며 독립전쟁의 승리를 이끌어 낸 애국 오페라이다. 그것은 비상시 오페라 시민교육이었다. 오늘날의 유구왕국 땅에는 아와모리 상점마다 히브리 노예의 합창이 강렬하게 울려 퍼지고 있다. 온 나라가 히브리 노예의 합창을 통곡하며 부르고 있다. 처절하게 절규하며 피눈물을 흘리는 항일전쟁 시민교육이 펼쳐지고 있다. 역사의 진실을 알며 아와모리 상점에 선 나그네의 눈에서 눈물이 펑펑 쏟아지게 만든다. 통곡하게 만든다.

금빛날개를 타고 날아가라 내 마음이여!
가거라 부드럽고 따뜻한 바람이 부는 곳
향기에 찬 조국의 산과 들판으로 날아가 쉬어라!

오, 빼앗긴 위대한 조국이여!
오, 짓밟힌 소중한 추억이여!
운명의 천사의 금빛 하프여, 그대는 왜 침묵을 지키고 있는가?
우리 가슴 속의 기억에 다시 불을 붙이고,
지나간 영광을 이야기해다오. 태양을 다시 찾아다오.

Ⅳ. 대한황실의 술문화 실종

1. 잃어버린 민족, 잃어버린 문화

오늘날의 우리민족은 옛 어른인 단군께서 나타나시면 전혀 후손이라고 알아볼 수 없게 바뀌었다.[40] 너무나 변했기 때문이다. 아니 단군은 없었다던 일제역사학에 세뇌되어, 단군은 자기 조상이 아니라고 망언을 내뱉는 몰상식한 추친일파도 적지 않다. 사실상 우리민족은 너무나 많은 것을 잃어버린 국적불명의 민족이 되었다.

그렇지만 유구왕국이 있던 오키나와에를 가면 놀라운 것이 한두 가지가 아니다. 유구왕국은 일본에 의해 1609년에 모든 무기와 보물을, 그리고 1879년에 수리성에 있던 방대한 서적, 대장경, 문서를 모두 빼앗겼다. 그것들은 통탄스럽게도 도쿄로 옮겨졌다가 관동대지진 때에 소실되고 말았다고 한다.[41] 정말로 믿기 어려운 일이다.

---

40) 안천, 거시국토통일론: 만주는 우리땅이다, op. cit., pp. 335-426.
41) 다카라 구라요시, op. cit., p. 192.

그래서 유구왕국 연구는 오늘날 민속학 혹은 인류학적인 생활문화가 결정적으로 중요하다. 그런데 유구왕국에는 오늘날에도 예전 고구려, 고려의 문화가 생생하게 남아 있다. 일본과는 전혀 다른 독자성 높은 유구문화가[42] 너무나 우리문화와 비슷하다. 그런데 이렇게 유구왕국의 옛 문화가 오키나와에 생생히 살아 있음에 비하여, 우리나라와 우리민족은 너무나 많은 것을 잃어버린 사회이다.

2. 우리사회의 술문화 단절

우리사회는 사실상 예로부터의 술문화가 참담하게 끊겨 버렸다. 그 이유는 크게 두 가지 때문이다.

첫째로는 가혹했던 일제침략과 수탈 때문이었다. 우리땅 전체를 곡창지대라고 강조하면서 쌀을 집중적으로 생산하게 독려해 놓고는, 남김없이 일본으로 실어가는 참담한 흐름 속에서 술문화가 무참하게 단절되고 말았다. 한국땅은 좋은 쌀이 많이 나는 곳이니까 많이 생산하라고 독려하고는, 모든 쌀을 싹쓸이 해가는 상황에서 술을 담가먹게 할 리도 없었다. 쌀이 많이 생산되어도 수많은 사람들이 굶으며 나무껍질, 풀뿌리로 연명하며 유리걸식을 하는 비참한 때라 술을 담글 분위기도 아니었다. 일제강점 때의 일본인들은 우리나라가 농업국가라고 철저히 강조하면서, 농업 이외의 산업은 거의 모두 차단했었다.[43] 철저하게 쌀을 수탈하기 위해서, 그들은 '농자천하지대본' 등의 미사여구를 내세우고서 모든 산업을 마비시켰다. 그리고는 모든 사람을 농부가 아닌 농노(農奴) 상태

42) 하우봉 외, op. cit., p. 295.
43) 그들은 유구왕국도 온통 사탕수수밭을 만들며, 어떤 다른 농작물도 산업도 가혹하게 없애 버렸다.

로 만든 비극상황에서, 전통적 술문화는 실종되고 완전히 단절되었다고 보아야 옳다.

둘째로 일제침략 후유증으로 나타난 남북분단 체제와, 그 2차적 후유증으로 발발한 6·25전쟁으로 최악의 기근을 맞았기 때문이다. 미국의 원조로 겨우 목숨을 이을 정도의 전국민적인 배고픔 속에서, 술문화가 소생될 수는 없는 것이었다. 사실상 술문화는 절망적인 궁핍 속에 완전히 단절, 소멸, 실종되고 말았다.

3. 참담한 술 식민지

유구왕국의 당당한 아와모리 술문화를 보면서 우리사회를 보면, 우리의 술문화는 참혹한 술 식민지 그대로 변동이 없다. 가장 낮은 수준의 최하급 술문화만을 용인했던 침략강점 시대의 비극이 비참하게 남아 있다. 그리하여 오늘날의 우리들은 기이하고 참담한 행태를 갖고 있다. 우리민족에는 전혀 예부터의 좋은 술문화가 없었다는 듯한, 체념적 술의식이 지배하고 있다.

따라서 우리들은 해외여행을 가서 꼬냑, 위스키, 보드카, 와인 등의 외국산 양주를 보면 정신을 못 차리곤 했다. 우리들은 술주권을 상실하고, 당당한 술주체성을 갖지 못했던 참담한 열등의식에 사로잡혀 있기에 자랑스런 술의식이 없어졌다. 그렇기에 양주를 보면 실성을 하고, 무작정 구입하는 망발행위를 하는 사람들이 나타났던 것이다. 일제강점 수탈이 강했던 후유증이 비참하게 표출되는 것이다.

우리들의 마음에 술주체성이 확고하다면, 타이완 사람들 같이 당당하게 금문도 고량주를 말하고, 유구왕국의 사람들과 같이 당당하게 아와모리를 자랑하게 될 것이다. 자신들의 생활문화와 술에 무한한 애착심과 자부심을 갖고서 자랑스런 이름을 붙일 수 있는 술주권 확립시대가 언제 우리들에게 다시 올 수 있을지 아득할 뿐이다. 일제침략의 상처는 너무나 가혹하고 비참하다. 참담한 술식민지에 언제 봄이 올지 아득하다.

4. 부끄럽고 참담한 술이름

유구왕국의 아와모리 주체성을 확립한 술주권 체제에서 나온 자랑스런 술이름을 보면서, 우리사회에 존재하는 술이름을 보면 참담할 뿐이다. 우리는 술 자체도 잃고, 술 이름도 잃었다.

우리의 대표적인 술은 그간 소주였다. 그런데 그 술은 희석식 소주로써 공장에서 만든 것이었다. 요즘 경제력이 커지고 나라가 발전하면서 술도 차츰 좋아지고는 있지만, 일제침략의 잔혹한 후유증을 극복하기는 쉽지 않다. 그간 소주는 통상 서민의 애환을 담은 술이라고 불리웠지만 그것은 좋게 돌려서 말한 것이다. 실제로는 일제강점의 피눈물을 삼키는 비극의 술이었다고 해야 옳다.

오늘날 우리의 현존하는 술이름들을 살펴보면 일제침략의 잔혹함을 너무나 강하게 느낀다. 압박과 설움에서 피눈물을 흘리던 때의 이름 그대로 남아있다. 하나같이 술주권 상실시대의 축소되고 압박을 받은 좀스러운 성향의 것이라고 보아야 하겠다. 생각하면 일제당국은 우리나라 전체를 일본인 천민촌인 부락(部落)이라고 낮춰서 비하시켜 불렀는데, 부락민에 맞추어 술 자체는 물론이고 술이름을 교묘하게 유도했다고 생각된다.

우리사회에 긴 세월을 존재했던 술이름들은 모든 이름이 피압박 시대의 좀생이 느낌이 강하게 잔류해 있다. 그 이름들은 결코 비난받을 것이 아니고, 겉으로는 언뜻 좋은 이름인 듯하다. 그렇지만 희망도 없이 사는 소시민, 꿈을 버린 농노들의 상징 술이름들이라는 생각이 짙다. 더구나 술병도 술주체성은커녕 천편일률적으로 부락민 성향이 높다. 너무나 참담한 술병에다 술이름도 처참하다.[44)]

긴 세월 동안 우리의 대표술에 가까웠던 소주 이름은 오늘날 한글 이름을 많이 쓰는데, 잔혹했던 시대의 피눈물의 느낌이 너무나 강하게 느껴진다. 하나같이 좀스러운 부락민에 맞게 만들어졌다는 생각이 짙게 든다. 납작 엎드려서 살살 눈치나 보는 듯한 이름이지만, 피상적으로 언뜻 생각하면 좋은 듯하다. 그렇지만 철저하게 거세된 술이름들이다. 민족의 기(氣)를 철저히 꺾고 거세시킨 것이다. 우리의 술이름에는 독립운동도 없고 역사도 없으며 민족도 없고 조국도 없다. 자존심을 내던지고 자부심은커녕 한숨이나 내쉬며 울분으로 술이나 마시는 술이름에 맞게 유도되었다. 왜놈들을 쫓아내고 60여 년이 흘렀으면, 이제는 분명히 재고할 때가 되었으며 제 정신을 차릴 때가 되었다. 낯뜨겁고 부끄럽다.

그간 우리들은 너무나 긴 시간에 걸쳐 일제탄압을 받았다. 그리고 제2차적 침략 후유증에 찌들어 살아서 우리의 술에 대해서 되돌아 볼 틈도 없었다. 그저 짓눌린 농노(農奴) 그대로가 우리의 자화상이라고 착각을 하면서 오늘에 이르렀다. 피눈물 속의 부락민이 숙명이라고 생각하며 눈물 속에 무조건 술을 퍼마시고 오늘까지 정신없이 살아왔다. 온 나라가 정신나간 사람들의 정신나간 사회와 같이 살아왔다. 아직도 술문화는 압박과 설움 속의 추친일 문화에 찌들어 있다. 유구왕국의 아와모리

---

44) 반상회(班常會)는 일제당국이 양반, 상놈 다 모여서 농노가 되라는 모임이었다. 그러면서 예컨대 30만 양반지도층의 독립운동 단체인 대종교를 탄압, 비방하며, 우리민족은 노블리스 오블리제가 없는 한심한 하층 부락민이라고 악선전 했었다. 그런 엉터리 선전 속에 우리의 술이름도 농노술 이름이 되었다.

를 보면, 우리는 너무나 부끄럽고 고개를 들 수 없다. 우리는 술문화에 있어서도 격조높은 민족으로 재탄생되어야만 하겠다.

V. 맺는 글

1. 참담한 두 나라

일제침략을 받았던 유구왕국과 조선왕국(대한제국)에 있어서, 유구왕국은 완전히 나라를 강점당하고 오늘날에도 비극의 땅이 되어 있다. 그렇지만 유구왕국은 나라는 잃었으되, 생생하게 혼이 살아있고 옛 문화가 적지 않이 살아있다. 그리고 자라나는 신세대에게 생생히 살아있는 충군애국 시민교육이 이어지고 있다.

반면에 우리사회는 분단국으로 반쪽 나라이기는 하지만, 독립이 되었다. 그렇지만 독립국은 되었으되 옛 문화를 너무나 잃었다. 분단된 이북은 상상도 못할 정도의 참담한 상태로, 일제강점 때보다도 못한 비극의 지옥이 되어 모든 것을 잃은 듯한 처참한 상태이다. 다시금 제2차 일제강점 비극의 참담한 시대가 이어지는 것과 같다.

그런데 이남지역의 우리사회는 너무나 혹독하게 일제침탈을 받은 후유증으로 인하여, 강점상태의 유구왕국보다도 잃어버린 나라가 되었다. 독립국이 된 것은 사실상 헛된 이름뿐일 수 있다. 남북분단의 불구자 국가에다가, 내부적으로는 온갖 일제침략 후유증으로 중병을 앓는 추친일 상태에 있다. 우리의 독립은 처참한 상처투성이의 영광이었다.

2. 아와모리 독립운동

비극의 땅인 오키나와에 사실상 유구왕국이 생생히 살아 있다는 것은 너무나 신기하고 놀라운 일이다. 유구왕국의 술은 당당하게 술주권을 지켰다. 술주체성을 지키며 아와모리에 대한 넘치는 자부심, 자존심, 자긍심을 갖고 있다. 아와모리는 유구왕국의 자랑스런 유구혼(琉球魂)이 살아있는 기적의 술이다. 신비롭고 경이로운 술이다.

유구국민들은 아와모리를 통해서 유구왕에 대한 존엄성을 밝히고, 김환 건국시조에 대한 무한한 애정을 선언하고 있다. 아와모리에는 생생하게 살아있는 시민교육이 있고, 애국이 있고, 민족이 있다. 온갖 전통문화가 살아있는 유구 국민들의 삶과 마음이 있기에, 유구왕국은 결코 사라진 것이 아니다. 아니 아와모리 술에 불굴의 삼별초 정신이 생생하게 살아있다. 생활 속에서 강력한 충군애국 시민교육이 실시되고 있다.

시민교육은 그 사회가 바라는 인간상을 만드는 교육이다. 외형적인 성문 교육과정이나 교과서가 존재하고 있는가는 2차적이다. 아무리 좋은 교육과정과 교과서를 갖고도 제대로 된 인간상이 만들어지지 않으면 죽은 시민교육이다. 그런데 유구왕국은 오키나와로 바뀐 일제강점 상태에서도 생생히 시민교육이 살아있다. 진짜 시민교육이 잠재적 교육과정(latent curriculum)으로 확고하게 존재하고 있다. 아와모리 시민교육이 최고의 교육과정을 생생히 제공하고 있고, 바람직한 인간상이 확실하게 길러지고 있다.

3. 술 주권선언

아와모리는 삼별초다운 씩씩한 술이다. 강인한 역사와 자랑스런 민족혼이 생동하는 술이다. 삼별초의 굳건한 혼이 뭉친 용맹한 술이다. 삼별초가 몽골군에 대해 처절히 항거하며[45] 진도, 제주도를 거쳐 꿈의 나라를 세운 유구왕국에는 아와모리가 오늘날에도 생생히 살아있다. 아와모리가 살아있는 그곳에는, 삼별초가 또한 생생히 살아있는 것이다. 그러므로 아와모리는 결코 타인의 술이 아니라 우리 술이다.

그러나 삼별초의 먼 옛날 모국에는 아와모리가 사라졌다. 술주권을 잃었다. 술주체성도 상실됐다. 부락민들의 참담한 피눈물의 술이 참담하게 잔존해 있을 뿐이다.

> 「일제침략 상처는 너무나 크고 깊어서, 한국인들은 우리의 술을 잃었다. 그리하여 양주에 빠진 비극의 주인공과, 사케에 홀린 친일잔재들이 도처에서 비틀거리고 있다. 아직도 잃어버린 민족이 되어 부락민의 피눈물을 흘리면서 하염없이 헤매며 방황하고 있다.
>
> 빼앗긴 술주권에도 봄은 찬란하게 다시 찾아 와야 한다. 상실한 술주체성에도 꽃은 피워져야 한다. 술독립 운동의 봉화를 힘차게 올려야 한다. 우리민족의 자랑스런 술을 기필코 다시 찾아 당당하게 술주권을 회복해야만 한다.」

45) 윤용혁, 고려 삼별초의 대몽항쟁(서울: 일지사, 2000) 참조.

김환(상원왕)의 젊은 시절
(상투머리에 불끈 쥔 주먹에서 아와모리 독립정신이 넘친다.)

유구왕국의 가라데 무예문화 연구

-일월물결도의 항일전쟁 국제정치-

Ⅰ. 들어가는 글: 섬나라 문화의 특성
Ⅱ. 유구왕국(琉球王國)의 특성
Ⅲ. 유구왕국의 가라데 무술
Ⅳ. 가라데 철학
Ⅴ. 맺는 글

유구왕국의 가라데 무예문화 연구

－일월물결도의 항일전쟁 국제정치－

Ⅰ. 들어가는 글: 섬나라 문화의 특성

섬나라는 문화를 저장하는 보관소의 구실을 하는 경우가 많다. 그 까닭은 섬이라는 특성에서 비롯되는 것이다. 사방이 물로 막혀서 소통이 제한되는 교통관계의 단절현상으로 인해, 특정한 문화가 모여서 고립되며 보관 창고의 기능을 하는 경우가 많았기 때문이다.

1. 생물학적 특성화

찰스 다윈이 '종의 기원'을 연구한 갈라파고스섬은 진화론을 발견할 만큼 독특하게 진화된 생물자원이 특화되었다. 아프리카 동쪽의 마다카스카르섬에는 아프리카에도 없고 세계 어느 곳에도 없는 특별 생태계가 만들어졌다. 또한 오스트레일리아는 캥거루, 코알라, 오리너구리 등의 독특한 생물이 섬나라이기에 그 곳에만 존재한다. 유대류인 캥거루는 약 90종이 호주에서만 살고 있다. 섬이라는 특수한 환경이 다른 지역과의 교류를 차단하여, 차별화된 생태계가 만들어졌고 독특한 자연환경을 만든 것이다.

2. 인문사회적 특성화

섬나라는 인문사회적인 측면에 있어서도 다른 지역과는 매우 특화된 현상을 보인다. 예컨대 인도네시아의 발리 섬은 아주 재미있는 문화를 보여준다. 그곳에는 먼 옛날에 힌두교가 전파 된 뒤에, 후속된 이슬람 회교도들에게 공격을 받으면서 포위된 문화적 특별 섬나라가 만들어졌다. 따라서 발리 섬에는 힌두교의 모국인 인도보다도 순수한 원형의 깨끗한 힌두교가 보존된 특이한 현상을 보여 준다.[1] 스리랑카 섬에 불교 발상지에도 없는 순수 불교가 남은 것과도 같다. 우리나라와 직결된 섬나라에도 그러한 특화현상이 남아 있다. 발리 섬과 같이 순수하지는 않더라도, 의미 있는 문화적 특화현상을 보여주고 있다.

1) 일본(日本)

서구문물이 밀려오기 이전까지의 일본은 고립된 섬나라였으며, 원래 하나의 나라가 아니었다. 여러 개의 쪼개진 부족국가 수준의 이합집산체에 가까웠다. 자기들끼리 싸우는 이전투구의 원색적인 칼잡이 집합체였다. 그리하여 일본은 예부터 도둑문화, 약탈문화가 그대로 남았다. 임진왜란, 경술왜란의 침략전쟁이나 제2차 세계대전을 벌인 것은, 그들이 국내에서 하던 도둑질, 노략질의 국제화 현상이다. 일본문화는 하나같이 해외에서 도둑질, 약탈한 것의 축적이다. 일본이라는 나라는 커다란 장물창고와 같은 특성을 가졌다. 그 대부분은 조선왕국의 것이다. 그 외에 유구왕국의 것과 함께 보다 먼 곳의 것도 포함되어 있다.

가급적 일본은 그것을 숨기려고 하지만, 심지어는 정신대까지도 그런

---

1) 양승윤, 박재봉, 김긍섭, 인도네시아 사회와 문화(서울: 한국외국어대학교 출판부, 1997), pp. 84-101.

것이다. 온 세계가 아는 정신대 만행을 부정하지만, 원래의 일본은 여성의 성노리개 문화가 고유한 전통이었다. 여성의 성까지도 약탈하던 유습이 정신대가 된 것이다. 그것을 다른 나라에서도 그대로 행한 것이 정신대였다. 요컨대 일본은 왜구들에 의한 한국문화의 장물창고라는 독특한 특성을 갖고 있다.

2) 타이완(台灣)

타이완은 예부터 독립적으로 살아 온 개별적인 섬이었다. 전혀 때가 묻지 않은 깨끗한 나라였다. 그러한 섬을 청일전쟁이 끝나고 일본이 전리품으로 할양받은 것이다. 그래서 타이완에는 아주 독특한 문화가 남았으니, 전혀 문화적인 토대가 없던 깨끗한 상태에서 일본의 문화가 옮겨졌다. 외형상으로는 그래서 일본의 지배가 있었다고 하는데, 실제로 타이완은 조선왕국의 문화가 전승된 특이한 곳이다.

왜냐하면 일본은 예부터 문화부재 상태의 야만국가였는데,[2] 임진왜란 때에 조선왕국을 7년간에 걸쳐 약탈 복제한 나라였기 때문이다. 일본문화의 기본은 원색적으로 조선왕국을 약탈한 복제문화이다. 모든 것을 휩쓸어 가져 갔고, 사람도 무수히 잡아갔다.[3]

타이완은 일본과의 전쟁에서 청나라가 패하자 타이완을 할양하여 그냥 떼어 준 것이다. 그래서 타이완에는 거의 원형의 일본문화가 전승되었는데, 그 일본문화는 사실상 조선왕국 문화 그대로였다.

그러므로 조선왕국 문화가 일본에 의해 간접전승된 특이한 문화현상이다. 그런데 영국의 침략을 받은 인도와 같이, 조선왕국도 일본의 침략과 6·25전쟁 등을 겪으며 문화적 원형이 많이 사라지고 바뀌었다. 그리하여 발리 섬에 인도문화가 인도보다도 순수하게 남았듯이, 타이완에

---

2) 와타나베 히로시, 박홍규 옮김, 주자학과 근세일본사회(서울: 예문서원, 2007)참조.
3) 미야 노리코, 김유영 옮김, 조선이 그린 세계지도(서울: 소와당,2010), pp. 340-341.

조선왕국 문화가 조선왕국보다 더 순수하게 그대로 남았다. 그것은 침략자와 제1차적 피침략자 및 제2차적 피침략자가 전혀 깨닫지도 못하게 전승되며 뿌리를 내린 것이다. 그래서 일본인도, 타이완 사람도, 그리고 조선왕국 사람도 전혀 모르게 타이완에는 조선왕국 문화가 순수하게 전승 보전된 것이다.[4)]

Ⅱ. 유구왕국(琉球王國)의 특성

1. 유구왕국의 재발견

유구왕국(류큐왕국)은 태평양에 위치한 평화로운 섬이었다. 외따로 떨어진 섬이었기에 독특한 역사와 문화가 생겼다. 드넓은 태평양 바다를 품에 안은 유구왕국은, 원래 여러 어촌 섬들의 부족형태 집합체였었다. 그렇기에 예부터 신선이 사는 신비한 섬으로서의 봉래섬이었다.[5)]

유구왕국의 궁성인 수리성(首里城)의 정전에는 아주 유명한 문귀가 새겨진 큰 종(鐘)이 걸려 있었다. 만국진량종이란 이름의 그것은 현재 오키나와 현립박물관에 보관되어 있는데, 만국진량종에서는 조선왕국(삼한: 三韓)의 빼어남을 이어 받았음을 확실히 주장한다. 유구왕국의

4) 안천, 타이완의 힘(서울: 교육과학사, 2007) 참조.
5) 봉래섬은 예부터 도교사상에 의한 신선이 사는 섬으로 불로초가 있는 곳을 말한다. 고려시대에는 신선사상과 함께 도교가 널리 퍼졌었다. 유구국을 봉래섬이라 함은 유구왕국이 고려왕국과 깊게 연결되는 증거이다.

모국이 조선왕국이라는 것을 뜻하는 그것은 은유형태이지만 직접적 표현이다. 만국진량종에는 사실상 조선왕국(삼한)이 주격이고 명나라, 일본이 종속적인 보조격의 문장이 새겨져 있다.6)

오늘날 만국진량종은 대단히 중요한 국보급 유물인데, 거기서 단지 한 글자가 쟁점이 되고 있다. 그것은 수많은 절(十万刹)의 만(万)을 방(方)이라고 우기는 것이니, 작은 점 하나가 있느냐 없느냐의 사소한 논쟁이다.

유일전쟁은 현재 유구 원주민이 쓰는 용어이다. 서기 1609년에 사쓰마섬의 시마즈 도둑떼가 유구왕국을 침략한 것을 말한다.7) 일본측에서는 유구왕국의 존재를 부인하면서 사쓰마의 시마즈 가문에 의한 침략으로 낮추어 부른다. 그러나 사쓰마는 훗날 임진왜란을 일으키고, 일본을 제패하며, 다시 경술왜란을 일으킨 일본 왜구 원흉의 최고 소굴이다. 오키나와에서는 지금도 자기들은 사쓰마가 아니라, 일본과의 대등한 전쟁이었다고 말한다. 그러니까 유일전쟁이라고 부른다. 사쓰마 침공이라고 하지 않는다.8)

그래서 만국진량종의 점 하나가 그런대로 중요하다. 점이 있을 때는 불교용어인 시방(十方)으로서, 온나라, 온누리, 온세계(universe) 등의 뜻이다. 그리고 점이 없을 때에는 십만(十万)이 된다. 한국학자들은 구체적 개념인 십만으로 보고, 일본측에서는 추상성 있는 불교용어인 시방으로 본다. 하지만 십만이나 시방이나 수많은 절이란 뜻이다. 불교용어로는 시방세계(十方世界), 시방정토(十方淨土) 등으로 시방은 무한히 넓은 것

---

6) 하우봉 외, 조선과 유구(서울: 아르케, 2002), pp. 305-320.

7) Mitsugu Matsuda, The Government of the kingdom of Ryukyu, 1609-1872(Okinawa: Yui Shuppan Co., 2001), p. 24.

8) 사쓰마 침공은 '일본국 내부문제'라는 뜻이다. 그러나 유일전쟁은 유구왕국을 인정한 '국제문제'라는 뜻이 된다. 전혀 개념이 다른 것이다. 일본은 그들의 침략을 먼 옛날의 사소한 국내문제로 희석시키려는 왜구심리를 갖고 있지만, 유구왕국 유민들은 그것을 확실히 부정하고 있다.
上里隆史, 유일전쟁 1609: 시마즈 씨의 유구침공(나하: 보다 잉크, 2009) 참조.

을 뜻한다. 오히려 십만보다도 더 많은 것을 뜻한다. 어떻든 일본이 유구왕국을 희석시켜 작게 만들 수는 없고, 왜구 떼도둑인 것은 전혀 바뀌지 않는다.

2. 유구왕국의 특성

유구왕국은 흡사 발리 섬, 스리랑카와 같은 독특한 역사문화의 창고이다. 생물학적으로도 갈라파고스, 마다카스카르, 오스트레일리아와 같지는 않더라도, 나름대로 특화된 섬나라의 특성까지 갖고 있다.

1) 독립성(獨立性)

현재는 일본땅이 되어서 이름도 오키나와라고 바뀌어 불리우는 곳에를 가면, 자기들이 당당하게 유구왕국 사람이라고 주장하며 절대로 일본인이 아니라고 말한다. 일본에서는 중국이 소수민족 탄압을 위해 만주, 몽골, 위구르, 티베트에 인구폭탄을 퍼부으면서 한족(漢族)을 대거 이주시키며, 소수 민족을 없애 버리려는 잔혹한 탄압 정책을 쓰듯 적지 않은 숫자의 인구가 오키나와로 옮겨졌다. 그런데 오키나와에서는 현재 절대 다수가 일본인이길 거부한다. 흡사 몽골, 위구르, 티베트와 같다. 그들은 자기들이 일본 속의 다른 나라(異國)라며 사실상 독립국임을 분명히 하고, 거의 공개적으로 그들의 지위가 독립되어 있다고 밝히고 있다.

2) 고유성(固有性)

일본 속의 다른 나라인 오키나와는 생활문화 전체가 일본과는 현격하게 다르다. 처음으로 오키나와에 발을 내딛는 사람은 이해하기도 어렵게 전혀 일본문화가 아니다. 유구왕국은 나라가 사라지고도 고유한 생활문화를 그대로 유지한 채, 옛 원형 그대로 살고 있다.9)

침략전범국인 일본으로서는 매우 난감한 일이다. 전혀 일본에 동화되지 않는 이질문화가 일본의 남쪽에 생생하게 살아 있는 것이다. 흡사 발리 섬, 스리랑카와 같이 이질적인 섬문화가 꿋꿋하게 살아있는 것이다. 힌두교 섬나라 발리를 이슬람 회교국인 인도네시아에서 전혀 건드릴 수 없이 존재하는 듯한 상황이 만들어진 것이다.

3) 생명력(生命力)

유구왕국의 유민들이 전혀 일본에 동화되지 않고서, 고유한 독자성을 가졌다는 것은 바로 강인한 생명력을 말한다. 그들의 삶의 의지는 매우 끈질기고 강력한 생활문화를 가진 것이었다. 그들의 생활문화는 대단히 남성적이고 씩씩하다. 아열대 지대인 태평양의 신세계를 개척한 생활력은 강력한 도전정신이 없이는 불가능한 것이다.

일본은 북방의 홋가이도 아이누족을 씨를 말려 대학살했다고 할 정도로 죽였다. 거의 흔적을 찾기 어렵게 완전 학살(holocaust) 전쟁범죄를 저질렀다. 그 전범행위는 언제라도 인류차원에서 재론되어야 하고, 전범천황의 죄상은 응징되어야 한다. 아무리 힘없는 민족이라도 그런 비인도적인 학살행위는 훗날 신원절차가 꼭 있어야 한다.

그런데 그러한 극악 전범국도 건드릴 수 없는 강인한 생명력을 가진 나라가 유구왕국이었다. 그러므로 유구왕국 유민들의 강인한 생명력은 도대체 뿌리가 무엇인가 큰 의문을 던져준 것이었다. 그토록 잔혹한 침략을 받고도 살아남은 생존력의 근원이 무엇인가 궁금했던 것이다. 그런데 그 의문은 의외의 고고학 유물이 출토되면서 해답이 나오게 되었다.

---

9) 임동권, 한국에서 본 일본의 민속문화(서울: 민속원, 2005), pp. 133-169.

3. 유구왕국의 비밀

유구왕국의 옛 수도였던 우라소에(浦添) 성(城: 구스쿠)은 요즘 한창 발굴작업을 하고 있다. 성을 신축하듯 커다란 토목공사를 벌일 놀라운 이유가 있기 때문이다.

일본에서는 그간 거짓말을 하고 있었다. 일본은 그토록 번창하던 유구왕국을 완전 약탈하여, 오키나와에는 아무 것도 남은 것이 없이 싹 쓸어 갔다. 그리고는 동경대지진 때에 흔적도 없이 사라져서 아무 것도 없다는 것이다. 그런데 일본으로서는 매우 당혹스럽고도 충격스러운 일이 돌발했다. 우라소에 구스쿠에서 놀라운 기와장이 발굴된 것이다. 계유년고려와장조(癸酉年高麗瓦匠造)라는 명문이 새겨진 암키와 여러 개가 발견된 것이다. 그 기왓장은 '계유년에 고려기와 장인이 만들었다'는 뜻이다.[10] 곤혹스럽게도 그 기왓장은 유구왕국 원주민이 발견의 생생한 증인이라 절대로 감출 수가 없게 난감한 일이 벌어졌다. 그리하여 여론은 계속 끓어올랐고, 그래서 우라소에 구스쿠를 대대적으로 발굴하게 된 것이다. 그리고 특별 박물관을 그 곳에 만들고 관광용 시설 등을 만드는 일도 병행했다. 변명할 길도 없는 막다른 길에서의 행태 그대로였다.

일본은 예컨대 강원도 오대산에 있던 사고(史庫)의 조선실록과 선원보각(璿源寶閣)의 조선왕실 보물을 완전히 가져갔다.[11] 가져간 실록은 동경대학에 주고, 선원보각 왕실보물들은 천황에게 선물로 주었다. 그런데 조선실록은 동경대지진 때에 불에 타고 일부만 남아서 학술적 가치가 깎여 버렸다. 어떻든 일부라도 남았는데, 여론이 악화되자 동경대

---

10) 윤용혁, 고려 몽골 전쟁사, 육군본부 군사연구소, 2007, pp. 199-203 참조.

11) 요즘 쓰는 박물관은 일본어 이다. 원래 우리말의 박물관은 보각(寶閣)이다. 따라서 선원보각이 황실박물관이란 순수한 우리용어이다.

학에서 자매대학인 서울대학교에 기증한다며 돌려주었으니 개탄할 일이다. 어떻게 강탈유물이 기증이 되며, 어떻게 오대산 사고(월정사)가 아닌 다른 곳에 줄 수 있는가? 기증이란 소유자가 자기 것을 주는 것이며, 약탈 도둑질한 물건은 장물에 해당하므로 반환되어야 하는 것이다. 원소유주가 아닌 제3자에게 주면 장물취득이 되는 것이다.

여기서 유의할 점은 동경대지진 때에 실록도 일부가 남고, 선원보각 귀중보물은 그대로 남았다. 그런데 그렇게 많던 유구왕국의 것은 흔적도 없이 사라졌다는 거짓말을 누가 믿을 것인가 지극히 의문스럽다. 그 앙큼한 거짓말을 부정하는 실마리가 우라소에 구스크에서 발견된 계유년 고려기와이다.

유구왕국은 수수께끼의 난해한 왕국이었다. 그런데 유구왕국의 모든 것을 삼별초가 전승시킨 고려왕국의 문화라고 하면 해답이 저절로 나온다.[12] 생활문화가 모두 그러하지만, 특히 강력한 국방문화인 가라데와 몽둥이춤은[13] 주목할 만하다. 군사문화인 가라데 무술과 몽둥이 봉술이 확고하게 체계화되어, 유구왕국의 전승문화로 자리잡고 있는 바에 대해 일본으로서는 변명할 수 없는 놀라움을 갖고 있다. 사실상 일본이 자랑하는 유도(柔道)도 한국의 전통적 무예인 유술(柔術)이 전래된 것을 아는 만큼,[14] 가라데가 유구왕국에 뿌리내리고 있음에 내심으로 경악하면서 극심한 열등의식을 키울 수밖에 없는 것이었다.

---

12) 유석재, 사라진 삼별초,오키나와 건너가 유구왕국 세웠나,조선일보 2009.3.14.
이광표, 이새미, 삼별초의 길, 유구왕국의 기초를 닦다, 동아일보 2010. 1. 9참조.

13) 박성수, 단군문화기행(서울: 서원출판사, 2000), p. 421.

14) 육태안, 우리 무예 이야기(서울: 학민사, 1990), p. 23.

Ⅲ. 유구왕국의 가라데 무술

1. 유구왕국의 토착 전통무술

1) 기존 학설

기존의 학설에 의하면, 가라데는 유구왕국이 일본에 흡수통합되어 오키나와현이 되기 이전부터 유구왕국에 토착되어 있던 전통 무술이다. '가라데'는 확실하게 일본 고유의 무술이 아닌 유구왕국의 고유한 무예인 것이다.

가라데를 체계화시켜 정식 무술을 만든 인물은 오키나와 무사가문에서 태어난 '후나코시 기찐'(船越義珍)이다. 그가 당수(唐手)를 일본에 소개했는데, 1929년에 당수와 가라데라는 발음이 똑같은 공수(空手)로 바꾸었다고 한다. 당시 일본은 청나라(중국)와 겨루고 있는데, 당나라 당(唐)을 쓸 수 없다면서 맨 손으로 하는 무술이라고 빌 공(空)을 썼다는 것이다. 물론 일본어로는 당수나, 공수나 발음은 똑같이 가라데이다.

가라데를 체계화시킨 후나코시는 1868년에 태어나 1957년에 작고했다. 그는 유구왕국의 수도였던 나하(那覇)에서 태어났다. 그는 무술(武術)과 유학(儒學)을 정식으로 배웠으니, 예부터 문무겸비(文武兼備) 훈련을 하는 당연한 수련과정이었다. 원래 제대로 무예를 배운 사람은 학문도 열심히 닦는 것이 상식이었다. 후나코시는 학교를 졸업하고 교사로 봉직하며, 가라데를 체계화시키는 데에 진력하였다.

그는 1916년에 일본 본토의 무덕전, 1920년에 유도 총본산인 강도관에서 시범을 보였다. 또한 54세 때인 1922년에 문부성 주최 제1회 체육

전람회에서 황태자와 일본군 장교들에게 시범을 보이며, 일본에서 가라데가 국가차원에서 공인된다. 후나코시가 가라데를 최초로 일본에 선보인 때는 1916년으로 48세 때이다.

그런데 후나코시는 11세 때에 유구왕국이 오키나와현으로 전락되는 비극을 당한다. 그가 일생을 걸고 가라데를 위한 삶을 사는 것은 조국이 사라지는 것을 목도한 때문이다. 무사집안에서 태어난 만큼 그의 부친이 작심하고 가라데를 후나코시에게 전수시켜준 측면도 무시할 수 없을 것이다. 후나코시의 가라데 체계화는 예부터의 것을 집대성한 실질적인 독립운동이었다고 생각된다.[15]

2) 새로운 해석

한국에서는 가라데를 일본무술이라면서 등한시하고 백안시하는 경향이 있어 왔다. 그것은 생각이 짧았던 것이라 하겠다. 가라데가 막연히 일본무술이라고 착각했기 때문이다. 일제침략 강점시대의 반일의식에 따라 가라데를 비하하면서 우습게 본 흐름도 있었다.

생각하면 가라데에 대해 거부반응을 보이는 것은 이해가 되고도 남는다. 일제침략의 가혹한 피해를 겪은 우리나라에서 거부반응이 없다면 오히려 이상한 일이다. 하지만 가라데에 대해서 피상적으로 생각하면서 단순한 거부반응을 보이는 것은, 결과적으로 일본측에 말려드는 것일 수도 있다. 가라데는 일본 것이 아니다. 우리의 고유한 권법일 가능성이 높다.

그것은 일본측에서 계속하여 가라데가 중국의 무예를 수입한 당수라고 강조하는 저의를 간파하면 쉽게 이해가 될 것이다.[16] 일본은 임진왜

15) 여기서 말하는 무사는 유구왕국의 무사를 뜻하며, 유구왕국의 정통성있는 인물이란 뜻이다. 일본의 사무라이를 뜻하는 것이 전혀 아니다. 특히 삼별초 변인을 생각할 때의 무사는 유구왕국의 애국지사, 독립운동가를 뜻한다.

16) 원래 유구왕국에서는 통상 조선이나 중국이나 모두 당(唐)이라고 불렀다.

란 7년간에 한국의 모든 것을 가져가고는, 거의 모두 중국에서 정상적으로 수입된 듯 위장논리를 펴는데 가라데도 그러한 것이다. 일본측에서는 1625년에 명나라의 진원빈이 오키나와에 와서 권법을 가르쳤다고 지나치게 강조하는 것을 유의해야만 한다.[17] 그것은 억지로 견강부회한 위장논리가 분명하다.

3) 금무정책

일본은 1609년에 유구왕국을 완전 강탈하고서 국왕 이하 고위층 100여명을 규슈 남부의 가고시마로 강제 납치하여, 온갖 가혹한 고통을 가하다가 2년 6개월 후에 충성서약을 받고 풀어 줬다. 그것을 거부한 충신 정형(鄭迵)은 끓는 기름 솥에 넣어 죽였다.[18] 그 후 철저히 유구왕국에 금무(禁武)정책(카타나가리: 刀狩)을 폈었다. 모든 무기를 완전히 빼앗아 가고서 절대로 무기를 소지하지 못하게 하였다.[19] 그리고는 계엄통치를 하듯이 살벌하게 유구왕국을 감시하고 있었는데,[20] 명나라 무사가 와서 무술을 가르치게 했다는 것은 전혀 논리에 맞지 않는다.

가라데는 그러므로 삼별초가 고려왕국에서 가져간 우리민족의 고유한 무술 권법으로 보아야 한다. 삼별초는 고려시대의 무예집단이며 군사집단이다. 그들은 온 세계를 장악하며 인류사상 최대의 세계국가를 만들었던 몽골족의 원나라와 혈투를 벌인 강력한 군사집단이었다.[21] 특히 삼별초는 고려왕실의 근위군사 내지 경호군사의 성격을 띤 왕실 무

서미경, 문순득 조선을 깨우다(부천: 북스토리, 2010), p. 114.

17) 김광성, 김경지, 한국태권도사(서울: 경운출판사, 1991), p. 169.

18) 다카라 구라요시, op. cit., p. 86, 192.

19) 김용옥, 태권도 철학의 구성원리(서울: 통나무, 1996), p. 104.

20) 절대로 무기를 소지하지 못하게 하며 모든 싸움과 말다툼을 금지하였고, 해외무역 특히 중국과 교류를 금하는 등 창살없는 감옥같은 살벌한 통제체제였다.
Mitsugu Matsuda, op. cit., pp. 24-34.

21) 윤용혁, 고려 삼별초의 대몽항쟁(서울: 일지사, 2000) 참조.

사집단이었다. 따라서 가라데는 삼별초의 왕실무술이며, 임금님을 수호하던 최고수준의 고급 경호무술이었음이 분명하다.[22] 우리민족의 최고급 무예였던 것이다.

일본은 몽골족과 제대로 싸워 보지도 못한 나라이다. 다만 태풍이 날아와 몽골군이 제풀에 무너졌을 뿐이다. 그러나 세계를 경악시킨 몽골군사와 단호하게 정면대결을 한 대표적인 나라는 고려왕국이다. 당시의 세계최강 몽골군도 고려를 30년 만에 겨우 타협적으로 복속시켰지만, 끝까지 복속을 거부한 정예병이 삼별초였다.

삼별초가 세운 나라가 유구왕국이라면, 가라데는 더 이상의 논의가 필요없다. 우리민족의 고유한 권법이라고 해석되어야 하겠다. 우리는 유구왕국 애국무예의 태두인 후나코시의 성이 선월(船越)임을 깊게 유의해야 한다. 원래 본명은 富名腰(후나코시)였는데 침략자인 일본이 창씨개명을 강요할 때에 '배를 타고 건넌 사람'임을 강조할 만큼 그에게는 정확하게 삼별초 의식이 살아있었음을 증명한다.

기존의 학설로는 삼별초의 마지막 장군 김통정이 70여명을 거느리고 산 속으로 도망하였다가 목매달아 죽어 난리가 평정되었다고 했는데,[23] 그것은 마지막에 삼별초가 사라지자 무작정 그렇게 썼다고 보인다.[24] 실제로 김통정을 비롯한 다수는 배를 타고 멀리 사라졌다고 보아야 옳다.[25]

유구왕국에는 예부터의 전통적인 권법으로서의 데(手)가 있었다고

---

22) 고려 후기에는 국왕의 경호를 위한 무술로 수박(手搏) 무예가 강조되었다.
국립민속박물관, 한국 무예의 역사 문화적 조명, 2004, p. 81.

23) 이기백, 민현구, 한국문화사 고려편(서울: 일지사, 1984), p. 177참조.

24) 이것은 신라의 마지막 경순왕의 아들인 마의태자가 금강산에 가서 산나물, 고사리만 먹다 죽었다는 기록과도 같다. 그러나 이것은 틀린 것이고 신라의 왕자들이 만주땅으로 망명하여 금나라를 세웠다고 역사가 새로이 바뀌고 있다.
윤명수, 금사(서울: 완안출판사, 2007) 참조.
윤명수, 금조사연구(서울: 완안출판사, 2007) 참조.

25) 서미경, op. cit., pp. 128-129.

한다.26) 최정예 무사들인 삼별초가 갖고 간 것이다. 그런데 그것이 1609년 일본측 계엄통치 이후에 가라데로서 당수(唐手)가 되었다는 것은 논리의 비약이 있다. 그러면서 명나라의 영향을 받았다는 논리는 명나라를 강조하며 유구왕국의 것이 아니라고 우기려는 간계가 깔린 논리가 분명하다. 그것은 유구왕국이 가라데의 모국이 아니라고 하려는 악의적 저의가 깔린 것이다.

4) 우리말 가라데(韓手)

예부터 우리나라는 별칭으로서 삼한(三韓) 땅이라고 불리웠다. 옛날에 마한, 진한, 변한의 3한이 있었던 역사에서 기인한 것이다. 유구왕국의 만국진량종에는 유구왕국이 3한의 빼어남을 이은 나라라고 선언하고 있다. 그것은 유구왕국이 3한 사람들이 세운 나라이며, 고려왕국, 조선왕국의 사람들이 세운 나라임을 뜻한다고 볼 수 있다. 그러니까 왜 만국진량종에다가 유구왕국은 3한의 빼어남을 이어 받았다고 강조했느냐 하면, 자기들은 고려왕국에서 왔는데 국가호칭이 그 사이에 조선왕국으로 바뀐 점을 감안한 것일 수도 있다. 그래서 3한 즉 한(韓)에서 왔다고 자랑스럽게 선언한 것이다.

현대시대에 우리나라가 대한제국(大韓帝國)을 이어서 대한민국(大韓民國)이 되었고, 대한제국이나 대한민국을 줄여서 말하면 한국(韓國)이다. 그런데 예부터 고대 일본어로는 韓國을 '가라구니'라고27) 읽었다.28) 韓은 '가라'였고 그것은 가라국, 가야국, 구야국, 가락국, 구사국 등으로 불린 것이다. 그러니까 가라구니(韓國)에서 가라는 본래 일본어가 아니

26) 그것은 권법이라고도 불렀는데, 오늘날의 복싱(boxing)인 권투와 용어상으로는 같다. 다만 권법은 우리의 토착무예이고, 권투는 서양에서 유래된 것인데 용어로는 차이가 별로 없다.
27) 이종기, 춤추는 신녀(서울: 동아일보사, 1997), p. 25.
28) 이창후, 태권도 현대사와 새로운 논쟁들(서울: 상아기획, 2003), pp. 104-105.

라 우리말이다.

생각하되 원래 유구왕국에서는 예전 모국에서부터 쓰던 용어로 그냥 데(手)라고 하며, 모국인 '가라'를 붙여서 '가라데'라고 했을 것이다. 그들은 예전 3한땅을 거쳐서 몽골군과 혈전을 펴며 멀리 태평양까지 망명을 떠났기에, 모국을 3한으로 부르고 그들의 권법을 가라데(韓手)로 자연스레 불렀다고 해야겠다. 유구왕국에서는 소리나는 대로 그냥 가라데라고 불렀으니 자연스러운 우리말 그대로였다.

그러다가 훗날 일본이 침략한 1609년 이후에 일본인들이 막연히 생각하길, 유구왕국의 것이 명나라의 영향을 받은 당수(唐手)로서[29] 가라데라고 착각했다고 보인다. 당시 유구왕국 사람들은 일본인들의 금무정책에 유의하면서, 자신들은 전혀 고유한 무술이 없었던 듯이 철저히 숨겼을 것이다.[30] 따라서 일본은 그것이 당수(唐手)로서 명나라에서 왔다고 짐작케 됐던 것이다. 그런데 공교롭게 유구왕국에서는 통상 조선이나 중국이나 당(唐)으로 불렀고,[31] 당(唐)도 일본어로는 '가라'니까 일본인들이 유구국민들에게 속은 것이다.

왜냐하면 예컨대 대표적으로 태권도에만 있는 발차기나 아래막기 등이 중국무술에는 거의 없고, 그것이 가라데에는 정확히 있기 때문이다.[32] 그리하여 졸지에 한국에서 유래한 한수(韓手: 가라데)가 당수(唐手)로 바뀌어 버린 것이다.

그런데 모든 것을 훔치고 강탈해간 도둑놈 나라인 일본은 가라데가

---

29) 중국에서는 명나라 때에도 예부터의 타성으로 자기들을 당나라로 불렀다.
최부, 최기홍 옮김, 표해록(서울: 교양사, 1997), p. 169.

30) 워낙 철저히 금무정책을 말하여, 당시 방문했던 영국 군함이 유구왕국을 평화의 섬으로 알았다. 그 소식을 전해 들었던 세인트 헤레나의 나폴레옹이 어떻게 무기가 전혀 없는 나라가 지구상에 있을까 하고 크게 의아해 했다고 한다.
김용옥, op. cit., p. 104 참조.

31) 서미경, op. cit., p. 114.

32) 이창후, op. cit., pp. 105-108.

좋아 보이니까 그것을 일본에 도입하며, 무기를 쓰지 않고서 맨손으로 하는 것이니까 맨손 무술을 뜻하는 공수(空手)라고 바꿨다고 하겠다. 공교롭게도 일본어로는 공(空)도 '가라'라고 읽으니까 공수도(空手道)가 된 것이다. 그리하여 훗날 유구왕국에서는 모든 무기를 빼앗기고 맨 손으로 하는 권법이라서, 맨손무예 공수도(空手道)라고 했다는 미화된 설명이 나오게 된 것이다.

2. 태권도의 발전

1) 일제강점 가라데의 비극

일본에서는 그간 가라데를 온 세계에 선전하면서도 가급적 선전을 크게 하지 못했었다. 당시는 일본이 대동아전쟁, 태평양전쟁을 일으키고 제2차 세계대전을 전개하며 온갖 침략을 자행하던 때였으니까, 가라데 선전이 꼭 필요할텐데 그렇지 못했다. 가라데는 유도 이상가게 세계적으로 돋보이는 무술이었지만 가급적 파급력을 갖지 못하게 했다고 하겠다.

그것은 공식적으로 말해서 일본이 자신들의 국기(國技)를 유도로 하면서, 유도가 자신들의 대표 무술이라고 했기 때문이라고 한다. 그렇지만 그것은 거짓 논리일 가능성이 크며 공식적 표현에서나 해당한다. 실제로 일본인들은 가라데가 유구왕국의 고유한 무술임을 의식하면서, 그래서 크게 키우지 않았다고 보인다. 그들은 세계적인 왜구 도둑놈이 확실하다. 그러나 왜구들에게도 한 가닥의 양심은 있는 것이다. 가라데가 자기들이 모든 것을 약탈한 유구왕국의 무술임을 유의하지 않을 수가 없었을 것이다.

그들은 가라데를 부각시킬수록 그들이 침략국이라는 것이 크게 부각되는 난관에 부딪치게 되는 것이다. 더욱이 가라데가 원래 일본어가 아닌 유구왕국 용어이며 일본어로는 한국(韓國)이 '가라구니'니까, 유식한 사람은 '가라'가 한국어라는 것도 알고 있는 곤혹스러움을 감출 수 없는 것이다. 갈수록 유구왕국의 것이라고 크게 부각될 수밖에 없는 곤경에 부딪치는 것이다. 일본은 겉으로는 가라데를 부각시키는 척 하면서, 실제로는 가라데를 부각시키지 못한 것이 오늘까지의 정책적 모순이었다. 도둑놈의 자가당착 현상을 뚜렷하게 보여준다. 앞으로도 일본은 국가적으로 가라데를 부각시킬 수가 없을 것이다. 도둑놈의 한계 때문이다.

2) 한국인들이 보는 가라데

일본의 숙명적 업보로 인해서, 가라데는 일본에서 엉거주춤한 상태에 머물 수밖에 없게 되었다. 죄 많은 일본역사로 인해서, 전혀 죄도 없는 가라데가 아무 이유도 없이 죄를 진 존재와 같이 받아들여진 때문이다. 한국인들은 오늘날 가라데가 한국의 것을 가져간 것이라고 말하면서도, 한편에서는 가라데를 상당히 부정적인 시선으로 보고 있다. 사뭇 가라데가 일본인들의 침략문화를 대변하는 것과 같은 오도된 인식을 갖고도 있다.

그러나 본 논문에서 살펴본 바와 같이 가라데 자체는 아주 좋은 것이다. 그것을 일본인들이 훔쳐다가 자기들의 것인양 위선적 행태를 벌이는 도둑행태가 나쁘지 가라데 자체가 나쁜 것은 아니다.

앞에서 살펴 본 바와 같이 '가라데'는 엄밀히 말해서 '한국무술'이라는 뜻이다. 더구나 순수한 우리말 그대로이다. 예전에 3한 지역을 부른 韓(한)은 바로 가라, 가야, 가락, 구사, 구야 등으로 부른 가야국이라는 순수한 우리말이다. 따라서 가라데는 순수한 우리말로 '한국무술'을 뜻하는 것이다.[33]

---

33) 가야는 제3차 교육과정을 만들면서 교육적 편의상 약 1970년경에 국사학계에서 통일용

그것을 훔쳐간 왜구들이 나쁜 것이지, 가라데는 우리가 오히려 아끼고 사랑해야 할 것이다. 그리고 유구왕국의 무예로서도 더욱 권장하고 보호해 주어야 할 것이다. 오늘날 한국땅에서는 태권도가 맹위를 떨치며 세계를 주름잡고 있는데, 차라리 '가라데 태권도'라는 신조어로 불러야 옳지 않을까 생각도 된다. 가라데 태권도는 바로 '한국무예 태권도'라는 뜻이며 보다 더 순수한 우리말이다.

3) 태권도의 형성

현대 한국에서는 자유당 무렵까지 당수(唐手)라고 하는 것이 보편적 용어였다.[34] 당수는 앞에서 살폈듯이 유구왕국의 가라데를 일본에서 가져가며 붙인 이름이다. 금무(禁武)정책을 쓰는 유구왕국에서의 무술이기에 중국무술이라고 둘러대며, 얼떨결에 가라데가 중국무술인 당수라고 불리운 것이 그대로 쓰였다고 하겠다.

당수는 그러나 족보없는 용어였다. 그것은 1609년 이후에 유구왕국이 일제침략 강점을 당하면서 느닷없이 나타난 용어이다. 원래는 가라데(韓手)가 정확하게 맞는 용어이다. 그런데 한국에서는 일본이 당수를 공수(空手)라고 바꿨어도 일본이 미워서 당수를 그대로 써 왔다고 생각된다. 그렇지만 당수가 마음에 드는 것도 아니었다. 그래서 새로운 용어를 만들어야 한다는 논리가 대두되며 '태권도'가 나온다.

먼 옛날 조상 때부터 시작된 태권도(跆拳道)는,[35] 예부터의 태껸, 택견에서 비롯된 신조어이다.[36] 태(跆)는 발로 뛰고, 차며, 밟는다는 뜻이고,

---

어로 정한 것이다. 그런데 그것은 일본어의 '가라'를 의식해서 '가야'로 정한 측면도 있다. 그러나 원래 '가야'만 꼭 맞는 것도 아니다. 당시까지 쓰던 여러 가지 호칭에서 하나를 교육적 편의상 정했을 뿐이다.

34) 김용옥, op. cit., p. 67.

35) 김광성, 김경지, op. cit., p. 154, pp. 210-213.

36) 최홍희가 이승만 시대에 고안한 호칭이다.

권(拳)은 주먹을 내지르고, 쳐부순다는 뜻이다. 여기에 도(道)를 붙여서 단순한 기능연마가 아닌 드높은 철학과 경륜을 갖춘 무예라는 뜻으로 만든 것이다.

생각하면 우스운 일이 벌어진 것이다. 일본에서는 당수가 마음에 맞지 않는다고 공수도(空手道)라고 바꾸고, 한국에서도 당수가 마음에 맞지 않는다고 태권도라고 바꾼 것이다. 그렇게 되니까 일본의 공수도는 발음은 유구왕국의 가라데 그대로이면서 한자가 바뀐 것이 되었고, 한국에서는 예전부터의 태껸을 고려하면서 한국의 전통성을 유의한 새로운 신조어를 만든 것이 되었다. 차라리 일본 가라데, 한국 가라데가 맞는 말인데 이름이 다른 것이 되고 말았다.

4) 태권도의 분화

태권도는 그리하여 한국에서 발전된 한국형 무술로 현대시대에 들어서 눈부시게 진화된다. 태권도는 빠르고 강력한 발차기 기술을 뚜렷한 특징으로 한다.[37] 오늘날 세계 전역에서 애호되는 세계화된 무술이 되었다.

(1) 최홍희

함경북도 명천군에서 출생한 최홍희는 현대 한국 태권도의 아버지에 해당하는데,[38] 태껸 고수 한일동에게서 어린 나이부터 전통무술을 배운다. 그리고 일본중앙대학을 다니면서 가라데를 익힌다. 그리하여 태껸과 가라데를 결합하여 발차기가 유연하며 체중이동을 적극적으로 활용하는 독특한 무도(武道)로 발전시킨다.

그는 일제강점시대에 학병으로 끌려 나가 독립운동을 하면서 학병 중

37) 이창후, op. cit., pp. 19-20.
38) 김용옥, op. cit., p. 65.

심의 조선반일동맹 조직을 만들다가 검거되어, 6년형을 선고받고 평양 감옥에 수감되었다가 일제패망으로 풀려났다. 그후 군인이 된 최홍희는 제2훈련소장과 제6군단장을 거쳐 예편하고 말레이시아 대사로 근무했다. 그리고 1966년에 대한태권도협회를 중심으로 국제태권도연맹(ITF)을 창설했다. 1971년에 박정희 대통령으로부터 태권도를 국기(國技)로 공인받으며 국기원(國技院)을 세웠으나, 1972년에 캐나다로 망명을 떠났다.

5·16군사혁명 때에 최홍희는 소장이고, 박정희는 준장이었다. 상관이었던 최홍희가 주도했던 태권도는, 점차 박정희 대통령과는 원만하게 정착될 수 없었다. 그래서 최홍희는 망명을 떠나게 된다. 최홍희는 그후 ITF의 본부를 토론토로 옮기고서, 주로 북한과 공산권에 태권도를 보급하다가 2002년에 평양에서 작고하였다. 따라서 세계태권도연맹(WTF)이 새로 창설된다. 최홍희는 비슷한 때에 미국으로 망명한 최덕신과 연계되었다고 생각된다. 최덕신은 김일성이 다니던 만주 화성의숙의 교장선생님이었던 최동오의 아들이다.

(2) 이남 태권도와 이북 태권도

초기의 태권도가 뿌리를 내리는 데에 큰 기여를 한 최홍희는, 한국의 태권도가 가진 실체를 생각해 볼 주요 근거가 될 인물이다. 물론 최홍희가 망명하여 친북인사가 되었음을 감안하더라도, 한국 태권도의 기본토대를 놓은 업적은 무시할 수가 없다.

① 태껸 계승

태권도는 예부터의 고대 정통 한국무술을 바탕으로 만들어졌다고 해석된다. 최홍희가 예부터의 태껸무술 최고수에게서 무예를 전수받았음은, 전통적인 민족무술의 기술과 혼을 그대로 수용한 것이라고 하겠다.

그것은 태권도가 단군 이래 고조선부터의 무예전통을 계승한 것으로 해석된다.[39]

② 가라데 접목

일본유학 때에 가라데를 익혀서 유구왕국의 가라데를 접목시킨다. 가라데는 예전 삼별초가 유구왕국에 전승시킨 고려시대의 정통성을 가진 무예가 분명하다.[40] 그것은 또한 고조선, 고구려 때부터의 정통성을 잇는 것이기도 한데, 최홍희에 의해 가라데가 분명히 태권도와 접목된다. 결코 가라데에 대한 거부감, 갈등을 가질 필요가 없다.

③ 고급 국방무예

가라데의 모든 것을 수용한 것은 바로 삼별초의 고급 국방무예를 받아들였음을 말한다. 삼별초는 항몽전쟁 때에 고려왕실을 중심으로 한 근위 무사집단이었다. 그것은 우리민족의 최고 품격을 말하는 격조 높은 고급무예라고 하겠다.

④ 무예 독립운동

최홍희는 항일애국 독립운동가였다. 그것은 한국 태권도가 일제강점시대에 있어서도 강력한 주체성을 갖고 있었음을 말한다. 또한 일본 가라데 시대에 있어서도, 일본에 종속되지 않는 우리민족의 무예가 되게 하려는 것이었다. 일종의 무예 독립운동이면서, 궁극적으로 가라데가 일본땅에 간 것을 부정하는 것이다.

---

39) 이창후, op. cit., p. 27-31 참조.

40) 김광성, 김경지, op. cit., pp. 171-172, pp. 205-207, p. 369 참조.

⑤ 이북 태권도의 탄생

최홍희는 정치적 이유로 망명하여 친북인사가 되었고, 그의 태권도가 북한 태권도가 된다. 그것은 앞으로 남북한 태권도가 하나로 통일될 중요한 준거기준이 된다. 결코 태권도까지 남북분단이 될 필요는 없고 하나가 되어야 한다.

⑥ 동일한 남북 태권도

현재 북한의 태권도가 한국의 태권도와 같은 호칭의 같은 뿌리임을 증명한다. 북한으로서는 변형된 모습을 취하며 주도권을 쥐려고 하겠으나, 북한 태권도가 남쪽에서 파생된 같은 뿌리의 태권도인 것은 매우 중요한 의미가 있다. 최홍희가 이남에서 이북으로 수출한 것이라 명칭도 태권도이고, 내용도 사실상 같다.

⑦ 태권도 지평확장

최홍희가 북쪽으로 간 것은, 달리 생각하면 북한을 한국 태권도의 영역권으로 포용한 것일 수도 있다. 정치적으로는 최홍희가 망명을 갔지만, 태권도로는 한국의 것이 그곳에 새롭게 지평을 확장시킨 것이 된다. 북한 태권도가 전혀 다른 것이 아니며 사실상 우리의 태권도라는 뜻이고, 근본적으로는 같은 것이라는 논리이다.

⑧ 태권도 통일논의

따라서 가급적 빠르게 남북한 태권도 통일논의가 시작되어야 옳다. 똑같은 뿌리의 태권도를 갖고서, 서로 다르다고 주장하는 것은 민족사에 남을 추태이다. 온 세계에 졸렬한 모습을 보이는 부끄러운 일이다.

⑨ 태권도 세계화

세계차원에 있어서도 WTF와 ITF의 통합에 의한, 하나의 태권도 단체를 만들어야 되겠다.[41] 현재 WTF가 세계적 주도권을 쥐고 있지만, 태권도는 세계차원에 있어서도 결코 둘로 나뉠 수가 없는 것이다. 즉시 합해지게 노력해야 하겠다.

⑩ 가라데의 포용

유구왕국의 가라데는 사실상 태권도와 같은 것이다. 같은 뿌리의 같은 권법인데, 삼별초가 망명을 하며 전승된 것이다. 앞으로 태권도가 가라데를 포용할 방안에 대한 연구도 진척시켜야겠다.

Ⅳ. 가라데 철학

1. 유일전쟁(琉日戰爭)과 가라데

1) 가라데 독립운동

가라데(韓手, 唐手, 空手)는 1903년까지는 유구왕국에 은밀하게 숨겨진 특급 비밀 무예였다. 유구왕국에서 예부터 수련해 왔던 전통무예였지만, 1609년에 사쓰마 왜구떼의 침공으로 무장해제를 당한 특수상황에

41) 더구나 ITF는 곤혹스럽게 최홍희가 죽자 셋으로 쪼개졌다. ① 이북에서 무조건 새로 만든 ITF, 그리고 ② 최홍희의 아들 최중화가 만든 ITF, ③ 또한 우리민족의 분열 싸움을 보며 베트남계 캐나다인 트완 칸이 만든 ITF로 되었다.

서 권토중래의 날을 생각하면서 비밀리에 맨손 군사훈련을 시켜왔기 때문이다.

유구왕국으로서는 모든 것을 왜구 도둑떼에게 완전히 빼앗기고 맨손의 나라가 되었지만, 겉보기 외형상으로는 나라를 존치시켜 놓은 상태에서[42] 절치부심하며 보이지 않는 독립운동을 전개시켰다고 하겠다. 한맺힌 독립운동이었다. 우리나라는 이순신 장군에 의해 왜구 일본을 격퇴하고 승리했으나, 유구왕국은 속수무책으로 강점된 비극의 몸부림이었다.

겉으로는 유구왕국이란 나라가 존재하고 있었지만, 힘없는 허수아비 나라와 같이 무장해제를 당한 나라의 입장에서 취할 항일전쟁의 방안으로 등장한 것이 가라데였다. 가라데는 그 이전에는 단순히 예부터의 전통무예일 뿐이었지만, 1609년 이후부터 본격적인 무예로 확실하게 강조되었다고 보겠다. 사실상 유구왕국의 가라데는 국난상태에서의 국방의 주체와 같은 위상을 갖게 된다.

더욱이 1879년에 임금님까지 강제로 동경에 인질로 잡혀가는 치욕을 당하면서, 가라데를 확실하게 강화시킨 수련이 시행되었다고 하겠다. 가라데는 그리하여 침략국 일본을 몰아내고 국권을 정상적으로 회복시키려는 유구왕국의 항일 독립운동을 상징하는 핵으로 떠오르게 되는 것이다.

2) 가라데 무예의 공식화

유구왕국이 오키나와로 전락되는 1879년의 유구처분(琉球處分)을 맞아서, 가라데는 가장 확실한 독립전쟁의 대안으로 부각되었다고 본다. 그러나 극악한 침략국인 일본에게 흡수통합을 당한 비극이 장기간 계속되면서, 유구왕국의 애국지사들은 절망할 수밖에 없었을 것이다. 그리하여 적지 않은 숫자가 하와이 등으로 망명을 떠났다.

---

42) 하우봉 외, op. cit., pp. 88-89.

미국의 하와이에는 요즘 많은 일본인이 있다고 하는데,43) 그들의 대부분은 바로 유구왕국의 망명정객들이다. 그들은 결코 일본인이 아니고, 일본인이길 거부하는 망명객들이다. 그들은 흡사 우리민족이 조선족, 고려인(까레이스키)이 되고 해외교포가 되어 항일독립전쟁을 전개한 것과 같이 망명한 독립운동 애국지사 세력들이다. 생각하면 하와이는 예전에 우리민족이 만주벌과 연해주로 망명을 간 듯한 유구망명객의 독립전쟁 기지이다.

이토록 절망이 축적된 끝무렵에 가라데를 체계화하며 정립시킨 후나코시가 나오는 것이다. 후나코시는 결코 별안간 등장한 인물이 아니다. 그는 유구왕국의 유민들이 가장 절망한 극한점에서 나오는 것이므로 우연이 아니라 필연적인 등장이다. 후나코시는 12세에 명장 아자또 야스츠네(安里安恒) 문하에서 가라데를 시작했다. 그후에 유구왕국 유민들 사이에서 권성(拳聖)으로 추앙받는 이토쓰 야스츠네(絲州安恒, 1830-1915)에게 배운다. 여기서 유의할 것은 가라데의 최고봉 2인의 이름이 모두 安恒인 점이다. 우리말로는 국가안보와 같은 뜻이다. 그들은 국가안보가 인생목표인 유구왕국 최고의 애국 무사들임을 뜻한다.

이토쓰는 제자인 후나코시와 함께 당시의 장학사를 설득하며 가라데의 교육적 효용성을 설명한다. 그리하여 1903년에 초등학교 교과목에 가라데를 공식화된 무예로 도입시킨다. 1903년은 가라데의 역사에 있어서 대단히 중요하다. 그 때부터 가라데가 비밀무예에서 공개된 무예로 바뀌는 것이다. 따라서 1904년부터 오키나와의 수리초등학교에서 처음으로 가라데가 정식 체육교과로 교육되었고, 1906년에는 중학교에서도 가라데를 가르치게 되었다. 당시 이토쓰와 후나코시는 장학사에게 솔직하게 말할 수는 없었고, 가라데가 단지 심신수련과 정신교육에 도움이

43) 임동권, op. cit., p. 135.

되는 좋은 것이므로 교육시키자고 설득했을 것이다. 결코 가라데가 유구왕국의 무예 독립운동이라고 말할 수는 없었을 것이다.

그런데 당시의 장학사가 승낙하며 학교 교과목으로 인정을 해 준 것이다. 그것은 나중에 일본에까지 소개가 되었고, 1922년에는 황태자 앞에서도 시범을 보이며 공인된 것이다. 그러니까 장학사는 물론 황태자가 유구왕국의 항일 무예독립운동을 공인시켜 준 결과가 되었다. 당시 이토쓰나 후나코시는 유구왕국의 숨겨진 독립운동가들이 분명했다. 그들은 일본 침략군에 강점된 비극의 땅에서, 내면적으로는 피눈물을 삼키면서도 겉으로는 단순하게 가라데 무예를 가르치며 평범한 체육 선생님인 듯이 위장된 처신을 했을 것이다.

따라서 일본의 황태자와 장학사 등은 가라데 무예 독립운동이 옳다고 인증해준 것이 되었다. 그리하여 오늘날에도 오키나와에는 생생하게 가라데가 살아있고, 일본땅에서는 가라데가 자신들의 것이라고 거짓 선전을 하면서 온 세계에 가라데를 자랑하고 있다.[44] 일본은 결과적으로는 유구왕국의 가라데가 정당한 것이고 유구왕국은 독립되어야 한다는 논리를 온 세계에다가 공인시킨 것이 되었고, 또한 황태자가 유구왕국의 독립을 인정한 것과 같게 되었다.

2. 상무정신(尙武精神)

1) 상무대(尙武臺)

한국땅에는 오늘날 '상무(尙武)'라는 곳이 적지 않다. 군사훈련을 시키

44) 일본의 가라데 선전은, 흡사 중국이 고조선 및 고구려 옛땅인 만주땅을 차지하고서 탐원공정, 동북공정 역사선전을 하는 것과 똑같은 불합리한 행태이다.

는 훈련소의 명칭이 '상무대'인 곳도 그렇다. 그러나 많은 사람들은 그것을 단지 무예를 숭상(崇尙)하는 정도의 뜻으로 평이하게 생각한다. 또한 상문(尙文), 숭문(崇文)과 양립하는 개념 정도로 단순하게 생각을 한다.

그렇지만 왜 우리나라에는 현재 상무(尙武)라는 용어가 많게 되었는가는 깊게 음미해 볼 필요가 있다. 왜냐하면 무예를 숭상한다는 용어는 예컨대 숭무(崇武), 찬무(讚武), 강무(强武), 정무(精武), 덕무(德武), 성무(聖武), 길무(吉武), 신무(信武), 경무(敬武), 존무(尊武), 충무(忠武), 송무(頌武) 등 여러 가지가 있을 수 있다. 상무 외에도 많을 텐데, 유독 상무라는 호칭을 선호하게 되었는가는 중요한 뜻이 내재되어 있다고 보이기 때문이다.

그런데 나쁘게 생각하면, 그것은 일제잔재(日帝殘滓)와 같은 개념일 수 있다. 오늘날에 군부대 등에서 예부터 쓰던 관례대로 답습하여 그냥 상무라는 용어를 많이 쓰는데, 그 첫 번째 뿌리는 일제강점기 때일 가능성이 크다. 상무라는 용어는 물론 좋은 용어면서 좋은 뜻을 갖고 있다. 용어 자체로는 결코 탓할 필요가 없다. 아주 좋은 것이지만, 그것을 쓰게 된 출발점은 일제강점기부터라고 보아야 하겠다. 왜냐하면 상무는 특히 군부대에서 많이 쓰고 있는 점을 예리하게 유의해야 하기 때문이다.

우리나라의 남한과 북한의 군대는 부끄러운 점을 공유하고 있다. 이북 군대는 철학도 없이 소련군과 중공군에 맹종하며 6·25 남침전쟁을 일으켰다. 중공군과 소련군의 침략전쟁에 악용을 당하며 수많은 인명을 살상한 죄 많은 군대이다. 동족살상을 하고 온 나라를 지옥으로 만들 군대는 군대로서의 존재가치가 없다. 김일성, 김정일이 동포를 살상하며 저지른 반민족적 범죄는 용서의 여지가 없다. 적군은 막지 않고 선량한 형제자매 동족에게 총부리를 겨누며 대량 살상한 이북의 군대는 정당성을 크게 상실한 군대이다.[45]

그런데 이남의 군대는 6·25 남침전쟁을 막아서 티베트, 위구르와 같은 참담한 나라가 될 것을 막아낸 공로가 있음에도 불구하고, 적지 않은 숫자가 일제강점기에 부끄러운 일본군 출신이었음도 사실이다. 물론 중공, 소련, 이북 군대의 남침을 막은 위업으로 예전의 부끄러움을 씻었다고도 하겠으나, 모든 것이 깨끗이 없어지는 것은 아니다. 이남의 군대에는 나름대로 일본군 잔재가 다분히 남았다.

물론 요즘에는 많이 희석되고 없어졌지만, 예전의 잘못된 관행이 부지불식 간에 남아 있음도 사실이다. 그러한 흐름에서 우리사회에 일제강점기의 흐름을 타고 상무라는 용어가 많이 남았다고 보인다. 예전에 초창기 건군세력들이 지은 이름 가운데, 상무개념이 확실히 자리잡은 것은 어쩔 수 없는 일제강점 시대의 잔흔이 되겠다. 그렇게 배웠으니까 그렇게 쓴 것이다.

2) 상무당(尙武堂)

일본군에서 상무라는 호칭이나 개념을 선호하는 것은, 생각하면 일본군의 치부를 드러내는 부끄러운 데에서 비롯되었다고 하겠다. 왜냐하면 단순하게 상무(尙武)는 무예를 숭상한다는 개념이 아니기 때문이다. 상무(尙武)는 원래 단순한 개념이 아닌, 유구왕국의 왕실무예를 뜻하는 것이다. 유구왕국은 상(尙)씨 왕조이다.

그래서 상무라는 것은 유구왕국의 왕실에서 전래되는 예부터의 고급무예라는 개념이다. 현재도 유구왕국의 옛터에 있는 오키나와의 가라데 수련장은 상무당이라고 부른다. 그것은 단순히 무예를 받들고 훈련한다는 뜻이 아니다. 그것은 바로 유구왕국의 왕실무예를 수련하는 도장이고, 사실상 유구왕국의 군대양성소라는 뜻과도 같다. 애국교육을 실시

45) 안천, 남침유도설 해부(서울: 교육과학사, 1993) 참조.

하고 항일독립군을 교육하는 비상시 사관학교와 같은 것이다.[46] 후나코시가 상무회장(尙武會長)이었음은 깊은 뜻이 내재된 것이다.

일본군은 본래 매우 무식한 왜구들이다.[47] 임진왜란 때의 일본군은 절대 다수가 자기 이름도 제대로 쓸 줄 모르는 싸움꾼들이었다. 옷도 윗옷 정도나 대강 걸치고 아래는 맨 몸인 부랑배에 가까웠다. 사무라이라는 말도 니토베 이나조(新渡戶 稻造)가 1899년에야 본인의 미국인 부인에게 거짓말로 미화시키는 글을 쓴 이후에 일본에서 의도적으로 퍼뜨린 것이다.[48] 사무라이는 무식한 흉악 무뢰배를 뜻하지 결코 무사도를 뜻할 수가 없다. 일본군은 오로지 살육과 도둑질을 일삼는 싸움기계에 불과한 저질들이었다.[49] 그들은 유구왕국을 약탈하고 강점할 때에도 결코 크게 개명되지 않았었다.

그래서 가라데가 당수라고 해도 속고, 상무당이 단순히 무예를 닦는 좋은 뜻이라고 해도 속아 넘어가는 무식한 수준이었다고 보인다. 그래서 일본군들은 상무라는 용어를 제대로 알지도 못하면서 선호하게 된 것이다. 그들은 워낙 무식하기에 가라데, 상무당의 뜻도 구별할 줄 모르며 일본군에 그것이 널리 수용되었다고 하겠다. 일본군에 상무라는 개념이 많이 쓰이는 것은 일본군의 원초적 무식함과 침략근성이 결합된 부끄러운 잔재이다.

우리의 국군에서도 상무라는 용어가 많이 쓰인 것이나, 태권도가 군대에서 많은 토대를 쌓으며 성장하는 것은 일제강점 때의 흐름이 이어진 것이 분명하다. 다만 세월이 흐르면서 일제잔재를 극복하고 우리의

---

46) 그것은 우리나라에서 만주땅에 세웠던 '신흥무관학교'와 같은 것이다. 안천, 신흥무관학교(서울: 교육과학사, 1996) 참조.

47) 미야 노리코, op. cit., p. 342.

48) 니토베 이나조, 양경미, 권만규 옮김, 사무라이(서울: 생각의 나무, 2004).

49) 와타나베 히로시, op. cit., p. 27.

확실한 민족 전통무예로 환골탈태하여 세계적인 태권도가 되었지만, 태권도가 상무당에서 출발한 가라데의 영향을 받지 않았을 리가 없는 것이었다. 하지만 결코 태권도가 가라데의 영향을 받고, 상무당의 흔적이 남은 것을 부정적으로만 볼 필요는 없다. 왜냐하면 가라데는 삼별초가 전수시킨 우리민족의 원초적인 고급 왕실무예가 분명하기 때문이다. 오히려 한국 태권도가 보다 수준높게 승격될 전화위복의 발판이라고 좋게 생각해야 할 것이다. 생각하면 그간 일본의 가라데에 있어서도 최고 고수는 한국인이나 한국계 인물이 많았다.[50] 그리고 한국에서 태권도가 꽃을 피웠다. 그것은 가라데의 근본적 뿌리 국가인 한국에서의 당연한 현상이라고 생각된다.

특히 여기서 유의할 바가 있으니, 첫째로 한국인들은 최홍희, 최영의(최배달)를 비롯하여 예부터 태껸 강국민이어서 가라데를 승화시킨 태권도 강국이 될 필연적 흐름이 존재하고 있었음이다. 결코 우연하게 태권도 강국이 된 것이 아니다. 전통적 뿌리가 확실하기에 태권도가 불같이 일어난 것이다. 둘째로 유구왕국의 후나코시는 일제강점 비극 속에서 가라데를 일본에 어쩔 수 없이 소개해야 했지만 핵심기술은 분명하게 빼고 넘겼을 것이다. 절대로 애국무사 후나코시는 본질을 적대적 침략국에 넘겨줄 사람이 아니다.

일본은 따라서 전통적으로 체질화된 토대도 없는데다 김빠진 가라데를 배웠을 것이다. 반면에 한국에는 예부터의 극비로 비전된 무예가 순수하게 존재하여 한국이 강할 수밖에 없다고 본다. 그러므로 일본 가라

50) 합기도의 최용술을 포함하여, 극진 가라데를 창시한 최영의(최배달)는 많은 것을 시사한다. 또한 한국 태권도의 초석을 놓은 최홍희를 비롯하여, 일제침략을 혹독히 받은 씨족인 최씨에서 태권도가 강세를 보이는 것도 의미가 있다(고려 말의 최씨 무인정권 시대의 끈질긴 흐름일 수도 있다).
안천, 일월오악도 제2권(서울: 교육과학사, 1999), pp. 267-339 참조.

데는 껍데기(−) 가라데이고, 한국 태권도는 정통(+) 무예의 본질을 갖고 있다고 해석된다. 그간 일본에서 유구왕국의 가라데를 가져갔다고 공언했으나 껍데기만 빼앗아간 것을 분명히 유념해야 옳다. 일본은 그렇게 무식한 나라였다.

3) 상학이념(尙學理念)

오키나와에는 오늘날에 상학(尙學)이란 개념이 확실하게 남아 있다. 심지어는 상학고등학교를 비롯하여 곳곳에서 상학이란 호칭이 발견된다. 그런데 상학이란 매우 의미심장한 개념이다. 그것은 바로 상(尙)씨 왕조의 학문이란 뜻이다. 그러니까 왕실학, 황실학과 같은 뜻이다. 그러므로 조선시대의 성학(聖學)과 같은 뜻깊은 용어이다.[51]

그러므로 유구왕국의 가라데는 물론이고, 상무당의 훈련은 상학이념이 확실하게 뒷받침하고 있음을 유의해야 한다. 상학이념은 바로 유구왕국의 건국이념일 수도 있고, 항일전쟁의 독립정신일 수도 있다. 또한 일월물결도의 꿈을 실현하는 교육이념인 것이다.

따라서 상학고등학교는 사실상 독립운동가 양성학교를 다르게 표현한 것이다. 더 나아가서 유구왕국이 삼별초가 세운 나라이면, 그것은 곧 삼별초 정신이 상학이념일 수도 있다. 그러므로 단군이념을 잇고, 고구려 정신과 고려 정신을 계승하는 자랑스런 의미가 되겠다. 기나긴 역사의식의 발현일 수 있다.

---

51) 고려시대와 조선시대의 한국땅에는 황실(왕실)학으로서의 용어가 성학(聖學)이었다. '임금님학'인 그 최고봉에는 퇴계의 성학십도(聖學十圖), 율곡의 성학집요(聖學輯要) 등이 있다. 그러다가 현대시대에는 1997년에 처음으로 한국황실학회지 창간호가 나오며, 황실학이란 용어가 공식적으로 등장한다.
한국황실학회, 황실학논총 창간호, 1997 참조.

〈태권도의 역사적 발전계통도〉

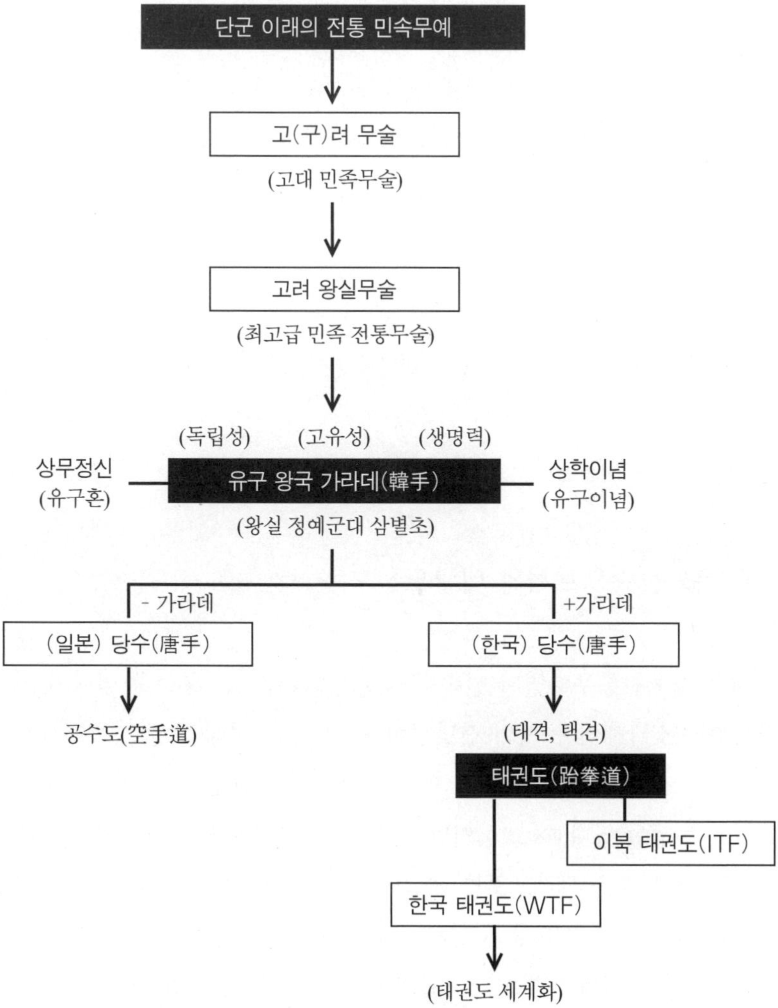

앞으로 한국의 군인들을 훈련하는 상무대, 상무관, 상무당, 상무도장, 상무태권도장, 상무체육부대, 상무훈련소, 상무체육관은 너무나 좋은 호칭임을 유의하는 수준으로 생각의 차원이 바뀌고 승화되어야 하겠다. 그것은 우리민족의 가장 고급스런 궁중무예를 삼별초가 가져간 것이기 때문이다. 태권도의 혼을 뒷받침하는 가라데의 역사적 의미와 상학이념을 뜻깊게 소화시키는 진취적이고 적극적인 자세가 절실하다.

Ⅴ. 맺는 글

1. 문화전승으로서의 태권도

예부터의 전통무예였던 민족권법(民族拳法)은, 그 뿌리를 머나먼 고대시대로 소급해야 논의의 정당성이 있다. 물론 현대 태권도 학계에서는 일제강점기 이후의 가라데, 당수나 예부터의 태껸과의 관련성 등과 얽혀진 논쟁이 있다.[52] 그렇지만 그것은 결코 일제침략 이후의 근현대사적인 짧고 좁은 시각으로는 해답이 나오지 않을 거시적 고대 국제정치문화이다. 삼별초가 몽골 침략군과 사투를 벌이면서 태평양 바다의 유구왕국까지 민족권법을 가져갔지만, 그 뿌리는 결코 고려 말기가 될 수 없다. 사실상 단군이래의 고유한 민족권법이라고 하겠다.[53]

52) 김방출, 태권도사 논쟁에 대한 쟁점과 과제, 체육과학연구 제17권 1호, 2006, pp. 75-82 참조.
53) 박성수, 단군문화기행, op. cit., pp. 110-111.

다만 삼별초가 민족권법을 가져갈 때의 고려시대에는 아직 한글이 창제되어 쓰이지 않은 때였다. 그래서 삼별초는 민족권법을 가라(韓)에서 온 권법(拳法)이라며 가라데라고 불렀다고 하겠다. 그러므로 원래는 한수(韓手)로서의 가라데였다. 그러다가 1609년에 일본침공 이후로 가라데는 발음이 같은 당수(唐手)로서의 가라데로 바뀐다. 그리고 다시 1879년 이후에 유구왕국이 오키나와현으로 강제 통합흡수된 뒤에는 적수공권(赤手空拳) 무예를 뜻하는 공수(空手)로서의 가라데가 되는 것이다. 물론 한수(韓手), 당수(唐手), 공수(空手)는 일본말로 공교롭게도 발음이 똑같다. 모두 가라데이다. 그러나 같은 가라데라 하더라도 뜻은 확연하게 다르다.

첫째로 한수(韓手)는 단군이래로 고구려, 고려를 잇는 삼한(三韓) 땅에서 비롯된 한국(韓國)의 가라데라는 뜻이다. 삼별초가 갖고 갔으니까 그럴 수밖에 없다. 그러니까 한수가 바로 원래의 고유용어이다. 가장 옳고 정당한 바른 용어이며, 가라데의 한자표기는 이것이 정확하게 맞다.

둘째로 당수(唐手)는 일본 침략군 왜구들에게 무장해제된 유구왕국 사람들이, 자기 것이 아니라고 둘러대며 말한 것에서 유래된 가라데를 말한다. 당수는 얼결에 침략자들에게 위장시켜 말한 것이라고 해야 옳다. 그러니까 가라데는 원래 태권도와 같은 뿌리이고,[54] 당나라 유래는 틀린 개념이며 틀린 용어이다. 당수는 원초적으로 잘못된 것이다.

셋째로 공수(空手)는 침략자들인 일본 왜구들이 가라데까지 빼앗아 가서, 도둑놈의 자격지심과 함께 당시 청나라와의 대립관계를 생각하며 바꾼 이름으로서의 가라데이다. 그러니까 도둑놈 왜구의 정략적인 잘못된 용어를 말한다.

54) 이창후, op. cit., pp. 100-103.

2. 민족전통 권법철학의 정립

태권도는 한국무예를 대표한다. 그런데 태권도는 우리사회의 많은 부면이 그러하듯 일제침략의 뼈아픈 상흔을 안은 후유증으로서의 고질병을 갖고 있었다. 따라서 태권도가 원래의 고유한 민족무예가 아니라거나, 일본 가라데에서 유입되었다거나, 다른 변인에 의해 교란을 받았다는 등의 해묵은 논쟁이 있어 왔다. 일제침략 교란 후유증으로서의 추친 일 비극의 모습이었다.

따라서 세계적인 무예로 발전한 태권도는 그간 역사성, 정통성, 전통성에 있어서 나름대로의 흠결요소를 갖고 있다고 평가되어 왔다. 그것은 태권도의 뿌리에 대한 정당성을 아직 완전하게 확립하지 못한 때문이다.[55] 그것은 아직도 확고한 권법철학(拳法哲學)이 완벽하게 정립되지 않았던 것을 말한다.

그렇지만 현대 태권도 학계에서의 논쟁은 가라데의 역사적 정체성을 생각하지 않은 논쟁이었다. 하지만 가라데가 바로 예전에 삼별초가 갖고 망명을 떠난 민족무예라고 보면 논쟁은 더 이상 계속할 필요도 없다고 본다. 그 동안의 논쟁은 삼별초 변인을 제외한, 일제침략 후유증으로서의 역사인식의 절름발이 논쟁에서 비롯된 오해에 불과할 것이기 때문이다. 그 까닭은 무엇인가?

1) 일본 영향설

그것은 혹시 태권도가 일본 가라데(空手)의 영향을 받지 않았는가 하는 오해이다. 그런데 태권도는 확실하게 가라데의 영향을 받았다고 분

55) 김달우, 김방출, 한국 전통무예로서의 태권도사 재조명, 한국체육사학회지 제13권 3호, 2008, pp. 41-52 참조.

명하게 말해야 옳다.[56] 그리고 일본의 공수도 가라데는 도둑놈 왜구들의 것도 아니다. 본래는 유구왕국의 것이고 원초적으로는 우리민족의 것이라고 뚜렷하게 말해야 한다. 20세기에야 일본이 유구왕국에서 껍데기만 배운 것일 뿐이다. 그러므로 일본 영향설은 논쟁의 실익도 없다.

2) 중국무술 영향설

그것은 혹시 태권도가 명나라, 청나라의 당수(唐手)로서의 가라데의 영향을 받은 것이 아닌가 하는 생각도 있다. 그러나 결코 그것도 개의할 필요는 없다. 중국은 1천 년 이상을 고구려 계열 북방족의 식민지였다. 그들의 무예는 원천적으로 고구려 옛터에서 나온 거란족, 여진족, 몽골족, 만주족 등 북방족들의 것이다.[57] 따라서 고조선, 고구려의 무예식민지 문화가 그것이라고 하겠다.[58] 태권도는 그러한 점도 고려하며 폭넓게 좋은 것을 수용한 것이다.[59]

3) 유구왕국 영향설

그것은 혹시 태권도가 유구왕국(오키나와)의 가라데와 같은 계열이 아닌가 하는 우려이다. 그런데 그것도 단호하게 그렇다고 긍정해야 한다. 유구왕국의 가라데(韓手)는 본래 한국의 태껸, 태권도와 같은 계열이라고 분명하게 말해야 한다.[60] 그리고 유구왕국의 가라데를 적극 수용해야 한다. 또한 유구왕국의 가라데와 활발히 교류하며 도와서 더 나은 미래 무예체육을 만들어야 할 것이다.

---

56) 안천, 타이완의 힘 참조.
57) 임동규, 무예사 연구(서울: 학민사, 1991), p. 299 참조.
58) 안천, 거시국토통일론: 만주는 우리땅이다(서울: 인간사랑, 1990) 참조.
59) 육태안, op. cit., p. 23.
60) 이창후, op. cit., pp. 23-24 참조.

「태권도는 태껸무예와 가라데를 승화시킨 격조높은 무예이다.61)」

「태권도는 온 세계에 우뚝 선 우리민족의 전통성, 정당성, 정통성을 가진 뿌리깊은 무예문화이다.」

「태권도는 삼별초가 유구왕국에 가져갔던 가라데를 수용한, 예부터의 최고급 왕실무예 상무(尙武)철학의 전통을 잇는다.」

3. 한 맺힌 가라데 무용

유구왕국(오키나와)을 방문하면 거의 모든 관광객이 에이사춤이라는 민속무용을 관람하게 된다. 이는 사실상 가라데 군사무용이다.62) 하지만 수많은 관광객 앞에서 춤을 추는 무용수들의 몸짓은 춤이 아니라, 일종의 군사훈련으로 착각하게 된다. 더군다나 그들이 입은 옷은 놀랍게도 거의 태권도복 그대로이다.63) 그것은 무용(舞踊)이 아니라, 무예와 용맹을 겨루는 무용(武勇) 춤인 것이다.

그 춤의 특징은 강력한 체력과 민족적 음악이 결합된 율동으로서, 내면에는 숨겨진 불꽃같은 뜻이 있다. 그 춤에는 강렬하게 한이 맺혀 있고, 격렬하게 자학이 서려 있다. 지구상의 어디에서도 쉽게 발견할 수 없는 뚜렷한 전투무용이다. 그들의 진군나팔은 오늘도 강렬하게 울려 퍼지고 있다. 그들의 한 맺힌 춤은 분노하는 핵폭탄 같은 열정을 하늘에 쏟아내고 있다. 울분의 춤이고 통곡의 춤이다.

모든 무기를 빼앗기자 가라데를 훈련했고, 더 나아가서는 아예 나라

61) 김광성, 김경지, op. cit., p. 362.

62) 김용옥, op. cit., p. 117.

63) 일본 왜구들은 무릎까지 내려오는 흰색 저고리만 입고 거의 바지는 입지 않는다. 반면에 유구유민(오키나와)들은 바지 저고리에 검은 허리띠를 맨 태권도복과 같은 옷을 입고 춤을 춘다.
박성수, 단군기행(서울: 교문사, 1988), p. 190.

절규하는 가라데 군사무용

까지 빼앗겼고, 급기야 가라데까지 잃고서 통곡하는 춤이다. 모든 무기를 잃고서 가라데를 찾았고, 다시 가라데도 빼앗기고서 춤으로 나타난 피눈물의 몸부림, 절규, 절규이다. 그들의 춤에는 세계최강 몽골군과 싸웠던 삼별초 최정예 군대의 자존심과 함께, 자랑스런 민족 전통의 최고급 왕실무예를 왜구에게 빼앗긴 통곡, 통탄이 절절히 넘친다. 처절한 독립운동이다.

「유구왕국은 독립되어야 한다.[64)]」

「일본은 경술국치도[65)] 독도영유도[66)] 아이누족 학살도 합법적이었고, 유구처분도 법대로 했다는 철면피 왜구에서 근본적으로 바뀌어야 한다. 일본의 국제법 논리는 언제나 편의적, 이기적, 위선적인 왜구 국제법일 뿐이다. 일본은 아이누(홋가이도), 한국(조선), 유구(오키나와)에 저지른 침략범죄에 대한 속죄절차가 없이는 정당한 국제사회의 구성원이 될 수가 없다. 유구왕국은 최소한 자치국 수준으로라도 즉각 독립되어야 국제정의가 바로 선다.」

---

64) 또한 홋가이도의 아이누 국가와 대마도 국가도 적극적으로 재건시켜야 한다.
65) 이태진, 고종시대의 재조명(서울: 태학사, 2000) 참조.
66) 호사카 유지, 우리역사 독도(파주: 성안당, 2009) 참조.
호사카 유지, 일본 고지도에도 독도 없다(서울: 자음과 모음, 2005) 참조.

한 맺힌 가라데 춤

「온 세계가 인정하는 왜구 나라가 원자탄을 최초로 맞은 억울한 나라라고 강조하는 거짓된 평화선전은 그쳐야 한다. 왜 일본이 원자탄을 맞았는가를 한맺힌 가라데 춤에서 절실히 느껴야만 한다. 일본은 평화를 속이고 기만하며 우롱하는 왜구 나라에서 벗어나야 한다. 현재의 일본은 예부터의 모든 흉악 왜구침략을 무조건 옳다고 우기며 거짓된 평화선전을 하는데, 가슴에 손을 얹고 독일인들이 발키리 작전의 영웅을 기리는 것을 명심해야 한다. 오늘의 일본인들은 왜구병이 너무 심해 발키리 작전이 무언지도 모를 것이다. 오로지 야스쿠니 신사만 아는 추악한 일본인들에게 발키리 작전을 거론하는 것조차 역겨울 뿐이다[67].

인도네시아 식민지를 고발한 네덜란드 소설가 데꺼르(E. D. Dekker)는 Multatuli라는 필명으로 'Max Havelaar'를 써서 네덜란드의 위선을 정면으로 고발하였다.[68] 라틴어로 Multatuli는 '고통을 충분히 받았다'는 뜻인데, 이 소설로 인해 네덜란드 국민의 양심의 눈이 살아났다. 그리고 온 국민이 깊고 깊게 반성하였다. 그리고 네덜란드의 양심세력이 적극

---

67) 발키리 작전은 1944년 7월 20일에 있었던, 독일 군인들의 히틀러 축출 의거를 말한다. 거사는 실패했고 7000명이 체포되고 200여 명이 사형 당하고 끝났으나, 현재 독일에서는 그 희생자를 기리는 행사를 국가차원에서 거행하며 정치정의 구현의 최고행사가 되고 있다. 비열한 일본 땅에서는 상상도 못할 일이다.

68) 김영중, 장붕익, 네덜란드사(서울: 대한교과서주식회사, 1994), p. 244.

나서며 인도네시아를 독립시켰다. 그러나 일본에는 가라데 춤을 보면서도 Multatuli가 나오지 않았다. 일본 국어사전에는 사실상 반성이란 단어가 없고, 도덕시간에는 사악한 왜구가 되는 교육만 실시하고 있다. 죽은 교실이 있을 뿐이다.

「일본에는 양심세력은 없고 변함없는 왜구만이 있으니, 참담하고 부끄러운 파렴치국(破廉恥國)이다. 고질병이 된 왜구 악령이 일본열도를 짓누르고 있다. 부끄러운 일본땅에는 흉악한 왜구들의 눈치를 보며, 왕따가 될까 두려워하는 비겁한 위선자들만 있어 왔다.」

돼지머리 여러 상품들

제주도와 똑같은 화장실

(가라데를 포함하여 많은 것이 한국과 동질문화이다)

유구왕국 독립선언문에 해당하는 만국진량종
(가라데는 만국진량국 독립전쟁의 상징이다.)

문용옹주의 출생 비밀
-대한황실사의 새로운 발굴-

Ⅰ. 문제제기
Ⅱ. 소설 황녀의 출현배경
Ⅲ. 문용옹주의 출생비밀 추적
Ⅳ. 소설 황녀의 검증
Ⅴ. 맺는 글

문용옹주의 출생 비밀

－대한황실사의 새로운 발굴－

Ⅰ. 문제제기

1. 소설가 유주현

유주현(柳周鉉)은 한때 장안의 종이값을 올린다고까지 말했던 인기작가였다. 그는 일본 와세다 대학 전문부를 졸업했다. 1948년에 '백민'지를 통해, 소설 '번요의 거리'로 문단에 등단한 사람이다. 한국소설가협회 초대회장을 역임했으며, 한국출판문화상과 대한민국 문화예술상을 받았다. 일제퇴출 이후에, 특히 1960년대의 박정희 정권 때를 풍미했던 소설가였다.

유주현은 '조선총독부', '대원군', '대한제국' 등의 장편소설과, '남한산성'을 비롯한 여러 중단편 소설을 쓴 사람이다. 주로 역사소설을 많이 써서, 일제침략 시대를 극복하는데 큰 기여를 했다.

유주현은 당시 독자층을 널리 가진 영향력이 큰 소설가였다. 폭넓은 역사적 식견과 시각을 독자들에게 제시함으로써, 암울한 일제강점 시대의 먹구름을 극복함에 큰 기여를 했다고 보여진다. 그는 일제침략에 의해서 끊긴 대한제국과 대한황실에도 깊은 애정을 가졌던 소설가였다.

이승만, 박정희 시대는 아직도 많은 사람들이 일제침략 역사인식에 찌든 때였다. 그리하여 일제침략 당국이 일방적인 악선전을 했던 바를 극복하기가 매우 어려운 때였다. 특히 이승만 때에는 일제강점 시기보다도 더 가혹하게 악의적인 대한황실 탄압과 악선전이 가중되었다. 대한황실, 황족, 황실가문에는 입에 담기도 어렵게 치욕적인 족쇄가 채워져 있던 암흑시대였었다. 이승만 박해의 후유증은 컸다. 그 암흑의 시대를 극복하려는 유주현의 소설은, 소설을 뛰어넘는 역사적 의미가 큰 것이다.

유주현은 그 어둠을 뚫고 나오는 여명의 시대를 갈망하며 소설을 썼을 것이다. 역사소설은 역사가 아니다. 역사소설일 뿐이다. 소설가는 역사적 사실을 기반으로 하여 소설을 쓰지만, 적지 않은 내용이 꾸며낸 허구(fiction)이다. 소설의 허구(虛構)는, 소설론의 입장에서 볼 때에 '그럴 듯한 거짓말'이라고 말해진다. 허구의 상상력을 통해서 독자에게 깊은 감동과 진한 느낌을 선사하면서, 차원높은 창조적 가치를 선물하는 것이다.

2. 소설 황녀

일제침략에 의해 잔혹한 공격이 집중되었던 대한황실에 대한 사료는 별로 없다. 그 상황에서 유주현은 일단 대원군을 소설화했고,[1] 대한제국을 소설로 썼다. 그는 일제침략 과정과 강점시대의 비극을 고발하는 역사소설을 주로 썼다.

그런데 유주현은 끊어진 대한황실에 대한 희귀한 소설 하나를 남겼다. 당시까지 끊어진 황실 이후를 다룬 책은 거의 없는 때였다. 그러니까 매우 희소성이 있는 소설을 쓴 것이다. 그것이 소설 황녀(皇女)이다.[2]

---

1) 김동인의 '운현궁의 봄'은 대원군을 주인공으로 하여 일제강점기 황실탄압에 대항했다면, 유주현의 '대원군'은 현대시대에 황실탄압 후유증 극복에 기여했다.

왜 끊어진 대한황실 관련 사료가 별로 없는가? 그 까닭은 일제침략이 가장 가혹하게 집중되었던 곳이 대한황실이었기 때문이다. 그래서 지금까지도 일제에 세뇌당한 채 맹목적으로 대한황실을 매도하는 사람도 있고, 그리하여 끊어진 대한황실사는 다분히 공백의 역사이다. 대한황실은 일제침략의 제1순위 표적이었다. 일본은 대한황실을 끊고 흡수통합해야만 되겠기에 무자비하게 대한황실을 탄압했다. 그러므로 그 범죄관련 사료를 정상적으로 남겼을 리가 없다.

하나같이 왜곡, 인멸, 조작하고 파괴한 역사가 경술국치 이후의 대한황실 역사이다. 그렇기에 대한황실 황족에 대한 역사적 사료는 거의 제대로 남은 것이 없다. 그런데 유주현이 희한하게도 황녀라는 방대한 분량의 소설을 남겼다. 매우 놀라운 일이다. 유주현은 그런 소설을 남겼다는 자체만으로도 큰 공로가 있다.

Ⅱ. 소설 황녀의 출현배경

1. 소설 황녀의 등장시대

소설 황녀는 대한황실이 일제침략으로 끊긴 이후의, 암흑시대 사료가 별로 존재하지 않는 공백상태에서 나온 희귀한 것이다. 당시의 시대로는 상상도 못했던 놀라운 소설이다. 이문용 황녀에 대한 얘기의 역사적

2) 유주현, 황녀: 문용옹주 1, 2권(서울: 아름다운날, 2010).

가치는 앞으로의 황실사 연구에 있어서도 매우 긴요하다. 더구나 소설이 나올 때는 대한황실이 최악의 암흑기였기 때문이다.

당시는 일제침략 강점시대보다도 더 암울했던 때였다. 이승만이 자신의 정치적 사리사욕을 위해서, 일제침략 시기보다도 가혹하게 대한황실을 짓밟고 끊어 버렸기 때문이다. 이승만은 대한황실에 대해서 도대체 이유를 모를 정도로 과잉 탄압을 했었다. 상상도 못할 정도로 가혹하고 잔악한 황실탄압의 태풍이 몰아친 시기였다.

그 까닭은 이승만 스스로가 내면적으로 임금님이 되려는 마음을 갖고 있었기 때문이었다.[3] 그렇지만 일본과 이승만의 대한황실에 대한 집요한 비방과 탄압에 찌든 시대의 사람들은 단지 이승만이 독재를 했다고만 생각했다. 4·19혁명은 이승만의 임금님 찬탈 시도가 미수에 그친 것이었다.[4] 그러니까 일본도, 이승만도, 대한황실을 없애고 그것을 차지하려는 것은 같았다. 그들은 정권탈취 욕망에 빠져 대한황실을 그토록 짓밟고 탄압한 것이다.

당시는 그 후유증으로 인하여 대한황족을 사실상 범죄자로 취급했다. 많은 사람들이 황실씨족 집단 자체를 사갈시하던 때였다. 더구나 공산당 시각이 가미되며 황실을 우습게 알기도 했었다. 바뀌어진 시대인 요즘의 젊은이들은 가히 상상도 못할 정도의 어둠의 시대였다. 지난 20여 년간 황실복원운동을 펴며 황실의 명예회복을 위한 노력이 있기 이전에, 우리 사회는 대한황실을 거론하기도 어려운 때였다. 대한황실은커녕 황실씨족 집단을 포함하여, 조선시대 임금님 자체를 범죄자로 보듯 하는 최악의 시대였다. 특히 이승만 시대를 거치며 그것은 극대화되었다.

대한황실을 보는 시각의 변천과정은 앞으로 깊은 성찰이 있어야 한

3) 안천, 일월오악도 제1권(서울: 교육과학사, 1998), pp. 209-279.
4) 안천, 일월오악도 제3권(서울: 교육과학사, 2002), pp. 287-412.

다. 일제침략, 이승만 탄압에다가 사회주의 공산당 시각까지 첨가되며, 최악이란 표현조차 부족할 정도로 조롱당하고 짓밟혔던 대한황실의 극악한 암흑기가 당시였기 때문이다.

그 칠흑같은 암흑시대에 소설 황녀가 나왔다. 소설이 나왔다는 자체가 대단히 놀라운 일이다. 그렇지만 유주현의 소설도 박정희 때라 나올 수 있었다. 하지만 박정희 때는 이승만이 만든 최악의 먹구름이 짙은 상태였다. 아직도 절대다수의 국민은 일제침략, 이승만 박해 때에 자행된 대한황실 탄압의 악선전에 철저히 세뇌당한 상태였다. 다만 박정희는 대한황실을 처음으로 용인하고 긍정적으로 대우했기에[5] 소설 황녀가 나올 수 있었다고 생각된다.

당시는 박정희가 대한황실을 예우해주고는 있었지만, 그 시대에도 절대다수 사람들의 머릿속은 일제침략과 이승만 탄압 시대의 악선전으로 꽉 채워져 있었다. 그런 암흑의 시대였기에, 소설 황녀가 출간되었다는 자체만으로도 고마운 일이고 박수를 칠 일이었다.

그렇지만 그 소설은 단지 호기심어린 소설로 읽혀졌다. 그에 대해서 큰 관심을 가질 사람도 많지 않았다. 비방은커녕 눈길을 주는 사람조차 거의 없었던 때에 나온 희한한 소설일 뿐이었다. 당시는 대한황실을 욕하는 사람만 있었지, 관심을 갖는 사람도 없는 듯한 때였기 때문이다. 대다수의 사람들이 일제침략 선전에 최면된, 추친일(追親日) 의식에 찌든 상태였기에 그랬다.

---

5) 안천, 일월오악도 제4권(서울: 교육과학사, 2003), pp. 183-195.

2. 소설 황녀의 제목 검토

소설 황녀는 유주현이 소설책을 출간했던 때에 당사자인 문용옹주(文鎔翁主)가 생존해 있던 때였다. 그러나 소설가인 유주현이 당시로서는 문용옹주를 어떻게 불러야 할지도 알 수 없는 난감한 입장이었다고 하겠다. 당시는 그런 암울한 시대였다.

황실에 대한 얘기를 꺼낼 수도 없고, 황실을 일제침략자나 이승만이 악의적으로 부르던 타성이 강하게 남아서 존칭은커녕 욕을 해대던 때였으니까 제목을 정하기도 어려웠을 것이다. 때로는 듣기가 민망한 욕도 적지 않았었다. 그리하여 소설가답게 황녀(皇女)라는 창의적인 제목을 붙여서 소설책을 출간했었던 것이다.

황녀는 사실상 기상천외의 소설 제목이었다. 많은 사람들에게 황녀라는 제목이 이해가 되지 않았다. 감각이 없던 때였다. 도대체 황녀가 무언가 의아해 할 만큼, 대한황실이 까맣게 사라진 때였다.

생각하건대 심지어는 전두환 대통령 무렵인, 1980년경에도 황실에 대한 어떤 공식적 관념이 전혀 없었다. 대한황실은 완전하게 죽은 황실이요, 깨끗이 잊혀진 망각의 존재였기 때문이다. 그러다가 현존하는 광무황제의 손자를 황손(皇孫)이라고 부르기 시작했다.[6] 그러나 실감나게 들려지지도 않았고, 황손이라 부르는 것도 공적개념은 아니었다. 애초에는 황손이란 용어가 쑥스럽게 들린 한국사회였다.

---

6) 대한황실 명예회복과 황실복원을 최초로 주장한 필자의 저서 '황실은 살아있다'가 1994년에 나왔다. 그런데 그 때에도 전혀 적당한 호칭이 없었다. 그래서 '선생님'으로 호칭을 썼었다. 그 이후 시간이 지나며 '황손'을 쓰기 시작하였다. 그후 황손을 널리 퍼뜨리며 공식용어로 정착시킨 것이 필자의 저서들이다. 그러니까 현대 황실의식을 출발시키고 정착시킨 것도 필자의 책들이며, 그후 현대 황실이 점차 기사회생의 숨을 쉬기 시작했으니 1994년은 중요한 출발점이다.
안천, 황실은 살아있다 상, 하권(서울: 인간사랑, 1994) 참조.
안천, 일월오악도 1~6권(서울: 교육과학사) 참조.

그러니까 문용옹주가 처음 나타나 유주현이 소설을 쓰면서 황녀라고 제목을 붙였을 때에, 그 제목이 가슴에 와 닿고 의미가 전달될 분위기가 전혀 아니었다. 도대체 황녀가 무엇인가 의아하게 생각하던 때였다. 그렇다고 유주현이 마땅히 붙일 호칭도 없었다. 그리고 워낙 일제탄압, 이승만 박해를 받던 때의 최고 피해자로서, 모든 가시밭길을 도맡아 걸어온 여인인 이문용 옹주가, 자신을 옹주나 황녀로 불러주는 것도 전혀 실감이 나지 않았던 때였다.

따라서 유주현의 소설책 황녀는 별로 사회적인 반향을 불러일으키는 바가 없었다. 단지 관심있던 소수 인사들이나 전라북도 전주시의 경기전을 중심으로 한 범위에서, 그 책을 읽은 사람들이 눈물을 흘리며 문용옹주를 측은하게 돌보았다고 하겠다.

생각하면 오늘날의 사람들은 문용옹주의 동생이었던 덕혜옹주로 인해서, 옹주나 공주의 개념 정도는 구별하고 있다. 그렇지만 우리사회가 옹주와 공주를 제대로 구별하는 것도 최근에 들어서이다. 처음에는 옹주라는 용어도 생소했었다. 덕혜옹주와 같이 공식적으로 알려진 경우에도 그러한데, 전혀 알려진 바도 없고 기구한 삶을 살아온 박복한 여인인 문용옹주는 옹주라고 전혀 불려지지 않았다. 그래서 유주현 작가는, 당시 황녀라는 초유의 제목으로 소설을 출간했던 것이다. 그리고는 까맣게 잊혀졌던 소설책이 황녀였다.

그런데 약30여 년쯤이 흘러서 황실의 명예가 나름대로 인정되며, 황실복원운동(皇室復元運動)의 연륜이 쌓이게 되니까 출판사에서 재출간을 한 것이다. 그런데 이번에는 원래대로 황녀를 제목으로 하면서, 부제목을 문용옹주라고 붙였다. 문용옹주라는 신개념을 약 30여 년 만에 덧붙여 쓰게 되었으니, 그만큼 사회가 크게 진일보했다고 하겠다.

그렇지만 책 속에는 이문용이라고, 원래 유주현이 쓴 원문 그대로 나오고 있다. 그것은 나름대로 의미있는 것을 보여준다. 일제침략기나 이승만 박해기에는 전혀 나올 수 없었던 책이 박정희 때에 나왔는데, 박정희 때에는 아직 황실의식은 깨어나지 않았으나 황실의 핵심체를 소설로 공식화할 만큼은 변모되었음을 뜻한다. 그렇기에 당시는 소설의 주인공이 이문용이란 이름으로 불릴 수밖에 없었다.[7)]

3. 소설 황녀를 보는 시각 변화

소설 문용옹주가 약 30여 년쯤의 시차를 두고 재출간이 되었는데, 소설 황녀를 보는 시각은 나름대로 크게 변했지만 본질적으로는 큰 차이가 없다고 생각된다. 그간 현대시대사가 전개되면서 대한황실에 대한 연구가 더디지만 약간씩 진행되어 왔다. 그러나 끊겨진 대한황실사는 역사의 사각지대(死角地帶)에 놓여져 있는 것과 같다. 현대의 역사학계 자체가 아직 심각한 추친일(追親日) 시각을 갖고 있기 때문이다. 사실상 아직도 친일 역사학이 크게 지배하고 있다.[8)]

역사학은 실증적 사료가 존재해야 함이 필수적이다. 그렇기 때문에 꼭 실증적인 확실한 사료가 요망된다. 그렇지만 그것이 진행형 역사일 경우에는, 실증적 사료가 악의적으로 오용될 수 있다. 특히 일제침략 시대와 같은 침략전범들의 시대에는 마음대로 조작, 인멸, 파괴가 가능한 것이다. 따라서 그것만을 사료라고 보면서 종속적 연구를 하면, 결과적으로는 침략자들의 뜻에 따른 추친일(追親日) 매국역사(賣國歷史)를 쓸

7) 평민은 성이 있으나 황실은 성이 없다. 만백성의 황실이다. 따라서 이문용은 평민의 호칭으로서 실제로는 틀린 호칭이다. 정상적이라면 유주현이 문용옹주로 썼어야 한다. 그러나 당시는 유주현이 소설을 썼다는 자체가 고마운 일이고, 이문용이라고 쓸 수밖에 없는 몽매한 때였다.

8) 이덕일, 한국사 그들이 숨긴 진실(서울: 역사의 아침, 2009) 참조.

수밖에 없다. 일본인들이 원하는 대로 쓴 친일사(親日史)가 본의 아니게 만들어지는 것이다. 따라서 결과적 친일파로서의 신친일파(新親日派)가 되고 만다.

일반적으로 시간이 많이 흐른 과거의 역사는 실증사료(實證史料)를 크게 강조해야 한다. 거의 사료조작이 불가능하게 안정적이기 때문이다. 그러나 근현대사는 그것만을 강조하면, 그것을 악용하는 경우가 생긴다. 일제침략자들은 특히 대한황실에 대한 사료는 크게 믿을 것이 없도록 증거파괴를 자행하였다는 점을 유의해야 한다.9)

대한황실사에는 곳곳에 함정과 지뢰가 놓여 있다. 적지 않은 경우에 일제침략의 계략에 빠진 추친일 역사인식을 하는 서글픈 모습을 보이고 있다. 문용옹주 소설에 대해서도 그것은 변함이 없다. 적지 않은 숫자의, 서글픈 역사인식의 시각이 존재하고 있다. 일제침략자들의 덫에 걸리고 함정에 빠진 결과적 친일시각이 큰 것이다.

일제탄압과 이승만 박해의 시대에 만들어진 캄캄한 어둠의 응어리는, 생각하면 거대한 역사학적 블랙홀(black hole)과도 같다. 현대의 우리사회는 일제탄압과 이승만 박해가 끝나고도 거대한 친일 블랙홀이 지배하는 추친일 사회이다. 아직도 암울한 잔재가 짙다.

요즘 인터넷에는 아무나 마음대로 글을 올릴 수 있으니까, 매우 참담한 일이 벌어진다. 인터넷 언론자유는 충분히 보장되어야 한다. 그러나 언론자유를 누릴 수 있게 책임을 져야만 하고, 언론자유를 누릴 만큼 존엄한 판단력을 가져야 한다. 그런데 아무나 신뢰성이 낮은 막글을 막 쓰니까 대한황실에는 매우 참담한 일이 벌어진다. 인터넷을 넘나드는 인터넷 폭력, 위선, 왜곡이 적지 않다.

아직도 우리사회의 많은 사람들은 일제침략과 이승만 박해 시대의 친

9) 이태진, 고종시대의 재조명(서울: 태학사, 2000) 참조.

일 블랙홀에 세뇌된 사실상의 신친일파가 많다. 특히 인터넷에는 친일 블랙홀에 빠져 막글을 서슴없이 올리는 이 시대의 신친일파(新親日派)들도 많다. 자기들이 쓰는 글이 일제침략 시대와 이승만 박해 시대를 대변하는, 제2차적 친일행위를 하는지의 판단력도 없다. 때로는 무책임한 인터넷 폭력배의 글도 적지 않다.

추친일 매국행위의 자숙이 요망된다. 소설 황녀가 약30여 년만에 나오자, 신친일파들의 참담한 행태가 적지 않게 나타났다. 아직도 우리사회에 진정한 봄이 오지 않았음을 말한다. 빼앗긴 들이 아니라, 되찾은 들에도 봄이 오려면 멀었다. 인터넷을 보면, 왜 100년 전에 경술국치가 있었나를 알 수 있을 정도로 부끄러울 때도 있다.

Ⅲ. 문용옹주의 출생비밀 추적

1. 문용옹주의 출현

문용옹주(文鎔翁主)가 출현된 때에, 문용옹주는 당시 사람들 모두에게 아주 놀라운 사람이었다. 그 어떤 기록에도 없는 상상 밖의 인물이 별안간 나타났기 때문이다. 일제침략과 이승만 박해의 캄캄한 어둠이 가시지 않은, 황실암흑의 시대와 같은 때에 출현한 문용옹주는 가히 충격적 인물이었다.

문용옹주의 애기가 처음으로 신문에 날 때까지도, 문용옹주를 아는 일반인은 아무도 없었다. 당시에 대한황실은 해체되어 망각지대에 있었다. 황실은 사라졌고, 황족이란 인물을 거의 찾을 수도 없게 풍비박산 상태였다.[10] 그리고 전주이씨대동종약원이란 명칭의 종친조직이 6·25전쟁 이후에 태동되어,[11] 약간 숫자의 종친들이 초창기의 어설픈 모임을 가질 때였다.

현존하는 대한황족에 있어서 문용옹주에 대해 가장 소상하게 아는 인물인 이호창은 정조 임금님의 동생 은신군의 종손이다. 그는 당시의 황실상황을 소상하게 아는 대표적인 황족이다.[12] 그리고 대한황실사를 제대로 아는 아주 희소한 인물이다. 대한황실은 사실상 사라진 상태라, 그녀에 대해 제대로 아는 사람이 거의 없었다.

당시 한국일보에 나길 전라북도 이리(裡里)에[13] 이문용이라는 옹주가 살며, 빨갱이로 몰려 이리형무소(교도소)에서 옥고를 치르고 형기만료가 되어 출옥된 놀라운 여인이 있다는 것이었다. 한국식 이름으로는 '구미혜'인, 캐나다 출신의 벽안의 여성 선교사 미스 캐논(Miss Keanon)이 도우며 어렵게 산다는 내용이었다.[14] 이문용 여사가 사글세 방에서 재봉틀로 삯바느질을 하며 생계를 어렵게 잇는다며, 논에서 벼이삭을 줍는 사진이 나왔다고 할 만큼 힘들게 산다는 기막힌 소식이었다. 끼니를 잇기도 어려웠다는 것이다. 그리하여 이호창이 이문용 여사를 만나러 찾아갔던 것이다. 그 얘기를 들어 보면 다음과 같다.[15]

---

10) 철저하게 조롱받고 탄압받던 때에 황손이라고 당당히 주장한 사람은 이석 황손 하나뿐일 정도였다. 모두 숨어서 숨죽이고 살았었다. 완전히 죽은 듯한 황실에서, 유일하게 혼자서 황실의 존재를 당당하고 단호하게 용기있게 알렸다.

11) 전주이씨대동종약원, 선원강요, 2000, p. 263.

12) 안천, 일월오악도 제5권(서울: 교육과학사, 2005), pp. 22-23.

13) 이리는 나중에 익산으로 도시 명칭이 바뀌었다.

14) 김귀달, 설민호, 굽이굽이 흐르는 강물처럼(부산: 삼보문화사, 1980), pp. 384-430.

15) 이하 각주 표시가 없는 것은 모두 이호창 면담이다. 그리고 논문 내용에도 이호창의 많은 조언이 있었다.
이호창 면담, 2011. 1. 17, 서울교육대학교 필자 연구실.

「처음으로 이리에 찾아갔을 때에는, 캐나다 선교사 여성이 자신의 선교비용을 쪼개서 생활비를 드리고 있었습니다. 나중에 박정희 대통령이 신문기사를 보고서, 전라북도 도청에다가 지시를 해서 예우를 해드리기 전까지는 먹고 살기도 어려운 실정이었습니다.

당시 운현궁의 노락당 마마께서 생존해 계실 때라, 운현궁을 찾아가 말씀을 드렸습니다. 그랬더니 노락당 마마께서는 문용옹주에 대해서 정확히 알고 계셨고, 매우 놀라며 말씀을 하셨습니다.

노락당 마마께서는 말씀하시길, 문용옹주를 낳은 어머니는 임상궁이었답니다. 임상궁은 궁궐의 소주방에서 술을 담그는 일을 맡았던 상궁이었습니다. 대단한 미모의 아름다운 여인이었답니다. 임상궁은 광무황제의 승은을 입어서 임신을 하게 되었던 것입니다.」

노락당은 운현궁의 큰며느리였다. 대원군은 명성황후를 그랬듯이 모든 며느리를 친정붙이가 없는 외로운 여자를 골랐다. 세도정치의 폐해를 뼈저리게 당한 결과였다. 노락당도 늙어서는 친척이 전혀 없을 정도였는데, 임상궁은 물론이고 황실 가족사를 두루 꿰뚫고 있었다. 임상궁에 대해서는 이초남 황손도 정확히 증언하고 있다.[16)]

「임상궁은 아관파천(1896년 2월 11일~1897년 2월 20일) 때의 러시아 공사관에 술과 음식, 의복 수발을 도맡으셨답니다. 그러면서 특히 광무황제의 어주(御酒)를 전담하셨습니다. 임상궁은 어주를 만드는 소주방 상궁이었기에, 광무황제께 어주를 모셔 드리다가 문용옹주를 갖게 되신 것입니다. 아관파천 때는 워낙 긴박한 때라, 러시아공사관에는 엄귀비와 임상궁 2인만 출입이 가능했다고 합니다.[17)] 임상궁은 광무황제가 철저히 신뢰하는 상궁이었습니다.」

---

16) 이초남 황손 면담, 2011. 2. 4, 필자 연구실.

17) 엄귀비도 원래 명성황후의 시위상궁이었다가, 아관파천 때에 광무황제를 가까이 모시며 승은을 입는다.
진명여자중고등학교, 진명 75년사, 1980, p. 74.

최측근 상궁 2인으로서, 광무황제를 직접적으로 만날 수 있었던 엄귀비와 임상궁의 관계는 공적인 관계로 시작이 된다. 여기서 엄귀비는 광무황제의 궁궐 내부적인 일을 맡았다면, 임상궁은 음식이나 의복 등의 외부적인 일을 맡았다고 하겠다. 상호간에 최측근 상궁으로서는 경쟁관계에 있었고, 먼저 엄상궁이 승은을 입어 엄귀비가 되는 것이다. 따라서 엄귀비가 경쟁관계의 승리자가 된다.

2. 문용옹주 출생의 비밀

문용옹주의 존재가 공개적으로 알려진 시기는 박정희 정권 때였다. 지나간 긴 세월에 걸쳐 ① 일제침략, ② 이승만 박해, ③ 6·25 전쟁 전후 공산당의 악선전이 가중되고 중첩되면서, 대한황실을 공동의 적으로 보듯 끊임없이 가혹하게 짓밟고 탄압했던 뒤끝이다.

나라를 뺏거나 정권을 탈취하려는 침탈의지는 일본천황, 이승만, 공산당이 모두 똑같았다. 워낙 긴 시간 동안 타도, 탈취, 공격의 대상이 되었기에, 대한황실은 워낙 피해를 입어서 사라져 잊혀진 때였다. 그 때에 느닷없이 문용옹주가 나타난 것이다.

「당시 노락당 마마를 찾아가서 문용옹주가 한국일보에 난 얘기를 처음으로 말씀드렸습니다. 그랬더니 깜짝 놀라시면서, 첫 말씀은 '그 불쌍한 것이 여태 그냥 살아 있었구나, 아직도 살아 있구나' 하는 놀라움의 얘기였습니다.

그러면서 말씀하시길, '엄귀비가 해도 너무했지. 그것만은 너무 못된 짓을 했다. 엄귀비는 임상궁이 임신한 것을 알자, 자신이 낳은 영왕(英王)의 동생으로 아들이 태어날까 보아서 못된 짓을 벌였다. 엄귀비는 임상궁을 따돌려 모르게 만들고 임상궁이 자는 방의 장롱을 밀어내고서 구둘장에 구멍을 뚫게 했다. 그리고는 밤에 임상궁이 자고 있을 때에 밤나무 장작을 땠다.'는 것이었습니다.[18]

밤나무는 강한 독성이 있답니다. 밤나무 연기를 마시면 꼭 간질을 앓는 사람같이 입에 거품을 토하고, 눈이 뒤집히며 심하면 죽음을 맞는답니다. 엄귀비는 당시 서너살 되는 자신의 아들(영왕)에게 위협이 될 새로운 아들이 생길까봐 잘못된 일을 벌인 겁니다.

그리고는 게거품을 뿜어내며 처참하게 쓰러져 있는 임상궁에게, 광무황제를 모시고 와서 보여 드렸답니다. 물론 광무황제도 크게 놀라셨을 것입니다. 광무황제는 엄귀비의 말에 따라 임상궁이 간질병을 앓는 것으로 속은 것이지요.」

그리하여 임상궁은 궁에서 내보내지게 된다. 궁에는 병든 환자를 둘 수 없다. 환자는 궁궐 밖으로 나가서 치료를 해야 되는 궁중 법도를 따른 것이다. 만삭이 된 임상궁을 내보냈으니 궁궐에서 그것을 알고 있었고, 노락당도 그래서 알고 있는 것이었다.

「그래서 임상궁은 양사골(養仕洞) 대감댁에 내보내져,[19] 그곳에 있다가 출산을 하게 된 것입니다. 양사골 대감은 이재곤(李載崑) 학부대신(學部大臣)을 말하는 것입니다.[20] 그런데 딸을 낳았지요. 바로 문용옹주였습니다. 당시 궁궐에서는 그것을 알고 있었으니까 노락당 마마도 알게 되신 것입니다.

노락당은 대원군의 큰아들인 이재면의 후취되시는 분입니다. 친정 아버지가 이준구로서, 그 외동딸입니다. 대원군의 큰 며느리는 홍씨였

---

18) 김귀달, 설민호, op. cit., pp. 109-110 참조.

19) 양사골은 선비를 기른다는 뜻인데, 서울의 종로 6가에 있었다. 현재 이대부속 병원 근처이다. 그 옆이 동아골이었다.

20) 이재곤은 남연군의 둘째 아들인 흥완군 계열의 완순군 이재완의 친동생이다. 광무황제는 임상궁을 매우 신뢰하며 아주 가까운 친척에게 보내 출산을 시켰다.

는데, 거기서 이준용이 태어났습니다. 그런데 이준용이 딸만 하나 낳고 마니까 의왕의 둘째 아들인 이우 황손을 양자로 맞이합니다. 그래서 의왕의 아들인 이우 황손이 운현궁의 대통을 잇는 것입니다. 그런데 큰 며느리 홍씨가 일찍 죽어, 후취로 노락당 이씨를 모셨지요.

노락당은 여흥 이씨입니다. 노락당 마마는 운현궁에 시집을 와서 99세에 돌아가셨으니까 당시 100수를 하셨다고 말했습니다. 오래도록 생존해 계셔서 운현궁의 내력은 물론이고 궁궐 일을 소상히 알고 계십니다. 운현궁은 광무황제가 태어나신 본가이니, 궁궐에서도 최고의 어른 위치가 됩니다.」

그런데 임상궁은 딸을 낳고서 궁궐에는 못 들어가게 된다. 본의 아니게 간질병 환자로 몰리며 쫓겨난 것이고, 그 때부터 문용옹주의 비극이 시작된다. 임상궁은 나중에 해인사 원당암 여승이 된다. 여승으로 평생을 마치고 말았다.[21] 당시 임상궁의 조카 임환경이 해인사의 주지였다. 그래서 임상궁이 그곳을 찾아간 것이다.

임상궁이 양사골 대감인 이재곤 학부대신의 집에서 문용옹주를 낳은 것은, 이재곤의 손자인 이해석도 분명히 증언한다.[22]

「저는 나이가 어려서 임상궁이 저희 집에 와서 아기를 낳은 것은 어른들께 전해 들었습니다. 그렇지만 재차 확인하려고 제가 전주에 가서 문용옹주를 만나 양사골에 대해 물었더니, 당시 감나무밭이랑 큰 사랑채를 비롯해 목조 양옥건물 등을 포함한 집 구조를 정확히 말씀하셨습니다. 그리고 양사골 근처도 확실히 알고 계셨습니다.

문용옹주의 이름에서 문(文)은 제 할아버님이신 이재곤 학부대신이 직접 지어주신 것입니다. 끝의 용(鎔)은 항렬이니까 그래서 문용옹주가

21) 김귀달, 설민호, op. cit., pp. 203, 208-215.
22) 이해석 면담, 현재 82세, 2011. 1. 28, 서울교대 필자 연구실.

되는 것입니다.[23] 문용옹주는 그냥 내놓고 공개적으로 기를 수가 없었지요. 엄귀비의 등살에 견딜 수가 없으니까 제 할아버지께서 숨겨 기르셨던 것입니다. 엄귀비가 알았다면 그 성화를 당할 수가 없었을 것입니다. 오죽하면 임상궁이 해인사로 들어가서 스님이 되셨겠습니까?」

임상궁은 당시 만삭의 몸으로 밤에 궁궐에서 끌려 나갔다고 한다. 깜깜한 밤에 누구도 모르게 비밀리에 내보내졌던 것이다. 다만 광무황제의 엄명을 받고서, 이재곤 대감이 철저히 보살피고 숨겨서 엄귀비가 전혀 모르게 하였다. 생각건대 임상궁이 엄청난 미모의 여인이었다면 엄귀비의 견제는 대단했을 것이고, 철저히 숨겨야 했을 것이다. 오죽하면 임상궁이 여승이 되고 말았는가를 생각하면 이해가 된다. 또한 매일같이 드나들며 철저히 감시하는 일본 순사의 눈도 무서워 확실히 숨긴 것이다. 다시 이해석의 얘기를 들어 보자.

「당시 한국일보에 난 신문기사를 보고 이리까지 이면용 삼촌께서 다녀오셨습니다. 이면용은 바로 이재곤 학부대신 할아버님의 아들이십니다.[24] 삼촌은 당시의 교통사정으로는 1박 2일 만에 전라북도 이리에서 하루를 묵고 다녀오셨습니다.

그런데 다녀 오셔서는 즉시 일본말로 크게 야끼마시(焼き増し:やきまし)야! 하시는 것입니다. '복사판이야'라는 말입니다. 바로 광무황제와 얼굴이 아주 복제라도 한 듯이 똑같으시다는 것입니다.[25] 그러면서 문용옹주께서 너도 보고 싶다며 어서 오라고 하셨다는 것입니다. 그후 제 어머님, 이모께서도 전주의 경기전에 다녀 오셨고, 다른 분

---

23) 유주현, 황녀 제1권, p. 44.
24) 유주현, op. cit., p. 25, 158, 208.
25) 이면용, 이해석은 물론이고, 소설가인 김귀달, 설민호도 문용옹주가 광무황제와 정확히 닮았다고 증언한다.
김귀달, 설민호, op. cit., pp. 3, 424-426, 432-434, 438-439.

들도 다녀 왔는데, 광무황제와 너무나 똑같다고 이구동성으로 말했습니다. 저는 나이가 어려서 광무황제는 사진으로만 보았는데, 제가 비교해 보기에도 아주 똑같은 얼굴이었습니다.」

이초남 황손의 보완 얘기를 들어 보면, 임상궁의 입지를 보다 확실히 이해하게 된다.

「광무황제께서는 임상궁을 어쩔 수 없이 궁궐 밖으로 내보내게 되었으나, 당시로서는 적절한 후원을 해주셨습니다. 임상궁이 궁궐에 못 들어오게 되자 크게 상심하셨겠지요. 그래서 궁궐 근처에 집 하나를 은밀히 마련해 주셨습니다. 훗날 해인사 근처에 약간의 전답도 마련할 생활근거도 제공해 주셨습니다. 제가 그 절이랑 밭에도 가 보았습니다. 당시 광무황제께서는 병풍을 보내 주셨고 다른 물품도 여럿 보내셨습니다. 병풍은 분명히 기억을 하는데, 임상궁 상좌가 현재도 보관하고 있는 광무황제 하사품입니다.」

3. 결혼

문용옹주는 덕혜옹주의 언니이다. 융희황제, 의왕, 영왕의 세 오빠가 있고, 여동생이 덕혜옹주인 것이다. 그런데 영왕과 덕혜옹주가 강제로 일본에 인질이 되어 끌려가는 것을 알고는, 어차피 이재곤 대감댁에 맡겨진 만큼 철저히 감추고 입을 다물어 숨겨진 옹주와 같이 되었다. 그렇지만 문용옹주의 혼인은 황실의 중대사였다.

「이문용 옹주의 결혼은 오빠인 의왕(義王)이 중매를 직접 섰습니다. 신랑은 김한규의 아들인 김희진입니다. 신랑은 안동김씨에서 힘을 쓰는 신안동 김씨였습니다. 장동 김씨라고도 했지요.
그런데 당시 신안동 김씨들은 김옥균이 반역 친일을 했다고 크게 분개하면서 '균'자를 항렬에서 없앴습니다. 그리하여 김희진은 김옥균과 같은 항렬이지만, '진'을 쓴 것입니다.」

당시 이북의 의주 근처에 있던 친척들은 그것을 몰라서 그랬는지 '균'을 그대로 썼다고 한다. 그렇지만 서울의 신안동 김씨에서는 김옥균이 역적질을 했다며 크게 배척했다. 김희진은 김옥균과 근친 관계로서 아주 가까운 친척이다. 의왕은 김한규가 우국지사라서 중매를 선 듯 하다.[26] 김한규는 의왕이 대동단[27] 동지들과 망명을 떠났다가 잡혀올 때 동행했던 망명동지로서,[28] 당시 일본경찰에 잡혀가 고통을 크게 겪었던 인물이다.[29] 특히 의왕은 일본인들이 문용옹주도 덕혜옹주와 같이 만들 것 같은 낌새를 채고서 17세 된 여동생을 전격적으로 혼인을 시켰던 것이다. 의왕은 신안동 김씨가 당시에 행세하던 집안이라 상호간에 잘 알던 사이였고, 사돈이 될 김한규를 철저히 신뢰하면서 다양한 계산을 했던 듯하다.[30]

그러니까 의왕은 자신의 여동생인 문용옹주의 결혼에 직접 중매를 섰다. 의왕은 본인이 동생을 직접 결혼시킨 것이다. 당시 의왕은 23세 연상의 오빠였다. 17세였던 동생 문용옹주와는 아버지 같은 정도의 어른이었다. 그런데 문용옹주의 남편은 결혼한 지 4년 만에 한강에서 수영을

26) 안천, 일월오악도 제5권, op. cit., p. 309.
27) 신복룡, 대동단 실기(서울: 양영각, 1982) 참조.
28) 김귀달, 설민호, op. cit., p. 187, 197, 200.
29) 유주현, op. cit., p. 210, 234, 313, 314, 315, 317.
30) 의왕의 둘째 아들인 이우 황손을 친일파 박영효의 손녀딸 박찬주에게 정략 혼인시켰듯, 친일파 김옥균과 가까운 친척이니까 왜놈들이 문용옹주에 대해 해코지를 못할 것을 계산한 것일 수도 있다.
안천, 일월오악도 제4권, op. cit., p. 325 참조.

하다가 익사를 하고,[31] 자식 하나도 병으로 죽고 만다.[32] 그후 참담한 비극적 삶이 이어진다. 문용옹주는 숨겨진 신분이라 그렇지 대단히 고귀한 위상을 가졌었다. 다만 엄귀비의 견제에 의해 궁궐 밖으로 나갔으니, 어차피 궁궐 밖으로 나간 만큼 일제침략 횡포를 피할 생각으로 숨긴 것이 기나긴 불행의 씨앗이 된 것이다.

그러나 광무황제의 친딸로, 의왕이 황실차원에서 본인의 동생을 직접 시집을 보냈다. 의왕은 워낙 높은 식견을 가진 분이라 다양한 생각을 하며 결혼을 시켰을 것이다. 이초남 황손의 말을 들어 보자.

> 「의왕은 동생인 문용옹주에게서 비밀리에 독립운동 자금을 많이 받아 가셨답니다. 한 번은 오셔서 가지고 있는 패물을 몽땅 내놔라, 훗날 나라를 다시 찾으면 갚아준다고 하셨다지요.」

의왕은 본인의 여동생을 망명을 같이 결행했다가 붙잡혀 온 망명동지에게 시집을 보내고도 독립운동은 변함이 없었다. 시집을 보내고서도 가장 믿는 여동생에게 비밀자금은 물론 온갖 패물을 다 내놓으라고 할 정도로, 독립전쟁 자금 마련에 혈안이 되어 있었다고 하겠다. 의왕은 어차피 여동생을 숨겨 놓았기에 더욱 독립운동에 유리하다고 보았을 수도 있다. 문용옹주는 따라서 확실한 황실독립운동 조직원이 된 것이었다.

---

31) 유주현, op. cit., pp. 248-257.
32) 안천, 일월오악도 제5권, op. cit., p. 291.

Ⅳ. 소설 황녀의 검증

1. 문용옹주의 반응

문용옹주는 경자년(庚子年)인 1900년 10월 18일에 태어나서 1987년 2월 10일(음력)에 작고했다. 기구한 생애였지만 늙은 나이까지 나름대로 장수를 했다. 전라북도 전주의 경기전에서 외로운 할머니로 혼자서 살다가 노환으로 별세했다.

박정희 대통령의 따뜻한 배려에 의해서 법률적 복권을 해드렸고, 당시 전주시립박물관으로 쓰던 경기전에 있는 재실에서[33] 말년을 보냈다. 그리고 나름대로의 기본적 생활비를 전라북도에서 제공하여 안정된 말년을 보냈다. 이초남 황손의 증언을 들어 보자.

「문용옹주는 임상궁에게서 어주(御酒) 만드는 법을 정식으로 배우셨답니다.[34] 황실비법 어주 제조법의 정통을 어머님께 배우신 것이지요. 문용옹주는 어주를 만들어서 의왕을 찾아가 잡수시게도 하셨답니다. 의왕은 오빠라기보다는 아버지 같은 분이셨죠.

그리고 청와대에도 어주를 만들어 갖고 가서, 박정희 대통령께도 전달해 드리곤 했습니다. 호적을 만들어 주시고,[35] 경기전에서 잘 사시게 해주신 바에 대한 보답이었습니다. 물론 육영수 여사하고도 친했고, 따님인 박근혜와도 잘 아셨지요.」

---

33) 경기전 재실은 현재도 그대로 존재하고 있으며, 중년 이상의 많은 전주 시민이 문용옹주를 생생히 기억하고 있다.

34) 안천, 일월오악도 제5권, op. cit., p. 306.

35) 유주현, 황녀 제2권(서울: 아름다운 날, 2010), pp. 131-132 참조.

문용옹주는 박정희가 호적을 만들어 줄 때이니까, 할머니가 될 때까지도 호적이 없었다. 광무황제를 아버지라고도 못 올리고, 생모를 아무렇게나 쓸 수도 없었다. 혼인을 했을 때에 시아버지가 어떻게라도 호적을 만들려고 했는데, 남편이 별안간 죽어서 그냥 세월이 흘렀다. 일제경찰을 피해야만 되었고, 임금님이신 아버님께 누를 끼칠 수가 없어서 그러했다. 그 어려움을 박정희가 흔쾌히 해결해주었다.

박정희는 평소 대한황실에 대해 남달리 우호적인 생각을 가졌던 대통령이다. 역대 대통령에 있어서 가장 생각이 깊고 역사의식이 있던 대통령이었기에, 문용옹주를 대한 것이 극진했었다고 하겠다.[36] 따라서 육영수 여사나 자제분들도 황실에 대단히 우호적이었다.[37]

> 「문용옹주는 몸이 아주 약했고 항상 굽은 허리에 지팽이를 짚고 다니셨습니다. 긴 세월을 감옥에서 고생을 하면서 몸이 많이 쇠약해진 때문입니다.」

그렇지만 꽤 장수를 하셨다. 골골백세라는 말이 있듯이, 약한 듯한 사람이 장수한다는 말을 증명하였다. 그런데 문용옹주가 생존해 있을 때에 소설 황녀가 출간이 되었고, 문용옹주도 소설을 직접 읽게 되었다. 그 반응을 들어보자.

> 「문용옹주가 자신의 애기를 쓴 유주현의 소설을 읽고는 무척 당혹해 하셨습니다. 여러 내용이 부정확하다고 말씀하셨지요. 심지어 생모까지 틀려 염상궁이 낳았다고 했으니 너무 큰 것이 틀렸지요. 어머니가 임상궁인데 그것이 틀린다는 것은 말이 되지 않습니다. 그리고 사

---

36) 안천, 일월오악도 제4권, 제5권, op. cit. 참조.
37) 안천, 일월오악도 제5권, op. cit., pp. 314-315.

약을 내렸다는 것도 틀렸고, 임상궁은 절의 스님이 되었지요. 또한 출생지도 계동의 민가라고 했는데, 양사골 대감댁인 이재곤 학부대신의 집에서 태어나셨지요.

그런데 아주 황당한 일이 생겼습니다. 소설 황녀가 나오고 몇 년 뒤에, 전북대학교 교수로 있는 김귀달이 또 하나의 새로운 소설을 냈습니다.[38] 제목은 '굽이굽이 흐르는 강물처럼'였는데, 그것은 다분하게 연애소설이었습니다. 워낙 놀라운 옹주의 충격적인 출현 사실은 소설이 되고도 남을 것이니 당연하다고 생각할 수도 있습니다.

당시 전라북도에서는 문용옹주의 생신 날에는 도지사 주관으로 시내 음식점에서 잔치를 해드렸습니다. 김귀달 교수는 별안간 문용옹주의 생신날에 나타나 소설을 한 권 드리고, 여러 관련자에게도 한 권씩 드리면서 출판기념을 한다고 했습니다. 문용옹주는 당시 책을 받아서 그 자리에서는 못 보고, 나중에 돋보기를 쓰고 보니 황당한 연애소설이라 책을 내던지고 화를 크게 내시며 분노하셨지요.

문용옹주는 상상도 못했던 연애소설이 나온 것을 보고는 무척 화를 내셨습니다. 허구성이 큰 창작소설이 나왔으니 크게 화를 낼 만도 하였습니다. 도대체 내가 언제 연애를 했느냐면서, 평생 동안 단 한 번도 연애를 하지 않았는데 전혀 틀린 소설이라고 하셨습니다.」

소설가의 입장과 현실로 존재하는 소설의 주인공이 갖는 입장차이가 나타난 것이다. 소설가는 학술논문이나 신문기사를 쓰는 것이 아니다. 학자나 신문기자는 사실을 사실대로 정확히 써야 한다. 하지만 소설가는 사실을 기초로 하여, 상상력을 통해 새로운 작품을 창작하는 것이다. 따라서 소설을 쓴 작가인 유주현, 김귀달의 글은 당연히 사실을 초월한 여러 가지가 나오게 되어있다.

---

38) 김귀달은 본인이 문용옹주를 직접 만나 면담을 하고 소설을 새로 썼으나, 집필의 끝에는 안질병이 나서 제자 설민호가 탈고했다고 한다.
김귀달, 설민호, op. cit., pp. 3-4.

그런데 아무리 소설이라도 현실을 너무 비약시킨 창작은 삼가야 하는데, 김귀달의 소설은 소설 성향이 지나치게 크니까 문용옹주의 반응이 부정적이었을 것이다.39) 물론 현재도 그러한 사람이 있지만, 이 소설이 출간될 때만 해도 일제침략, 이승만 박해, 공산당 시각에 의해 황실을 탄압한 타성으로 대한황실을 얕보던 흐름이 있었다고 할 수도 있다. 하지만 김귀달의 소설은 매우 의미가 크다. 물론 김귀달이 독자를 크게 의식하며 재미있는 소설을 만들려고 흥미수준을 높인 것은 사실이다.

그렇지만 김귀달의 소설은 유주현 보다 약 10년 뒤에 나온 만큼 유주현의 소설을 많이 보완하고, 역사적 사실의 정확성도 높였다고 하겠다. 또한 유주현은 경찰과 중앙정보부 자료를 중심으로 했다면, 김귀달은 직접면담을 하며 유주현 소설을 참고도 했다고 생각된다. 따라서 문용옹주에 대한 제2차적 재검증 사료로, 역사적 교차검증을 통해서 타당성을 높이는 데에도 큰 기여를 했다고 하겠다. 대한황실사의 입장에서는 역사적 신뢰성을 높인 김귀달에게 오히려 칭찬을 할 일이다.

2. 중앙정보부

중앙정보부는 박정희 때의 강력한 권력기관이다. 국가안전기획부로 이름이 바뀌었다가, 오늘날에는 다시 국가정보원이 되었다. 박정희 정권 초기인 1961년에 창설되어 오늘날까지 변함없는 권력기관이다. 중앙정보부는 특히 공산권 문제가 제1순위의 주요업무이다.

39) 당시 MBC방송에서 최불암이 만든 작품도 있었다. 문용옹주로는 탤런트 전양자가 배역을 맡았다. 약6개월간 나름대로의 시청률을 기록했다. 그것이 방영되고서 이호창이 최불암 입회하에 방송국에서 출연료를 수령하여 문용옹주에게 전달하였다고 한다. 그러나 당시는 우리나라가 매우 가난하고 TV 보급률이 아주 낮아서 본 사람이 많지 않았다.

당시 박정희가 중앙정보부를 창설할 때에는 반공문제가 엉망이었다. 이승만의 자유당 정부는 부패 무능한 국정운영에다 독재정치로 인해 4·19혁명을 초래했다. 당시의 우리사회는 이북 간첩이 마음대로 곳곳에 넘나든다고 할 정도로 국가적 위기와 혼란상이 극심했다.

그리하여 5·16혁명으로 정권을 쥔 박정희 정부는 중앙정보부를 창설하며, 반공태세를 확고히 다져야 할 중책을 부여받게 되었다. 그래서 중앙정보부에서는 자유당 때의 모든 북한관련 문서를 재점검하고, 감옥에 갇힌 공산간첩 관련 범죄자를 전원 재수사하는 일을 시작하였다. 당시 감옥에 갇혔던 문용옹주는 자신의 신분을 감추고서, 오직 이북 표시의 금괴 3개를 소지한 놀라운 죄로 잡혀 있었던 것이다.[40] 그러니까 이북 표시가 있는 금괴라는 것 외에, 아무 다른 증거가 없는 특이한 죄수에 대해 집중 재수사를 한 것이다.

문용옹주는 감옥에 12년간을 수감되어 있었다. 그러나 본인을 민덕연이라는 가명으로 말하고, 대한황실의 옹주라는 얘기를 전혀 표출하지 않았다. 감옥에 갇히며 죄수가 되는 상태에서도 절대로 대한황실에 피해를 끼칠 수 없었기 때문이다. 호적이 없으니까 가명이 그대로 통용되었고,[41] 호적도 없으니까 중앙정보부는 문용옹주를 엄청난 간첩단 소속으로 더욱 오해하였다. 끈질기게 추궁하며 지나칠 정도의 고문까지 했었다고 한다.

이북 표시 금괴를 가진 유일한 미지의 여인이라, 배후에 거대한 간첩조직이 숨겨져 있을 것이라고 크게 의심을 했던 것이다. 그렇지만 본인이 대한황실의 옹주라는 비밀은 끝까지 말하지 않은 것이다.

문용옹주는 5·16혁명에 의한 중앙정보부 재수사가 아니었다면, 조용

---

40) 김귀달, 설민호, op. cit., pp. 2 83-292, 321-429.

41) 유주현, 황녀 제2권, op. cit., p. 154.

히 감옥에 있다가 죽었거나 늙어서 조용히 사라졌을 것이다. 그런데 중앙정보부 재수사 과정에서 문용옹주가 극단적 자존심으로 끝까지 발설하지 않았던, 대한황실 옹주의 비밀을 우여곡절 끝에 털어 놓으며 알려지게 된 것이다.

「문용옹주는 감옥에서 풀려난 뒤에 양사골 대감댁을 찾아서 서울로 왔답니다. 출옥할 때에 받은 돈으로 고무신 한 켤레를 사서 신고 계속 서울로 걸어 오니까, 나중에는 신발이 닳아서 맨발로 왔답니다. 그런데 이재곤 대감댁이 광나루로 이사를 가고 없었답니다. 그 집터는 도시계획으로 완전히 허물려 없어진 것입니다.

문용옹주는 갈 곳도 없으니까, 캐나다 선교사를 찾아가서 다시 형무소로 가서 있게 해달라고 했답니다. 그렇게 되니까 형무소장은 이북표시의 금괴사건으로 잡혔으나 다른 혐의가 전혀 없고, 너무나 모범수였던 여인을 다시 감옥에 넣을 수도 없는 난감한 상황을 맞은 것입니다. 그렇지만 혹시 그래도 거물 간첩일 가능성이 있다고 생각하고서, 중앙정보부 요원의 집에서 가정부로 일하게 했답니다. 혹시 간첩이라면 틀림없이 수상한 일이 있을 것이란 생각이었지요.[42]

그런데 너무나 모범적이었고 우수한 여인이었지요. 그래서 언젠가 예전 수사자료를 재검토 했는데, 궁중체로 쓴 문용옹주의 글씨가 너무나 잘 쓴 것이었지요.[43] 그렇게 되니까 중앙정보부 요원이 차근차근 캐묻게 된 것입니다. 도대체 이렇게 잘 쓰는 글씨를 어디서 배웠느냐고 물으니까, 내가 진명여고 졸업생이라고 말한 것입니다.[44] 그것이

42) 안천, 일월오악도 제5권, op. cit., p. 300.

43) 요즘에는 궁체라고 하는데 그것은 현대시대에 만든 용어이다. 원래는 궁중에서 쓰는 궁중체 글씨라고 했다.

44) 문용옹주는 10세에 재동학교에 입학하고 4년후에 졸업하며 진명학교로 진학했다. 당시 교장선생님은 엄귀비 친정 오라버니 엄준원이었고, 첫 담임선생님은 어제하였다. 철저히 신분을 감추고 평범한 집 딸로 숨어서 다녔다고 한다.
유주현, op. cit., pp. 169~180.

단서가 된 것입니다.

요즘에는 그렇지 않지만 진명여고는 사실상 개교 당시에 황실학교였습니다.45) 애당초 진명학교 졸업생은 대신(大臣) 정도의 높은 분들 딸이었습니다. 아무나 다닐 수 없는 학교에 다녔다는 놀라운 것이 밝혀지고 자꾸 캐물으니까, 본인이 옹주라는 것을 밝히게 된 것입니다. 문용옹주는 양사골 대감인 학부대신이 직접 입학시킨 것입니다.46) 그것은 이재곤 대감의 아들인 이면용, 이순용도 분명히 말했습니다. 그리고 손자로서 현재 생존해 있는 이해석이 확실히 말했습니다.」

문용옹주는 양사골 대감댁에서 태어나서, 진명학교도 이재곤 대감이 가명으로 철저하게 비밀리에 다니도록 뒷바라지를 확실히 한 것이다. 그러니까 요즘으로 말하면 교육부장관이 모든 양육책임을 지었을 정도로 황녀 신분이 분명한 것이다.

「문용옹주는 중앙정보부 요원이 필체를 보고서 탄복했을 만큼 글씨를 잘 쓰셨습니다. 그 분이 시간이 있을 때마다 앉아서, 스님으로 계시다 돌아가신 어머님을 생각하며 쓰신 금강경 작품이 있습니다. 대단히 잘 쓰신 것이지요. 생각하면 작품 자체도 뛰어나고, 대한황실의 마지막 옹주께서 직접 남기신 유품이니 중요한 문화유산입니다. 그런데 노년에 돌아가시게 되니까 절에 기증을 했습니다.」

문용옹주는 전라북도 전주의 회안대군파 문중 묘지에 모셨다.47) 광

---

45) 광무 10년인 1906년 4월 21일에 광무황제의 계비인 엄순헌 귀비의 후원으로 진명여학교가 개교하였다. 초대 교장은 엄귀비의 친정남매인 엄준원으로 당시 정2품 훈2등 육군참장이었다.
진명여자중고등학교, 진명75년사, 1980, pp. 59-71.

46) 이문용은 다른 학생보다 나이가 많았고, 민병숙이란 가명으로 다녔다. 당시 남편 김희진과 초례를 치루고 나서 학생이 되었다.
김귀달, 설민호, op. cit., pp. 122-126, 160-168, 348-349.

무황제의 따님으로서의 예우로, 경기전에 묻힌 옛 황족의 묘지에 모셔진 것이다. 문용옹주는 어머님인 임상궁이 평생을 해인사의 여승으로 계셨으니까, 유품을 어머님의 3대 상좌(上佐)인 손자스님에게 기증을 하였다. 유보감 스님이 어머님의 손자스님이다. 책, 병풍, 은쟁반 등의 여러 귀중품을 영구보관증을 받고서 기증했다. 절에서는 매년 음력 2월 10일에 문용옹주의 제향을 정성껏 모신다.

「저는 경기전에 한 달에 한 번은 가본다고 할 정도로 자주 찾아 갔습니다. 어렵게 눈물 속에 살면서 외롭게 늙은 분을 위로해 드리기 위함이었습니다. 그래서 이따금 찾아온 중앙정보부 간부를 만나게 되었습니다. 그는 그후 국회의원까지 되었는데, 문용옹주를 찾아 와서는 참회의 사죄인사를 계속 올렸습니다. 그는 참회의 눈물을 흘리면서, 본인이 중앙정보부 직원으로 몹쓸 짓을 했다면서 진심으로 사죄를 했지요. 그는 문용옹주를 친누님 모시듯 했습니다.

그가 말하길, 문용옹주를 고문할 때에 하도 말을 하지 않으니까 엄청난 간첩단 소속으로 알았답니다. 이북에서 집을 팔고 받은 금괴인 줄은 모르고, 이북 표시 금괴만을 보고 거물간첩으로 오인하고는 코피를 흘릴 정도로 고문을 해도 전혀 말을 하지 않았답니다. 어떤 말도 않고 입을 다물고 끝까지 버티니까 끝까지 의심한 것입니다.

최고의 귀한 신분이라 차마 말을 못한 비밀을 오해한 것이지요. 다섯 손가락 사이마다 만년필을 끼우고 조여대는 극심한 고문을 했었다면서, 본인이 너무나 부끄럽다고 울 정도였습니다.」

문용옹주는 손의 뼈마디가 흉하게 튀어 나와 아물었다. 고문을 심하게 당했던 후유증이다. 문용옹주는 고문을 당했던 때에, 몹시 배가 고파

47) 회안대군은 태조의 4번째 왕자이다. 태종의 바로 윗형으로서 왕자의 난으로 태종에게 쫓겨나 황실발상지 경기전 옛터에 묻혔다.

서 견디질 못했었다고 한다. 고문을 하면서 밥을 계속 굶겨 그렇게 되었을 것이다. 너무 배가 고팠고, 배가 고프면 전혀 잠이 오질 않았었다고 한다. 특히 배고픈 고통이 극심했었다는 것이다.

문용옹주는 두 번이나 감옥살이를 했는데, 처음에 종로경찰서에 잡혀갔을 때에도 고문을 많이 당했다고 한다. 매도 많이 맞았으나 본인의 신분은 계속 함구하며 입을 다물었던 것이다. 철저하게 옹주의 신분을 숨겼기에 고문은 더욱 가중되었다고 하겠다.

3. 소설 황녀의 자료출처

문용옹주는 소설을 읽어 보고, 여러 내용이 틀렸다면서 서운해 했다고 한다. 그리고는 작가가 마음대로 소설을 썼다고 말했다 한다. 그러면 소설가 유주현은 도대체 어디서 집필자료를 구해 문용옹주의 소설을 썼는가?

그렇지만 그 해답은 뻔한 것이다. 문용옹주의 정보는 오직 당시의 중앙정보부만이 갖고 있었기 때문이다. 물론 작가 유주현은 문용옹주를 몇 번 찾아와서 자료확인 질문을 했었다고 한다. 그렇지만 유주현은 주로 중앙정보부에서 제공하는 자료를 갖고 창작을 하여 썼다고 할 수 밖에, 다른 정보출처가 있을 수 없다. 그래서 그렇게 방대한 소설이 출현될 수가 있었다. 이초남 황손의 얘기를 들어보자.

「유주현은 문용옹주가 종로경찰서에 처음 잡혀서 감옥살이를 했던 조서와, 중앙정보부 조서를 갖고 소설을 썼습니다. 당시 유주현은 훗날 국회의원이 된 중앙정보부 요원과 함께, 나중에 소설로 발간된 내용의 현장확인을 모두 다녔습니다. 해인사, 진명여고를 비롯한 주요지점을 모두 확인조사했지요.」

그렇다면 소설 황녀의 역사적 가치는 어떠한가? 그런데 소설 황녀는 역사직 의미가 배우 크다고 본다. 어차피 소설은 창조적으로 꾸민 이야기(fiction)인 줄 알고서 읽는 것이다. TV드라마나 소설은 그것을 통해서 전해주는 뜻이 무엇인가가 중요한 것이다. 소설 황녀는 아주 중요한 의미가 있다. 사소한 것이 아닌 본질적 의미가 중요하다.[48]

첫째로 끊어진 대한황실에 대한 희귀자료로서 의미가 크다. 소설 황녀라도 있으니까, 끊어진 대한황실에 대해서 윤곽을 파악할 중요한 단서가 된다. 예컨대 요즘 일본에서 나온 소설 덕혜옹주는 완전히 일본시각에 의한 잘못된 것이다. 현재 나와있는 황실관련 자료는 일본시각이 많다. 사실상 일본의 침략만행을 희석시키고 오도하는 잘못된 것이다.[49] 도대체 침략국인 일본측에서 그런 뻔뻔한 잘못된 소설을 낼 수 있는가 묻고 싶다. 정상적인 일본인이라면 피눈물을 흘리며 참회록을 써야만 한다. 그러면서 한국측에서 덕혜옹주 소설이 새로 나오니까 표절했다고 주장하는 희극도 나왔다.[50] 그 잘못된 것을 표절했다면 오히려 일본이 기뻐해야 한다. 역사의 진실을 왜곡시키고 은폐시키려는 일본측의 뜻대로 된 것은 아닐까? 일본측은 덕혜옹주가 평화시대의 정상적인 사람으로 오해하는 망발행동을 하는 것이다. 도대체 일본측 작가는 그런 수준 이하의 의식구조로 어떻게 소설을 썼는가 지극히 의아하다. 일본 작가는 역사왜곡을 하려는 의도를 갖고 쓴 제2차적 침략자와 다름없다. 덕혜옹주는 어느 나라의 어느 때 옹주인가? 덕혜옹주가 평범한 가정집의 다복한 여인이었나? 덕혜옹주를 지옥에서 살게 한 일본측에서도 소설을 쓰며 할 말이 있다니 놀랍다. 덕혜옹주는 소설보다 더 지옥같은

48) 유주현, op. cit., pp. 462-472 참조.
49) 혼마 야스코, 이훈 옮김, 덕혜옹주(서울: 역사공간, 2008) 참조.
50) 권비영, 덕혜옹주(서울: 다산북스, 2009) 참조.

삶을 산 극한의 여인이었다.

둘째로 문용옹주에 대한 희소한 자료이기에 가치가 크다. 아마도 일본측이 덕혜옹주는 곳곳에서 왜곡을 할 수 있겠지만, 문용옹주는 왜곡을 할 수도 없다. 일본측은 오로지 거짓말이라고 우기는 방법 외에는 없다.[51] 소설가 유주현에 의해서 문용옹주에 대해 상세하게 묘사된 모든 것이 소설가가 꾸민 거짓말이라고 말해 버릴 것이다. 일본측에서는 전혀 변명할 여지가 없는 역사이기에 매우 중요하다. 그러니까 일제침략당국은 대한황실의 두 옹주를 완전히 소설같은 생지옥 생활을 하게 만들었던 것이다. 두 옹주에 대해 연속하여 충격적인 소설이 나올 정도의 소설같은 참담한 상황이었다. 일제침략은 그렇게 잔혹했었다.

셋째로 문용옹주의 원사료(原史料)가 중앙정보부(국가정보원)에 보관되어 있음을 말해주는 사료로서의 가치도 크다. 중앙정보부가 대한황실에 관한 사료를 보관하고 있는 희귀한 사례가 되겠다.[52] 중앙정보부에서는 문용옹주를 심문하면서 이광수가 몇 번이나 소설로 쓰고 싶다고 한 것에 유의하며,[53] 유주현에게 소설을 쓰게 했을 것이다. 유주현은 원사료를 재구성하여 소설을 만든 것이니까, 나름대로 원사료를 재창조한 것이다. 원사료의 가치를 높였다고도 생각된다.

넷째로 원사료와 소설이 함께 있는 대표적인 황실 사례로도 의미가 있다. 우리는 역사인식을 함에 있어서 원사료와 현실의 공백에 당황해 하는 경우가 많다. 본 사례는 그것을 형량해보는 준거기준이 될 수 있다. 특히 가장 중요한 것으로서 끊어진 대한황실의 역사를 재구성할 주요

51) 인터넷에는 문용옹주 소설에 대해서 거짓말이라고 무조건 우기는 측이 있다. 그것은 일본측 견해를 현재에도 대변하는 것일 수 있다.

52) 중앙정보부(국가정보원)는 그 희귀자료를 확실히 보관해야 한다. 희소성있는 대한황실 사료이며 문용옹주 역사의 결정적인 사료이기에 그렇다.

53) 유주현, 황녀 제2권, op. cit., pp. 122-137.

자료로서의 가치가 매우 크다. 너무나 공백이 크고, 왜곡과 조작이 많은 대한황실의 역사이기에 사료적 의미가 크다.

다섯째로 일본을 단호하게 꾸짖는 자료로서도 의미가 크다. 잔혹한 침략을 하고서도 뻔뻔하게 합법적이었다면서 거짓말로 일관하는 일본을 꾸짖는 대표적 소설의 하나가 될 것이다. 일본은 그토록 잔혹한 침략을 하고서도 소설 덕혜옹주와 같이 왜곡을 하고, 심지어 대마도에는 덕혜옹주가 일본과 친선결혼을 했다는 황당한 기념비까지 날조하여 세웠을 정도로 파렴치한 철면피 국가이다. 12세의 어린 나이에 생면부지의 일본땅에 강제로 끌려가 강제결혼을 당하면서, 평생에 걸쳐 죽도록 매맞아 정신병자가 되자 강제로 이혼시켜 정신병동에 강제로 잡아넣었다가, 들것에 실려 늙은 할머니로 귀국시킨 처참한 폐인이 덕혜옹주이다. 그런데 어떻게 그런 뻔뻔한 기념비가 존재할 수 있는가 경악하며 분노할 뿐이다. 그 최악의 기념비는 너무나 한국인을 조롱하고 모독하는 것이다. 이런 날조된 비석을 세우고는, 독도, 정신대, 경술국치 등 모든 것이 합법적이었다는 파렴치한 흐름을 만드는 것이다. 오늘날 적지 않은 일본인들은 너무나 뻔뻔하고 위선적이다. 거꾸로 참회속죄비가 세워져야만 한다. 그렇기에 문용옹주 소설이 존재하고 있다는 것 자체가 큰 의미가 있는 것이다. 당시의 대한황실사는 대부분이 일본측의 뻔뻔한 왜곡사이고 거짓말이다.[54)]

54) 문용옹주의 사진은 다음 자료에 수록되어 있다.
안천, 일월오악도 제5권, op. cit., pp. 285-318.

V. 맺는 글

1. 30여 년 만에 재출간된 희한한 책이 나왔다.

소설 황녀가 2010년 3월 7일에 다시 세상에 나왔다. 그것은 1972년부터 월간 사상계 잡지에 연재되었다가, 1975년과 1978년에 동화출판공사와 경미문화사에서 소설책으로 발간되었다. 그러니까 30여 년 전에 출간되었다가 사라진 책인데, 거의 30여 년 쯤의 세월이 흘러서 다시 세상으로 나왔다. 소설 황녀가 다시 출간되었다는 것은 매우 의미있고 놀라운 일이다. 다시 출간되는 사례는 별로 없기 때문이다.

우리사회가 그만큼 긍정적으로 변했다는 것을 뜻한다. 어둠의 블랙홀에 빠졌던 나라가 나름대로 개명이 되었음을 뜻한다. 유주현의 뜻깊은 소설이었지만 흙 속에 파묻혔던 진주인데, 다시금 많은 독자들이 읽을 가치가 큰 신시대가 도래한 것이다.

매우 드문 사례이다. 약30여 년 전에는 별로 의미가 없었던 소설이, 약30여 년 만에 큰 의미가 있는 소설로 역전된 희소한 사례이다. 아니 30년 전에는 한날 지난 세월의 역사였는데, 오늘날에는 어느덧 대한황실사의 살아있는 쟁점으로 떠오르며 뜨거운 감자가 되고 있다. 소설 그 자체로는 사뭇 천지개벽이라도 된 느낌이다.

2. 신친일파는 생생히 살아있다.

소설 황녀가 재출간되자 그런데 또 하나의 놀라운 일이 생겼다. 나오자마자 인터넷에는 소설 황녀가 거짓말이라고 올라왔다. 어떻게 소설 황녀의 진위판단이 검증도 되지 않고 그렇게 쉽게 나올 수 있는가? 그것은 놀랍고 기막힌 일이다. 전혀 검증절차도 없이 무조건 올라온 글이다. 모든 것이 거짓이길 무조건 바라는 측은 누구일까? 모든 것이 거짓이라고 무조건 생각할 사람은 도대체 누구일까?

그는 친일 블랙홀에 찌든 신친일파가 분명하다. 아니 못된 일본인일 수도 있다. 어둠의 블랙홀에 빠진 상태에서는 소설 황녀가 무조건 거짓말일 것이다. 우리는 아직도 일본이 만든 침략틀에서 완전히 벗어날 날이 멀리 있다. 아직도 우리사회에는 추친일 먹구름에 짓눌린 신친일파가 적지 않다.

어떤 지식의 정당성은, 그 지식이 만들어진 산출과정의 정당성에 의해서 검증이 된다. 그러므로 그 정당성은 다양한 방법에 의해 검증이 가능하다. 인문사회과학은 자연과학과는 차원을 전혀 달리할 경우가 많다. 소설 황녀를 검증하는 방법은 인문사회과학적 방법으로 다양하게 검증이 가능하다. 그럼에도 불구하고 검증절차가 없이 지식의 정당성을 속단함은 금물이다. 많은 사회과학적 지식은 따라서 그 지식의 주어진 현재에서 판단하되, 최종판단은 검증 가능한 미래에 맡겨지는 것이다. 따라서 아무 검증과정을 거치지 않았으면 최종판단은 유보되어야 함이 과학철학의 상식이다.

그런데 무조건 거짓말이라고 즉각적 반응이 나오는 것은 있을 수 없다. 그것은 일제침략에 맹목적으로 기속된 것을 말한다. 현존하는 근현대사 사료를, 특히 일제강점기 사료를 일제당국의 발표대로만 따르는 것은 사실상 친일행위가 분명하다. 과학적인 검증행위를 하지 않았으면 최종판단을 유보하거나 솔직하게 모른다고 해야 한다. 모르는 것을 모른다고 말할 때에 진짜 지식을 아는 것이다.

과학적 검증과정이 없이 아무 것이나 지식으로 맹신될 수도 없고, 최종판단을 무조건 일제침략 발표에만 묶이는 것은 친일 블랙홀에 빠진 것을 말한다. 항일전쟁 시대의 역사는 친일 기속사관에서 해방되어야 한다. 소설 황녀는 소설로 읽고서 사후 판단은 유보되어야 한다. 그리고 과학적 검증활동을 해야 한다.

3. 대한황실사는 문용옹주사와 같이 참담하게 남았다.

소설 황녀를 결코 신친일파들은 믿고 싶지 않을 것이다. 그리고 침략전범 천황과 못된 하수인들은 결코 없었던 역사라고 강변할 것이다. 비참한 비극의 역사였던 대한황실사의 많은 내용은 문용옹주의 역사와 같이 일제침략 사료에도 없고 대한황실사에도 없다. 너무나 많은 것이 허망하게 실종되었다.

일제탄압, 이승만 박해, 공산당 침탈[55] 시대의 캄캄한 어둠 속에서 대한황실사는 사실상 빙산의 일각만이 남았다. 그런데 중앙정보부에 의해서, 상상 밖의 상세한 대한황실사 하나가 생생하게 남았다는 것은 너무나 중요한 것을 말해준다. 문용옹주의 역사는 그래서 더욱 중요하며 사료적 가치가 높다.

많은 사람들은 1945년에 왜놈들이 패전으로 쫓겨가고서 현대시대가

55) 이 3가지는 실제로는 한 가지이다. 왜냐하면 이승만 박해, 공산당 침탈도 크게 보면 일제침략의 후유증이기 때문이다. 모든 악의 근원은 일제침략이다.

왔다고 오해한다. 그리고 항일전쟁이 끝났다고 착각을 한다. 그러나 항일전쟁은 미완성 상태에서 오도되며 표류하고 있다. 특히 대한황실사는 극심한 상처를 입고서 방황하고 있다. 그렇기에 지금도 대한황실의 독립전쟁은 현재진행형이고 독립전쟁은 끝나지 않았다. 그렇기에 문용옹주 소설을 보고 놀라며 충격을 받는 것이다.

「우리들은 오늘도 추친일 늪에 빠져 추친일 블랙홀에 갇혀 있다. 대한황실사는 아직도 어둠 속을 헤매고 있다.

우리는 칠흑같은 어둠 속을 헤매며 역사를 찾고 있다. 우리는 겨우 빙산의 일각만을 찾았을 뿐이며 너무나 모르는 것이 많다. 그래서 문용옹주의 역사가 충격적이고, 그래서 경악하는 것이다. 대한황실 독립전쟁은 지금도 처절하게 진행되고 있다.」

위안부 평화비 소녀상
(문용옹주, 덕혜옹주, 수많은 위안부는 여성 폭행의 제물이었다.)

대한황실 문화정책사 논리
-대한황실을 보는 정당한 눈을 찾아서-

Ⅰ. 들어가는 글
Ⅱ. 대한황실 문화정책 격동의 역사적 흐름
Ⅲ. 대한황실 문화정책의 역사적 논리
Ⅳ. 새로운 중심세력 재건의 과제
Ⅴ. 맺는 글

대한황실 문화정책사 논리

–대한황실을 보는 정당한 눈을 찾아서–

Ⅰ. 들어가는 글

본 연구는 한국 근현대사가 어떻게 왜곡되어져서, 한국인들의 사회현상 인식이 어떠한 병리현상을 갖고 있는가를 분석한 논문이다. 한국인들은 한국의 근현대사를 보는 눈이 대단히 일그러진 상태이다. 그리하여 병들거나 잃어버린 시각이 많이 만들어져 있다.

그 까닭은 우리들의 근현대사를 보는 시각에 ① 일제침략 논리에 의해서 병든 관점 ② 이승만 시대의 정략적 흐름에 의한 병리적 현상이 강하게 나타나기 때문이다. 그럼에도 불구하고 ③ 박정희 시대는 물론 ④ 김영삼, 김대중, 노무현, 이명박 시대를 과거와 단절된 시각으로 보는 문제점을 지적한 것이다.

본 연구는 일제침략과 이승만의 탄압이 가장 강하게 가해졌던, 대한황실에 대한 문화정책사적 논리 분석을 중심으로 진행하였다. 따라서 현대 한국인은 임금님, 황실, 황족, 양반을 보는 눈에 정상성을 잃고 강한 왜곡현상을 보이는 큰 문제점이 있는 바, 그 발생에서부터 원인규명, 해결과제까지를 종합적으로 논하였다.

1. 대한황실사(大韓皇室史)를 보는 착각

현대시대에 있어서 대한황실은 사실상 죽은 황실이었다. 대다수의 사람들은 대한황실이 일제침략에 의해서 소멸되었다고 생각을 했다. 따라서 대한황실은 거의 망각상태에 놓여져 있었다. 그 까닭은 바로 혹독했던 일제침략의 후유증이 직접적 원인으로 작용했기 때문이었다. 그리고 추가적으로 자유당 시대에 이승만의 가혹한 견제와 탄압이 있었기 때문이었다.

대한황실 문화정책(文化政策)의 흐름에는 순탄하고 정상적인 학술적 논리(論理)가 존재하지 않는다.[1] 왜곡과 불합리가 비일비재하다. 그리하여 나타난 황실에 대한 착각현상은 다양하다. 그 가운데 대표적인 것을 말하면 다음과 같다.

첫째로 황실의 존재성(存在性)에 대한 착각현상이 심각하다. 도대체 황실이 오늘날에 잔존하고 있느냐 사라졌느냐도 불분명하다. 그리하여 황실이 존재한다고 보는 인정설(認定說)과, 황실은 공화국 체제로 변한 현실상황에서 이미 사라지고 말았다고 보는 불인정설(不認定說)이 공존하고 있다.

둘째로 황족(皇族)의 범위를 어디까지로 보아야 할 것인가도 매우 모호해졌다. 너무나 혹독했던 일제침략의 후유증으로 융희(순종)황제, 영왕(英王), 덕혜옹주의 직계손이 끊어졌다. 그리고 의왕(義王) 계열의 자손들만이 남게 되었다. 그러나 의왕도 워낙 간교하고 잔혹한 침략을 받은 후유증으로, 당당한 혈통이라고 말할 후손이 거의 남지 않았다. 사실상 대한황통(大韓皇統)의 직계 적통이 끊기었고, 대한황통이 소멸되었다고 착각될 정도의 후유증을 앓게 되었다.[2]

1) 안천, 대한황실황통쟁투사(서울: 교육과학사, 2009), pp. 43-82.

셋째로 황실의 주체성(主体性)에 대한 착시현상도 크다. 황실은 도대체 누가 주인이고, 누가 주체적인 결정권자인가에 대한 답변이 매우 혼동된다.

넷째로 황실의 위상(位相)을 논할 경우에는 항일전쟁(抗日戰爭)의 주체에 대한 논의가 필수적인데, 그 논의의 해답이 흐릴 수밖에 없다.[3] 암묵적으로 황실이 죽었다는 착각하에서 생각을 하다보면, 황실은 종속적이고 주변적인 존재로 전락되고 만다.

다섯째로 대한황실사를 바르게 보려면 일본천황(日本天皇)과의 관계를 빼고서는 논의가 불가능하다. 잔혹한 침략범죄자인 일본천황을 빼고서 피해자를 정상적으로 평가할 수가 없기 때문이다. 그런데 오늘날의 많은 황실담론(皇室談論)이 천황을 빼고서 논의를 진행하고 있다. 결과적으로 논의의 본질을 상실하거나 오도시켜 버리며 전범 천황을 면책시켜주게 된다.

여섯째로 대한황실사의 본질을 벗어난 황실담론이 빈번하게 나타난다. 그리하여 표피적인 피상적 담론이 본질을 압도시켜 버리게 된다. 따라서 대한황실사의 본질이 사라져 버리고, 잘못된 죽은 논리가 전면을 장식하는 거짓된 논리에 압도되어 버리게 된다. 심지어 일본의 침략논리를 2차적, 3차적으로 답습하는 추친일(追親日) 성향의 '사실상의 친일'이 오늘날에도 그대로 살아있다.

일곱째로 대한황실을 현대시대의 동떨어진 이질적 시각에 의해서 판

---

2) 따라서 대한황실의 황족범위에 대한 논의도, 기존의 미시적 차원에만 기속된 경직된 논리가 아니라, 대한황실 전체를 포괄한 거시적 논의가 요망된다. 조선시대에도 중기, 후기에는 사실상 큰 흐름의 거시적 황족 범위가 존재했었다.

3) 항일전쟁의 전체적 과정에 있어서 최고의 주체는 임금님과 황족이었다. 그러나 현대시대에 들어 최고의 주체를 뺀 연구가 주류를 이루는 잘못을 범하고 있다. 그것은 일본의 공격이 집중된 핵심체를 배제한 것으로서, 일제침략에 세뇌된 추친일 역사학이 분명하다. 오영섭, 고종황제와 한말의병(서울: 선인, 2007) 참조.

단하는 경우도 많다. 예컨대 3.1만세항쟁 때의 만세는 임금님에 대한 지극한 충성의 총궐기였다. 그러나 만세를 단지 두 손을 들고서 외치는 단순승리의 구호로 파악하면 3.1운동의 진면목은 드러나지 않는다. 현대의 황실논의는 죽은 만세의 죽은 해석과 같은 거짓된 것이 비일비재하다.

여덟째로 대한황실을 오늘날의 정략싸움의 대상으로 오도시켜 해석하는 경우도 많아졌다. 현대시대에 임금님은 실종상태에 있다. 하지만 현대 황실복원운동(皇室復元運動)이 진행되면서 그것의 성공 가능성이 보이는 듯하니까, 사리사욕이 앞선 정략적 논리에 따라서 오염된 황실관을 갖고 갈등을 유발하는 사례도 많아졌다.

아홉째로 순수성이 상실된 인터넷 역기능(逆機能) 현상도 나타나고 있다. 오늘날의 인터넷은 순기능(順機能)적인 바람직한 기능이 크며, 새로운 문명의 이기(利器)로서 우리들의 삶을 의미있게 이끌어 주고 있다.[4] 그러나 인터넷은 역기능 현상도 매우 크다. 순수성이 상실된 글을 무책임하게 표출시키면서 오염된 사회를 만드는 사이버 악덕현상(惡德現象)도 적지 않다.[5] 비열하고 무책임하게 익명의 그늘에서 역기능, 악기능을 심각하게 노출시키는 측면이 있다. 오늘날 황실담론은 폭력성 인터넷 병마에 시달리고 있으며, 정상적인 황실발전의 길을 심각하게 가로막고 있다.

열 번째로 타의적 변인에 의해서 조종되는 인터넷 악덕현상도 매우 심각하다. 인터넷은 국가장벽이 없는 국제적 소통현상을 띤 것이다.[6] 물론 중국과 같은 독재국가에서는 인터넷에 대한 조작, 통제, 봉쇄가 비일비재하지만, 일반적으로는 세계적 차원의 자유로운 국제의견의 통로

4) 안천, 생활화 사회교육론(서울: 교육과학사, 2001), pp. 63-85 참조.
5) 이재관, 사이버 공동체의 성공요인(서울: 집문당, 2003), p. 131.
6) 김용신, 사회과교육과 강한 정치교육론(서울: 교육과학사, 2007), p. 217.

로 존재한다. 그래서 대한황실에 대한 인터넷 여론은 현재도 관련 당사자들의 현실담론이 원색적으로 소통된다. 오늘날 한국의 인터넷에는 일각의 범죄성을 띤 단체의 뒷조정을 받으며, 검은 논리를 뒷받침해 주는 어둠의 앞잡이 어용성향 인터넷과 함께, 해외에서 흘러들어오는 인터넷 공격성향의 놀라운 내용도 많다. 대한황실의 문제는 아직도 계속되는 항일전쟁 100년사가 그대로 진행되는 영역이다. 친일어용(親日御用) 인터넷의 어둠의 앞잡이를 파악하는 날카로운 안목이 요망된다.[7]

2. 항일전쟁 시대의 시각 변천[8]

현대 황실사는 정상적인 문화정책 논리가 존재하지 않는다. 아무도 주목하지 않고 관심을 두지 않는 버려진 존재가 황실인 듯, 홀대를 당하는 대한황실의 역사는 문자 그대로 혼돈의 역사라는 표현이 맞는다. 그리하여 익명의 그늘에서 비열하고 무책임하게 난무하는 인터넷 폐해가 흔하고, 황실을 보는 정상적인 눈도 상당히 훼손되어 흡사 주인 없는 역사가 되었다.

생각하되 현대시대에 있어서 지난 100년의 역사는 황실변인(皇室変因)이 상실된 역사로 기술된 것이 많다. 따라서 지난 100년의 역사를 모두 공화국의 시각에서 보며, 예전의 대한제국 시대에도 공화국이 있었다고 착각을 한 듯한 시각이 많았다. 그간 항일전쟁 시대의 역사인식은

7) 특히 인터넷에는 대한황실과 이해관계가 큰 일본을 비롯한 해외에 연루된 악성 흐름도 적지 않음을 유의해야 한다. 인터넷은 국제사회에서 사이버 심리전의 주요한 도구로 변질된 측면도 크게 고려해야 옳다. 오늘날 한국사회의 인터넷에는 일각의 부패집단에 연루된 어용 인터넷이나, 일본 정보기관 등에 연관된 성향이 농후한 악성 인터넷으로 대한황실의 현주소를 크게 교란시키고 있다.

8) 안천, 신사고 사회과 교육론(서울: 교육과학사, 2008), pp. 181-213.

생각하면 매우 많은 변화가 있었지만, 아직도 아쉬운 측면이 크다. 그간 나타난 시대파악 변화추이는 다음과 같다.

1) 가해자(침략자)중심 인식의 시기

완전히 침략시대를 인정한 시기이다. 따라서 제정시대(帝政時代), 일정시대(日政時代), 일제시대(日帝時代)라고 쓰면서 일본의 침략정치를 그대로 인정하는 것이다. 그러니까 이것은 침략 가해자였던 일본측을 주체로 한 친일 매국노의 용어이다.

강제로 국치민욕(國恥民辱)을 당했던 결과로, 이 시대의 대한황실은 사라졌으며 죽었다는 인식이 지배했었다. 물론 일본땅에 강제 인질로 잡혀간 영왕(英王)이 있었으나, 영왕은 일본천황 족보에 편입된 비참한 상태가 되었다. 영왕에게 있어서 천황은 처갓집 어른이 되고, 그 아들인 이구(李玖)에게는 천황이 가까운 외갓집이 되었다.

2) 가해자 비하 인식의 시기

일본이 패전하여 쫓겨간 뒤에 있어서, 자유당 정권 때의 인식을 말한다. 이 때는 아직 확고한 입장정리가 없었다. 침략자였고 가해자였던 일본을 단순하게 비방하고 비하하는 인식을 했었다. 따라서 우리나라는 만 35년간 망한 나라였다면서, 일제침략의 부당성을 강조하는 용어로서 일제침략시대(日帝侵略時代)라던가, 일본을 비하하며 왜정시대(倭政時代)라고 낮춰서 부르는 역사인식이 이루어졌다.

그런데 자유당 때에는 매우 놀라운 일이 생긴다. 집권자였던 이승만은 침략국 일본보다도 가혹하게 대한황실을 탄압하며 비방을 했었다. 일본에 강제로 구인되어져 억류되었던 영왕(英王)과 황실을 철저히 억압하였다.[9] 이승만은 우리나라가 만 35년간 일제침략으로 망했었다는 일제침략자들과 같은 견해를 가졌었다. 그래서 그에 감염된 일부 몰지각한 사람들은 오늘날 건국 60년 운운하는 망언을 말하고 있다. 이승만은 뼈에 사무친 독립운동가라기보다는 편법으로서의 겉보기 독립운동가라고 해야 옳을 듯하다. 많은 행태가 일제침략자와 같았으니, 1945년 8월 15일을 망국에서 벗어난 해방일이라고 했고, 그 이전의 역사를 사실상 인정하지 않았다. 그리고 무엄하게도 자신은 새 나라를 세운 건국의 아버지, 국부(國父)라고 했다.

3) 독립운동 중심 인식의 시기

자유당 황실탄압 시대가 끝나고 박정희 정권 때가 되면서, 당시를 보는 역사인식의 눈이 점차 주체적인 차원으로 전환되기 시작하여 일제강점시대(日帝强占時代)라는 인식을 하게 된다. 일본의 침략을 강점(强占) 만행(蠻行)으로 인식하기에, 점차 역사인식이 나름대로는 중립적 위치로 옮겨진 것이다.

그러다가 특히 21세기로 접어들면서 역사인식이 혁명적 변환을 맞게 된다. 가해자에 의한 피해를 의식하면서 아픔을 크게 부각시키던 것을 극복한, 지극히 혁신적인 역사인식의 시대를 맞는 것이다.

따라서 역사인식의 주인의식이 확고하게 바뀐다. 그리하여 항일전쟁시대(抗日戰爭時代), 독립전쟁시대(獨立戰爭時代) 등의 용어를 쓰면서 주체적 입장이 확고한 모습을 보이게 된다. 독립운동가의 입장에 서서, 우리나라를 강도국가 일본이 강점침략을 자행한 것이며, 만 35년간 망한 것이 아니라 만 35년간에 걸쳐 항일전쟁 독립운동을 했다는 역사적 평가를 내리게 된다. 그리하여 1945년 8월 15일은 해방이 아니라, 조국 탈환일 혹은 항일전쟁 승전일 혹은 일제침략 격퇴일이 된다. 우리나라

9) 안천, 일월오악도 제1권(서울: 교육과학사, 2003), pp. 210-279.

는 약 4300여 년 전에 단군께서 세웠고, 단군이 바로 나라의 아버지가 된다. 또한 반만년의 유구한 역사를 망한 적 없이 이어져 온 당당하고 자랑스러운 나라가 된다.

그렇지만 대한황실에 대한 인식은 더디게 변하는 모습을 보이고 있다. 현대시대가 공화국 시대이기 때문에 황실변인을 흘러간 시대의 것으로 보기 때문이라고 하겠다. 그리고 일제침략과 자유당 탄압시대에 입었던 처절한 상흔이 쉽게 치유되지 않기 때문이기도 하다.

〈항일시대 역사인식의 주체 변천〉

인식 주체	침략자, 매국노 중심의 인식	침략자를 비하 성토하는 인식	독립운동가 중심의 인식
인식 용어	제정시대 일정시대 일제시대	왜정시대 일제침략시대	일제강점시대 항일전쟁시대 독립전쟁시대
1945년 8월 15일의 호칭	패전, 패망	해방	조국탈환일 항일승전일
건국 시점	일본과 동일	1948년 8월15일 건국	단군 기원 원년에 건국
국부(國父)	일본천황	이승만	단군
망국 기간	만 35년	만 35년	0년
참고사항	일제침략자와 친일파들의 입장 (1945. 8.15 이전)	일제퇴출 후 자유당 때의 입장 (1948.8.15 이후)	독립운동가나 민족주의자의 입장 (1980년 무렵부터)

Ⅱ. 대한황실 문화정책 격동의 역사적 흐름

1. 국가적 기본틀의 변화 추이

현대시대에 있어서 우리나라의 내면적(內面的) 기본틀은 어떻게 변화되어 왔는가? 그러나 큰 시각으로 볼 때에 별로 변화가 없었다고 보아야 옳다. 우리나라의 국가적 내면(內面)의 기본틀은, 일제강점 침략시대의 기본틀이 사실상 그대로 전승되고 있다. 원색적으로 말하면 오늘날에도 침략국 일본의 틀에 확실히 기속되어 있다.

물론 외형적 변화의 정도차가 있는 부면도 있고, 현대화되고 서구화되면서 나타난 새로운 현상변환도 있기는 하다. 그렇지만 궁극적 기본틀은 일제강점 때의 피침략 상태가 그대로 전승되고 있다. 특히 정신적, 교육적인 부면에 있어서가 더욱 심각하게 악영향을 미치고 있다. 정신적 틀에 해당하는 종교는 일제침략 시대의 기본틀을 그대로 갖고 있다. 최고의 조상인 단군까지도 부정하고 역사를 오도하며, 스스로의 고유문화를 미신으로 몰아 쓰레기통으로 쳐 넣은 것이 수없이 많다.[10] 또한 교육적 기본틀도 궁극적으로는 일제강점 때의 기본틀이 강하게 남았다.

2. 대한황실 문화정책(文化政策)의 역사적 전개과정

오늘날의 우리사회에는 대한황실이 어떻게 잔존하고 있는가? 생각하

10) 안천, 일월오악도 제3권(서울: 교육과학사, 2002), pp. 176-237 참조.

면 우리사회에서는 오늘날에 대한황실의 존재가능성을 거론하는 것이 오히려 불합리할 수도 있다. 하지만 내면적으로 잔존하고 있는 바가 확실함도 사실이다.

약 100년 전에서부터 집중적으로 진행된 일제침략부터 시작하여, 예전의 대한황실이 어떻게 변환과정을 거쳐서 오늘에 잔존하고 있는가는 근현대 정치사 연구에 있어서 대단히 중요한 핵심사안일 수 있다. 그렇지만 공식적으로는 학계에서 대한황실이 사라져 없어졌다는 인식도 크다. 따라서 그에 대한 연구결과는 그리 많지 않고 대한황실에 대한 착각, 오해가 적지 않다. 대한황실이 그토록 참담하게 변환을 강요당한 흐름은 다음의 4단계로 정리해 볼 수 있다.

1) 황실탄압(皇室彈壓) 문화정책기

일제침략에 따른 강제점령 문화정책(文化政策)이 잔혹하게 진행되던 시기였다. 우리민족의 항일전쟁(抗日戰爭)이 격렬하게 전개되던 시기가 되겠다. 당시는 우리의 독립운동에 있어서 가장 핵심체가 바로 황실수호(皇室守護)였었다. 언제 어떤 정치사회에 있어서도, 권력핵(權力核)으로서의 최고정치지도자(最高政治指導者)는 가장 중요한 위상을 갖는다. 당시에 있어서 대한황실은 임금님을 중심으로 한 권력핵을 뜻하는 때였다. 독립운동은 궁극적으로 임금님 수호를 뜻하고, 황실을 보위하려는 존황항일(尊皇抗日)이 핵심이었다.11)

따라서 침략원흉인 일본 천황측에서는 침략의 칼을 집중적으로 대한황실에 겨눌 것은 물론이다. 특히 임금님과 황족에게 집요한 침략 문화정책을 실시할 것은 자명한 일이다. 모든 침략 수단과 도구를 총동원하여 대한황실을 공격하였다. 우리민족의 권력핵을 소멸시키려고 광분했

11) 안천, 일월오악도 제1권, op. cit., p. 416.

던 일제의 침략정책은 오늘날까지 강력하게 악성 후유증을 남기고 있다.

그간 일제침략에 따른 항일전쟁기 연구는 통상적으로 역사학의 연구 영역으로 간주되어 왔다. 그런데 역사학은 역사라는 의미 그대로, 흘러간 사회현상을 과학적으로 체계화하며 이론화시키는 작업이다. 그렇기에 사회현상을 흘러간 과거의 사실로만 평가하면서, 오도된 결론을 내릴 경우도 적지 않다. 하지만 대한황실은 흘러간 역사이면서 동시에 생생하게 내면적으로 살아있는 현대적 존재이다.

대한황실은 따라서 역사학의 관심사이면서, 동시에 생생하게 살아있는 정치학의 관심사항이다. 그럼에도 불구하고 우리사회에는 흘러간 역사로서의 죽어서 사라진 황실에 대한 관점이 크게 주도해 왔었다. 따라서 대한황실의 본체에 대한 오해, 오류, 착인, 착각이 적지 않게 발생하게 되었던 것이다.

일제침략 강점(强占)시기에 있어서의 문화정책은 황실탄압 정책이 핵심이었다. 따라서 일제강점 침략시기의 황실문화정책(皇室文化政策)은 다음의 3가지 형태로 나타나게 된다.

(1) 대한황실 단절정책(斷絶政策)

인류사에서 유례를 찾기 어려울 정도로 잔혹하고 악독한 민족인 일본의 전쟁범죄사는 세계적으로 널리 알려진 것이다. 그토록 잔악한 떼도둑 살인마 집단에 이웃하여, 유사 이래 침략, 강점, 약탈, 방화, 살인, 강간, 탄압, 고문, 구타를 집중적으로 당한 피해국가였던 우리민족의 역사는 기나긴 항일전쟁의 역사였다.

그 중 가장 대표적인 침탈은 고려말기의 왜구침범, 조선중기의 임진왜란, 대한제국 때의 경술왜란이다. 여기서 고려말의 왜구는 이성계, 최영 장군 등의 혁혁한 승리로 제압했다. 그리고 조선중기의 임진왜란은 이순신, 권율 장군 등의 위대한 승리로 단호하게 쫓아냈었다. 그렇지만 대한제국기의 경술국치는 가장 어려운 국난이었다.

일제강점 황실문화 정책에 있어서 가장 표적이 된 권력핵은 당연히 임금님이었다. 대한황통을 단절시키기 위해서 광무황제는 독살시해, 명성황후는 무뢰배 낭인을 동원한 잔혹한 시해를 하고서 시신을 소각해버린 극악한 침략을 했었다. 또한 융희 황제는 독살미수로 불임증 식물인간을 만들었다. 그리고 황통을 이을 가능성이 있는 황태자 영왕은 인질로 잡아가, 사실상의 감독자인 방자여사 감독하에 혼혈아 이구 황태손을 낳았다. 더구나 이구도 자식이 없이 살다가 노후에 의문의 변사체로 발견되며 후사가 끊기었다.[12] 그리고 덕혜옹주는 모진 구박 속에 정신병 상태로 강제 이혼을 당했고, 그 딸인 마사에는 신문에만 자살했다고 발표된 의문사 실종상태로 시신도 못 찾고 말았다. 인류사에 있어서 상대방 국가를 침략 강점하여, 대한황실과 같이 잔혹하게 단절을 획책한 특급 전쟁범죄는 사례를 찾기가 어렵다고 할 극악한 것이었다.

(2) 대한황통 왜곡정책(歪曲政策)

대한황실을 단절시키려고 한 것도 물론 왜곡정책일 수 있다. 그러나 대한황실에 있어서 광무황제의 둘째 아드님이신 의왕 혈통에 대한 침탈만행은, 전형적인 황통왜곡의 간악한 정책이라고 하겠다.

의왕(義王)은 일제강점 황통단절(皇統斷絕) 정책에 정면으로 대항한 대표적 사례이다. 의왕은 대한황통을 끊으려는 일제의 침략정책을 간파하고서 대량 출산행위를 감행한다. 황실차원의 독립운동으로 출산항일(出産抗日) 전쟁을 과감히 실행한 것이다.[13] 그리하여 공식적으로 12남

12) 안천, 대한황실황통쟁투사, op. cit., pp. 215-378.

13) 오늘날 우리나라에서 출산률이 급격히 낮아지며, 결혼하는 것은 물론이고 아기를 많이

9녀의 많은 자식을 낳았다. 따라서 광무황제의 자손은 일제강점 단절책동에 의해 거의 끊길 위기에 처했으나, 일본은 의왕을 통제하지 못하며 속수무책으로 실패한 결과를 낳게 된다. 그렇게 되자 일제침략 당국은 의왕의 자손들을 오염시키고 왜곡시키는 일에 몰두한다. 대한황통을 단절시키려는 침략문화정책이 실패한 바에 따른 대책이었다. 그것은 크게 몇 가지로 나타난다.

첫째로 핵심자손은 법으로 정하여 일본피를 섞는 혼혈결혼을 의무화시킨다. 따라서 큰 아들 이건은 일본 여인과 강제로 결혼하고, 일본육사와 육군대학에 강제로 입교하여 일본군인이 되며 일본 황실에 흡수되고 만다. 오늘날 이건은 그 자손들이 완전히 일본인화 되어 일본땅에 묻혀서 살고 있다. 일본의 침탈문화정책의 성공사례가 되고 말았다. 의왕은 일본정책에 순응하여 일본화된 그의 큰 아들 이건을 아들로 취급하지 않았을 정도였다. 이건은 아버지를 만나는 것도 어렵고, 자주 귀국할 수도 없었다.

둘째로 의왕의 여러 자손들을 무조건 대한황실의 방계 친척에 양자로 주어 사생아(私生兒)로 만들었다. 의왕이 바람을 피우다가 얼결에 낳은 잘못된 사생아로 선전해서 의왕의 자손들을 우습게 만들어 버리는 방식이다. 따라서 의왕의 대부분의 자손들은 강제로 황실에서 퇴출시켜 황족이 아닌 것같이 되었다고 할 수도 있게 되었다. 오늘날 우리사회의 일각에서는 강제양자(强制養子) 정책의 피해를 입은 황손을 황손이 아니라고 조롱하는 듯한 말을 경솔하게 말하기도 한다. 일본침략에 세뇌당한 침략앞잡이 발언이 된 것임을 의식하지 못하는 저급한 발언인 것이다.

낳는 것이 거룩한 애국활동이 되었다. 당시 대한황실이 끊어질 위기에서 의왕이 단호하게 아기를 낳은 것은 대단한 독립운동임이 분명하다.

안천, 일월오악도 제5권(서울: 교육과학사, 2006), pp. 30-36.

셋째로 의왕 자신에 대한 극도의 탄압책을 직접적으로 자행한다. 정치적으로는 감시, 견제와 함께 직접적 탄압을 하여 사실상 창살이 없는 감옥살이를 시킨다. 또한 끊임없이 술주정꾼, 협잡꾼으로 악선전 비방을 하여, 공개적으로 타락한 황실의 구제불능한 사람과 같이 만들었다. 의왕을 한심한 인물로 부각시키면서, 대한황실 전체가 한심하여 구제불능한 상태라고 총합적 악선전을 하는 것이었다. 그러다가는 끝내 의왕에게 금치산선고를 내려서 법적 폐인을 만들었다. 그리고 독립운동을 위한 두 번의 망명시도가 실패한 뒤에는 연금된 상태에서 말년을 보내게 만들었다. 대한황실에 대한 비방, 조롱, 비하가 집중된 사례는, 의왕에게 자행한 비열한 침략문화정책의 결과로 나타난 것이 가장 중심된 것이었다.

(3) 대한황실 회유정책(懷柔政策)

대한황실을 단절시키려는 일제침략은 온갖 수단과 방법을 총동원한 것이었다. 앞에서 말한 대한황통 단절정책과 왜곡정책이 직접적인 것이라면, 회유정책은 간교하고 간접적인 방법에 해당한다.

회유정책은 심리적인 압박과 위협을 통해서 변절시키는 방법이 우선적으로 등장했다. 물론 단절정책과 왜곡정책도 위협, 협박이 부수적으로 따른 것이지만, 이는 특히 회유성 문화정책에서 주도적으로 쓰여 항일노선을 꺾고 변절시키려는 것이었다.

그리고 두 번째 방법으로는 관직을 주어서 친일노선을 걷게 만드는 것이었다. 여기에 있어서도 강제로 주는 관직과, 자연스럽게 관직으로 유도하는 방법을 두루 섞어서 써가며 친일파 황족을 만드는 방법을 썼던 것이다.

다음으로 세 번째는 작위(爵位)를 주어서 귀족적 신분을 만들어 주는 방식에 의해서 회유, 변절, 무마시키며 오염화시키는 방법을 썼다. 당시 일제침략 당국은 대한제국의 황족들에게는 무조건 일괄적으로 작위를 주었다. 선택의 여지가 없이 무조건 일본 귀족으로 편입시켰다. 당시 작위를 받지 않으면 즉시 불령선인(不逞鮮人) 혹은 불령지도(不逞之徒)의 불량배 무리로 몰리면서 추상같은 감시대상이 되었다. 선택의 여지가 없는 강제적 작위수여였다.

또한 네 번째로 은사금(恩賜金)을 내려주어 돈으로 매수하여 회유하는 문화정책도 보편적으로 쓰였다. 당시 조선총독부에서는 창복회라는 침략기금을 통해서,[14] 황족들에게 수여한 작위 위계에 따라 차등을 두어 금전을 나누어 주었다. 창복회는 친일파 관리 기금일 수도 있고, 변절, 회유, 무마를 통해서 항일노선을 걷지 못하게 만드는 황족 관리기구라고도 말할 수 있겠다.

대한황실 회유를 위한 문화정책이 등장할 수밖에 없었던 배경은, 당시 대한황실과 우리민족의 반발과 항거가 매우 거셌음을 뜻한다. 전국적으로 의병과 독립운동이 벌떼와 같이 일어나 항거를 했으며, 대한황실의 직간접적 항일항거가 다양하게 표출됨에 당황하여 일본으로서는 일종의 고육지책(苦肉之策)으로 쓴 정책에 해당한다.

2) 황실말살(皇室抹殺) 문화정책기

침략국이었던 일본이 제2차 세계대전에 참패하여, 항복하고 물러간 뒤에 나온 현대시대 초기 문화정책을 말한다. 1945년 이후에 미군정 시기, 특히 자유당 정권 때의 대한황실에 대한 문화정책이 시행되던 때였다. 상식적으로 생각하면 침략국인 일본이 물러간 뒤이므로, 당연히 대한황실이 정치사회적 전면에 주인공으로 등장하리라고 보는 것이 일반

14) 안천, 일월오악도 제5권(서울: 교육과학사, 2005), pp. 24-25.

적이다. 그렇지만 상식과는 전혀 다르게 대한황실에는 가장 절망적인 암흑기가 도래하게 된다.

왜 이와 같은 상상 밖의 뜻밖의 일이 일어났는가? 그것은 권력세계의 속성상 당연한 것이었다. 일본이 물러가고 난 뒤의 권력공백을 쟁탈하려는 권력싸움이 일어날 것은 당연한 것이었고 대한황실은 소외되어 있었기 때문이다. 그러니까 대한황실은 일본에 의해 손발이 묶인 상태 그대로 있었고, 새로운 권력추구자들은 제철을 만난 듯 자유롭게 당시를 주도하게 되었기 때문이다.

침략국 일본이 물러간 뒤에 있어서 대한황실은 힘없는 소수자로 전락되어 있었다. 일본이 워낙 단호하게 단절, 왜곡, 회유 정책을 강력하게 실시하여, 대한황실은 끊어진 것과도 같게 되어 있는 지극히 비참한 상황에 놓여져 있었기 때문이다. 일제침략 후유증이 매우 심각했음을 말한다.

또한 항일전쟁이 길게 진행되다 보니 최초의 애국자들인 안중근, 이회영, 이상설, 유인석, 이상룡, 나철, 김좌진, 신채호, 홍범도, 김광서, 지청천 등의 수많은 찬란한 항일거목들이 사라지고 말았기 때문이다. 이는 일본의 침략이 극한적 순간까지 치닫다가 별안간 항복을 하고 섬나라로 패주했음을 뜻하는 것이기도 하다.

침략국이 패퇴하여 물러간 뒤에, 미군을 배경으로 나타난 이승만 세력과 소련군을 배경으로 나타난 김일성(김성주) 세력은 전통적 충성심을 가진 세력이 아니었다. 그러니까 미군정 초기에 있어서의 정국은, 일본이 물러간 권력공백 상태에서 전통적인 충신의 집단은 사라지고 사사로운 권력욕이 앞선 집단들이 권력주도권을 쥐기 위해 이전투구를 하는 난투극의 시대였다. 그렇기 때문에 대한황실은 종속적 존재가 된다.

당시에 일본침략 상태에서라도 대한황실이 어느 정도 확실한 위상을 갖고 있었다면, 감히 이승만, 김일성이 권력의 전면에 등장할 수는 없는 것이었다. 그렇지만 워낙 잔혹했던 일제침략의 후유증에 의해서, 대한황실이 숨이 끊어지기 직전의 비참한 단절 상태에 있었기에, 이승만, 김일성이 힘을 쓸 수 있었을 뿐이다.[15)]

(1) 대한황실 말살정책(抹殺政策)

미군정 시기와 자유당 정권 때에 있어서 대한황실에 대한 문화정책은, 오히려 일본침략 강점시대보다 지극히 가혹한 것이었다. 일제강점 문화정책에 의해서는 대한황실이 단절의 대상이었으나, 나름대로는 예우를 해주었었다. 왜냐하면 당시의 일본국에 있어서 천황이나 황족은 최상위 특권적 지위를 가진 성스러운 존재였는데, 일본에서는 대한황실을 일본천황가에 흡수 통합시키면서 단절시킬 대상으로 보았었다.

그렇기에 일본측에서는 대한황실이 단절시킬 타도의 대상이면서도, 감히 폄하(貶下), 폄훼(貶毁)할 수 없는 또 하나의 거룩한 존재였었다. 일종의 모순적인 존재일 수도 있었다. 당시의 일본은 천황이 절대권을 갖고 황실의 위상이 지엄하면서 황족이 확고한 위상을 갖고 있는 때였기에, 침략을 당한 대한황실도 나름대로의 거룩한 위상이 있었던 것이다. 따라서 일제강점 당시의 문화정책은 단절, 회유, 왜곡의 성향이 높았었다.

그러나 이승만이 정국의 주도권을 쥔 때에는 침략국인 일본보다 더욱 잔혹하였다. 대한황실을 흔적도 없게 말살하면서 존재 자체를 완전히 부정하는 지극히 가혹한 문화정책을 강행했다. 왜 그러한 상상 밖의 놀라운 일이 벌어졌는가? 그 까닭은 바로 이승만 개인에게서 비롯된 것이다.

우리민족은 항일전쟁 때에 매우 격렬하게 침략자들을 격퇴하는 항일성전(抗日聖戰)을 벌였었다. 그 주체는 주로 양반 지도층이었으며, 기라

---

15) 따라서 이승만, 김일성의 등장도 일제침략 후유증으로 나온 것이다. 결과적으로 일본이 그들의 등장을 만들어 준 사실상의 추친일 체제 인물들이다.

성 같은 항일 애국자들에 의해 독립전쟁이 수행되었었다. 그런데 일본의 침략이 워낙 가혹하여 그토록 많았던 항일애국 거목들은 거의 모두 죽어 사라지고 말았다. 그리하여 최후의 순간에는 존황애국심이 거의 없었다고 강변할 만큼 삭막하게 변해 버렸던 것이다.[16)]

물론 이북의 김일성(김성주)은 공산국가 소련의 비호 하에 정권을 장악하였으니, 공산혁명 논리에 따라 황실을 부정하고 백안시할 것은 당연한 것이었다. 그렇지만 이남의 이승만은 뜻만 있다면 황실의 존재성을 부각시킬 수가 있었는데도 불구하고, 완전 말살의 혹독한 길을 택한 것은 이승만 개인성향이 특히 그러했기 때문이다. 왜 이승만이 대한황실을 잔혹하게 말살시키려 했는가?

첫째로 이승만은 양반출신이 아닌 사람이었다.[17)] 이승만은 성장기에 서울의 양녕대군 종갓집에서 큰 사람이다. 그런데 그는 생각 밖으로 양녕대군 종손댁의 하인방에서 하인과 함께 성장을 하였다.[18)] 이승만은 마음속의 내면에 황실에 대한 애착심이 존재할 가능성이 없는 사람이었다. 이승만은 대한황실에 대해 따뜻한 마음을 보이거나 배려를 해 준 경우를 보여주는 사료가 거의 없다. 황실에 대한 싸늘한 적대시의 태도와 마음이 일관된 이승만이었다.

둘째로 이승만은 착각 속에서 정치활동을 한 사람이다. 그는 대부분의 생애를 미국에서 보냈다. 과거시험에 7번을 낙방하고는 낙담과 실망 속에 미국 선교사를 만나 배재학당을 나왔다. 선교사의 주선으로 미국유학을 떠나 박사학위를 받은 뒤에 거의 모든 생애를 미국에서 보냈다. 그러므로 한국에 대한 현실감도 부족했고, 우리나라보다는 미국에 더 애착을 갖고 친미성향이 강했다. 오히려 내면적으로 대한제국은 기억에서 지

16) 안천, 신흥무관학교(서울: 교육과학사, 2007) 참조.
17) 안천, 일월오악도 제1권(서울: 교육과학사, 2003), pp. 209-280 참조.
18) 서정주, 우남 이승만전(서울: 화산문화기획, 1995) 참조.

우고 싶은 대상이었고 미국만을 강조하게 된다. 그러므로 미국식 민주주의를 항상 강조하면서도, 스스로는 자신이 대한황실 가문인 전주이씨 양녕대군 혈통으로서의 특수신분임을 개인적인 아전인수식 소개를 할 때에만 강조하였다.

셋째로 이승만은 대통령이 된 사람이면서도, 스스로가 임금님이 될 가능성이 있음을 항상 유의하였다.19) 그러므로 예전 조선초기의 역사에서 양녕대군이 세종대왕에게 왕좌에서 밀려난 것의 부당성을 말하기도 하면서, 양녕대군이 임금님을 이었다면 본인이 임금님을 이을 수 있다고 말하며 임금님이 되길 원했었다. 이승만은 말년에 독재자로 몰리면서 하와이로 망명을 갔는데, 그렇게 된 가장 큰 이유는 본인이 임금님 망상에 사로잡혀서 정치적 혜안을 상실했기 때문이었다. 이승만을 일반적으로 독재자라고 말한다. 그러나 실제로는 이승만이 임금님을 찬탈하려고 무리수를 둔 것을 독재자라고 하는 것이다. 그렇기에 이승만은 대한황실에 대해 가혹할 만큼 말살정책을 강행했던 것이다.20)

(2) 대한황실 능욕정책(凌辱政策)

이승만은 공교롭게도 최고 황실가문에 해당하는 양녕대군 종가집 하인방에서 컸으므로 일반적인 전주이씨와는 달랐다. 최상층 집에서 최하층 신세로 엄청난 격차를 절실하게 느끼며, 하늘과 땅의 격차가 만드는 듯한 극심한 위화감 속에서 박탈감이 체질화된 사람이었다.

그러므로 이승만은 엄밀하게 말하면 대한황실에 대해서 숨겨진 증오

---

19) 이승만은 특히 최고의 자리를 탐하였기에 임금님, 황실을 말살하려고 한 것이다. 이승만은 양녕대군 종가집에서 종손과 같은 수준의 대우를 해주며 교육을 시켜준 큰 은혜를 입었으나 황실 말살을 꾀한 것이었다.
안천, 일월오악도 제1권, op. cit., pp. 275-276.

20) 안천, 일월오악도 제3권, op. cit., pp. 287-412.

심, 열등감, 적대감이 팽배해 있던 사람이라고 하겠다. 겉으로는 본인도 황실가문의 전주이씨 양녕대군파의 한 사람이라고 표방했으나, 속으로는 본인이 양녕대군 종손댁 하인의 뒤를 이은 하층민임을 철저히 숨기려고 했던 은밀한 이중성의 삶을 살았었다. 그것은 부지불식간에 대한황실에 대한 증오심으로 나타나고는 했다. 그 대표적 사례는 다음과 같다.

첫째 누구도 상상하지 못했던 일인데, 대한황실의 존엄한 황통을 상징하는 종묘를 완전폐쇄시켜 놓았었다. 침략국 일본도 종묘에서 어느 정도의 제향을 모시도록 했었는데, 아예 대문에 못질을 해놓고서 아무도 출입을 못하게 할 정도로 원색적이고 노골적인 탄압을 한 것은 아무리 해도 수긍하기가 어렵게 지나친 것이었다.[21] 이승만이 종묘를 철저히 폐쇄했던 것은 종묘를 완전히 부정하며 황실과 황통을 끊어서 없애려는 노골적 심서를 보인 것으로 종묘를 생각하기도 싫었기 때문일 것이다.[22]

둘째로 영왕을 철저히 탄압하면서 정치적 재기가 불가능하게 짓밟았다. 영왕을 침략여인 방자와 함께 살면서 독립운동도 하지 않고 편안하게 생활을 즐긴 대표적 친일파라고 널리 악선전을 하였다. 또한 영왕의 재산과 지위를 완전히 박탈하였다. 그리고 영왕과 누구도 만나지 못하게 견제하여, 영왕이 정치사회적으로 고립되고 매장되게 만들었다. 강

---

21) 그 결과로 종묘 앞은 서울 시내에서 가장 최악의 빈민들이 모이면서 커다란 사창가 우범지대가 된다. 당시에 종묘 앞을 속칭 종삼(鐘三)이라고 불렀다. 종로 3가에 있는 서울 최대의 집창촌을 뜻했었다. 전두환 대통령이 88올림픽을 맞아 강제 철거할 때까지 최악의 우범지대가 만들어졌었다.
안천, 일월오악도 제5권, op. cit., pp. 203-211.

22) 심지어 볼모로 잡혀갔던 영왕은 잡혀간 동경에다 제2종묘를 만들고서 열성조를 모셨을 정도였는데, 이승만은 대한황실을 끊어서 소멸시키려는 의지가 확고했었다. 침략국인 일본도 서울의 종묘를 그대로 두고 제2의 종묘도 묵인했음을 보면, 대한황실이 끊긴 궁극적 책임은 이승만에게 있다고 확언해도 되겠다.
강용자, 왕조의 후예(서울: 삼신각, 1994), p. 225 참조.

제로 8세의 나이에 일본으로 인질이 되어 끌려가서 철저히 감시를 받으면서 타의의 삶을 살았던 영왕을 친일 매국노라고 강변한 것은, 황실을 능욕하면서 말살시키려는 정략적인 저의를 갖고서 행한 것이 분명했다.

셋째로 영왕을 견제하고 탄압함에 덧붙여서, 대한황실 전체가 사실상 나라를 일본에 빼앗긴 바보 원흉이라고 몰아갔다. 그리고 황실과 황족의 재산을 완전히 빼앗고, 많은 것을 불하라는 명목으로 헐값에 팔아 버렸다. 이승만은 대한황실을 완전히 해체하고 말살시키기 위해서, 일제강점을 당한 경술국치의 모든 책임을 황실에 집중시켰다. 따라서 이승만은 자신의 집권집단에 친일매국노를 대거 받아들이면서, 모든 경술국치의 잘못을 황실에 몰아 버리는 모순의 정치를 했다. 이승만의 황실탄압, 말살 책동은 지극히 이성을 상실한 것으로 정상적인 통치행위와는 거리가 멀었었다.[23)]

(3) 대한황실 망각정책(忘却政策)

대한황실을 말살시켜서 소멸시키려는 이승만의 황실문화정책에 의해서, 대한황실은 사상 최악의 어둠의 시대를 맞게 된다. 이승만은 일본이 반쯤 죽여 놓은 대한황실을 완전히 소멸시켜서 잊혀지는 망각의 단계까지로 만들다가 4·19혁명으로 쫓겨나게 된다. 문화적 탄압정책에 있어서 최후에 종국적으로 바라는 도착점은, 기억에서 흔적도 없이 사라지고 뇌리를 떠나서 잊혀지는 것이다. 사실상 이승만 이후에 대한황실은 완전히 죽어서 증발되고 잊혀진 망각의 존재가 되었으며, 머나먼 역사 이야기 속에서 존재하는 것과 같이 되었다.

특히 망각정책은 심각하여, 많은 일반 국민들에게 우리의 대한황실은 100년 전인 1910년의 경술국치와 함께 사라지고 없어진 존재와 같이 만

23) 안천, 일월오악도 제4권, op. cit., pp. 160-180.

들어 버렸다. 문자 그대로 까맣게 잊혀진 망각의 존재가 대한황실이었다. 임금님이란 단어를 꺼내는 것도 불가능한 사회가 만들어졌었다. 자유당 말기가 바로 그러한 참담한 때였다.

이승만의 대한황실 망각정책의 극대점은 바로 이승만의 신격화(神格化) 정책의 등장이었다. 이승만을 옛 시절의 절대군주 이상으로 신격화시키면서 과거를 완전히 잊게 만들었다.

첫째로 이승만을 최초로 나라를 개창시킨 국부(國父)라고 신격화시켜 나갔다.[24] 그리하여 과거와의 단절을 확고히 만들었으며, 옛부터의 임금님을 완전히 망각하게 만들어 나갔다. 물론 영왕과 황족을 비롯한 황실을 비하, 비방하며 전방위로 탄압함과 병치시킨 정책이었는데, 그것이 거의 마무리되는 단계에서 이승만을 신격화시키는 일을 강화시켰다. 이승만 찬가(讚歌)가 전국적으로 어린이들 세계에서 널리 불러졌었다. 이승만을 미화한 전기집이 여러 권 발간되어 전국에 널리 배포되었으며 폭넓게 읽혀졌었다.

둘째로 느닷없이 신생국으로서의 새나라가 출범되었다고 전국적인 홍보를 했다. 우리나라는 단군 이래의 기나긴 역사를 가진 나라가 분명하다.[25] 그런데도 새 나라를 강조한 것은 이승만을 국부로 추앙하게 만들면서 과거와 끊게 만드는 것이었다. 과거와의 단절은 다시 말하면 대한제국과의 단절이고, 임금님과의 단절이며, 영왕과 끊는 것을 말한다. 새나라가 강조되는 것은 바로 과거를 망각하며 잊는 것이기도 하였다. 이승만에게 너무도 나쁜 기억을 가진 옛날의 나라는 사라지고 꼭 새나라가 되어야만 했다.

---

24) 안천, 일월오악도 제1권, op. cit., pp. 223-224.

25) 그 당시의 어린이는 초등학교에 입학하여 곧 '새나라의 어린이'라는 노래를 배웠다. 그 노래는 제2의 애국가와도 같이 널리 불리워지며 신생국 사고 확산의 기폭제가 되었었다. 안천, 일월오악도 제4권, op. cit., p. 106.

셋째로 임금님 자체를 구시대의 비민주주의적인 존재로 강조하는 교육을 실시했다. 영국, 네덜란드, 스웨덴, 덴마크, 태국을 비롯한 여러 나라에 엄연히 임금님이 존재하고 있는데도, 임금님이 있으면 바로 구시대의 비민주주의적인 제도라고 몰아갔다. 그리하여 대통령이 있는 현재와 과거는 완전히 절연된 정치 분위기를 만들었고, 과거와의 단절을 확고히 하는 망각 문화정책을 강하게 밀어나갔다. 그러니까 임금님은 사라지고 망각될 존재이면서도, 자신은 임금님이 되고 싶은 매우 모순되고 기이한 상태에서 4·19혁명을 맞는 것이다.

3) 황실용인(皇室容認) 문화정책기

대한황실이 사실상 완전히 죽어서 사라지고 잊혀져 버린, 최악의 비극시대였던 자유당 정권 시기는 4·19 혁명에 의해서 끝을 맺게 된다. 그리고는 5·16혁명을 거쳐 박정희 시대가 도래한다. 침략국 일본보다 더 잔인하고 모질며 가혹했던 이승만 시대의 황실 암흑기는, 두 번의 혁명을 거치면서 새로운 희망의 신시대를 맞게 된다.

군사혁명을 통해서 정권을 쥔 박정희 시대에, 대한황실은 상상 밖으로 따뜻한 기사회생(起死回生)의 봄날을 맞이하게 된다. 그러니까 거의 다 죽은 시체와 같이 되어서 영안실에 안치되어 있는 것과 같았던 참담한 상태의 대한황실에, 다시금 부활의 희망을 안겨준 것 같은 가슴 뿌듯한 상황이 도래한 것이다.

1910년에 경술국치를 맞으면서부터 약 50여 년에 걸쳐 온갖 탄압과 말살의 대상이었던 대한황실을, 처음으로 용인(容認)하며 따뜻하게 긍정적 대우를 해주는 경이로운 시대를 맞은 것이다. 50여 년에 걸친 싸늘한 부정(否定)의 시각이, 놀랍게도 따뜻한 긍정(肯定)의 시각으로 급반전된 것이다. 5·16군사 혁명은 어둠 속을 헤매며 질곡에 묶여있던 대한황실에 대해서도 혁명적인 변화를 주었다.

다만 이북에 있어서는 당시 생생히 살아있는 김일성에 의한 확고한 공산체제에 의해 임금님은 절대로 용납될 수가 없는 것이었다. 이북은 공산혁명에 의해 나타난 소련 공산체제가 직수입된 바, 철저한 공산국 정치틀에 놓여져 변함없이 황실에 대한 부정적 시각에 사로잡혀 있었다. 따라서 대한황실의 봄은 박정희 체제의 이남에 국한된 것이었다. 경술국치 이후 처음으로 대한황실을 받아주며 용인(容認)한 박정희 정권에 의해 대한황실의 운명은 확실한 전환점을 맞게 된다.

(1) 대한황실 용인정책(容認政策)

박정희 대통령이 집권했던 18년간은 우리나라가 소위 일컫는 '한강의 기적'을 만들며, 자수성국(自手成國)의 기틀을 다진 매우 뜻깊은 시대였다. 일제침략과 6·25전쟁을 거치면서 폐허로 변한 나라였고, 온 국민이 노숙자나 거지와 같이 전락한 나라였으며, 1인당 125달러의 세계 최저 국민소득에다가 맨주먹의 굶주림에 지친 나라를 부강한 나라로 바꾸는 토대를 놓은 때였다. 한 마디로 요약해 맨주먹으로 '조국 근대화'의 찬란한 신화를 창조한 위대한 때였다.

부국강병(富國强兵) 및 민족중흥(民族中興)을 기치로 내걸고서 배고픔과 절망에 빠진 국민들을 자신감 있게 바꾸고, 온 국민에게 자수성가(自手成家)의 기회를 만들어준 뜻깊은 시기에 대한황실도 기사회생의 숨통을 열어 나가게 된다.

박정희는 이승만이 대한황실을 말살시키면서, 잔인하게 비방하며 망각 속에 빠뜨린 절망적인 순간에 나타났다. 박정희는 죽은 황실에 재생의 서광을 비춰준 인물이다. 꽁꽁 언 동토의 황실에 새봄을 맞아서 새싹이 다시 나오게 만들어준 최고의 은인이다. 대한황실사에서 박정희가 베푼 은혜는 언제라도 칭송하고 고맙게 생각해야 할 너무도 크나큰 것이 분명하다. 무엇보나도 대한황실이 설망석인 최악의 상태에 처했을 때에 따뜻한 혜택을 주었기에 더욱 고마운 것이기도 했다.

현대 정치사에 있어서 박정희 시대는 거의 유일하게 대한황실을 인정하고 용인한 시대였다. 그렇기에 오늘날 대한황실 복원운동(復元運動)이 일어나며, 현대 황실의 재생 가능성을 강하게 만들어 주었다. 박정희가 없었다면, 우리나라는 이승만 시대를 이어서 대한황실이 흔적도 찾기 어렵게 사라졌을 것이다. 그리고는 옛날 역사이야기로나 전해졌을 것이다. 박정희의 대한황실 용인문화정책은 다음과 같이 시행되었다.[26)]

첫째로 일본땅에 어린이 때부터 강제 인질로 잡혀가서 당시까지 귀국을 못하고 있던 영왕(英王)을 즉시 귀국시켜 주었다. 이승만 정권 때에는 귀국이 전혀 불가능했고 한국인들과 만나지도 못하게 할 정도로 사실상의 연금상태에서 탄압을 받던 영왕은, 박정희가 있었기에 약 50여 년 만에 국내로 되돌아 올 수 있었다. 영왕은 이승만에게 워낙 탄압, 조롱, 모독을 당한 것이 쌓여져, 귀국할 당시에는 병상에서 일어나지도 못하는 비참한 식물인간의 상태로 귀국을 했었다. 이승만은 그러한 영왕인데도 귀국을 시키지 않았다. 조국 강토에 묻히게라도 해달라는 죽음에 이른 노인의 요망도 들어주지 않은 각박한 사람이 이승만이었다.[27)]

둘째로 영왕의 여동생이었던 덕혜옹주의 귀국도 허락했다. 당시에 덕혜옹주는 정신병이 극도로 진행된 상태로서, 일본의 잔혹한 탄압과 구박으로 정상적인 사람이 아닌데도 불구하고 이승만은 그러한 덕혜옹주

26) 안천, 일월오악도 제4권, op. cit., pp. 183-188.

27) 그것은 국내에서 영왕에 대한 동정 여론이 일어나고, 대한황실에 대한 향수가 살아날까봐 그랬던 것이다. 일제침략이 끝나고서 현대시대 초기에는 대한황실 옹호론이 컸었음을 알고 있었기 때문이었다.
박성수, 독립운동사 연구(서울: 창작과 비평사, 1993), p. 330 참조.

의 귀국도 허락하지 않았었다. 영왕, 덕혜옹주는 광무황제의 마지막 남은 아들, 딸이었다. 하도 일본의 천대, 탄압, 구박을 받아서, 사람으로서의 뜻도 못 펴고 억눌려 지내다 못해 식물인간, 정신병자로 폐인에 이르렀었다. 그러한데도 박정희가 집권하고서야 귀국이 허락되었다.28)

셋째로 영왕의 부인이었던 일본여자 방자도 입국을 허락해 주었다. 방자는 영왕, 덕혜옹주와는 물론 입장이 달랐지만, 일본에 의해 정략결혼을 당한 또 하나의 피해자일 수도 있었다. 그러나 방자는 영왕의 부인으로서 영왕을 감시하고 속박한 일본측의 황실 침략자임도 명확했다. 그렇지만 쓰러져 식물인간이 된 영왕의 부인이기에 입국을 허락했다. 박정희는 따뜻하고 너그러운 사람이었다.29)

넷째로 영왕의 외아들인 이구 황손과 부인이었던 쥬리아 여사의 입국도 허락했다. 이구는 자유당 때에 이승만이 최대한으로 견제한 인물에 해당했음은 영왕과 똑같다. 이구는 영왕과 마찬가지로 잠재적인 임금님 계승 제1순위에 있었으니, 이승만이 철저히 견제했음은 물론이다. 이승만은 이구가 미국유학을 갈 때에 여권도 내주지 않았을 정도로 탄압을 했었다. 이구가 훗날 미국 국적, 일본 국적, 한국 국적을 모두 가진 다국적인이 된 것은 이승만 탄압의 결과였다. 대한황실 적통 황태자는 무국적 같은 이중국적의 떠돌이였는데, 귀국을 하며 한국 국적도 취득한 것이다. 생각하면 이구가 한국 국적을 갖는 것은 당연한 일인데도, 이승만은 이구에게 한국 국적을 못 갖도록 극한 탄압을 했었다. 당당한 한국인이 되지 못하게 하려는 것이 분명했다.

---

28) 권비영, 덕혜옹주(서울: 다산북스, 2009) 참조.
29) 이방자, 지나온 세월(서울: 남영문화사, 1980), p. 301.

(2) 대한황실 예우정책(禮遇政策)

박정희는 당시 누군가가 영왕의 딱한 시정을 말해줄 때까지, 영왕, 덕혜옹주, 방자, 이구, 쥬리아의 존재를 몰랐었다고 한다. 그것은 오히려 당연한 것일 정도로, 국민들 모두가 대한황실을 망각수준에 이를 정도로 잊고 있었다.

박정희는 매우 겸손한 사람이었다. 자신의 동상을 세움은 물론이고, 모든 한국 돈에는 모두 자신의 초상화를 넣으며 신격화시켰던 이승만을 이어서 집권했으나, 주위의 권유를 일축하며 화폐개혁을 하면서 세종대왕, 이순신, 율곡, 퇴계를 넣은 인물이 박정희이다. 역대 대통령들이 명예박사학위를 그토록 많이 가졌어도, 박정희만은 박사학위는 공부한 학자들이 갖는 것으로 본인에게는 쓸데없는 일이라며 사양하여 하나도 없이 깨끗하다. 하지만 김대중 11개, 김영삼 9개, 이승만, 윤보선, 최규하, 노태우가 각기 2개이며, 전두환, 노무현도 1개씩 받았고 이명박도 4개를 받았다.[30] 이순신 장군 동상을 비롯한 많은 동상을 세웠으나 본인의 것은 세우지 않았다. 검소하고 근면하게 살았으며, 술을 마셔도 막걸리를 즐겨 마셨다.

박정희는 온 나라가 굶주리고 있을 때에 '조국근대화'를 위한 강력한 정책을 펼쳤으나, 현실정치 외에 다른 욕심도 없고 역사흐름에 대한 이해관계도 초연한 인물이었다.[31] 박정희는 영왕, 덕혜옹주, 이구의 얘기를 듣는 자리에서 모든 것을 흔쾌히 승낙하였다.[32]

---

30) 김종필은 11개를 받아 당대를 호령한 3김씨가 받은 것을 합하면 무려 31개나 된다.
김학준, 역대 대통령 총리의 박사학위, 신동아, 1999년 6월호.
동아일보, 2008. 2. 23

31) 당시 박정희에게 임금님이 되라는 권유를 하는 사람들도 있었다고 한다. 그러나 박정희가 단호히 물리쳐서 그 이후 한국 정계에는 임금님 망상을 갖는 정치가가 없어졌다. 요즘 사람들 생각으로는 이해가 어렵겠지만 이승만, 박정희 때에는 아직 국민들에게 임금님 심서가 많이 잔존해 있었다. 이북의 김일성이 아들 김정일에게 권력을 세습시키고, 다시 김정일도 아들에게 3대를 이어 세습시키려는 것을 보면 이해가 될 것이다.

32) 김을한, 인간 이은(서울: 한국일보사, 1971), pp. 334-362.

첫째로 박정희는 사실상 노숙자 신분이라 살 곳도 없던 영왕, 덕혜옹주, 이구에게 집을 마련해 주었다. 이승만이 모든 궁궐을 빼앗고 존엄한 공간인 궁궐을 온통 놀이터로 만들면서 때로는 환락장에 가깝게 이끌었으며, 임금님의 왕릉은 소풍가서 노는 곳으로 만드는 등 절망적인 상황에 놓여졌던 당시에, 박정희는 창덕궁의 낙선재를 수리하여 황실 거처로 내주었다.

둘째로 일제침략, 이승만 탄압의 극심한 피해자인 영왕의 병치료나, 영왕 일가의 생활비도 나라에서 정중히 제공해 주었으니,[33] 일본천황과 이승만의 탄압으로 적수공권이 되며 생활능력을 박탈당한 대한황실에 대해 따뜻한 예우를 해 준 최초의 일이었다.

셋째로 잠재적 황태자였던 이구, 쥬리아 부부의 귀국을 허락하고 품위있는 생애를 보낼 적극적 후원을 해주었다. 건축학을 전공한 이구 황태손에게 서울공대와 연세대학교 등에 출강을 하게하고, 건축설계 사업을 하게 해주며 사업자금도 제공해 주었다. 이구가 설계한 대표적 건물이 경희궁 근처에 있는 '새문안교회' 건물로서, 오늘날에도 당당한 위용을 자랑하고 있다.[34] 다만 이구가 사업에 실패하고 훗날 일본으로 도망가듯 사실상 망명을 떠난 것이 아쉬울 뿐이나, 박정희가 생존해 있을 때에는 확실한 후원을 해주었다.

(3) 대한황실 부활정책(復活政策)

대한황실의 현대사에 있어서 유일한 시기라고 말할 정도로, 대한황실에 확실한 예우를 해 준 박정희의 시대는 18년으로 끝을 맺는다. 대한황

---

33) 이방자, op. cit., p. 321.

34) 새문안 교회는 한국 최초의 교회로서의 역사성이 크다. 하지만 그 건물 자체도 현대황실사의 주요 문화유적이라고 생각이 되며 문화재로서 보호할 가치가 크다. 이구는 우리나라 고유의 건축미 설계에 안목을 가진 건축학도였었다.
강용자, op. cit., p. 320 참조.

실의 현대사에 있어서 단지 그 18년만이 긍정적 정책이 확고했던 때였었다. 박정희는 그러나 단순한 용인정책, 예우정책을 뛰어넘어 대한황실의 부활(restoration)까지도 생각한 적극적 정책을 분명하게 추진했었다. 이승만의 임금님 찬탈이 미수로 끝나면서 이승만이 오늘날 단순하게 지독한 독재자로만 남았듯이, 박정희의 대한황실 부활 추진도 중도에 끝나면서 잊혀진 역사가 되었을 뿐이다.

첫째로 박정희는 임금님을 다시 모신 나라에 대한 연구를 강하게 추진했었다.35) 특히 임금님이 다시 모셔진 스페인의 정치 현실은 박정희가 처해 있었던 시대와 매우 비슷한 상황이었다. 좌파 공산주의 물결이 엄습하며 황실을 위협하여 격렬한 내전이 일어난 국가위기를 프랑코 총통이 수습하면서, 청소년 나이의 황태손 카를로스를 철저히 황태손답게 키운 뒤에 임금님으로 새로 모셨던 것을 집중적으로 연구하였다. 당시 박정희는 10월유신 정권을 세우면서 한태연, 갈봉근 등의 헌법학자를 직접 스페인에 파견까지 하면서 심층연구를 했음은 널리 알려진 일이었다.36)

둘째로 박정희는 현존하는 황족에 대한 조사연구를 꾸준히 진행하였다. 당시 영왕은 식물인간이었고, 이구는 아기가 없었다. 그러한 대한황실을 유념하면서 당시에 현존하던 대한황족에 대한 정보 수집을 계속하였다. 그리고는 대한황실이 재기할 수 있도록 황실 차원의 뒷받침을 계속하였다.

셋째로 일본침략과 이승만 탄압 때에 국가에 빼앗겨서 놀이터로 방치되거나 헐값에 팔려나간 옛 황실유적과 유물에 대한 관리를 철저히 해

35) 안천, 일월오악도 제5권, op. cit., p. 318.

36) 그리하여 당시 일각에서는 박정희가 스페인에 헌법학자를 보내며까지 장기집권을 획책한다고 일방적인 악선전을 했는데, 내면적 사정은 모르면서 반대를 위한 반대로서 무조건 선전을 한 사례이다. 당시 박정희가 10월유신이라고 한 것은 일본의 명치유신을 확실히 유념하며 황실복원을 생각했다고 보인다.
안천, 일월오악도 제4권, op. cit., p. 192.

나갔다. 놀이터로 전락했던 임금님릉에 대한 종합적 보호 관리를 시작했으며, 국립박물관을 적극적으로 후원했다. 또한 동물원으로 전락했던 창경궁, 일본 고등학교가 되었던 경희궁을 원래의 존엄한 궁궐로 재건시켰고, 경기전, 5대 궁궐 등 많은 황실유적을 보호 관리 하면서 문화재 수준을 높였다. 특히 '문화재청'이 이승만 이후 박정희 때에 발족하는 것은 중요한 의미가 있다.

넷째로 박정희는 군사혁명 직후부터, 당시에 남아있던 최고의 황족이었던 운현궁의 아들에 주목하는 특이한 행태를 보였었다. 그리하여 운현궁의 둘째 아들인 '이장'에게 확고한 후원을 했었다.[37] 박정희는 이승만이 대한황실을 짓밟고 말살시키려고 했던 만행이 잘못되었음을 확실하게 인지했다고 생각된다. 다만 이장이 불행하게도 미국에 유학가서 교통사고로 비운의 삶을 마감해 잊혀진 역사가 되었고,[38] 이구가 귀국하며 거기에 관심을 쏟다가 박정희 스스로 비운의 죽음을 맞으며 잊혀진 역사가 되었을 뿐이다. 만고충신 박정희가 설계했던 '미완성 꿈'은 언제 완성될 것인가 아쉬움이 크다.[39]

4) 황실골동(皇室骨董) 문화정책기

대한황실에 대해 따뜻한 긍정적 문화정책을 전개했던 시기는, 오로지 박정희가 집권하면서 시작되었고 박정희가 작고하면서 18년 만에 끝을 고하게 된다. 개인 정치성향이 강하게 영향을 미치는 대통령 정치체제의 최고 정치지도자의 성향에 크게 좌우되었기 때문이다. 박정희와 같이 생각이 깊고 역사를 알면서 나라에 헌신한 때에, 현대사 최고의 정치

37) 안천, 일월오악도 제5권, op. cit., pp. 316-317.
38) 인천, 대한황실황통쟁투사, op. cit., pp. 179-182.
39) 안천, 일월오악도 제4권, pp. 180-195.

로 민족번영과 부국강병의 토대를 쌓은 것과는 다른 정치 흐름이 있었기 때문이다.

(1) 대한황실 조롱정책(嘲弄政策)

무릇 정치는 진실된 역사를 창출하는 과정이다. 하지만 정치를 하면서도 정치가 도대체 무엇인지를 모르거나, 정치가 전임자를 악선전하는 것으로 알거나, 정치가 사사로운 가치관에 따르는 것으로 알거나, 정치적 시야가 너무 좁고 수준이 낮거나, 정치적 인간됨이 위선적이고 거짓된 대통령들이 정치를 한다면 나라는 정상적인 길을 갈 수가 없다.

박정희 이후에 우리사회는 급전직하로 추락했다. 한강의 기적을 만든 나라는 어느날 별안간 IMF 구제금융을 받게 되었고, 최악의 가계부채, 엄청난 국가부채를 가진 난감한 나라가 되었다. 많은 사람들이 파산하고 노숙자가 되었으며 많은 기업이 부도를 냈다. 혼돈과 방황의 시대가 급히 찾아왔다. 해외이념이나 종교, 철학에 피암시된 상태에서, 확실하게 정신이 정립된 대통령이 오히려 이상한 경우도 적지 않았었다. 별안간 찾아 온 격동과 갈등 속에서 대한황실은 차츰 쓸모없는 옛 시대의 골동품과 같은 신세로 전락하게 된다.

그런데 쓸모없는 골동품과 같은 대우를 받는 듯한 대한황실로 전락하는 때에, 공교롭게도 이석 황손의 황실복원운동(皇室復元運動)이 시작된다. 그리하여 대한황실이 쓸모있는 문화유산이라는 긍정적 시각을 뿌리내리게 함에 큰 공로를 쌓았으나, 골동품 상황을 극복하기는 쉽지 않은 일이었다. 생각하면 이석 황손의 황실복원운동도 박정희 시대가 없었다면 불가능한 것일 가능성이 높다. 왜냐하면 이승만 시대와 같은 혹독한 황실말살 분위기 속에서는 전혀 대한황실을 되살린다는 생각조차 할 수가 없기 때문이다. 매우 아쉬운 일인데 박정희가 살아 있었을 때에 황실복원운동이 출발했다면 성공 가능성이 매우 높았을 것이다. 그렇지만 이석 황손의 황실복원운동은 박정희가 사라지고 출범한다. 어떻든 이석 황손의 황실복원운동은 박정희의 시대를 이어서 출범했다는 표현이 맞을 수도 있다.

그런데 이석 황손의 황실복원운동은 대한황실을 조롱하는 분위기가 퍼지는 것과 병치된 흐름으로 나타났다. 그 까닭은 박정희와 같이 대한황실에 대해 적극적인 옹호정책을 펴는 정치인이 사라지고 나니까, 다시금 일제 탄압 정책과 이승만 말살 정책의 가혹했던 잔재가 되살아났기 때문이다. 만약에 이승만이 없었다면 일본이 물러가고 대한황실이 다시 부활될 가능성도 매우 높았지만, 이승만의 대한황실에 대한 잔혹했던 말살정책 후유증이 워낙 강하여, 박정희의 옹호정책이 그것을 완전하게 극복하지 못한 때에 박정희가 죽음을 맞았다. 그리하여 박정희가 사라지자 일제침략과 이승만 탄압의 후유증이 다시 돌출한 것이다.

대한황실에 대한 조롱정책은 왜 나왔는가? 그 직접적 원인은 박정희 이후의 정치전개에 주도적 활동을 했던 김영삼과 김대중이 사실상 이승만 계열이었기 때문이다. 많은 사람들은 김영삼, 김대중을 박정희 이후의 사람으로만 본다. 하지만 김영삼과 김대중은 자유당 시대에 정치무대에 입문했다. 젊을 때의 김영삼과 김대중은 장택상의 비서 혹은 측근으로 정치적 활동을 시작했다.[40] 그러니까 장택상이 정치스승 겸 담임선생님에 가까웠다. 개인차가 있지만 자유당 시대에 출세하기 위해 전력투구(全力投球)를 했던 젊은 시절이 있던 인물들이다. 경우에 따라서는 4·19혁명 때의 타도 대상에 해당하는 사람들일 수 있었다.[41]

생각하되 김영삼과 김대중은 박정희를 정적으로 하여, 박정희가 군사

---

40) 장택상은 미군정 수도경찰청장을 역임하고, 자유당 시대에 초대 외무부장관, 국회 부의장, 국무총리 등의 최고 요직을 두루 거쳤다.

41) 안천, 일월오악도 제5권, op. cit., pp. 322-347.

독재자라면서 일방적으로 공격하며 살았으나 박정희가 정치적 은인에 가깝다. 5·16군사혁명이 나면서 자유당 때의 원죄(原罪)가 묻혀지는 반사이익을 얻었고, 박정희 시대의 야당 정치인으로 정치적 성장을 했기 때문이다. 김영삼과 김대중이 서로 협력적 협공을 펼치면서 원색적으로 박정희가 군사독재자임을 부각시킨 것은, 스스로의 원죄를 감추려는 전략적 행동의 성향이 높았다. 예리한 눈으로 김영삼과 김대중을 살펴보면, 그들은 군사독재 공격은 치열하게 하면서도 자유당 독재라는 표현이 거의 없었다. 박정희를 독재자라면서 이승만은 입에 담지 않았다. 그래서 오늘날 일반인들은 박정희는 악을 대변하고, 이승만은 선을 대변한다고 착각하는 경우도 적지 않다.

김영삼과 김대중은 자신들이 자유당 독재의 구성원이었었기에 자유당 독재를 거론할 자격도 없는 사람들이었다. 김영삼과 김대중은 자신들이 민주주의를 위해 싸운 민주투사라고 했지만, 4·19 민주혁명을 긍극적으로 예찬한 사례가 거의 없었다.[42] 사실상 외면한 사람들이다. 그들이 주장한 민주주의의 진정성을 얼마나 믿어야 할지 의심스럽다. 그렇기에 4·19혁명은 오랫동안 잊혀지길 강요당하고 백안시 당하며 버려진 혁명이었다. 겉으로 마지못해 칭송하며, 5·16혁명만 일방적으로 공격했다[43]. 그리하여 4·19혁명의 기폭제가 된 김주열의 장례는, 김영삼

---

42) 김영삼, 김대중은 서울 수유리의 4·19묘지 참배를 한 적도 드물고, 4·19 혁명의 기념식도 제대로 한 적이 거의 없다. 4·19묘지를 홀대하면서 망월동 묘지를 부각시킨 것은, 김영삼과 김대중의 살아온 속사정을 실토하는 것이다.
안천, 일월오악도 제3권, op. cit., pp. 288-412 참조.

43) 4·19혁명은 학생이 주체였다고 했으나 사실상 주체가 사라진 혼돈의 혁명이 되고 말았다. 그리고 5·16혁명이 나면서 오히려 4·19혁명의 타도대상의 다수가 야당세력이 되어 군사독재 공격을 하였고, 그 공격은 그들의 4·19 원죄를 숨기려고 과잉공격을 한 성향이 높았다. 4·19혁명은 장기간에 걸쳐 실종된 혁명에 가까웠고, 5·16혁명만 집중공격되었다.
4월혁명동지회, 4월혁명, 1965 참조.
안동일, 새로운 사일구(서울: 김영사, 1997) 참조.
이화수, 4월혁명(서울: 평민서당, 1985) 참조.

은 물론 김대중 시대에 장례식도 못 치뤘다. 그리고는 김대중이 죽고 그의 후계자 노무현까지도 죽고서야 2010년의 4·19혁명 50주년을 맞아 장례식을 겨우 치룰 수가 있었다. 그러나 김주열의 장례가 50년 만에 치뤄진 이유를 깊게 생각하는 일반인은 드물었다. 김주열의 사례를 보면 김영삼과 김대중이 6월시민항쟁의 기폭제가 된 박종철을 크게 부각시킨 것도, 순수하다기 보다는 정략적 위선이란 생각이 크게 든다. 김주열은 버리고 박종철을 이용한 정략성이 뚜렷하다.

김영삼과 김대중은 엄밀히 살피면 이승만 정치학교에서 정치실습을 하며 이승만 정치를 배웠고,[44] 이승만 정치를 사실상 부활시킨 사람들이다. 그들은 일제강점 시대에 순응해 살다가, 이승만이 대한황실을 말살시키는 흐름의 본류에서 정치초년생으로 있었기에 이승만 체질에 젖을 수밖에 없었을 것이다. 그렇기에 일본과 이승만이 극도로 탄압한 대한황실이 존엄하게 보일 리가 없었으며, 박정희 이후에 이승만의 대한황실 정책을 부지불식간에 재생시켰으나 노골적으로는 못하고 흡사 조롱정책이 될 수밖에 없었다고 생각된다.

(2) 대한황실 모독 정책(冒瀆政策)

우리들은 김영삼, 김대중 시대를 과거와 단절시켜서 보는 것에 익숙해 있다. 하지만 김영삼과 김대중 시대는 사실상 자유당 시대의 문화정책 논리가 되살아난 때였다. 박정희 시대를 통해서 나라가 바뀌고 국력이 커지며 국민이 나름대로 개명된 토대 위에서, 사실상 자유당 체제를 부활시킨 때였다. 그러한 흐름 속에서 대한황실을 모독하는 정책이 발을 붙이게 된다.

대한황실을 모독하는 신탄압 정책은 대한황실을 이유 없이 모독하는

44) 여기서 김영삼은 확실한 이승만 계열이라면, 김대중은 겉돌은 이승만 계열일 수 있다.

것으로서, 김영삼과 김대중의 집권과 함께 등장한다. 그것은 박정희가 한 것은 무조건 독재시대의 잘못된 것이라면서, 궁극적으로는 다시금 옛 시대로 되돌아가는 것이었다. 신탄압 정책이 이승만의 대한황실 탄압, 말살 정책을 잇는 것이며, 경우에 따라서는 일본의 침략강점 정책을 부활시키면서 대한황실을 모독하는 것이란 것은 헤아릴 틈도 없이 새로운 문화정책 흐름으로 전개가 되었다. 그러니까 신탄압 정책은 이승만 시대에 피암시 감염된 상태에서 박정희 비방만 일방적으로 하다보니까 부지불식간에 이승만 노선을 다시 걷게 된 것이다. 공정성을 잃고 박정희만 일방적으로 탓하니까, 저절로 이승만이 되살아나게 되는 것이다.45)

이승만 시대에 있어서 친일파 처단은 유야무야 되며 끝났으나, 대한황실과 황족에 대해서만 정략적으로 인민재판 하듯이 몰아치면서 추상같이 실시했는데 그것이 신탄압 시대에 어이없게 부활한다. 이승만이 확실하게 대한황족의 재산을 박탈하며 거리로 내몰았으나, 옛 조상의 묘지 등은 그래도 그냥 뒀는데 그것을 마저 내놓으라는 제2의 가혹한 철퇴가 내려진다.46)

애초에 김영삼과 김대중은 장택상과 강한 인연을 갖고 정치활동을 펼쳤었다. 김영삼은 장택상의 최측근 비서였고 김대중은 비서, 대변인이었다. 특히 김영삼은 자유당 시대를 대표한다고 할 젊은 정치인이었다. 그러니까 김영삼, 김대중 인맥은 다분히 자유당 학교의 학생들일 수밖에 없었다. 김영삼과 김대중이 정권을 쥐며 그 인맥이 부활하는 것은 당연한 것이었고 이승만 시대의 복고풍 정치가 될 수밖에 없었다. 사실상

45) 그래서 김영삼, 김대중 이후에 일각에서는 이승만을 미화하며 심지어 동상까지 여러 개가 다시 세워진다. 박정희만을 일방적으로 공격하는 김영삼, 김대중 시대의 숨겨진 비밀이, 느닷없이 이승만 시대의 부활로 제2의 자유당 시대가 재현되었음을 뜻한다.

46) 그 당시 옛 조상의 묘소가 있는 산등성이 등은 거의 땅값이 나가지 않는 것으로, 재산박탈의 의의도 없어서 그냥 둔 것이다. 그런데 이 시대에 그것을 재산축적한 것이라며 강제로 내놓으라는 것이다.

제2의 자유당 정치를 펼친 것이다.[47]

신자유당 정치의 극치는 특히 노무현 정부에서 친일파 처단을 한다면서 극단적으로 표출된다. 친일파 처단의 논리는 김영삼, 특히 김대중 때에 배태가 되어 노무현 정권에서 구체화가 된다. 그런데 친일파 처단은 이승만 정권 때에 시도했다가 유야무야된 것이었다. 이승만은 친일파 본당을 널리 등용하며 입으로만 항일애국을 하는 정치노선을 걸었었다. 생각하면 그러한 흐름 속에서 정치입문을 한 김영삼, 김대중은 범친일파에 속한 인맥이기도 했다. 그들은 일제강점의 어둠의 시대에 독립운동이 아니라 어둠의 시대에 적응하며 산 사람들이었다. 일본인 멸치 어장을[48] 주관한 부친의 그늘에서 큰 김영삼과 일본인 회사를 다니며 살았던 김대중은 독립운동이나 항일운동과는 거리가 있는 인물이었다.

생각하면 그들은 항일전쟁의 본질적인 뜻을 파악하기도 어려운 범친일파였다. 그러니까 사실상의 친일파들이 친일청산을 한다고 하는 것과 같았으며, 사실상 일제 침략과 이승만 시대의 어둠의 정치를 그대로 계승한 것이다. 이승만은 집권을 하고서 친일파를 대거 등용하며 대한황실을 짓밟는 말살정책을 펴는 경악할 만행을 자행했는데, 그 후속편 비극 드라마가 재현된 것 같이 되었다.

이승만 때에 시도했다가 용도폐기시킨 친일청산 정책은 반세기나 시간이 흐른 노무현 대통령 때에 현실화되지만 기막힌 일이 발생한다. 대한황실에 대한 평가기준은, 일본침략 때와 이승만 때의 것을 그대로 적

47) 박정희 시대가 끝나면서, 김영삼과 김대중에게 도취된 사람들은 곧 태평천국이 올 줄 알았다. 하지만 IMF 경제위기와 거대한 가계부채, 국가부채로 고통을 받는 나락의 길을 급격히 달려갔다. 참된 정치는 허황된 선전이 아님을 깨닫는 데에는 가혹한 고통이 필수적일 수 있다.

안천, 일월오악도 제5권, op. cit., p. 338 참조.

48) 그 멸치어장은 원래 대한황실 의왕의 것이었는데, 대한황실의 핵심인 의왕을 탄압하며 일본인 소유가 되었던 것이다. 그 일본인에 충성한 결과로 그것이 제2차 세계대전 이후에 김영삼 부친의 어장으로 된다.

용한 것이었다. 사실상 일제 강점기의 황실탄압과 이승만 시대의 황실말살을 합한 시각으로 대한황실을 조롱하고 모독하는 것으로 나타난다. 대한황실을 모독하는 정책은 그리하여 새로운 인민재판 형태의 역사재판으로 감행되었다. 심지어 황족들이 가진 길거리 자투리땅까지 언론에 공개하며 죄인으로 몰아갔다. 그러다가 노무현은 그것을 제대로 수습도 못하고 대통령에서 물러나자 곧 자살을 하며 사라진다. 황실모독 정책을 펴다가 스스로가 역습을 당한 듯이 되고 말았다.

(3) 대한황실 비하정책(卑下政策)

대한황실을 조롱하고 모독하는 정책은 광범위하게 황실비하의 흐름을 조성했다. 대한황실을 비하하는 정책은 물론 일제강점 때와 이승만 때의 탄압 말살정책을 재현한 것이다.

대한황실을 비하하는 정책은 광범위하게 황실문화재를 세속화시키는 형태로 나타난다. 느닷없이 국보 제1호 숭례문을 국민들에게 개방한다고 자유로 드나들게 만들었고, 옛 황실 유적인 궁궐이나 박물관을 마음대로 드나들게 만든다며 선심성 개방정책(開放政策)을 폈다. 이러한 문화정책은 예전에 침략자들인 일본이나, 황실말살책을 폈던 이승만 시대에 하던 원색적인 황실탄압정책 그대로이다. 일제강점 치하의 옛 추억정서에 젖어서 깊은 생각없이 충동적 발상에 따라 일제침략, 이승만 탄압을 정확하게 답습하는 것이다.

일제강점 때와 이승만 시대에 대표적인 문화침략의 참상은 창경궁이었다. 창경궁을 온통 허물고 훼손하며 동물원, 식물원으로 만들고, 곳곳에 일본 국화인 벚꽃을 심었다. 그리고는 국민들을 위해 개방하여 혜택을 준다고 거짓 선전을 했다. 당시에는 초등학생들이 우선적으로 찾아가는 봄 소풍, 가을 소풍 장소가 창경궁이었다. 이름도 바꿔서 창경원으로

격하시킨 곳에서의 밤 벚꽃놀이는 사뭇 국가적 차원의 사이비 축제였다. 그것을 존엄하게 바꾼 때가 박정희 시대였다. 동물원을 옮기고, 옛 왕궁을 복원시키며 존엄하게 만들었다. 그런데 그것을 다시금 개방한다며 사실상 자유당 이전의 놀이터로 만드는 황당한 정책이 노무현 정권 때에 느닷없이 나온다.

그리하여 박물관을 무료로 개방하고, 궁궐은 성역없이 개방한다는 정책을 펴 나간다. 그러한 인기위주 선심정책 속에서 국보 제1호 숭례문을 불태우고 만다. 숭례문 화재는 추친일 개방정책에 따른 필연적인 귀결이다. 그런데 국보 제1호 숭례문이 불타는 참담한 순간에도 눈치만 보며 서로 책임공방이나 하다가 시간을 끌면서 전소시키고 말았다. 화재의 책임은 정략적으로 상대방에게 책임전가만 시키다 유야무야 되었고, 말단 하급관리자 몇 명만 형식적으로 처벌하고 끝났다. 사실상 국보 제1호를 불태우고는 누구도 책임을 진 인물이 없었다. 그런데 가장 큰 범인은 바로 신친일 문화정책을 편 노무현 대통령이란 생각도 없었다. 노무현은 바로 일제침략자나 이승만에게 피암시된 김영삼, 김대중을 이어서 제2차적으로 피암시된 황실문화재 탄압을 자행한 대통령이라는 생각도 없었다. 철학없는 포퓰리즘(populism) 정치에 마비된 민중들은 이성을 상실하여, 입 안에 사탕 한 알을 넣어주면 모든 것이 마비되어 버리는 듯한 이성상실의 비극 속에서 국보 제1호는 잿더미로 변한 것이다.

국보 제1호 숭례문이 불탈 때에 숭례문은 밤마다 노숙자들의 여관 겸 쉼터가 되었고, 술파티가 열렸음은 불이 나고서야 알려졌다. 숭례문 방화범은 종묘, 창경궁도 태우려고 갔다가 숭례문에 불을 질렀다는 경악할 얘기도 했었다. 철부지 민중들은 숭례문이 불탄 것에 분노한다고 하면서도, 궁궐을 자유로 드나들고 박물관을 공짜로 보여준다는 의미도 제대로 모르며 환호했다. 그것이 일제강점 정책과 이승만 만행이 되살

아난 것이란 생각을 하는 사려깊은 사람들은 드물었다.[49]

대한황실 비하 문화정책이 얼마나 꼬인 시각에 위선적이고 정략적인가를 말해주는 또 하나의 대표적인 사례는 광화문 재건축이다. 광화문은 일본이 침략하여 조선 제1법궁인 경복궁을 참담하게 파괴하는 흐름과 6·25전쟁을 겪으며 사라진, 경복궁의 얼굴이요 서울의 얼굴이며 숭례문과 같은 대표적 상징물이다. 그것을 가난한 때에 거금을 쏟아서 재건한 박정희 대통령은 나름대로 큰일을 한 것이다. 일제침략과 이승만 탄압 속에 대한황실 문화재가 속절없이 파괴되고 사라진 것을 극복한 대표적 업적의 하나이다. 그런데 노무현 정부가 들어서자 곧 광화문 현판 글씨가 박정희의 글씨라고 한 동안 큰 소동을 피웠다. 오로지 핵심은 박정희 현판 글씨에서 비롯된 것이다. 그러나 그 현판을 떼지 못하게 여론이 들끓어 할 수 없이 그대로 두었다. 그렇게 좌절을 당하자 다음에는 광화문의 위치가 북쪽으로 11.2m, 동쪽으로 13.5m, 그리고 경복궁 중심축에서 각도가 옛날보다 3.75도 틀렸다고 비방을 했고, 콘크리트로 지었다면서 박정희가 문화의식이 박약한 사람인 듯 박정희 시대를 비방했다. 그리고는 거침없이 허물어 버렸다.[50] 박정희는 왜 콘크리트로 지었는가? 그것은 일제침략과 이승만 시대를 거치며 우리나라의 산은 거의 새빨간 민둥산으로 덮였었고, 별로 없는 나무를 자를 수가 없었으며 수입해 온 나무를 쓰는 것도 옳지 않았기 때문이다. 나무를 수입하느니 콘크리트로라도 튼튼하게 문화재를 재건한다고 하면서 잘 지은 건물인데, 광화문을 어느 날 순식간에 부순 것이다. 박정희 시대에 나무사랑, 환경

---

49) 안천, 대한황실황통쟁투사, op. cit., pp. 76-80.

50) 박정희 때의 건축비는 당시로서 거금인 약 8500만원이었고, 노무현 정부의 재건축 비용은 280억원에다 국유림의 아름드리나무를 많이 잘라낸 것이다. 잘 지어졌던 광화문을 헐고 다시 짓는 280억원의 돈이면, 지방 곳곳에 방치되고 무너지는 문화재 보호 비용에 많이 충당되었을 것이란 개탄의 여론이 많았다.

보호정책이 확실히 뿌리내리고, 치산치수(治山治水) 정책으로 나무 가꾸기를 국가 제1의 정책과 같이 실시한 뒤에 우리나라의 산야가 푸른 나무로 뒤덮이니까, 왜 그 당시에 철근 콘크리트 광화문을 지을 수밖에 없었나를 모르는 것이다.[51] 우리나라 대부분의 수력 댐을 건설하여 전기를 안정적으로 공급하고, 매년 계속되던 홍수를 막은 것도 치산치수 산림정책의 성공인 것을 거의 의식하지 못하게 된 것이다.[52] 김영삼, 김대중의 후계자들이 일방적으로 원색적인 박정희 비방을 하는 속에,[53] 보다 강력한 제2차적 추친일 행동을 하면서도 그들의 정략적인 병리행태의 뿌리는 어디에서 나온 것인가를 전혀 모르는 것이다. 사실상 제2차적 신친일파들에 의해 숭례문이 불타고, 광화문 재건축이 되는 것을 모르는 것이다.

이러한 황실비하의 전형적 사례가 또 있다. 그것은 이 무렵에 서울의 심장부인 종로구 국회의원에 출마한 이명박 후보의 선거 공약이, 황실사당인 종묘 앞에 야외 음악당을 만든다는 기상천외의 것이었다.[54] 이것은 문화정책에 대한 기본상식도 없고, 문화논리에 대해 천박한 단계까지 진척된 사례이다. 그런 공약을 내세운 인물은, 그러나 당당히 종로구민에 의해 국회의원으로 선출되었다. 그리고 그 선거 공약은 확실히 실현되어 종로국악당이란 이름으로 건축이 되었었다. 국가 제1사당 앞에 경악할 일이 생겼으니, 돈이 되고 인기관리가 된다면 조상 묘소 앞에

51) 콘크리트 광화문도 콘크리트로 지을 수밖에 없었던 시대를 생각하면 매우 중요한 문화재인데, 그것을 무참하게 부쉈다. 사실상 그 훌륭한 문화재를 없애고 280억의 거금을 허공에 날려 보내고 말았다.

52) 6·25전쟁 이후에 이남에는 화천댐 수력 발전소 1개 밖에 없었다. 모든 다른 수력발전소는 박정희 때에 만들었고, 그 이후에는 별로 만든 것이 없다.

53) 오로지 노무현 정부의 첫출발은 광화문의 현판이 박정희 친필 글씨라는 것을 역겨워하고 비방하며 재건축한 것이다. 그렇다면 그 누가 헐뜯어도 자신있으며, 모든 것이 완벽한 광화문을 새로 지을 능력이 있는가?

54) 동아일보, 1996. 3. 17 참조.

서도 노래방 영업을 할 극단적 문화실조(文化失調) 현상이 나타난 것이다. 그렇지만 이것은 너무도 참담한 일이라 반대의견이 강력하게 나와 단지 몇 년 만에 허물며 사라졌는데,[55] 그는 훗날 대통령에까지 당선되었다. 온 나라가 문화실조 상태에 빠져 있는 것이다.

3. 대한황실의 참담한 현주소

대한황실의 근현대사는 지금까지 살펴 본 바와 같이 가시밭길의 역사였다. 일제침략과 이승만 탄압을 거치면서 대한황실은 절망적인 실종상태에 있었다. 사실상 사라지고 없어져 우리민족의 뇌리에서 깨끗이 잊혀진 상태가 되었다. 그러다가 박정희 시대를 맞아 대한황실이 기사회생될 기틀을 마련하였으며, 이석 황손이 토대를 놓은 황실복원운동에 따라 소생의 가능성까지 보이는 단계가 되었다.

그렇지만 박정희 시대가 끝나면서 대한황실은 다시금 박정희 이전의 어두운 타성이 되살아났다. 사실상의 신탄압 시대가 만들어졌고, 대한황실은 다시금 기구한 운명에 처하게 되었다. 이승만 시대에 대한황실을 너무나 죽여버린 후유증으로, 박정희 시대의 용인정책이 있었으나 대한황실은 아직도 실종선고(失踪宣告) 상태에 있다. 따라서 일제침략은 현대시대에 다시금 성공을 거두는 결과를 도출시켰다.

55) 안천, 일월오악도 제5권, op. cit., p. 207.

Ⅲ. 대한황실 문화정책의 역사적 논리

1. 전통사회와 역사의 중심세력

1) 오도된 역사평가(歷史評價) 논리

우리나라의 근현대사에 있어서 역사운용의 중심축은 어디에 있었으며, 역사를 이끄는 중심세력의 당위성이 어떠했는가는 역사평가의 핵심체가 된다. 하지만 요즘 우리의 학계에서는 근현대사를 자의적 논리에 따라서 방향감 없이 평가하는 오류가 적지 않다. 그것은 우리의 역사평가를 위한 철학적 논리가 부재하기 때문에 나온 현상이다. 그리하여 해외에서 무비판적으로 직수입된 논리에 따라, 우리의 역사를 오도된 판단기준에 내맡겨 버린다.

첫째로 특히 이북에서 그런 흐름이 강했는데, 러시아에서 수입한 사회주의 계열의 좌파논리를 중심으로 역사를 일방적으로 평가해 왔다. 역사의 중심세력은 무조건 노동자라고 몰아가다가, 너무 현실에 맞지 않으니까 노동자, 농민이라고 고쳤다. 그러나 김일성, 김정일을 중심으로 한 이북의 집권세력은 그런 출신들이 아니었다. 그것은 중공도 그렇고, 사실상 옛 소련도 그러했다. 그러니까 현실에 맞지도 않으면서 탁상용 이론으로만 존재하는 것을 갖고 한국의 근현대사를 대입시켜서 기계적으로 평가하는 것은 우화논리에 불과하다.

둘째로 서양에서 수입된 종교관이나 정치논리를 그대로 직수입한 해외논리에 의해서 평가를 하는 경우도 흔했다. 특히 현대의 한국사회는 미국, 영국, 프랑스, 독일 등의 서구 논리를 무조건 도입한 논리에 의해서, 한국의 근현대사를 평가하는 것이 비일비재 하였다. 현대 한국 근현대사 논리는 그렇기에 타인의 논리에 억지로 꿰맞추는 것인 경우가 압도적이었다. 그렇기에 정치이론은 많아도 한국정치에 맞지 않고, 정치학자가 흔해도 한국정치는 혼란 속에서 좌초하는 흐름이 강하게 이어졌다.

셋째로 일본이 교묘하게 설계하여 구축해 놓은 침략강점 논리에 피암시된, 제2차적 친일논리(親日論理)가 많이 존재했었다. 그것은 한국땅에 있는 일식집에서 일본요리를 먹으며 그것이 예부터 전래된 우리 고유의 음식이라고 착각하는 것과 같은 논리이다. 그것은 침략시대를 그대로 추종하는 오도된 추친일(追親日) 논리이다.

2) 해외 침략논리에 무너진 전통적 중심세력

일제침략이 있기 전의, 약 100여 년 전의 우리나라는 고유한 전통 흐름에 따른 우리의 사회였다. 반면에 100여 년이 지난 오늘날의 우리사회는 고유논리에 따라 우리사회를 평가하는 평가관이 거의 존재하지 않는다. 그간 우리의 전통적 중심세력은 처참할 정도로 공격을 받으며 만신창이 상태가 되었다. 예부터의 우리사회를 이끈 중심세력은 임금님을 중심으로 한 황실, 그리고 상층부를 이룬 양반 지도층이었다.[56] 그런데 해외에서 들어온 논리들은 무조건 우리의 중심세력을 공격하는 논리로서, 때로는 매우 가혹한 침략논리였다.

먼저 사회주의 논리는 전통적 중심세력을 일방적으로 공격하며 타도의 대상으로 보는 논리이다. 사회주의 논리는 바로 그 논리를 배경으로 권력을 쟁취하려는 공격논리이기 때문이다. 따라서 그들이 공격하여 권력을 빼앗을 대상인 임금님, 황실, 황족, 양반층을 무조건 악의 대명사와 같이 몰아쳐 공격한 것이다. 그렇게 무자비하게 공략하며 이북 공산정

---

56) 안천, 일월오악도 제2권(서울: 교육과학사, 2003), pp. 412-469.

권이 수립되었다. 그리고는 6·25전쟁을 일으켜 온 나라를 피바다로 만들며 빼앗으려는 거짓 논리가 그것이었다. 사회주의의 특징은 사람보다 이론이 앞서고, 실질적 실적보다는 선전이 앞선다. 사람은 하나의 물질적 존재로 전락하여 이론의 노예가 된다. 그 이론은 정권을 공략하고, 권력을 탈취하려는 목표를 갖고 기존 권력체인 우리의 임금님, 황실, 황족, 양반층을 집중 공격했다. 그러나 공산주의 이론에 노예가 되어 죄악의 지옥이 만들어진 이북 자체에는 전혀 비판이 없다. 6·25전쟁도 완벽하게 이북에서 러시아, 중국과 함께 계획된 침략을 했지만, 모든 것이 남쪽 잘못이고 미군이 나쁘며 남쪽에서 먼저 전쟁을 벌였다고 변함없이 거짓말을 한다.[57] 그리고 1953년의 휴전을 전승(戰勝)이라고 부르니 후안무치한 일이다. 그런 모순된 공산주의자들의 공격적 선전이 오늘날의 우리나라에 그대로 남아 있다.

다음으로 서양 기독교 국가의 논리도 많은 경우에 우리의 전통사회를 공격하여 그들의 세력권을 만들려는 논리이기에, 우리의 전통적 세력을 용납하지 않았다. 그리고 친일 잔재 사고에 의해서, 예전에 일본의 침략논리에 피감염된 제2차적 친일세력들의 논리도 우리의 전통세력에는 매우 비판적이고 공격적이다.

생각하되 우리의 전통적 중심세력인 임금님, 황실, 황족, 양반층은 결코 지탄 받을 만큼 죄악으로만 뭉쳐진 대상이 아니었다. 오히려 존엄하면서, 애국애족적이고, 이타적이며, 국리민복, 공익을 위해서 헌신한 바가 많았다. 그럼에도 해외에서 들어온 침략논리에 의해 일방적 공격을 당하며 초토화될 정도로 피해를 입고 말았다.

생각하면 위대한 세종대왕을 비롯하여, 이순신, 율곡, 퇴계는 물론이며, 독립운동의 중심세력인 안중근, 이상설, 이회영, 유인석, 신채호, 이

57) 안천, 남침유도설 해부(서울: 교육과학사, 1994) 참조.

상룡 등의 위대한 애국자들은 모두 전통적 지도세력이었던 임금님, 황족, 양반층이었다. 나철, 김교헌 등이 이끄는 거대한 대종교 독립운동 조직은 거의 대부분의 양반 지도층이 거국적 차원에서 총궐기한 항일애국 군대였다.[58] 그래서 일본인들이 우리의 단군을 비롯하여 임금님, 황족, 양반을 비방하고 공격했었다. 그런데 그 핵심이유는 사라지고서, 일본인들이 헐뜯고 비방하던 욕설만 남은 오늘날이 만들어졌다. 지난 100여 년에 있어서 우리의 전통세력은 일방적인 공격에 의해 역사의 죄인과 같이 되었으나, 그들은 오히려 애국자, 충신, 의사, 열사, 독립운동가들이었다. 해외 침략논리가 가진 악의적인 본모습을 파헤치고 통찰하는 비판논리가 아쉽다.

2. 중심세력의 재건

현재의 우리사회에는 사회적 중심추(中心錘, 重心錘)가 사실상 존재하지 않는다. 막연하게 국민이 나라의 주인이고 주권은 국민에게 있다면서 주권재민(主權在民)의 논리를 말하고 있으나, 본질적으로는 공허하고 막연한 것이며 실체가 불분명하다. 그렇기에 나라가 안정성이 없고 끊임없이 요동치고 있다. 현재 막연하게 국민이 주인이라고 하는 논리는 (엄밀하게 말하면 해외 침략논리에 의해 원색적인 공격을 당하고서 초토화된) 전통적인 중심세력이 사라지고, 주인이 없는 공백상태가

58) 대종교는 사실상 종교단체가 아니라 최고 조상인 단군을 받들며 항일전쟁을 한 독립운동 단체였다. 회원은 약 30만 명으로서 남북한으로 나뉘지도 않은 약 1000만 인구였던 때에 최고 지도층의 대다수가 거의 모두 가입했던 애국 기구로서, 청산리 전투를 뒷받침하고 모든 독립전쟁을 기획, 추진, 실천한 우리민족의 최고 자랑거리이다.
안천, 일월오악도 제3권(서울: 교육과학사, 2002), pp. 205-214.

만들어졌다는 것과 다름없다.

혹독했던 일제침략 강점시대가 끝났는데도 불구하고, 우리사회가 안정성을 잃고 혼돈과 방황의 성향이 높은 것은 현대시대에 엄습해 온 침략논리를 극복하지 못했기 때문이다. 앞으로의 우리사회가 건강성을 되찾으려면, 해외 침략논리를 극복한 우리사회의 고유한 논리가 요망된다. 주체성 있는 우리의 논리를 정립시켜야, 우리사회가 안정되게 미래개척력(未來開拓力)을 갖게 될 것이다.

앞으로 우리사회가 꼭 100년 전의 옛 모습 그대로 되돌아갈 필요는 없다. 그렇지만 일제침략으로 끊긴 우리의 임금님을 구심점으로, 상징적 어른으로 모시는 것은 확실히 요망된다. 나라의 어른이 있어야 중심이 잡히고 안정을 찾게 된다. 그리고 현대적 의미의 중심지도층인 새로운 양반세력이 부활되어야 하겠다. 그 양반세력은 옛 시대와 같이 계급사회의 의미가 아니다. 스스로의 품격과 덕망 및 능력을 가진 현대적 지도세력이 정립되는 것을 말한다. 상징적 어른과 함께 현대시대의 격조 높은 지도집단이 실체적으로 만들어져야만, 우리사회의 미래에 확실한 안정적 추진력을 제공한다. 현대시대의 새로운 지도세력으로서의 현대판 양반은 어떤 집단이 되어야 할까?

생각건대 현대의 우리들은 중심된 마음이 없다. 그러면서 막연하게 온 국민이 주권자라고 믿는 허황된 논리에 사로잡혀 있다. 공공장소에서 담배를 마음대로 피우며 흡연도 권리라고 강변하고, 길거리에 침을 뱉고, 쓰레기도 부담 없이 버리며, 간단한 교통규칙도 지키지 않고, 이웃돕기나 애국은 뒷전이면서 목청껏 남을 탓하며 비방이나 일삼는 사람이 많아졌다. 그리고는 국리민복을 위해 큰 발걸음을 걷는 사람을 조롱하는 사람도 있고, 애국활동을 하면 국수주의(國粹主義)라고 비웃는 사람도 흔하다.[59] 곳곳에서 준법은 없고 권리주장만 난무하고, 책임과 의무는 없이 원색적인 권리만을 외친다.

현대의 우리들은 많은 사람들이 사실상 상놈들이 다 되었다. 곳곳에서 삭발하고 단식투쟁을 하면서도 국리민복, 애국, 공익은 없고, 부정부패, 사리사욕, 불의를 마다않고 나만 잘 먹고 잘 사는 것을 맹신하는 사람들도 많아졌다. 때로는 폭력과 무법이 횡행한다. 일제침략과 6·25전쟁으로 애국애족에 몸바친 건전한 중심세력이 사라졌기 때문이다. 극심했던 일제침략 후유증으로 절대다수의 제2차적 친일인맥이 추친일 사회를 만들고 있다. 일본은 우리를 침략하며 우리사회 전체를 그들의 천민촌인 부락(部落)이라고 불렀는데,[60] 진짜 부락민 같이 된 천민이 많아졌다. 입으로만 자기를 양반이라고 말하며 자기 가문이 훌륭하다고 주장하고, 실제로는 하층민 상놈 같은 사람들이 적지 않다. 특히 인터넷에는 이런 부류들이 흔하다.

그것은 어떻게 고칠까? 그것은 우리들 각자의 마음의 중심추를 세우며 실제 행동으로 품격 있는 모습을 보이는, 건전한 중심세력으로서의 새로운 현대판 양반층의 재건에 의해 고쳐져야 할 것이다. 현대시대의 양반은 누구나 격조높고 책임있고 실천력있게 품위를 가지면 양반이 되고 그렇지 못하면 상놈인 것이다.

첫째로 개인적 능력이 확실하게 갖춰져야 한다. 우리사회의 각 분야에서 나름대로의 우수한 능력을 갖춘 실력있는 사람이 현대판 지도세력이고 현대판 양반이 되면 된다.

---

59) 그것은 바로 대한제국 때의 애국운동이 민족의 국수(國粹)를 지키자는 민족 순수성 수호 운동임을 알고서, 일본이 국수주의라고 나쁘게 악선전한 것임을 모르고 오늘도 따라서 하는 추친일행위이다. 그것은 특히 친일계 학교 출신들이 친일에 세뇌된 제2차 친일행위로 크게 주장하는 우리사회의 희극이며 비극이다. 영어의 chauvinism은 맹목적 애국심, 호전적 배외주의자로 번역을 해야지, 국수주의는 그 뜻이 아니다. 일본인들이 의도적으로 나쁘게 정략적으로 악선전한 것이 국수주의 이다.
안천, 대한황실 황통쟁투사, op. cit., pp. 135-164 참조.

60) 일본부락해방연구소, 최종길 옮김, 일본부락의 역사(서울: 어문학사, 2010) 참조.

영조대왕의 정책논리[60]
(조세형평과 물자전략 사상)

둘째로 건강하고 품격 있는 삶을 사는 포괄적 인품을 갖추어야 한다. 심신이 건전하고 건강한 개인이 뭉쳐서, 건전하고 건강한 나라가 되는 것이다.

셋째로 적극적으로 행동화된 애국애족의 기본수준을 확실히 갖추어야 한다. 그리고 국리민복과 부국강병에 바탕을 둔 인류공영에 이바지할 헌신적 생활율이 정립되어 있어야 한다.

넷째로 나라발전에 헌신하고 국난이 오면 선두에서 나라의 위기를 극복하는 사람이 되어야 한다. 제2의 안중근, 윤봉길, 이상설, 이회영, 나철, 유인석, 김좌진, 신채호 같은 살신성인을 해야 한다.

다섯째로 세계적 수준의 가치관과 도덕률을 지키고, 인류사회의 발전과 번영에 도움을 줄 수 있는 인간적 그릇이 마련되어야 한다.

61) 영조대왕, 광무황제 폐하 어필 및 어기, 조선백자 사진은 다음에서 인용하였다. 국립고궁박물관, 국립고궁박물관 길잡이(서울: 국립고궁박물관, 2007).

Ⅳ. 새로운 중심세력 재건의 과제

1. 대한황실 문화정책사(文化政策史)의 통찰

현재의 한국인들은 역사와 문화를 보고 사회를 판단하는 정상적인 눈을 많이 상실하고 있다. 한국인들의 거의 대부분이 병든 눈을 갖고 있다. 따라서 우리나라에서 앞으로 미국의 오바마 대통령과 같은 인물이 탄생할 가능성은, 현재의 상황에 비춘다면 지극히 불가능하다. 케냐 유학생의 풋사랑이 낳은 외톨이 어린이에 해당했고, 편모 슬하에서 인도네시아 등 해외를 떠돌며 성장한 오바마를 대통령으로 뽑아 준 미국 국민은 대단히 위대하다.

하지만 지역연고, 계층연고, 학벌연고, 씨족연고, 종교연고 등에 따라서 일그러지고 오도된 선택만 해온 한국 국민들이 정상적인 판단력을 갖게 될 가능성은 현재로는 요원하다. 우리들 거의 모두가 역사적 눈, 사회적 눈, 문화적 눈에 심각한 병이 들었고, 너무나 편파적 이기주의에 병들었기 때문이다.[62)]

오늘날 주변의 일본이나 중국은 자체 사회의 고유한 사회적 병에 걸린 중환자 국가이다. 일본은 예부터의 권위적인 계층적 신분체제가 그대로 살아있기에, 심지어는 사소한 구멍가게까지도 대를 이어 자손에게 전하는 경직된 세습 독재체제이다. 오늘날 일본의 정치지도층은 거의 다수가 예부터의 전범 왜구들의 후손이다. 일본에서는 예부터의 세습적

62) 심지어 체육선수의 선발에 있어서도 정실과 부패가 심하였다. 히딩크 감독이 뽑아준 최고의 선수 박지성, 이영표는 당시의 축구계에서 겉돌며 인정을 받지 못할 만큼 우리사회가 썩어 있었다. 히딩크는 우리사회의 병리현상을 깨우친 신선한 충격의 인물이었다.

계급을 뚫고 신분상승을 하기가 매우 어렵다. 거기에서 일탈하면 가혹할 정도로 제거되며 왕따가 되기에 눈치를 보고 체념하며 산다. 중국은 공산당의 일당독재 체제로 소수의 고위층 공산당원만이 호의호식하며 안락한 삶을 살게 되어 있다. 수많은 민중은 헐벗은 하층민 노예로 비참하게 살게 되어 있다. 거기서 벗어나면 강제노역이나 죽음을 당하기에 숨죽이며 살게 되어 있다. 그러니까 일본은 반개방(半開放) 반폐쇄(半閉鎖)의 전통적 독재사회이며, 중국은 냉전시대의 무서운 완전폐쇄(完全閉鎖) 독재체제가 변한 것이 없다. 무섭고 떨리는 두 독재국이다.

그런데 우리나라는 일본이나 중국과 같은 나쁜 사회가 아니다. 그럼에도 불구하고 정상적인 사회적 눈을 상실한 국민들에 의해 매우 혼란된 선택이 이루어지고 있다. 현재의 한국인들은 노골적이고 원색적인 표현으로 말하면, 전체 사회적(societal) 차원의 당파싸움에 의한 이전투구를 하고 있다고까지 해석된다. 그 까닭은 우리들의 사회를 보는 눈이 심각하게 병들어 있어, 순수한 눈을 깨끗하게 유지하지 못하고 있기 때문이다.

그것은 본 논문의 앞에서 살펴보았듯이, 지난 100여 년 사이에 다양하게 엄습해 온 추친일 침략체제가 우리를 심각하게 병든 상태로 만들었기 때문이다. 우리들의 눈은 현재 매우 심각한 병을 앓고 있다. 우리나라에서 뽑히는 대통령이나 시장, 도지사, 국회의원이 정상적인 선출에 의해 당선되었다고 믿는 사람이 얼마나 되는가? 심지어는 최고 지성인들이 모였다는 대학사회에서 뽑히는 대학총장도 정말 총장다운 인물이 뽑힌다고 믿을 수 없다. 우리들의 눈은 너무나 병이 들었다. 그것을 고치는 데에 대한 처방전을 만들기도 쉽지 않다.

첫째로 지난 100여 년 사이에 가장 참혹한 침탈피해를 입은 대한황실만 보아도, 우리나라 사람들이 대한황실을 정상적으로 보는 것은 불가능하도록 가혹한 문화정책이 이어졌다. 워낙 탄압을 받고 악선전에 비방, 조롱, 모독이 이어진 광무(고종)황제가 정상적으로 보인다면 이상한 일이다.[63] 그 후손인 융희황제, 영왕 및 다른 황손들도 결코 정상적으로 보일 수가 없다. 오늘날의 많은 한국인들은 역사의 본질은 전혀 생각을 않고서, 일제침략과 이승만 탄압에 따른 악선전을 앵무새 같이 되뇌이고 있다. 그러므로 우리의 예부터의 자화상에 관련된 변인들은 잘못 보이게 되어 있다. 그 가운데 대한황실은 가장 심한 핍박을 받아서 가장 잘못 보여지게 만들어져 있다.[64]

황실탄압 문화정책기(일제침략강점 시대)		
단절정책	왜곡정책	회유정책

황실말살 문화정책기(이승만 시대)		
말살정책	능욕정책	망각정책

황실용인 문화정책기(박정희 시대)		
용인정책	예우정책	부활정책

황실골동 문화정책기(김영삼, 김대중, 노무현 시대)		
조롱정책	모독정책	비하정책

일그러진 눈

63) 이태진, 고종시대의 재조명(서울: 태학사, 2000) 참조.

64) 안천, 대한황실황통쟁투사, op. cit., pp. 215-378 참조.

둘째로 우리사회의 중심세력(中心勢力)을 통타한 해외 침탈논리들이 겹겹이 투영되면서 우리들의 잃어버린 눈을 만들었다. 우리들의 눈은 눈이로되, 우리의 눈이 아니다. 타인의 눈이다. 우리들이 사회를 보는 눈에는 임꺽정, 장길산 소설 등은 물론이고 다양한 흐름에 의해서 사회주의적인 눈을 갖고서,65) 무조건 그렇게 보는 눈이 만들어졌다. 또한 서구 기독교 문명권의 공격적 침투논리에 빠져서 무조건 그렇게 보는 눈이 만들어져 있고, 심지어는 광신도적인 눈까지 만들어져 있다. 그리고 일제침략 강점시대 이후에부터 꼬여진 눈이 계속하여 더욱 꼬여져 병든 눈이 만들어지고 있다.66)

일본이 원하는 대로 우리 임금님은 참담하게 사라졌다. 더욱 통탄할 일은 우리들의 눈도 마음도 침략자들이 원하는 대로 바뀌었다. 많은 사람들의 눈과 마음은 추친일파가 되었고, 그에 세뇌되어 신친일 행동을 하면서도 그것을 깨닫지도 못하고 있다.

2. 새로운 중심세력의 전망

일그러진 눈과 잃어버린 눈을 갖고서 무작정 살아가는 현대 한국인들에게, 새로운 중심세력의 등장을 통해 신시대를 만들게 할 방안은 병든 한

65) 임꺽정, 장길산, 태백산맥, 토지 등을 일각에서 최고의 소설이라며 의도적으로 강조하여 부각시킨 흐름이 정확히 보여져야 잃어버린 눈을 되찾게 된다.

66) 아울러 예부터의 전통 논리도 재점검이 필요하다. 예컨대 한족을 미화한 소설인 삼국지가 일제강점시대 이후부터 우리의 정체성 상실에 이용된 점도 주목해야 한다. 유비, 관우, 장비는 크게 미화를 시켰으나 황건적 떼도둑 두목에 불과할 뿐이다. 제갈공명을 신격화 수준으로 미화했으나 23전 23승의 이순신 장군은 제갈공명에 비하면 신화와 같은 실화이다. 이순신 장군의 위대함에 비해 제갈공명은 거짓 허상에 가깝다. 소설 속의 꾸며진 제갈공명이, 실제 역사의 이순신과 어찌 비교가 되겠는가? 전혀 비교의 가치도 없건만 제갈공명이 너무 우리들의 뇌리에 크게 각인되며 우리마음을 왜소하게 만들었다.

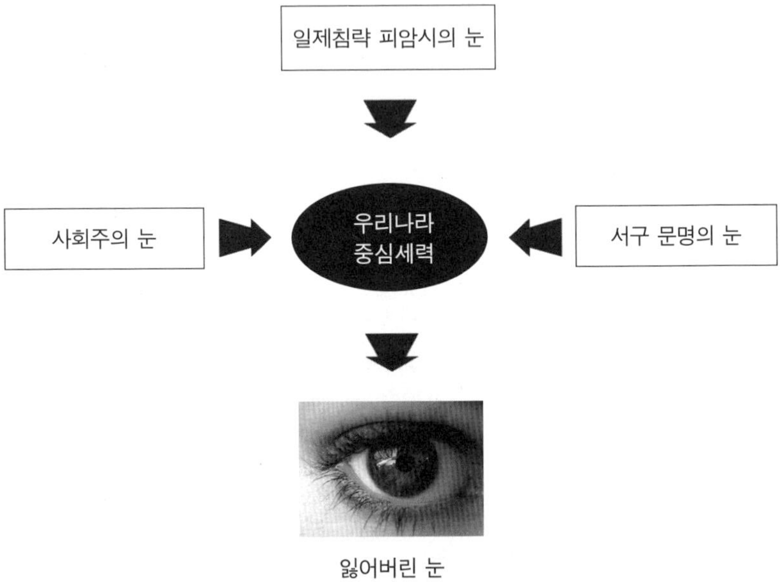

국인에 대한 역발상(逆發想) 접근법으로 가능할 것이다. 그러나 그 실천은 쉬운 일이 아니다. 왜냐하면 역발상에 대한 거센 저항이 있을 것이기 때문이다.

현대 한국인들은 흡사 고삐 풀린 야생마와 같다. 고삐 풀린 야생마들은 각자 알아서 제 잘난 대로 산다. 그렇기에 한국에는 각자 알아서 능력껏 살며 출세하고 돈 번 사람도 많다. 거기서 뒤처진 사람들은 출세하고 돈 번 사람의 성공한 열매를 무섭게 공격하기도 한다. 야생마들과 다를 것이 없고, 동물의 왕국과 거의 다를 것이 없다.

현대 한국인에게 있어서 건전한 중심세력의 상실에 따른 역기능은 다양하게 표출되고 있다. 그 중에서 대표적 사례로 세계 최악의 출산율 저하현상은 가치판단력이 일그러진 한국인들의 집단자살 현상이다.[67] 눈

앞에 보이는 이익추구에만 혈안이 되어, 정상적인 눈을 잃고서 집단 침몰하는 현상이다.

일본과 같이 세습적 전통의 무서운 규율도 없고, 중국과 같이 살벌한 독재의 칼도 없다. 한국인들은 스스로 알아서 자율 규제를 해야 하는데, 담배꽁초, 휴지 버리기나 우측통행, 횡단보도 건너기 등의 사소한 것부터도 스스로의 규제가 작동하지 않는 사람들이 적지 않다. 법을 지키는 사람보다 법을 지키지 않는 사람이 돋보일 때도 있다. 왜 이런 일이 벌어졌는가? 한국인들이 현대판 양반으로서의, 현대사회 지도층다운 사람들 집단의 형성이 쉽지 않은 까닭은 스스로에 대한 비판이 없거나 판단력이 부족하기 때문이다.

그리하여 본인들이 일그러진 눈과 잃어버린 눈을 가진 고삐 풀린 들짐승과 같은 성향이 있음을 감지하지 못하기 때문이다. 그러므로 물론 개인차가 있지만 한국에서는 곳곳에서 목청이 큰 사람이 이기게 되어 있는 불합리성이 많이 있다.

현대의 한국사회는 거대한 '국가차원의 당파싸움'에서 큰 세력을 가진 집단이, 집단 이기주의를 표출하며 억지로 꾸며서 만든 사람이 억지로 돋보인다. 온통 가짜들이 득세한다. 오늘날의 한국사회에는 선전, 선동에 따른 허상이 강하게 지배한다. 실질적인 실체가 사라져 공허한 허상이 지배할 뿐이다. 그렇기에 현대 한국사회에서는 해외논리가 엄습해오기 이전의 실학운동(實學運動)을 되살리며, 확실한 실적주의(實績主義)로서 인간을 평가하는 것이 우선적으로 요망된다. 거짓말 미사여구 선전이나 큰 집단이기주의 세력의 자화자찬에 따를 것이 아니다. 결과

67) 최근 10여 년간 세계 최저 출산율을 보이는 현재의 추세를 그대로 두면, 장차 각 가문은 끊기고 민족은 사라지게 되어 있다. 그래서 요즘 다문화 사회론이 강조되며 민족 본질도 상실되어 가고 있다. 요즘의 다문화사회 미화는 어쩔 수 없는 궁여지책 논리로서, 사실상 우리민족의 정체성이 상실되어 가는 병리현상의 표현이다.

로서의 확실한 실적이 중요한 판단기준이 되어야 할 것이다.

따라서 결점도 많지만 예컨대 박정희만한 인물은 현대사에 별로 없을 것이다. 물론 경제계로 예를 들면 정주영의 사례도 그렇다. 우리사회의 일각에서는 박정희에 대한 비판과 비방이 거세지만, 그는 욕먹을 만큼의 위대한 일을 했다. 그렇지만 박정희에 비하면 큰 차원에서 거론할 역사적 가치도 없는 자들이 박정희 비방에는 열을 내는 것이다.[68] 현재의 주어진 상태에서는, 차라리 박정희, 정주영이라도 전 국민이 흔쾌히 위업을 인정해 줄 수 있는 아량이 있어야 하고, 그러한 판단력이 있어야 정상적인 눈을 찾는 출발점이 될 것이다. 한국땅과 같이 작은 나라에서 지역이기주의가 왜 필요하고, 종교, 계층, 씨족, 학벌 이기주의가 무슨 의미가 있는가? 확실한 삶의 결과로서의 실적과 실력이 주요한 기준이어야 한다. 박정희가 없었으면 아프리카 케냐 수준에서 모두 헐벗고 병들며 굶어 죽었는데, 무슨 다른 논리가 필요할 것인가? 현대의 우리 사회는 눈에 보이는 실적주의라는 기준이라도 거의 무시되는 사회로서의 병이 대단히 깊다. 신실학운동(新實學運動)이 너무나 아쉽다.

> 전라도 사람도 경상도 인물을 흔쾌히 칭찬해줄 눈이 만들어져야 한다. 경상도 인물도 전라도 사람이 냉정하게 비판해도 용인하는 눈이 있어야 한다. 마라도 사람도 훌륭하면 대통령이 되고, 태백산 산골 사람도 뛰어나면 최고 지도자로 선출되어야한다.

현재와 같은 병든 사회로는 남북통일이 된다해도 이북동포들을 따뜻하게 포용할 수 없고, 내일의 격조 높은 선진국이 되기는 불가능하다. 특

68) 조선시대 600년에서 제1의 임금님은 세종, 제1의 장군은 이순신, 제1의 학자는 퇴계를 들듯이 크게 생각을 해야 한다. 현대 한국정치사에 있어서 100년 후에도 당당히 거론될 인물은 누구일까를 겸허히 생각하는 큰 눈이 요망된다.

히 한국의 현대정치사에서는 지역이기주의 등의 병에 짓눌려 애국도 민족애도 거의 없다. 궁극적인 거짓말 논리에 따라 거짓말을 잘하는 사람이 선택된 경우가 적지 않았다. 우리나라도 오바마 대통령이 선출되는 미국과 같은 꿈같은 나라가 꼭 만들어져야 한다.

그리고 세계 최저 출산율을 보이는 사례와 같은 우리들의 지극히 비정상적인 일그러진 자화상, 잃어버린 자화상을 정상화시켜야 한다. 현재와 같이 온갖 사소한 이유를 대면서 집단 자해, 집단 자살을 하는 한국인은, 자식을 낳지 않는 것이 국가 차원의 뿌리 깊은 병이 나타난 최악의 현상이라는 생각도 없다. 왜 최저 출산율이 급격하게 이 시대에 등장했는가에 대한 생각도 없다. 헛된 선전에 노예가 된 삶을 살다 보니까, 무조건 비방하고 탓하면서 그 표독한 칼날이 스스로를 공격하는 그 엄청난 병의 원인이 무엇인가를 거의 생각하지 못하고 있다. 끊임없이 비방만 하니까 애 낳고 키우는 것도 끊임없이 힘들고 귀찮으며 괴롭고 돈이나 들며 욕되다고 헐뜯으며 미래를 포기하는 것이다. 그리고 개인 자살율도 OECD 국가에서 최고가 된 것이다. 자신을 보는 일그러진 눈으로 스스로를 조롱, 모독, 비하하는 극대점에서 나타난 병으로 인하여 스스로 망하며 집단자살을 하고 있는 이유를 모르고 있다. 모든 잘못을 남의 탓으로 돌리고 온갖 핑계만 대면서 자살하듯 침몰하는 집단 현상이 왜 나왔는가를 모르고 있다.[69] 정말로 역사와, 사회와, 사람을 올바로 평가하는 신실학시대(新實學時代)가 요망된다. 실학운동이 절실하다.

---

69) 인간의 삶은 유한하다, 그렇기에 가족은 자식을 낳으며 민족은 새로운 세대를 만들어야만 한다. 그러한 자연 논리를 거역하면 가족도 끊기고, 민족이 사라지는 집단 자살현상이 되는 것이다. 현재의 한국사회는 스스로를 자율할 능력이 상실되어 지극히 비정상적이다. 아기를 낳는 긍정적 필요성은 전혀 생각도 못하며 끊임없이 비방을 하는데, 그 비방의 칼날이 쏟아지는 대상은 자신의 지극히 사랑스럽고 고귀한 아기인 줄을 모르는 최악의 사회가 만들어진 것이다.

Ⅴ. 맺는 글

역사는 정상적일 때에 정상적으로 기록된다. 역사는 정상적 연구가 가능할 때에 정상적인 역사로 정리가 된다. 그렇기에 비정상적인 상황 전개가 많았던 우리나라의 근현대사는 결코 정상적인 역사라고 말할 수가 없는 경우가 많다. 예컨대 일본 침략자들이 만든 광무황제, 융희황제 때의 실록은 사실상의 거짓말로 보며 학계에서는 참고자료로만 본다. 그렇듯이 우리의 근현대사에는 곳곳에 꼬인 역사가 있고, 일그러진 역사가 많이 있으며, 잃어버린 역사가 많이 있다.

그리하여 대한황실에 대한 시각도 너무나 잘못되어 있다. 일제침략이나 이승만 탄압에 의해서 가장 가혹한 피해를 입은 대한황실임에도 불구하고, 사실상 그 시각이 생생히 살아서 오늘날에도 이어지고 있다.

우리들은 거짓말에 거짓말이 중첩되며, 거짓말에 짓눌린 삶을 살아가고 있다. 거짓말 홍수에 떠내려가면서, 거짓말 태풍에 휩쓸려 날아가며 눈도 가려지고 귀도 멀어 버린 것을 모르고 살았다. 정신을 가다듬고 지난날을 되돌아보면 어떤 것을 믿어야 하고, 어떤 것이 옳은 것이었다고 확신할 것이 얼마나 있었는가? 정신없이 살아가면서 국보 제1호 숭례문이 불타고, 조선 제1의 정궁 경복궁의 정문인 광화문이 거짓 논리에 의해 허물어지고, 국가 제1의 사당 종묘에 최악의 사창가 종삼이 만들어지거나 야외음악당이 만들어지는 충격적인 상황전개의 속사정을 얼마나 깨달았는가? 우리는 너무 속아 살아 왔다.

일제침략자들이 대한황실을 탄압하고, 이승만이 대한황실을 말살시키기 위해서 잔혹하게 시행했던 어둡고 어두웠던 시대의 그림자에 짓눌려서 사는 참담했던 현실을 얼마나 깨닫고 있는가? 그러면서도 우리들은 현대 정치인들의 교묘한 정치술에 압도되어 제정신을 잃고 산다. 아니 오히려 사실상 어두움의 앞잡이가 되어서, 새로운 어두움을 만드는 전위대가 되기도 한다. 그러면서 국보 제1호 숭례문을 불태우듯, 누구도 책임을 지지 않고 온 나라가 어두움 속을 표류하며 떠내려간다.

우리들의 현대 대한황실 문화정책사는 아직도 처참했던 일제침략, 이승만 탄압의 시대가 참담하게 이어지고 있다. 우리들이 초현대시대라고 착각하며 살고 있는 오늘날의 대한황실 문화정책사는 사실상 '존재하지 않는 죽음의 논리'이다. 일그러진 눈, 잃어버린 눈에 의한 어둠의 시대 논리만이 지속되고 있다.[70)]

오늘날의 우리나라 현대 문화정책은 그렇기에 죽은 정책이 난무하고 있다. 문화정책 논리나 철학이 실종된 탁류에 휩쓸리면서, 일그러진 정책결정이 연이어 나오고 있다. 도대체 무엇이 옳고 그른지도 판단을 못할 지경이다. 아무 논리나 편리한대로 갖다 붙이고, 침략자들의 학설이나 외부 공격자들의 논리를 구별할 겨를도 마음도 자세도 없다. 문화정책 공백상태에서 이성을 상실한 논리가 횡행한다. 아무 것이나 무조건 주장하면 문화정책 논리요 이론이다.

「우리의 우매한 민중들은 박물관도 공짜로, 궁궐도 헐값이나 공짜로 마음대로 드나들게 개방한다니 맹목적으로 좋아할 뿐이다. 눈 먼

---

70) 차라리 이 시대의 대한황실에 대해서는 친일청산이 아니라, 이승만에 의해 자행된 잘못을 광정하는 역사평가 정상화 작업이 더 긴요하다. 오히려 대한황실을 돕자는 역사흐름이 더 정상적인 친일청산이다. 예컨대 항일전쟁 때에 대한황실 최고의 애국자에 속하는 이재윤 대감은, 감히 김구, 이승만은 흉내도 못 낼 거목인데, 황족이기에 이승만 이후 망각 속에 사라진 최고의 애국자이다. 작위도 받지 않고 처절히 항일항쟁을 벌이다가 경술국치로 목매달아 죽었으나, 황실종가집이란 죄(?)로 이승만에 의해 살던 집을 몰수당하여 기나긴 세월을 가족들이 셋방살이로 전전하였다. 당시 빼앗긴 집은 오늘날 '한국의 집'이 되어 있다. 일그러진 역사의 대표적 상징인 그것은 당연히 반환해 주어야 옳다. 안천, 일월오악도 제2권(서울: 교육과학사, 2003), pp. 281-285 참조.

추친일 문화정책에 환호하는, 눈 먼 민중이 있을 뿐이다.」

「우리나라도 오바마 대통령이 탄생되는 미국과 같은 나라가 되어야 한다. 사회, 역사, 문화를 보는 정상적 판단력을 가진 격조 높은 사회가 되어야 한다. 사람다운 사람을 사람답게 인정하는 사람다운 사회가 절실하다. 신실학시대(新實學時代)가 절실하게 요망된다.」

최악의 선거공약의 산물, 종묘앞 종로국악정

이구 황태손 죽음의 비밀 제2차 추적 연구 -일본천황의 전쟁범죄를 응징하며-

Ⅰ. 들어가는 글

Ⅱ. 이우 황손 가계의 대한황실사적 위상

Ⅲ. 이우 황손 직계손의 비극

Ⅳ. 대한 황통 후계자 비극의 추적

Ⅴ. 맺는 글

이구 황태손 죽음의 비밀 제2차 추적 연구

－일본천황의 전쟁범죄를 응징하며－

Ⅰ. 들어가는 글

1. 제2차 추적을 시작하면서(prologue)

대한황실을 능욕한 경술왜란의 100년에 걸친 침략만행의 산물이 이구 황태손이다. 이구 황태손의 죽음은 충격적인 변사사건이었다. 이구 황태손은 놀랍게도 살던 집에서 쫓겨나서 죽었다. 가까운 곳의 아카사카 프린스 호텔에서 의문사 변사체로 발견되었다.

그러나 이구 황손의 죽음에 따른 모든 과정은 전혀 국민적 관심사항이 아닌 듯이, 단순하게 허혈성심부전으로 죽음을 맞았다고 발표되었다. 죽음에 따른 모든 과정이 생략된 채로 단지 '죽었다'고 알려졌다. 이구 황태손의 죽음은 하지만 거대하고 참담한 '범죄행위'였다. 그 원인은 크게 두 가지로 나뉜다.

첫째로 이구 황손이 죽음을 맞게 되기까지에 관련된 국내변인에 따른 것이 지적되어야 하겠다. 이에 대해서는 본 논문 이전에 교육과학사에서 필자가 2009년 2월에 발간한 대한황실황통쟁투사(일월오악도 제6권) 저서에 실린 논문으로 발표를 하였다. 제목은 '이구 황태손 죽음의 비밀 추적'이었다. 그리하여 이구 황손이 죽음에 이르게 된 국내변인을 상세히 추적하였다. 그런데 필자는 그 논문의 말미에다가 이구 황손의 죽음의 원인은 빙산의 일각만이 밝혀진 충격적인 사건이 분명하다고 결론을 내렸고 거대한 비밀의 전모가 계속 밝혀져야 한다고 지적했다.

따라서 둘째로 금번의 제2차 추적논문은, 이구 황손이 죽음에 이르게 된 일본측 변인에 대해 초점을 맞춰서 연구를 진행하도록 한다. 일본은 너무나 간교하고 악독한 범죄자가 분명하다. 일본은 앞에서 말한 국내변인에 있어서도 사실상 종범에 가까울 정도로 큰 죄를 저질렀다. 아니 일본은 국내변인에 있어서도 공동정범 혹은 원천범죄자이다. 그 최악의 원흉은 일본천황이다. 그러나 일본측이 저지른 범죄행각은 보다 더 직접적이고 충격적인 실체적 범죄가 숨겨져 있다고 하겠다. 그것은 너무나 충격적이고 놀라운 비밀로 숨겨져 있다. 기나긴 100년의 잔혹침략사에 대해 무조건 침묵을 하는 흉악범죄국 일본의, 추악하고 충격적인 이구 황손 살인범죄는 낱낱이 상세하게 밝혀져야만 한다.

이하 전개되는 논문 내용을 읽은 독자들은, 도대체 초현대 시대인 오늘의 개명세계에서 어떻게 이런 범죄를 저지르는 일본이란 나라가 지구상에 존재 할 수 있을까 하는 충격을 받게 될 것이다. 일본은 약 600여 년 전인 고려말에 있었던 왜구 떼도둑의 참담한 침략 약탈이 있고서, 약 200년 후에 거국적 도둑떼가 되어 나타났다. 그것이 임진왜란이다. 그러나 7년에 걸쳐서 조선왕국을 거덜 낼 정도로 싹쓸이 약탈, 살인, 방화를 하고서는 다시 약 300여 년 만에 또 나타나 경술왜란 국치 침략으로 우리 땅을 초토화시켰다. 그리고 왜놈(일본)들이 제2차 세계대전에 패전을 하고 쫓겨 가고 약 60년이 흐르고서 이구 황태손이 참담한 죽음을 맞았다.

그 죽음은 결코 단순하게 '죽었다'는 표현이 아니다. 일본의 체질화된 1천년 왜구침략 고질병이 이어지며 나타난 살인참극인 것이다. 일본은 초현대시대인 21세기에도 전혀 변동없는 왜구 침략 귀신이다. 그들이 저지른 살인극의 참담한 내막은 본 논문의 내용과 같다.

2. 일제의 대한황실 침략

가혹하고 잔인했던 일제침략이 가장 집중되었던 곳은 대한황실(大韓皇室)이었다.[1] 역사상 전쟁이나 침략이 자행될 때에 상대방의 권력핵(權力核)에 대한 공격이 집중적으로 이뤄지는 것은 매우 보편적인 현상이다.[2] 일제침략에 의한 우리나라의 공격에 있어서도 가장 집중적인 피해를 입은 곳은 대한황실이었다. 그렇지만 일제강점 침략 때에 대한황실이 입은 피해는 세계사에 유례를 찾기 어려울 정도로 극심한 것이었으면서도, 그 침략은 지금도 끝나지 않았으니 생생하게 현재진행형(現在進行型)으로 계속되고 있다.

일본의 증거 인멸, 은폐, 왜곡에 의해서 일제강점 침략시대에는 크게 드러나지 않았었지만, 대한황실은 오늘날 완전히 사라졌다고 할 정도로 큰 피해를 입었다. 그간 일제에 의한 황실의 침략은 물질적·재산적 피해에 대한 것이 많이 거론되어 왔다. 그리하여 경기전, 경복궁, 창덕궁, 창경궁, 경희궁, 경운궁(덕수궁)을 비롯한 황궁 유적이나, 귀중한 문화재가 처참하게 침탈된 것에 대한 논란으로 이어졌었다. 전국의 수많은 관청 건물, 성곽, 사찰, 기간 시설 등이나 다양한 궁중 문화재가 약탈되고 파괴된 것에 대한 연구도 많았었다. 오늘날 그 참상의 실상이 빙산의 일각과 같이 밝혀졌는데, 그 악독함은 필설로는 설명이 불가능할 정도이다.

---

1) 안천, 일월오악도 제2권(서울: 교육과학사, 2003), pp. 426-443.
2) 안천, 일월오악도 제1권(서울: 교육과학사, 2003), pp. 391.

그러다가 다시금 대한황실 핵심 구성체에 대한 잔혹한 침략연구가 부각되었다. 본 논문은 그 악랄한 침탈의 현대시대 실상을 밝히는 것이다.

3. 일제의 황통단절 획책

일제침략은 대한황실의 황통(皇統)을 끊기 위한 침탈행위에 있어서는 추호도 삼가거나 아량을 베푼 흔적을 찾기가 어렵다. 그것은 일본 문화의 본원적 생리현상이라고까지 생각될 정도로, 우리들의 상상을 초월하는 극단적으로 가혹한 침략이었다.

일본인들의 상대방 침략은 그들의 전국시대 원초적 싸움 문화가 그랬다고 하겠는데, 완벽할 정도로 잔혹하게 상대방을 궤멸시킬 때까지 계속되는 것이었다. 임진왜란(壬辰倭亂)과[3] 경술왜란(庚戌倭亂)은 일본의 잔혹한 침략문화가 이웃나라인 우리나라를 총체적으로 침탈한 것으로서, 일본의 대한황실 침략은 세계사에서 유례를 찾기가 어려울 정도로 잔혹무비의 전형이었다. 일본은 대한황통을 끊음에 있어서 모든 핵심 황손(皇孫)들을 완전히 단절, 오염, 훼절시킴에 추호도 어긋남이 없었다. 그리하여 대한황실을 완전하게 일본 천황 가계에 흡수통합 시키면서 침략을 완수하려고 획책하였다. 일본의 대한황실 침략의 법적 증거물인 천황족보는, 지금도 대한황실이 일본에 강제편입된 참담한 상태 그대로 남아 있다.

일제침략은 광무황제의 직계 가운데 융희황제는 자손이 없어 끊기었으니까, 의왕, 영왕, 덕혜옹주에게[4] 후속침략을 집중하여 왔다. 그런데 수없이 매를 맞고 구박을 받다가 평생을 정신병자로 살았던 덕혜옹주

3) 정재정, 한일통사(서울: 효형출판, 2007), pp. 129-147참조.

4) 혼마 야스코, 이훈 옮김, 덕혜옹주(서울: 역사공간, 2008), pp. 256-264 참조.

는[5] 딸 하나를 낳았으나, 그 하나 뿐인 딸 '마사에'마저도 비참하게 자살한 시체로 발견되었다.[6] 그리고 황태자였던 영왕(英王)은 일본에 인질로 끌려가 있다가 식물인간이 되어 귀국한 후에 작고했고, 그의 외아들 이구(李玖)가 2005년 7월 16일에 일본 동경의 아카사카 프린스 호텔에서 의문의 변사체로 발견되어 국가적 충격을 안겨 주었다.

이구 황손은 만신창이 상태로 비참한 삶을 이어가고 있었으나, 엄연히 대한황통을 잇는 적장자로서 황태손(皇太孫)의 지위를 갖고 있었다. 작고할 때까지 70대 나이로서는 매우 건강하게 삶을 영위해 나가고 있었다. 심지어는 양자를 잇자는 권유가 있자 자신이 젊은 여자를 통해서 직접 아기를 낳고 싶다고까지 말할 만큼 건강했는데, 느닷없이 살던 집에서 쫓겨나 호텔에서 죽음을 맞은 것이다. 살던 집에서는 집세를 내지 못해서 타의로 쫓겨났고, 일본 황실과 연결된 호텔이라 외상으로 묵을 수 있는 아카사카 프린스 호텔에서 투숙을 하다가 의문사 죽음을 맞은 것이다.[7]

Ⅱ. 이우 황손 가계의 대한황실사적 위상

1. 일제의 의왕 박해

일제침략은 융희황제, 영왕을 확고히 탄압하고 통제하며 대한황통을 끊는 일환으로, 광무황제의 둘째 아드님이신 의왕(義王)의 자손도 혈통을

5) 권비영, 덕혜옹주(서울: 다산북스, 2009) 참조.
6) KBS 한국사傳 제작팀, 한국사傳 제1권(서울: 한겨레출판, 2008), p. 232.
7) 안천, 대한황실황통쟁투사(서울: 교육과학사, 2009), pp. 215-378.

끊기 위해 혈안이 되어 있었다. 의왕은 그러나 확고하게 출산애국(出産愛國)의 출산항일 독립운동을 전개하였다. 대한황실의 자손을 끊어서 황통 단절을 시키려는 침략국 일본에게 의왕은 통제가 불가능한 존재로서 가장 두통거리였다.[8] 그래서 의왕에 대한 탄압은 다음과 같이 나타났다.

첫째로 의왕의 큰 아들 이건, 둘째 아들 이우는 공식적으로 황실족보에 넣되 일본 황실과의 혼혈 오염을 획책한다. 그리하여 큰 아들 이건은 완전하게 일본인과 같게 되어 일본 속에 흡수된 사실상의 일본인이 되어 버렸다. 그러나 둘째 아들 이우는 과감히 항거하며 혼혈 결혼에 대해 격렬히 투쟁한 결과, 박영효의 손녀딸 박찬주와 결혼을 하게 된다. 또한 이우 황손은 격렬한 항거 속에 원래의 약혼자였던 비밀의 여인을 통해 이초남 황손을 낳는다.[9]

둘째로 의왕의 나머지 자식들은 모두 가까운 근친 황족들에게 강제로 양자를 보냈다. 그리하여 호적상으로는 황족이 아닌 사생아 신분을 강제로 만들어 버렸다.[10]

셋째로 의왕 자신을 철저히 탄압한다. 의왕이 억류된 연금 상태로 조용히 있었다면 그럴 리는 없었을지도 모른다. 그렇지만 의왕은 일제강점에 철저히 저항하여, 일본에 강제로 구인해서 가택연금을 시켰을 만큼 단호히 항거를 했다.[11] 그리하여 일제침략 당국은 의왕에게서 가독

---

8) 박종윤, 의친왕 이강(서울: 하이비전, 2009) 참조.

9) 의왕은 따라서 자신의 대표적 아들을 둘째인 이우 황손으로 봤었다. 이우 황손은 인질로 잡혀간 영왕 다음으로 최고의 황실사적 위상을 갖게 되었고, 일제의 감시와 견제를 확실하게 받게 된다.
안천, 일월오악도 제4권(서울: 교육과학사, 2004)참조.

10) 안천, 일월오악도 제5권(서울: 교육과학사, 2006), pp. 24-36.

11) 현대시대에 있어서 의왕과 같이 황실법통 수호와 재건을 위해 정면으로 활약한 황손에는 의왕의 10번째 아들 이석(李錫)이 있다. 이석의 생애는 아버지의 행태의 복사판이라고 할 정도이다. 현대 황실사에서 비참한 상태의 황실에 힘을 불어 넣고 국민을 환기 시키며 황실복원의 횃불을 든 이석의 활동은 역사적 의미가 크다.
안천, 일월오악도 제5권, op. cit,, pp. 50-132.

권(家督權)을 박탈하였으니, 오늘날의 개념으로 말하면 금치산 선고에 해당하는 극단적 처방을 내린 것이다. 그리하여 훗날 일본의 악선전만을 일방적으로 전해들은 일반인들은 의왕을 술주정꾼 바람둥이로만 알게 되고 만다.[12)]

2. 이우 황손 가계의 일제강점 후유증

대한황실의 황통(皇統)을 끊으려는 잔혹한 침탈만행은, 그러나 일제강점의 암흑시대에만 진행되었던 것은 아니다. 일본의 잔인무도한 침략은 후유증도 극심하게 산출하면서, 현대시대까지도 그대로 이어지는 제2차적 고질병을 만들었다.

이우 황손은 융희황제, 영왕 전하의 두 황족 계열을 제외하면, 의왕 계열에 있어서는 최고의 정통성을 갖는 혈통이다. 오늘날에 임금님이 다시 모셔진다고 할 때에, 그 적통성을 가장 높게 갖고 있는 혈통이 바로 이우 황손 계열임에 대해서는 이의를 달기가 어렵다. 그런데 포악한 일제침략 당국이 이우 혈통을 그대로 둘 리가 만무한 것이다. 이우 혈통은 집중공격을 당한 후유증으로, 그 뒷수습이 결코 명쾌한 해답을 보여주고 있지 않을 정도이다.

1) 이우(李鍝) 황손의 결혼항일 애국운동

현존하는 대한황통의 최고 정통성을 갖는 이우 황손의 후손은 대한황실 황통논의에 있어서 대단히 중요하다. 그러나 일제 침략의 황통교란이 낳은 후유증에 의해서 황통논의가 결코 순조롭지 못하다. 그래서 이

---

12) 안천, 일월오악도 제1권, op. cit., pp. 424-453.

구 황손의 죽음 이후에, 2005년인 초현대 시대에도 대한 황통 잇기는 매우 극심한 혼조상을 보여 주었다.13)

이우 황손이 순조롭게 결혼을 하고 자손을 낳았을 경우에는 후유증이 있을 수는 없다. 그런데 이우 황손은 특히 유일하게 일제탄압 강요에 정면으로 항거하는 결혼투쟁을 함에 의해서, 오늘날에 순탄치 않은 후유증을 남겨 놓게 된 것이다. 그는 일제침략에 정면으로 저항하면서 결혼독립운동을 한 셈이다.14) 대한황통을 끊고 오염시키려는 일제침략에 정면대결하면서, 대한황통의 순수성을 지키기 위한 그의 투쟁은 매우 처절하면서 가상스런 것이었다.

흡사 소설 속에 나올 듯한 결혼독립운동을 과감하게 전개한 그는, 그리하여 우리민족 여인과의 결혼을 하게 된다. 그런데 공식적으로는 박영효의 손녀딸과 결혼을 하였고, 비공식적으로는 비밀리에 광무황제의 뜻에 따른 숨겨진 여인과의 결혼을 하게 된다.15)

2) 이초남(李初男) 황손의 고달픈 삶

설상가상으로, 이우 황손은 두 부인에게서 세 아들을 낳고서 34세의 젊은 나이로 히로시마 원자탄에 희생되어 삶을 마감한다.16) 박찬주 여사에게서 두 아들을 낳고, 비밀결혼을 한 부인인 유정순 여사에게서 한 아들을 낳은 것이다. 여기서 비밀결혼을 한 유정순 여사와의 혼인에서 낳은 아들인 이초남 황손이 대단히 중요한 의미를 갖게 된다. 이초남 황손은 그런 만큼 매우 힘들고 고달픈 평생을 보낼 수밖에 없었다.

---

13) 안천, 대한황실황통쟁투사, op. cit., pp. 215-378.

14) 김을한, 인간 영친왕(서울: 탐구당, 1981), pp. 60-65.

15) 안천, 일월오악도 제4권, op. cit., pp. 320-438.

16) 이우 황손의 죽음도, 원자탄에 의해 중상을 입었으나 죽음 자체는 최종적으로 타의적 살해의 가능성이 크다고 아들인 이초남 황손은 강하게 분노한다.
안천, 일월오악도 제4권, op. cit., pp. 421-432.

첫째로 이초남은 호적상 황족으로 등록되지 않았다. 침략국 일본에 확실하게 숨겨야 하는 극비결혼이었으며 사실상의 항일독립운동에 해당하는 결혼인 만큼, 절대로 공식화될 수 없는 숨겨진 혼인이었기에 황실족보에 오르지 않는 것은 당연한 것이었다.

둘째로 이초남은 일반 호적상으로도 이우 황손의 아들로 입적되어있지 않았다. 일반적으로 모친이 다른 경우에 있어서도, 부친은 혈통에 따라 호적에 등재하는 것이 일반적이다. 그렇지만 이초남은 이우 황손의 아들이란 사실 자체도 침략국 일본에 발각이 되면, 생명까지 위해와 불이익을 당할 절박한 상태에 있었다. 그렇기에 친부인 이우 황손을 호적상 아버지로 둘 수도 없었다. 그리하여 이우 황손의 측근인 전주이씨 완원군파에 편법으로 입적시킨 호적을 갖는 신세가 된 것이다.

셋째로 이초남은 갓난아기 때에 더구나 부친이 작고하고 말아서,[17] 이초남의 당당한 위상을 담보해줄 버팀목을 잃고 성장하게 된다. 또한 본인의 청소년기 무렵에 모친마저 돌아가셔서 혈혈단신 고아와 같이 비참한 신세가 되고 만다.

Ⅲ. 이우 황손 직계손의 비극

현대사에 존재하는 대한황실 황통에 있어서 가장 높은 정통성, 정당성, 적통성을 갖는, 이우 황손의 직계 자손들은 문자 그대로 비극의 삶을 살아가고 있다. 일본의 황실침략은 오늘날에도 집요하고 간교하여, 대한

17) 강용자, 왕조의 후예(서울: 삼신각, 1994), p. 242.

황실의 비참한 잔존체마저도 소멸시키려는 가혹한 면이 뚜렷하다. 꺼져 가는 불빛조차 추호라도 용납하지 못하는 전율할 침략 행태인 것이다.

1. 운현궁(雲峴宮)의 공격

1) 일본의 변함없는 대한황실 침탈

일본은 오늘날에 있어서도 침략에 있어서는, 사실상 경술왜란 때의 만행을 그대로 잇고 있다. 침략강점 상태에서 외교권을 박탈하고서 독도를 자국령으로 만든 것을 지금도 합법적인 자기 영토라고 우기고, 심지어는 광무황제가 나라까지 합법적으로 헌납했다고 뻔뻔스런 주장을 하고 있다. 일본은 정말로 원색적인 침략병(侵略病)에 걸린 구제불능한 나라이다. 수많은 침략악행이 모두 합법적이었다는 철면피 왜구들이다. 아니 중증 정신이상 상태의 나라이다.[18)]

그와 같은 후안무치 형태의 전형적인 것이 오늘날에도 또 있다. 일본은 현대시대에 다시금 수교가 되면서 외교관계가 개설되자, 대사관을 바로 경복궁 근처에 둔다. 임진왜란과 경술왜란의 두 번에 걸친 침략으로 완전 전소되고, 멋대로 헐어서 팔아치우며 총독부 청사를 짓는 등의 참혹한 유린을 당했던, 대한황실 제1법궁인 경복궁을 노려보는 위치에 대사관을 개설한 의도가 대단히 불순하다.

특히 용납되기 어려운 것은 그들의 광보관(공보관)을 바로 운현궁 땅

---

18) 일본은 독도를 거론하기 전에, 최소한 대마도라도 양보하며 사죄를 해야 옳다. 워낙 처참하게 한국에 피해를 입힌 것으로는 일본땅 전체를 내놓아도 속죄가 불가능하다. 더구나 일본은 독도를 평화시에 자신들의 땅이었던 듯 왜구외교를 하고 있는데, 한국을 강점하고 외교권을 박탈한 뒤에 침략적 범죄행위를 하고서 서류상으로만 합법적이라니 어불성설이며 하늘이 개탄할 일이다. 그토록 합법적이라면 나라 전체를 다시 내놓으라고 하지, 어찌 독도만 거론하는가?

에 지었으며, 운현궁에서도 가장 중요한 요충지에다 만든 것이다. 일본이 궁극적으로 자기들을 선전할 것이 무엇인가? 일본은 기나긴 세월에 걸친 침략범죄 국가인데, 무슨 선전을 할 것이 있는가? 일본은 너무나 위선적이고 부끄러운 가증스런 나라이다. 천인공노할 악행을 아시아 전체에다 저지르고도 온 세계에 거짓평화 선전을 하는 나라에서, 광보관을 광무(고종) 황제께서 태어나신 성스러운 잠저(潛邸)인 운현궁에다가 지은 것은 새로운 침략을 선전(광보)하겠다는 것과 다름없다. 그들의 침략범죄를 숨기고 거짓말을 퍼뜨리겠다는 것에 불과하다. 차라리 일본은 광보관이 아니라 참회관, 속죄관을 만들어야만 한다. 아니 일본은 제대로 된 나라가 되려면 한국땅에 사죄관을 지어야만 된다.

2) 운현궁의 참담한 현실

더구나 운현궁은 대한황실의 마지막 황통이 태어난 황실성지로서 이우 황손이 최후까지 제1상속자였다. 오늘날의 현존 제1황통 계열을 상징하는 중요하고도 성스러운 궁궐이다. 그러니까 운현궁은 현대시대에 새로 임금님을 모신다고 할 때에 궁궐의 뿌리에 해당하는 절대적 중요성을 가진 곳이다. 오늘날의 운현궁은 이우 황손의 부인인 박찬주 여사가 서울시에 팔아 서울시 소유로 바뀌었으나, 대한황통의 존엄성과 고귀성을 상징하는 거룩한 장소이다.[19)]

오늘날의 우리들은 친일문화(親日文化)에 찌든 삶을 사는 경우가 비일비재하다.[20)] 우리들 삶의 너무 많은 부면이 일제강점병에 젖어 있어서, 그것을 깨닫지 못할 정도이다. 그래서 나타난 현상을 운현궁에서 짚어 보자면 실로 참담한 생각이 들 정도이다.

---

19) 유시원, 풍운의 한말 역사산책(서울: 한국문원, 1996), pp. 41-44.
20) 이태진, 고종시대의 재조명(서울: 태학사, 2000) 참조.

첫째로 운현궁에 있어서 가장 중요하고 핵심적인 곳에, 침략국 일본의 광보관이 자리 잡고 있음에 대해 이의제기를 한 경우를 거의 찾을 수가 없다. 사람으로 얘기하면 바로 급소에 해당하는 곳이다. 집으로 얘기하면 안국동 대로변의 가장 좋은 곳에다 침략 전초기지를 세웠으나 감각이 없다. 일본이 운현궁 핵심처에 광보관을 세운 것은, 일본문화의 속내를 볼 때에 대한황실의 풍수지리까지 정밀 검토한 어둠의 침략의 전형이라고 볼 수 있다. 그것은 광보관이 아니라 침략선전관이 분명하다.

둘째로 서울시는 운현궁을 시민들에게 개방하며 사실상의 관광놀이터로 운영하고 있다. 그런데도 서울시에 이의제기를 한 사례가 거의 없다. 운현궁은 경건하고 존엄해야만 하는 곳인데 운현궁의 존엄성을 찾을 길이 없다. 문화재나 사적에는 역사적 의미나 역사적 가치가 존재해야 문화적 존엄성이 있는 것이다. 운현궁에서 그것을 짓밟으면 운현궁이 무슨 의미가 있을까 의아스럽다. 서울시 문화정책 당국의 의식수준이 격조 높은 위상을 가져야지, 운현궁을 관광놀이터로 전락시키는 수준임은 지극히 개탄스러운 일이다. 문화정책 부재, 문화실조 현상의 표본을 보는 듯하다.

셋째로 궁궐개방이라는 미명하의 궁궐 통속화 정책은, 일본침략 시대에 창경궁을 동물원으로 격하시키던 듯한 궁궐침략이라는 생각이 없다. 운현궁을 무조건 개방하며 통속화시키기에 앞서서, 운현궁을 고귀하게 운용할 방안을 생각함이 선행되어야 한다. 운현궁은 경복궁, 창덕궁, 창경궁 등의 대표궁궐과 같은 곳이다. 운현궁은 격조 높은 운현궁답게 제대로 운영되어야 한다고 생각하는 사람들이 정말 아쉬울 정도이다.[21]

---

21) 운현궁의 본질적 중요성을 강조한 유명한 소설책이 김동인의 '운현궁의 봄'이다. 김동인은 소설을 통해 대한황실 차원의 항일운동을 한 것이다.

2. 박찬주 여사 계열의 비극

박찬주 여사의 두 아들인 이청(李淸), 이장(李淙)에 대한 얘기는 나름대로 많이 알려진 황실담론(皇室談論)에 해당한다. 대한황실 최고의 황통(皇統)으로 알려졌고 최고의 드높은 위상을 갖고 있음에는 누구나 동의하는 입장이기에, 일찍부터 황통논의가 있으면 우선적으로 등장하여 왔다. 그렇기에 박찬주 여사 계열에는 비바람 눈보라도 적지 않게 불어 왔었다.

이우 황손의 큰 아들 이청과 둘째 아들인 이장은 애초에 이승만이 양자로 들이려고 하여 수난의 출발이 시작된다. 이승만은 70대 노인이 되어서 귀국한 뒤에, 자식이 없음에 대한 회한의 노년을 보낸다. 그 때에 누군가 이승만에게 대한황실 최고의 황통을 잇는 두 어린이가 있다는 얘기를 했고, 이승만은 그리하여 이우 황손의 둘째 아들인 '이장'에 대해 관심을 갖고 접근을 한다. 그러나 이장을 양자로 주는 것을 박찬주 여사가 극력 반대를 했고, 이승만의 주위에서도 무리한 요구라며 만류하여 유야무야가 된다.[22] 그런데 이청, 이장의 두 형제가 나이가 들어 미국으로 유학을 가며 크게 문제가 발생을 한다.[23]

첫째로 큰 아들 이청은 사실상 미국생활에서 제대로 적응을 못하여, 실패한 삶을 산 것이 되고 만다. 이청은 미국 밀워키의 마퀘드대학을 졸업하고 토목기사로 활약하다가,[24] 시카고에서 작은 자영업 점포를 운영하며 덧없이 세월을 보냈다. 귀국해 보아야 자유당 때의 탄압 분위기 후

---

22) 이승만은 그의 혈통이 낮은 까닭에 당대 최고 황실가문의 박찬주 여사가 절대로 동의할 리가 없었다.
안천, 일월오악도 제1권, op. cit., pp. 210-279 참조.
23) 안천, 대한황실황통쟁투사, op. cit., pp. 179-182.
24) 김을한, 인간 영친왕, op. cit., p. 69.

유증으로 황족을 우습게 아는 국내이기에, 미국에 머물러 시간을 흘려 보낸 것이다. 그러다가 사업도 지지부진한 가운데 늙은 나이로 귀국을 했다. 대한황통의 최고 적통에 해당하지만 뚜렷하게 인간적 존재를 나타내지 못하여, 일각에서는 일제침략자들에 의한 피해 여부를 의심하는 견해마저 있다. 하지만 실제로는 최고 황족의 중압감에다 자유당 이후의 황족경시 분위기에 압도되어 그랬을 것이다. 그에게는 아들 하나가 있는데, 이런 후유증으로 고아 아닌 고아가 되어 미국땅에서 잊혀져 버린 채 외롭게 살고 있다.

둘째로 작은 아들 이장은 서울대학교 정치학과를 졸업한 대단히 우수한 젊은이였다고 한다. 박정희 대통령 초기에 박대통령은 이장에게 특별한 관심을 보이며 적극적인 후원을 해주었다고 할 정도로 집중적인 주목을 받았었다.[25] 그러나 이장은 미국으로 유학을 가서 폭설이 쏟아지는 1966년 12월25일 크리스마스 날에, 보스턴에서 뉴욕으로 오다가 교통사고로 트럭에 치여 허무하게 죽고 만다.[26] 매우 촉망을 받는 우수한 젊은이였고, 이승만 박사가 탐내며 양자 입양을 시키려고 까지 했었던 대한황실의 최고 위상을 갖는 젊은이는 그렇게 참담하게 사라졌다. 더구나 박정희 대통령이 극진히 특별 배려를 했을 정도로 뛰어났었으며, 특히 박대통령은 스페인의 프랑코 총통이 카를로스 국왕을 세우면서 왕정복고를 단행한 바에 대한 연구를 계속하며 주시하던 최고위 황손이 이장이었는데 덧없이 사라진 것이다.[27]

---

25) 안천, 일월오악도 제5권, op. cit., pp. 315-318.
26) 안천, 대한황실황통쟁투사, op. cit., pp. 179-182.
27) 안천, 일월오악도 제4권, op. cit., pp. 183-195.

3. 유정순 여사 계열의 참혹상

이우 황손에 의한 결혼항일 독립운동은 대한황통의 순수성을 지키기 위한 지극히 절박한 것이었다. 이우 황손은 단호하게 한국여인을 택해 순수한 결혼을 하면서, 일본피에 의한 오염 혼혈을 막으려고 장렬한 전면전을 폈었다.

그런데 이우 황손으로서는 치욕적 혼혈결혼은 모면했으나, 박찬주 여사와의 결혼은 타협적 미봉수준의 어정쩡한 결혼에 해당한다고 생각했을 것이다. 그 까닭은 박찬주 여사가 바로 당대 최고의 친일파 거두였던 박영효의 손녀딸이기 때문이었을 것이다. 일본이 박영효의 손녀딸이기에 끝내 버티다 결혼을 허가했으나, 일본의 입장에서는 박찬주를 사실상의 일본 여인으로 보았다고 할 정도였다.[28]

따라서 광무황제와 부친의 뜻이 확고하게 깃든, 원래의 약혼자 유정순 여사와의 사이에 비밀결혼을 하고 이초남을 낳게 된다.[29] 그러나 이초남은 젖먹이 때에 이우 황손이 원자탄에 희생되고, 모친은 청소년 때에 암으로 돌아가시며 혈혈단신의 고아로서 살아간다.

이초남이 고아와 같은 청장년기를 보낼 때의 고초는 필설로 표현하기가 어려운 지경이었다. 일제탄압의 연장선에서라고 할 정도로, 이초남은 황손의 지위를 거의 나타내기 어려울 정도였다. 그 위기 속에서의 놀라운 얘기를 들어보자.[30]

---

28) 당시 일본으로서는 이우 황손이 가장 확실하게 혼혈혈통을 만들어야 되는 최고 황통의 인물이었기에, 장기간에 걸쳐 확고한 강요를 하다가 박찬주로 양보한 것이다. 박영효는 일본도 감히 뜻대로 할 수 없는 거물 친일파였었다. 그런데 특히 유의할 사항은 박찬주 여사가 일본 혼혈 여자이기에 결혼을 허가했다고도 생각된다. 왜냐하면 박찬주 여사는 박영효가 일본에 망명을 가서 일본여자와 지내면서 낳은 아들의 딸이므로, 일본피가 많이 섞인 여자이기 때문이다. 일본 측으로 보면 박찬주 여사를 사실상 일본 여인으로 보았을 수도 있다.

29) 안천, 일월오악도 제5권, op. cit., pp. 133-196 참조.

「박찬주 여사가 작고하고서 몇 년인가 흘렀을까 할 때였습니다. 경기도 마석에 있는 부친(이우 황손)의 묘소를 찾아갔다가 정말 경악을 할 정도로 놀랐습니다. 부모님의 묘소를 느닷없이 화장을 해서 모신 것입니다. 물론 이우 황손(아버님)과 박찬주 여사의 묘소이지요. 잘 모셔져 있던 묘소가 별안간 화장을 하며 사라진 것이지요.

마석 묘소를 관리하던 동네 사람의 얘기로는 화장터에 간 것이 아니랍니다. 묘소 현장에서 가스불로 즉석 화장을 했답니다. 아버님은 1945년 8월 15일에 돌아가셨고, 박찬주 여사는 10여 년 전에 돌아가셨는데 두 분을 화장한 것이지요.」

별안간 화장을 한 까닭은 무엇일까? 이우 황손 묘소의 화장 사건은 현대 황실사에서 최대의 충격적 사건일 것이다. 그러나 이 시대에는 누구도 관심을 갖지 않는 가족 차원의 화장이 되고 말았다. 이우 황손은 사후에 생각지도 않게 화장을 당한 신세가 되었다. 이초남 황손의 얘기를 더 들어 보자.

「얼마 후에 이석(李錫) 숙부님을 만나서 흥분하고 개탄하며 그 얘기를 했더니, 숙부님께서는 허탈한 웃음을 지으며 '또 누가 죽겠네!' 라고 하시는 것입니다. 과거에 대원군 할아버님 묘소를 이장하고서 '이장'이 비명횡사를 했답니다. 이우 형님의 묘소를 그렇게 했으니 또 사람이 죽겠다며 개탄의 말씀을 하신 것입니다.

당시에 마석 묘소에는 대한황실 어른의 묘소가 몇 개 더 있었는데, 이들을 함께 화장하여 아버님 묘소 땅에 함께 집합 납골묘를 만들었습니다. 저는 분노하여 그 중의 한두 개를 발로 차니까 비석이 힘없이 쓰러져 버렸습니다.」[31)]

---

30) 이초남 면담, 2010. 1. 10, 서울교육대학교 필자 연구실, 본 논문에서 이하 각주가 없는 면담 내용은 모두 이초남 면담의 내용이다.

31) 이우 황손 및 박찬주 여사와 함께 집단적 화장을 당한 황족들의 묘비나 묘지석은, 그 후

4. 경악할 비명 횡사

대한황실 현대사는 대한황실이 일제침략으로 사라졌다고 보아, 누구도 크게 관심을 두지 않고 덧없이 시간이 흐른 충격적 사건이 적지 않다. 이우 황손의 화장사건은 생각하면 현대판 오페르트 사건같은 놀라운 일이다. 그러나 누구도 관심을 두지 않고 시간이 흘렀다. 그렇지만 그것을 보고 이석 황손이 개탄을 하며 무의식적인 예언적 발언을 한 것은, 놀랍게도 그대로 현실화가 되어서 매우 충격적이고 황당한 사건이 벌어지게 된다.

1) 바다 건너서 온 두 사람

「2001년도입니다. 경상남도 고성 배둔리에 있는 어머님 묘소에를 이상한 두 남자가 찾아 왔었답니다. 자기들은 배를 타고 일본에서 왔으며, 현재는 경상남도 통영에서 관광 여행차 이곳으로 오고 있다고 말을 했답니다. 그런데 이곳에 유명한 독립운동가 유정순의 묘소가 있다기에 찾아왔으니 안내를 해달라고 했답니다. 정말 관광을 온 듯이 위장을 하면서 찾아 온 것이지요.

묘소의 관리인에게 소주값 정도를 주면서 안내를 해달라고 해서, 깊은 생각없이 안내를 했답니다. 그런데 자기들은 위대한 애국자를 참배할테니 묘소 관리인에게 먼저 내려가라고 하고서, 약 30분을 더 지체하다가 내려왔다고 합니다.

그래서 제가 깜짝 놀라고 당혹해하며 묘소를 가르쳐 준 것을 나무랐지요. 그리고 동네 사람들에게 물으니까 그 두 명이 여러 사람에게 묻고 다녔다면서 말을 해주는데, 꼭 강도 같은 섬뜩한 느낌이 나면서 나쁜 사람의 인상이 뚜렷이 들었다는 것입니다. 또한 자기들은 일본의 어떤 단체 소속이라며 소개를 했는데, 시골 노인들이라 기억은 잘 못하지만 칼 쓰는 야쿠자 단체 같았다는 것입니다.」

서울 신문로에 있는 서울역사박물관에 기증하여 그 앞마당에 전시되어 있다. 그렇지만 그것의 중요함이나 의미를 알고 보는 사람은 거의 없다.

2) 마쓰나가의 긴급연락

마쓰나가는 이우 황손이 죽은 원인에 대한 조사활동을 한 일본 작가이다. 마쓰나가는 이우 황손이 북중국 땅의 태원 주둔 일본군에서 긴급히 일본으로 전출된 것은 단순전출이 아니라고 한다. 이우 황손이 학도병들과 함께 항일 독립운동을 위해 긴급탈출을 기도한다는 정보에 따라, 전격적으로 강제 전출된 것이란 것을 밝혔었다.[32] 그런데 마쓰나가가 어느 날 긴급히 연락을 하였고, 이초남 황손이 황급하게 일본에를 가게 되었다. 마쓰나가는 생명에 위협을 느낄 정도의 절박한 상태에서, 히로시마에 있는 자기 집으로 급히 와달라고 연락을 취한 것이었다.

「마쓰나가가 생명의 위협을 받고 있다면서 빨리 일본으로 와 달라고 연락을 해서, 급히 일본에를 다녀 올 수밖에 없었습니다. 왜냐하면 일본의 우익단체에서 협박편지가 배달이 되었다는 것입니다.

서울교육대학교의 안천 교수가 대한황실 복원에 대한 책을 써서, 이석 황손을 앞에 내세우고 이초남 황손을 뒤에서 부각시키며 임금님을 다시 세우려 하는데, 그것을 돕는 글을 썼으니까 결코 좌시할 수 없다는 협박편지 였답니다.

자기들은 한국의 황실이 다시 살아나서 임금님이 모셔지는 것을 용납할 수 없다는 것이랍니다. 그러니까 마쓰나가가 안교수님의 책에다가 이우 황손에 대한 결정적 정보를 제공했다면서 위협적인 협박을 했다는 것입니다.」

3) 이초남 황손 외아들의 비참한 죽음

이초남 황손은 대한황실의 가장 적통성이 높은 황통이다. 다만 이우 황손에 대한 일제침략 결혼탄압의 후유증으로, 숨겨진 황손의 길을 걸

---

32) 안천, 일월오악도 제4권, op. cit., pp. 421-432.

으며 외롭고 쓰라린 인고의 나날을 보냈을 뿐이다. 그러나 숨겨진 다이아몬드도 다이아몬드는 분명한 것이다.

생각하면 현대 시대에 있어서 이초남 황손의 등장은 흡사 작가가 쓴 드라마와도 같다. 많은 사람들은 일제침략 강점시대에 침략자들이 만든 역사논리와 역사상황에만 젖어서 찌든 상태에 있어 왔으므로, 사실상의 일본인이요 사실상의 친일파와 같은 오도된 의식구조에 노예가 되어 있다. 그러니까 의식구조나 행태가 내면적으로는 일본인이나 친일파와 같게 굳어져서, 부지불식간에 제2차적 친일행위를 하는 제2차적 친일파가 되어 있다. 그렇기에 이초남 황손의 존재를 감히 선뜻 받아들이기도 어려운 것이다.

그러나 모든 정보를 속속들이 알고 있어서, 이초남 황손의 실체를 너무도 상세하게 잘 알고 있는 침략국가가 일본이다. 이초남 황손의 존재는 한국인은 몰라도 일본은 아주 상세하게 알고 있는 비밀이다. 그러므로 이초남 황손이 진짜 성골 황손임을 우리민족 보다도 더 잘 아는 일본이기에, 이초남 황통을 절대로 그대로 둘 리가 없는 것이다. 우리민족은 잘 몰라도 그들은 숨겨둔 정보에 의해 상세히 알고 있기 때문이다. 그리하여 일제강점 당시의 모든 정보를 확실히 확보하고 있는 일본에 의해서 너무도 놀랍고 경악할 일이 충격적으로 벌어진 것이다.

이초남 황손에게는 외아들이 있었다. 대단히 뛰어난 남아로서 고등학교를 우수하게 졸업하고 한국외국어대학교 영어과 1년을 다녔다. 그리고는 다시 입학시험을 쳐서 고려대학교 환경공학과 2학년에 다니고 있었다. 군대는 입영연기를 한 상태였다. 그런데 26세의 당당한 키에다가 건장한 몸의 훌륭한 외아들이 2002년 11월 15일에 참담하게 사망하였다.

「하루는 제가 밤 10시 경에 집에 들어가게 되었습니다. 2002년 4월 경으로 기억이 되는데, 수상한 남자 둘이서 제가 사는 아파트의 문을 엿보고 있었습니다. 한 명은 밖에서 망을 보고, 한 명은 문고리를 잡고 열려는 자세였습니다. 제가 누구냐고 소리치자, 둘이는 펄쩍 놀라면서 도망을 쳤습니다. 제가 보기에 두 남자는 중간 키에다 나이는 35세, 40세 정도로 보였습니다. 저는 퍼뜩 두 사람이 경남 고성의 배둔에 나타났던 일본 야쿠자라는 생각이 들었습니다.

그런데 정체불명의 두 남자는 생각하면 거의 1년간을 매일 같이 저희 집 주변을 배회하였습니다. 그러다가 밤이 늦은 때나 새벽녘의 아무 때에 별안간 초인종이 울리고서, 나가면 사람이 없는 일이 반복되었습니다. 마지막 무렵에는 장기간을 깊은 밤이 되어 새벽 1시나 2시가 되면 별안간 초인종을 누르고 도망을 가고는 했습니다.

그렇게 되니까 혈기왕성한 제 아들은 안면방해라면서 저 놈들을 때려 죽인다며 다구쳐 나가기도 했습니다. 씩씩대며 돌아다니다가 들어오는 일도 잦았지요. 거의 1년간을 그랬습니다.

그런데 어느 날 상상도 못할 일이 생겼습니다. 제가 밤늦게 11시경 집에 들어 온 날입니다. 자식 녀석이 온통 집안을 부수다시피 해놓고는 나가버린 것입니다. 화가 나서 분노하며 방을 치우고 아들을 찾아보다가 들어 왔습니다. 그런데 아들 녀석이 계속 들어오질 않았습니다. 나중에 경찰에서 연락이 왔는데 앞의 동 아파트 꼭대기에 올라가 투신자살을 했다는 것입니다. 절대 자살할 이유가 없는 건장한 대학생이 별안간 죽은 것입니다.

그날 밤 12시 30분경이지요. 그 때 공교롭게도 제 아내와 딸은 기공(氣功) 치료를 잘하는 사람이 있어 찾아갔는데, 그 사람이 중국을 곧 간다고 하여 늦게까지 치료를 받고서 그 무렵에 들어 온 때입니다. 그런데 경찰관 2명이 찾아와서 사진을 찍은 것을 보이면서, 아는 사람이냐고 물었습니다. 상반신을 벗고 눕혀진 사진인데, 제 아들이었습니다. 깜짝 놀라서 경찰관과 함께 간 곳은 용산 경찰서 옆의 성형외과 병원이었습니다. 그리고는 곧 중앙대학교 부속병원 영안실로 옮기게 되었지요. 영안실에 옮길 때에도 아직 체온이 남아 있었습니다. 피눈물 속에 다음 날로 정신없이 화장을 했습니다.」

워낙 당당하게 잘 키워졌던 이초남 황손의 아들은, 어느 날 밤에 너무나 허무하게 사라졌다. 그런데 그 아들이 누구인가? 그 아들의 이름은 이승훈이었는데, 바로 대한황실의 최고 적통 핏줄을 말하는 드높은 지위에 있었다.

다만 아무도 그 존재를 알아주지 않는 이 시대의 대한황실에서도, 더욱 더 기구한 역사 흐름 속에 잔인하게 숨겨진 황손이 된 고귀한 아버지의 아들의 신분이었다. 숨겨진 보물 중의 보물로 감춰져 있었는데 별안간 사라지고 말았다. 누구에게 하소연도 못하며 몸부림치고 통곡하면서, 피눈물 속에 화장을 하고 허망한 한 줌의 재가 되고 말았다. 그 후 온 가족이 넋 나간 정신병 환자와 같이 덧없는 나날을 보내게 되었다.[33] 그것은 무엇을 말하는가?

첫째로 집안이 온통 부수어져 있었던 것은 누군가와 격투가 있었을 가능성이 높다. 그리고 집안의 많은 것을 흩어 놓고 헤집었었다고 함은 무언가를 찾고 뒤진 흔적일 가능성이 크다.

둘째로 거의 1년에 걸쳐서 두 남자가 끊임없이 배회를 하면서, 해코지를 할 기회를 노리며 시간을 보냈었다. 끈질기게 외아들을 노리며 일본의 어둠의 세력이 집요하게 추구한 특수목적을 수행했다고 생각된다.

셋째로 앞의 아파트 꼭대기에 아무 이유도 없이 올라가 자살을 한 것으로 경찰 조사 결과가 나왔다는데, 그것은 너무나 피상적 조사일 가능성이 높다. 확실한 타살이다. 그것도 엄청난 뒷배경이 있는 타의의 죽음이 분명하다고 보인다. 경찰조사로는 아파트 옥상의 난간에 두 손 자국

33) 실제로 이초남 황손의 딸은 심각한 정신불안과 우울증으로 장기간에 걸쳐 적지 않은 고통을 겪었다.

이 있었다면서 투신자살이라는데, 그 이상의 어떤 증거도 없었다. 매우 건장하고 튼튼한 젊은이가, 타의에 의한 살인행위가 아니라면 죽을 이유가 전혀 없이 허망하게 죽은 것이다.

Ⅳ. 대한 황통 후계자 비극의 추적

1. 이구 황태손 죽음의 특성 분석

이구 황손은 2005년 7월 16일에 일본 동경의 아카사카 프린스 호텔에서 의문의 변사체로 발견되었다. 그런데 이구 황태손의 죽음은 자연사와 같이 처리되면서, 아무 검증도 없이 장례를 치르고 매장을 하면서 끝을 냈다.

일본 측에서는 눈으로 겉보기 검안을 한 것을 바탕으로, 일본 측 경찰에서 허혈성심부전이라고 일방적으로 발표하였다.[34] 그 발표한 바에 따라 일본정부는 물론이고 한국정부도 그대로 받아들이면서, 사실상 자연사와 같이 처리되었다. 한국측에서는 아무 이의제기도 없었다. 검증절차도 없이 무조건 시신을 인수해다가 매장을 하였다.

이구 황손의 역사적, 사회적, 국제적인 중요한 위치에 의해, 겉으로는 10일장이 나름대로 거창하게 모셔졌으나 누구도 문제제기가 없는 듯하

34) 처음에는 '심장마비'로 발표를 했었는데 나중에 일본경찰의 사체검안서에는 '허혈성심부전'으로 되었다. 이것도 석연치 않은 것이다. 눈으로 검안한 것이라면 차라리 심장마비가 더 맞는 말이다.

게 지났다. 그러나 이구 황태손의 죽음은 결코 단순한 죽음일 수가 없다. 엄청난 비밀을 간직한 흑막 속의 비극적 죽음일 가능성이 매우 높다.

1) 최고 황통의 연이은 비명횡사

대한황실의 현대사에 있어서, 나름대로 긴 시간이 흐르며 축적된 최고위 황통사(皇統史)는 매우 높은 공통점을 갖고 있다. 현대시대에 있어서 다시금 임금님을 모신다고 할 경우에, 최고의 우선순위를 갖는 인물 세 사람은 매우 비슷한 공통점을 갖고서 비참하게 덧없이 사망했다.

일제침략 후유증으로 크게 국민적 관심사가 되지는 못했으나, 옛 시대라면 임금님이 되실 매우 드높은 위상을 갖고 있었던 세 사람은, 잔인하게 잊혀진 만큼 더 비통하고 참담한 비극의 황실사가 되었다. 그 주인공은 이장, 이승훈, 이구의 3인이 되겠는데, 최고의 황통 지위를 갖는 3인이 우연이라고 하기에는 너무나 부정하기가 어렵게 공통적으로 사라졌다.

세 사람은 기묘할 정도로 공통점이 높게 ① 죽음의 의문성이 대단히 높고, ② 별안간 비명횡사를 당하며 놀랍게 사라졌으며 ③ 참담한 변사체로 발견이 되었지만, ④ 자연스런 사고로 인한 사망으로 죽었다고 알려졌으며, ⑤ 세인의 큰 관심을 끌지 못하는 가운데 비참한 사망을 했다. ⑥ 그리고는 자연 변사사건으로 처리가 되었다.

일반인들은 슬프고 가슴 아프게 생각이야 하겠지만, 그렇다고 더 심층을 파고드는 바가 없이 관심사에서 망각된 시간을 보내며 오늘에 이르렀다. 아니 거의 문제의식이 없이 남의 일 같은 시각으로 보는 방관적 자세였다.

2) 황실복원과 연결된 참담한 죽음

이장, 이승훈, 이구의 죽음은 세 사람이 모두 똑같이 대한황실의 복원문제와 깊게 연결되어 있었다. 세 사람이 하나같이 황통문제에 깊게 연결된 위치에 있을 때에 돌연 비명횡사를 당하였다.

첫째로 이장은 박정희 대통령의 집중적 관심을 받으면서, 정치사적 위상이 최고조에 달했을 때에 갑자기 트럭에 치어 사망하였다. 이장은 공군 사병일 때에도 박정희 대통령의 특별한 관심이 주어졌고, 미국에 유학을 가서도 박정희 대통령의 깊은 배려가 있었다고 생각된다.[35] 그의 드높은 위치가 정립된 어느 때에 별안간 죽었다.

둘째로 이승훈은 황실복원 여론이 불붙어 오를 때에, 그리하여 그의 부친 이초남의 위상이 핵심적으로 부각되며 주목을 받을 때에 느닷없이 비극적 죽음을 맞는다. 그것도 집요할 정도로 끈질기게 위협을 가하다가 비명횡사의 죽음으로 끝을 맺는다. 이것은 어마어마한 중대 뉴스가 분명하다. 하지만 이초남 황손이 곤혹스럽고 비참한 삶을 사는, 외로운 평민의 삶을 살고 있었기에 전혀 뉴스거리가 되지 않았을 뿐이다. 가족들이 친구들에게 알리지도 않아 아무도 모르는 가운데 화장이 끝났다. 아마도 이승훈의 친구들 속에서는, 죽은 것을 알았다면 뒷사연은 전혀 모르면서 바보같은 죽음이라고 했을 수도 있다. 이렇게 묻혀진 죽음이 되었으니 너무도 놀랍고 비극적인 죽음이었다.

셋째로 이구 황태손은 한 동안 일본 땅에서 연락이 되지 않다가 돌연히 사망을 했다. 이구 황태손의 위상은 매우 다양하고 복잡다기하여, 많은 사람들이 각자의 입장에서 제 나름대로의 해석을 했었다. 경우에 따라서는 그를 사실상의 임금님으로 보는 시각도 있었는데, 그 드높은 인물이 사회적 분위기가 고조된 어느 날 별안간 비극적 생을 참담하게 마친 것이다.

---

35) 박정희는 18년 집권기간에 있어서 임금님을 다시 모시려는 움직임을 많이 보였었다. 10월 유신도 명치유신에서 이름만 따 온 것은 아니었다고 생각된다.
안천, 일월오악도 제4권 및 제5권, op. cit. 참조.

2. 이구 황태손 죽음의 진짜 이유

1) 이구 황태손의 참담한 변사체

이구 황손이 의문의 죽음을 맞은 변사체는, 사망 후에 약 2일이 지나고 발견되었다고 추정하고 있다. 일본식 유카타를 입은 채로 호텔 화장실의 변기에 앉은 이상한 자세로, 바로 옆의 욕조에 엎드린 채 죽어 있었다고 한다. 그런데 죽어 있는 얼굴은 퍼렇게 피멍이 들어 있었다. 하지만 화장실 변기에 앉아서 그냥 죽었다면, 결코 옆의 욕조에 기댄 채로 깨끗이 엎드려 죽었을 리가 없다고 보인다. 누군가가 그 자세에서 얼굴을 강제로 눌러 호흡을 멈추게 했을 가능성이 매우 높다.

그런데 이구 황손의 죽음은 일본인들끼리 발견하고, 일본인들끼리 시신을 신속하게 처리하면서 증거인멸을 시켰다고 보인다. 1백년의 한일 비극관계사의 모든 것을 포괄하고 있는 대한황통 최후의 중요하고 중차대한 인물을, 일본인들만으로 극비리에 긴급처리를 하며 국가차원의 범죄를 저지른 것이다.

이구 황손이 비참하게 변사체로 발견된 때에, 전 세계적으로는 8천만 민족이요, 국내에는 5천만 국민이 있었다. 그리고 5백만 종현이 있다고 말한다. 그러나 그토록 많은 사람들이 사실상 겉으로만 안타깝다면서 형식적인 애도를 표할 뿐이었다. 일제침략의 잔혹한 후유증이 남긴 황태손의 마지막 죽음은 '외로운 혼자'일 뿐이고 '길 잃은 미아'로서, 사실상 누구에게도 남의 일이지 자기 일이 아니었다.

일본인들끼리 발견하고 일본인들끼리 몰래 몰래 뒷수습을 하며 넘겨준 이구 황손의 시신은, 그후 누구도 진심어린 관심이 없었다.[36] 흡사

---

36) 당시 일본 주재의 한국 대사관도 있었고, 외교통상부도 있었다. 또한 국내에는 문화관광부, 문화재청이 있었다. 그러나 그 중요한 죽음에 대해서 국가 차원의 조사가 전혀 없었

'잘 죽었다'라고 하듯 오해를 받을 만큼 자연사로 치부하며 장례절차만 밟았다. 수많은 사람들이 궁극적으로 위선의 조문이요, 근본적으로 거짓된 장례를 치른 것과 같다는 비판에 결코 변명이 어렵다.

독도나 정신대에 흥분하며 항일정신을 외치면서도, 일본이 그토록 욕을 하고 모함하고 탄압하며 짓밟은 대한황실의 이구 황손 죽음은 그 악독한 일본이 원하는 그대로였다. 그리고 제2차 친일의식에 젖은 모든 사람들에 의해 '잘 죽었다'는 듯 무심하게 자연사로 생각했다. 항일전쟁의 본질을 모르고 항일정신의 핵심을 모르면, 바로 일본이 원하는 제2차적 친일파로 전락하는 것이다. 이구 황태손의 비참한 의문사! 그 참담한 죽음은 숨겨진 비밀 투성이 그대로였다. 자연사로 처리된 이구 황태손의 죽음이, 많은 사람들에게 큰 충격을 줄 숨겨진 측면을 따지면 문제점이 한두 가지가 아니다.

① 왜 살던 집에서 참담하게 쫓겨났는가? 왜 느닷없이 호텔에서 사실상의 객사를 당하며 비참한 의문사로 죽었는가?

② 왜 한국정부에서 국가와 민족의 체면을 위해 제공한 국고 보조금이 정상적으로 지급되지 않았는가?

③ 왜 호텔의 변기에 앉은 부적절한 자세로 이상하게 죽었는가?

④ 왜 바로 옆의 욕조에 엎드려 죽은 채로 이상하게 굳어버린 시신이 되었는가?

⑤ 왜 바깥에 연락을 한 번도 취하지 못하고 혼자서 별안간 죽었는가?

⑥ 왜 그 정도로 아프면 일어나 침대로 가서 눕던가 바닥에 나뒹굴던가 하지 않았는가?

⑦ 왜 호텔 청소부가 발견할 때까지 일주일 정도의 긴 시간에 누구도

다. 많은 언론기관도 관심있는 취재다운 취재가 거의 없었다.

이구 황손에게 연락이 없었는가?

⑧ 후견인이라는 나시모토는 자기가 모든 것을 완벽하게 돌보았다면서, 왜 그토록 죽음을 모르고 찾아보지도 않았는가?

⑨ 왜 일본 경찰은 이미 죽어서 싸늘하게 굳은 시신을 급히 옮기며, 사건처리의 기초적 상식을 무시하고 현장보전의 기본 수칙도 전혀 지키지 않았는가?

⑩ 왜 일본의 국가기관인 검찰은 이구 황태손과 같은 주요 인물에 전혀 관심을 두지 않았는가? 왜 본격적인 수사가 없었는가? 왜 수사보고서가 없는가?

⑪ 왜 일본 정부는 천황, 총리를 비롯한 모든 관계자가 일사불란하게 이구 장례식의 10일장에 끊임없이 눈치만 보고 맨 끝날에야 화환을 보냈고 일부 관계자만 체면치레로 나타났는가?

⑫ 왜 일본에서는 시신을 형식적 차원에서 단지 겉보기 검사를 통해서 피상적으로 조사를 했는가? 왜 실제의 제대로 된 사체검안서를 공개하지 않는가?

⑬ 왜 사망원인을 허혈성심부전이라는 통상적이고 일반적인 병명으로 발표했는가?

⑭ 왜 사망원인을 처음에는 심장마비라고 했다가 허혈성심부전으로 번복을 하였는가?

⑮ 왜 그토록 비정상적으로 별안간 죽었는데 독살 가능성을 무시했는가?

⑯ 왜 나시모토는 이구 황손이 죽기 직전에도 건강했는데 별안간 죽었다고 강조를 했는가?

⑰ 왜 일본의 그토록 많은 언론기관은 죽음의 언론이요 벙어리 언론으로서 일본정부의 비열함에 동조했는가? 불의의 비겁한 언론으로 일

관했는가?

⑱ 왜 어떤 사람들은 이구 황손이 사실상 유리걸식 하다가 굶어 죽었다고 분노하는가를 비롯하여, 수도 없이 많은 문제제기를 할 충격적인 의문사요 놀라운 변사체로 발견이 되었다.

너무나 잘못된 비정상적 죽음이지만, 이구 황손에 대한 애착심을 갖고서 진심껏 문제제기를 한 사람은 거의 없었다. 한국측에서는 시신을 인수해다가 장례절차를 밟고는 무조건 매장을 끝냈다. 그리고는 모든 일을 다 마친 듯이 시간이 흘렀다. 이초남 황손의 일본을 성토하는 참담한 얘기를 들어보자.

> 「이구 황손님의 염을 해서 모실 때에 독살설이 나돌았습니다. 왜냐하면 그 분의 얼굴이 원래 하얀 얼굴인데, 커피색에 가까울 정도로 새까맣게 되어 있었습니다. 염을 하려면 윗옷을 다 벗겨야 하는데 제가 옆에서 쭉 지켜보았습니다. 얼굴색이 푸르죽죽한 것이 전혀 정상적이지 않았습니다.
>
> 나시모토가 가장 의심이 갑니다. 일본인들이 은폐를 시켰다지만, 결코 이구 황손님은 정상적으로 죽은 사람이 아니었습니다.
>
> 제가 어렸을 때에 비상(독약)을 갖고 꿩을 잡은 것을 보았는데, 피부가 검게 변하고 심지어 벼슬까지 색이 검게 되어 내장을 완전히 꺼내서 요리하는 것을 보았던 것과 똑같았습니다.」

이구 황손의 죽음은 너무나 잘못된 죽음으로서, 엄청난 숨겨진 비밀이 있음에도 통상적인 자연사와 같이 끝을 맺었다. 흡사 이구 황손은 가까운 친족이 전혀 없기라도 한 듯이, 흡사 남의 집 노인이 길에 나가 객사라도 하고서 시신이 돌아온 듯이 장례절차만 밟았다. 이구 황손의 죽음에 대해서 메아리 없는 분노의 소리를 낸, 거의 유일한 항의는 이석 황손의 격렬한 꾸짖음 뿐이었다고 할 정도였다. 이석 황손의 격렬히 분노하는 얘기를 들어 보자.

> 「이구 황손께서 돌아가셔서 염을 해서 모실 때에, 그 분의 시신을 보고 너무도 놀라고 충격을 받았었습니다. 그 분의 입술은 질푸른 색이었고, 얼굴은 새까만 색깔이었습니다. 물론 온 몸이 새까만 시신이었습니다.
>
> 지금도 당시를 회상하기가 끔찍한 모습의 새까만 시신이었습니다. 이구 황손님의 시신을 본 사람들은 다들 충격 속에 입을 다물지 못하면서, 결코 정상적인 시신이 아니라며 놀랐습니다. 틀림없이 독살을 당한 시신이라고 확언들을 했습니다.」

이구 황손의 죽음에 대해서 격렬히 항의하며 분노를 표출한 이석 황손은 흡사 이상한 사람과 같이 되어 버렸다. 그리고 이석 황손이 분노하면서 청와대에 진정을 하니까, 청와대에서는 도대체 이유를 모르겠다는 듯한 자세를 보였다. 대다수의 국민들이 입으로만 위선적 애국을 하고, 위선적 독립운동관을 갖고 제2차적 친일의식에 젖어서 제2차적 친일파가 된 때문이다.

만주벌의 눈 덮인 들판에서 조국을 찾겠다고 목숨을 걸고 인생을 바친 항일애국자들은 일찍이 잊혀진 사람들과 같이 되었다. 청산리 혈전을 치루며 침략자들과 싸우던 독립군이나, 신흥무관학교에 모든 것을 바치며 항일전쟁의 젊은이를 길러 내던 선각자의 피도 땀도 덧없는 것과 같이 되고 말았다. 나랏님과 나라를 일제침략자들에게 강점당하였던 후유증은 결코 하루아침에 치유될 수 없는 고질병이 되어 버렸다. 친일병이 만연한 제2차적 친일국가의 늪에서 헤어나질 못하고 있다.

「청와대에 공식적으로 청원서를 냈습니다. 도대체 건강하던 이구 황손이 왜 별안간 죽습니까? 일본정부를 통해 공식적인 답변을 알아 달라고 확실하게 말했습니다. 그랬더니 얼마 후에 전주 경찰서에서 저한테 연락이 왔습니다. 즉 형사가 묻길 요구하는 것이 정확하게 무엇이냐는 것입니다. 무슨 말인지 이해가 쉽게 되지 않는다고 청와대에서 연락이 왔답니다.

그래서 일본이 우리나라를 침략하여 대한황실을 완전히 망쳐 놓고서, 이구 황손이 의문사를 당했는데 그 이유를 공식적으로 밝혀 달라고 말했지요. 그 형사는 제가 말하는 것을 잘 적어 갖고 갔습니다. 그리고는 청와대에 보고를 했겠지요. 그 후에 시간이 한참 지난 뒤에 일본 경시청에서 작성한 사체검안서를 경찰에서 직접 보내왔습니다. 단순하게 허혈성심부전으로 죽었다는 무책임한 내용의 서류를 받았을 뿐입니다. 그것을 제가 보관하고 있습니다.[37)]」

대한황실의 황태손이라고 하며, 생각하면 잠재적 임금님의 드높은 지위에 있다고 할 이구 황손의 의문사에 대해 당시 유일한 항의가 이것뿐이었다. 대한황실의 가장 웃어른에 해당하는 이석 황손이 강력하게 유일한 항의를 했었다.[38)] 그러나 그것은 메아리 없는 공허한 외침이었을 뿐이었다. 청와대에서도 그것이 쉽게 이해가 되지 않는다는 나라가 되었다. 오히려 이석 황손이 이상한 사람이 되고, 수군수군 바보 소리를 듣는 참담한 실정이었다.

2) 죽음의 정확한 이유

이석 황손이 당시 경찰서로부터 전달받은 사체검안서는, 바로 일본

37) 이석 황손 면담, 2008. 6. 27, 전주 코아 호텔.

38) 이석 황손의 분노의 항변은, 인터넷 카페 '다음'의 '황실문화재단'을 통해서도 널리 알려졌다.

경시청에서 단지 눈으로만 피상적 검시를 하고서 허혈성심부전(虛血性心不栓)이라고 써서 보낸 지극히 무책임한 것이었다. 허혈성심부전은 의학계에서 특정한 병명이라기보다는 돌연사를 했을 때에 편의상 붙이는 대강대강의 병명이다.

그것은 귀에 걸면 귀고리, 코에 걸면 코걸이의 편의상 붙이는 병명으로서, 이구 황손의 죽음을 지극히 안이하게 겉보기로 판정했다는 것을 뜻하는 의외의 죽음의 이유이다. 이구 황손을 일본 경시청에서 이렇게 편법 사후처리를 한 것은 매우 이례적이다. 지극히 석연치 않은 것이며, 결코 있을 수 없는 행태를 보인 것이다.[39)]

그것은 그 죽음이 결코 단순한 죽음이 아닌, 흑막에 싸인 충격적인 비밀의 죽음임을 명백하게 증명하는 것이다. 오히려 일본 측의 범행을 자백하는 확고한 증거일 수도 있다. 이구 황태손은 자연사일 가능성이 지극히 낮다고 본다. 거의 확실하게 타인에 의해 비명횡사한 타살의 가능성이 존재한다. 그 직접적 범죄자는 일본 측이 거의 확실하다. 이구 황태손의 진짜 죽음의 이유는 무엇일까?

(1) 죽음의 이유1: 망명의 권유

당시 이구 황태손에게는 전주이씨대동종약원에서만 찾아오며 그들의 견해를 피력해 온 것만은 아니었다. 대표적인 다른 인물이 있었다. 훗날 '여왕님 옹립사건'을 만든 이강무 목사가 있었다.

이강무는 나름대로 존황의식이 강하고, 한국정부의 이구 황손에 대한 보살핌에 문제의식을 크게 갖고 있는 사람이었다. 그리고 일제침략으로 사라진 임금님을 한스럽게 생각하는 충성심, 애국심이 강한 사람이었다.

---

39) 이종엽, 이구 황태손 의문사 후 한일 양국 현실인식에 대해: 인터폴 보고서 및 사건현장 조사를 중심으로, 한국황실학회, 황실학논총 제11호, 2010. 5. 13, p. 63.

이강무는 생각하면 의협심, 정의감이 강한 현대판 협객에 흡사한 사람이었다. 우리의 임금님을 다시 모셔야 한다는 애틋하고 돈독한 충성어린 신념으로 여러 차례에 걸쳐 이구 황손을 찾았고, 나름대로의 생활비도 드리며 자신의 뜻을 간곡하게 전달하였다.[40]

「이강무는 이구 황손에게 이렇게 한심하고 비참하게 살지 말고, 품위 있는 노후를 보내시라고 계속 설득했지요. 그리고 미국으로 떠나 망명정부를 세우자는 권유를 했었습니다.

미국의 엠파이어 스테이트 빌딩에 100평 정도의 대형 사무실을 마련했다고 했습니다. 미국에 가서 황태손답게 품위를 유지하며 살자는 권유를 계속 했습니다.」

이구 황태손의 비참한 죽음은 첫째로 망명 권유 등의 정보가 일본의 어떤 숨겨진 조직에 은밀하게 알려지면서, 비참한 죽음을 별안간 맞게 되었다고 보인다. 이구 황손의 후견인을 자처한 나시모토는 사실상의 감시원이자 정보원이 분명했었고, 망명권유의 정보도 어딘가로 비밀리에 분명히 전했을 것이다.

현대판 충신 이강무가 이구 황태손을 한국정부는 물론이고 일본정부도 천대하고 무시하며 백안시하여 비참한 평민상태로 산다고 본 관점에서, 차라리 미국으로 떠나자고 한 권유는 어딘가에 꾸준하게 정확히 보고되었다고 보인다. 만약에 미국망명이 결행되면 세계차원의 복잡한 외교문제가 될 것이 분명하다. 그것은 그 어딘가에 큰 우려감을 안겨주며 충격을 주었다고 생각된다.

---

40) 안천, 대한황실황통쟁투사, op. cit., pp. 202-204, p. 278.

(2) 죽음의 이유2: 극비 비밀의 은폐

이구 황태손은 입이 대단히 무거운 사람이었다. 생각하면 입이 무거운 정도가 아니었다. 너무나도 입이 무거워 지나친 느낌이 들게 하는 인물이었다. 그에게 주어진 특수환경에 따른 중압감으로 입을 제대로 열지 못하는 것이 몸에 젖었다고도 생각된다.

그렇다면 그것을 다르게 생각하면, 이구 황손은 한국 땅에서 말을 못할 비밀이 많은 사람임을 뜻할 수도 있다. 그리고 평생을 뜻대로는 아무 말도 못하고 산 사람이고, 정확하게 말하면 평생 동안 감시를 당하며 산 사람이었다.

> 「이구 황손이 작고하기 석 달 전에 일본의 동경에 가서 그를 만났습니다. 그 전에도 여러 번을 만났는데, 금번에도 나는 이구 황손을 미국에 모시고 가서 당당하게 노후를 보내도록 해드리려고 도미를 권했었습니다. 그랬는데 이구 황손은 말없이 듣기만 하다가 예전과 같이 말했습니다. '오욕의 역사는 본인으로 끝나야 한다'고 말하는 것이었습니다.
>
> 종약원의 대표인물 2인과 동행했는데 그들이 양자를 세우도록 그 자리에서 권하자, 단호하게 고개를 저으면서 '양자를 세우지 않겠다'고 했습니다.」[41]

이구 황손은 특히 황통승계를 위한 양자 문제에 대해서는 지극히 신중했다. 애매하고 모호한 말만 되풀이 하면서 거의 확답을 말하는 적이 없었다. 그 까닭은 이구 황손이 본인의 본심을 시원하게 말할 수 없는 곤혹스런 입장에 처해 있었기 때문이라고 생각된다. 그것은 일본의 어떤 숨겨진 곳으로부터 강력한 압력과 협박을 받아서, 본인의 뜻과 다르게 그럴 수밖에 없었다고도 보인다.

---

41) 이강무 성민대학 총장 면담, 2006. 4. 2, 서울 동자동 이사장실.

이구 황손은 생전에 잠시 한국 땅을 방문할 때에도, 흡사 야쿠자 폭력배와 같은 사람들의 근접 경호를 받으며 일반인들과 차단된 채 한국을 다녀갔다. 이구 황손은 죽기 전에 한국과의 접촉을 거의 단절시킨 상태와 같이 살았다. 그것은 양자문제 결정 등에 한국 측만이 아니라 일본 측 변인도 강하게 작용했기 때문이라는 생각이 많이 든다.

> 「이구 황손은 죽기 약 1년 전의 사직대제를 끝으로 귀국을 하지 않았습니다. 그 날 사직대제가 끝나고서 인근의 삼계탕 집에서 점심식사를 했습니다. 그곳에서도 양자를 모셔야 한다는 얘기가 강조되었지요. 양자결정 문제는 이구 황손에게 끈질기게 던져진 대표적 얘깃거리였고, 이구 황손은 그 얘기를 수없이 여러 방면에서 들었을 것입니다. 그런데 이구 황손은 항상 거부반응을 보였지요.」

그러다가 일본에서 계속 피해 다니듯 은둔의 삶을 살았고, 전화도 되지 않을 정도가 되었다. 그렇게 되니까 국고보조금이 보내지지 않았고, 돈이 없으니까 살던 집에서 쫓겨 날 수밖에 없었다. 그리하여 가까운 아카사카 프린스 호텔로 본의 아니게 옮겨가서 투숙을 하다가 의문의 변사체로 발견된 것이다.

그런데 한국측에서는 계속 한국 얘기만 하면서, 일본 측 변인은 전혀 생각을 않는 분위기이다. 이구 황손의 죽음은 일본 측 얘기가 없이는, 제대로 설명함이 불가능한 죽음이다.42)

이구 황태손은 대한황통을 비롯한 황실 핵심 사안에 대한 최고수준의 초특급 비밀을 갖고 있는 사람의 행태가 많이 나타났다.43) 깊은 비밀을

42) 이구 황손은 말년의 삶의 거의 대부분을 일본에서 사실상의 일본인으로 살았다. 그런데 한국인들은 짝사랑을 하듯이 이구 황손을 한국인이라고만 착각한 듯 일방적 생각을 했었다고 생각된다.

43) 안천, 대한황실황통쟁투사, op. cit., p. 336.

알고 있지만 말이 없이 세월을 보내는 이구 황손을 보면서, 내심으로 크게 우려하는 바가 있었을 때에 이구의 죽음은 별안간 올 수밖에 없었을 것이다. 그것을 가장 우려한 측은 죄 많은 침략원흉인 천황이 분명하다. 일본 정보당국도 그것을 정확하고 소상하게 알고 있었을 것이다. 이구 황손은 비교적 건강하게 살던 어느 날 별안간 의문의 변사체로 발견이 되었는데, 그 이유는 커다란 비밀을 묻어 버리기 위함이었을 개연성이 매우 높다.

일본은 오늘날에도 직종만 현대식으로 바뀌었지 병농공상(兵農工商) 세습계급이 생생히 살아 있다. 지난 1천년간을 변함없이 흉악한 왜구들이 주도권을 쥔 세습 독재국가 그대로이다. 이구 황손의 죽음은 무서운 일본체제에서 결코 자연사일 수가 없다고 보인다. 호텔 화장실 변기에 앉아서 옆의 욕조에 머리를 기대어 죽은, 이상한 변사체로 발견이 되었는데 무조건 자연사로 처리가 되었다. 아니 일본측 주도로 무조건 자연사로 만들었고, 한국측도 무조건 인정했다.

이구 황손은 마지막에 한국측은 물론이고 일본측의 압력도 강하게 받으면서, 이러지도 저러지도 못하는 매우 엉거주춤한 상태에 있었음이 분명하다. 그런데 더구나 망명을 권유하는 측이 계속 접근한다는 정보를 접하고 일본땅의 누군가가 살해를 즉시 감행했다고 보인다.(망명 후의 특급비밀 누설, 양자옹립 후 사후 법적 문제 등 일본측으로서는 앞날을 생각할 때에 무조건 이구 황손을 살해할 수밖에 없었다고 생각된다.)

타살일 경우에 그 범인은 일본측이 거의 확실하다. 그러니까 이구 황손은 집에서 쫓겨난 비참한 상태에서, 일본측 범행이 쉽게 가능한 아카사카 프린스 호텔에 장기간 투숙을 하게 됨에 의해 손쉽게 살해가 되며 자연사로 위장된 것이 거의 확실시 된다.

일본경찰이 허혈성심부전이라고 급히 진단을 내리고 시신을 일본식으로 처치하여 한국에 즉시 인도한 것은, 살해가 사실상 일본 측 국가 주도로 진행된 때문이라고까지 보인다. 일본경찰에 긴급 지시를 하는 숨겨진 거대한 존재가 분명히 있었다고 보인다. 일본경찰은 물론이고 심지어는 일본천황을 비롯한 모두가 그렇기에 흡사 숨겨진 힘의 지시를 받는 로봇과도 같았다.

일본같이 교활하고 악독한 나라가 전혀 이의제기가 없이 즉시 시신을 넘긴 것은, 일본측에 결정적인 약점이 있고 결정적 잘못을 저지른 때문임이 확실하다. 일본측 관련자들은 당시에 과잉으로 당황하면서 지나치게 긴장하며 전전긍긍 했었다.44)

(3) 죽음의 이유3: 대한황통 단절 획책

우리사회는 여러 경우에 너무나 일방적으로 자기중심적 판단을 하는 경우가 많다. 이구 황태손은 한국과 일본에 연결된 초법적(超法的) 차원의 국제인이며, 죽을 때에는 미국 여권을 소지하고 있었던 국제인이라는 생각을 하지 못한다. 그런데도 우리들은 이구 황태손을 우리의 황태손이라고만 일방적인 생각을 한다.

이구 황태손을 대한황통의 적통이라고 보며 우리사회가 대단히 중요

---

44) ① 더구나 매우 놀라운 일이 사후에 발생했다. 한국에서 필자의 저서인 일월오악도 제6권(대한황실황통쟁투사)이 발간되며 이구 황태손의 죽음의 비밀을 문제화시키자, 그 범죄현장인 아카사카 프린스 호텔을 즉시 영업정지시켜 버렸다. 책이 출간되고서 이구 황태손이 자연사가 아닌 의문사, 비명횡사한 것이 알려지자, 증거인멸을 위해 그 거대한 초특급 호텔을 즉시 폐쇄시킨 경악할 만행을 서슴없이 저지른 것이다. 이구 황손이 변사체로 발견되고서 필자의 '대한황실황통쟁투사'가 약3년 후에 출간되었고, 그후 즉시 호텔이 철거되어 헐린다는 소문이 돌다가 곧 사무실로 개조해 버렸다. 이구 황손이 돌아가신 그 중대한 범행현장이 전격적으로 사라졌다. 정말로 왜구 일본다운 충격적 행태이다.② 특히 그 무렵 후쿠시마 쓰나미 대참사가 있자, 그 난민들을 수용하였고 난민이 나가자 사무실로 개조해 버렸다. 그 초호화 호텔에 난민수용을 할 때는, 그 호텔이 이미 일본정계의 뜨거운 감자가 되었음을 뜻한다.
이종엽, op. cit., pp. 63-76 참조.

한 인물이라고 보고 있다면, 그것은 일본사회도 똑같은 것이다. 일본에서도 그들의 100년에 걸친 침략범죄의 산물임을 너무나 잘 알고 있는 인물이다. 침략자의 입장에서도 최고로 중요한 범죄대상이 이구 황태손이다.

일본이 기나긴 대한황통 침략만행을 자행한 최고의 목적은, 대한황통을 끊고 단절시켜서 일본 천황가에 흡수통합하는 것이었다. 그리하여 광무(고종) 황제는 독살시해,[45] 명성황후는 칼잡이들의 집단공격 살해 후에 시신소각, 융희(순종) 황제는 독살미수 사건으로 준식물인간의 성불구자, 덕혜옹주는 사실상의 강제연금 및 구타로 정신병 일생,[46] 영왕은 강제파혼 후에 방자에게 강제 혼혈결혼, 영왕의 큰 아들 이진 독살 의문사, 영왕의 둘째 아들 이구의 아카사카 호텔 의문 변사사건, 영왕과 강제파혼된 민갑완의 부친 민영돈의 독살,[47] 민갑완을 평생에 걸친 괴롭힘으로 독신생애 유도,[48] 덕혜옹주의 외동딸 마사에의 실종사망, 이경길 황손은 강제 거세로 고자가 되어 평생을 비참한 독신으로 방황, 그리고 약간의 남은 황손이라도 일본인과 강제결혼 혹은 낮은 지체의 가문에 강제 양자 입양 등으로, 인류사에 똑같은 침략사례가 전혀 없을 최악의 황통끊기 만행을 악독하게 저질렀다. 이웃나라 황실을 침략하여 잔혹하게 짓밟고 풍비박산시킨 초특급 전범행위는 소설 속에도 이런 악랄한 사례는 있기 어렵다.

심지어는 현대의 우리들이 듣고는 경악할 일로서, 평생을 짓밟고 괴롭혀 정신병자로 생애를 참혹하게 보낸 덕혜옹주의 외동딸까지도 처참하게 삶을 끝냈다. 외동딸 마사에가 어느 날 별안간 자살을 했다고 일본의 언론을 통해 밝혀졌는데,[49] 그것도 완전한 타살이라고 대한황실에서

---

45) 이방자, 지나온 세월(서울: 남영문화사, 1980), pp. 61-63.
46) 강용자, op. cit., pp. 284-285.
47) 민갑완, 백년한(서울: 문선각, 1962), pp. 105-133.
48) 김을한, 인간 이은(서울: 한국일보사, 1971), p. 109.

는 극도로 분노한다.50) 마사에가 죽은 날은 바로 1956년 8월 29일로서 나라를 강제로 빼앗기며 강점 당한 치욕의 국치일이다. 그런데 일본측은 그 날이 바로 침략병탄 기념일이다. 그런데 마사에가 멋진 딸로 자라서 대한황통 부활의 씨앗이 될 것이란 우려가 있은 때의 8월 29일에 그녀는 흔적도 없이 실종되었고51) 시신도 못 찾았다. 그리고는 뻔뻔하게 자살이라고 언론에 공표했는데, 대한황실에서는 마사에가 살해되어 현해탄에 던져졌다고 극도로 분개하고 있다.52)

예전에 일본은 심지어 덕혜옹주 자체도 애초에는 공주로 인정하지 않으며, 황실족보에 넣지 못하게 극도의 탄압을 했었다. 심지어는 덕혜(德惠)라는 이름도 1921년 4월1일에 초등학교 2학년으로 입학이 될 때까지 정해지지도 않았다. 그녀를 낳은 양귀인(梁貴人)이 살던 복녕당(福寧堂)을 붙여 복녕당 아씨라고 불릴 수밖에 없었다. 그 나이까지 이름도 못 짓게 철저히 탄압했던 것이다.

특히 유의할 것은 덕혜(德惠)라는 이름의 뜻이다. 그것은 덕수궁(德壽宮)에서 따온 것이 분명한데, 덕수궁은 원래가 경운궁(慶雲宮)이고 그 정문은 대안문(大安門)인데 침략국 일본이 대한문(大漢門)으로 바꾼 것을 잊고서의 해석은 무의미하다. 왜냐하면 '경사스러운 행운'의 경운궁을 그저 맥없이 오래 살라는 뜻의 덕수궁으로 고쳤고, 확고한 영광과 안전을 뜻하는 대안문을 '큰 도둑' 혹은 더 나쁘게 말해 '가장 나쁜 놈'을 뜻하는 대한문으로53) 바꾼 것인데54) '덕혜'라는 뜻은 그 나쁜 것을 모두

---

49) 혼마 야스코, 이훈, op. cit., pp. 256-264참조.

50) 이현향, 내가 만난 덕혜옹주, 한국황실학회, 황실학논총 제2호, 1997.12.31, pp. 201-204.

51) 혼마 야스코, 이훈, op. cit., pp. 44-49, 67-68.

52) 이현향(대한황족) 면담, 서울교육대학교 필자 연구실, 1997. 8. 1.

53) ① 통상 끝에 ~한(漢)을 붙이는 것은 옛 용어로 욕에 해당하는 것으로서 ~놈과 같은 것이다. 취한(醉漢)은 술 취한 놈, 흉한(兇漢)은 흉측한 놈, 폭한(暴漢)은 폭력배, 포한(庖漢)은 천민 백정, 괴한(怪漢)은 괴상하고 나쁜 놈, 치한(癡漢)은 어리석고 못된 놈, 추한

포괄한 것이므로 침략자들이 그렇게 지은 것이다.

'덕혜'는 사실상 저주를 담은 또 하나의 욕에 해당하는 이름일 수 있다. 그리하여 광무황제는 거기서 독살시해를 당했고, 덕혜옹주는 처참한 정신병자 폐인으로 살았으며, 그의 딸 마사에도 비참한 최후를 맞았다. 오늘날 서울시청 앞의 그 참담한 궁궐 이름은 그대로 덕수궁으로 남았고 대한문으로 들어가게 되어있으니, 제2차적 친일국가의 전형적 참상을 생생하게 보여주는 것이다.

광무황제 폐하의 어필 경운궁 현판

(醜漢)은 예컨대 성추행범 같은 놈, 무뢰한(無賴漢)은 직업 없이 떠도는 불량배, 사기한(詐欺漢)은 사기 치는 놈과 같은 확실한 욕이다. 그러니까 대한문(大漢門)은 '가장 나쁜 놈'이 드나드는 문이라는 확실한 욕이고, 우리 광무황제를 정면으로 조롱하는 것이다. 그것이 1906년부터 100여 년을 서울 중심부에 걸려 있는 것이다. ② 침략일본은 너무나 간교하여 1906년에 문을 수리하고 새롭게 '대한문'이라고 고치면서, 대한문은 '한양이 창대해진다'는 뜻이라고 속이는 상량문까지 써서 우리민족을 기만하며 임금님을 욕하는 간판으로 바꾼다. 독이 든 식혜를 맛있는 식혜라며 광무황제께 드리듯, 임금님 욕을 좋은 글귀라며 속였다.

54) 정운현, 서울시내 일제유산답사기(서울: 한울, 1996), pp. 278-280.

그리고 결코 잊지 말아야 할 것은, 우리의 마지막 황태손인 이구 황손이 왜 불임남자가 되었는가도 간과할 수 없는 것이다. 워낙 악랄하게 대한황통을 끊으려고 혈안이 되었던 일본에, 평생을 사실상의 인질로 산 이구 황손을 생각할 때에, 애를 못 낳는 씨 없는 남자가 된 것은 오히려 정상적인 것이 아닌가 하는 역설적 쓴웃음이 나올 뿐이다.[55)]

그래서 오늘날에도 대한황실은 일본 천황가 족보에 그대로 비참하게 편입되어 있다. 그러면서 모든 것이 합법적이라고 강변하니 너무나 추악한 거짓 논리의 연속이다. 그러니까 법적 족보체계로 대한황실은 전혀 존재하지도 않는다. 그리고 대한황실은 흔적을 찾기가 어려울 정도로, 사실상의 죽은 황실이 되었다.

그러한 침략적 관점에 짓눌린 상태에서 보았을 때, 이구의 국제정치적 위상을 우리는 대부분 간과하고 있다. 일본은 기나긴 100년 대한황실 침략사에 있어서 간교한 침략본성을 버린 적이 없다. 그것의 표징이 요즘도 독도, 정신대, 동해 표기 및 일본 교과서 왜곡 등으로 나타나고 있는데, 일반인들은 그것들보다 원천적이고 근본적인 문제인 대한황통은 일본측의 침략으로 끊어져 사라졌다고 착각을 하는 흐름이 강하다.

그토록 끈질긴 침략을 자행하는 왜구독재(倭寇獨裁) 당국으로 보았을 때에, 이구의 죽음은 당연히 찾아오게 되어 있었다. 망명정부를 세우러 미국으로 가자는 권유나, 양자를 세우려고 하는 강력한 요구나, 두 가지 모두 일본으로서는 결코 용납할 수가 없는 것이었다. 대한황통이 되살아나고 연장되는 것을 막으려는 일본 측의 끈질긴 강요가 있었기에, 이구 황손은 항상 한국 측 의견을 선뜻 들어주지 못하는 엉거주춤 상태에서 애매모호한 자세를 취했다고 하겠다.

이구 황손은 '양자 불가'라는 일본측 강요도 끈질기게 받는 입장이 분

---

55) 안천, 대한황실황통쟁투사, op. cit., pp. 342-343.

명했다. 이구 황손은 양자 얘기가 나오면 완강히 거절하면서 앵무새 같이 '오욕의 역사는 본인으로 끝나야 한다.'고 알 듯 모를 듯한 기묘한 얘기를 일관되게 했었다. 그렇게 레코드판에서 반복되는 듯한 똑같은 얘기는 결코 스스로의 마음에서 정상적으로 나오는 것이 아니다. 너무나 어색하고 부자연스럽다. 누군가 제3자가 강요하는 부적절한 표현이 분명하다. 그는 마지막에 한국측과 맺은 최후 약정서에도, '2~3년 후에 최종 결정' 이라는 단서를 달면서까지 완강하게 끝까지 거부했었다.[56] 이구 황손은 결코 자유의사에 따라 자유로 행동하는 정상적인 사람이 아니었다. 그의 기묘한 발언 배경은 결코 단순하고 순수한 입장이 아니었다고 생각된다.

> 「이구 황손은 한국인이길 포기한 사람입니다. 일본인들이 워낙 철저히 그를 일본인으로 세뇌시켜 놓았습니다. 그리하여 본인은 일본황실의 한 사람이라고 철저하게 생각한 사람입니다. 이구는 마지막에 죽기 직전까지도 한국인에게는 마음의 문을 결코 열지 않았습니다. 그렇기에 양자문제를 말하면 절대로 수용하거나 동의함이 없었습니다. 오욕의 역사는 자기로서 끝나야 한다고만 말했습니다. 죽기 3개월 전에 내가 만났을 때에도 아주 확고했습니다. 그 후 전화가 되지 않았는데, 사망 당시의 양자 발표는 전혀 믿기 어려운 것입니다.」[57]

그런데 마지막으로 이구 황태손에게 양자 동의서를 받았고, 망명권유가 강력히 제기되자 일본 측에서 이구 황태손을 즉시 살해했다고 보인

---

56) 이구 황손의 옆에는 항상 나시모토가 후견인이라면서 감시를 하는 가운데, 양자 잇기에 끝까지 거부를 했음을 유의해야 한다. 꼭 옆에 감시자가 있었던 것을 배제하고는 이구 황손의 마지막에 대한 설명이 결코 쉽지 않다.
안천, 대한황실황통쟁투사, op. cit., p. 278 참조.

57) 이강무 면담, 2006. 4. 2.

다. 그 범인은 누구인가? 물론 큰 시각에 있어서의 최고 주범은 일본 천황이지만, 이구 황태손의 마지막 죽음은 나시모토나 그 측근 사람들이 직접적인 범인일 가능성이 매우 높다. 이구 황태손이 확실하게 믿는 사람이었기에 그토록 얌전히 죽었다고 보이며, 나시모토 쯤은 되어야 깨끗이 타살을 시켰을 것이다. 살해의 방법이 폭력이냐 독약이냐는 관계없다. 다른 사람이라면 이구 황태손이 반항했을 것이고 그렇게 깨끗이 죽었을 리가 없다.

나시모토는 사건이 일어나고서 천연덕스럽게 나중에 전해 듣고서야 나타난 듯한 어설픈 자세를 취했다. (항상 근접해서 모든 일을 관여한 후견인이라는 사람의 연출이 너무나 부자연스럽고 어색하다.) 그리고는 엄청나게 충격을 받은 듯이 위장된 행동을 했으며, 일본측은 그것을 알기에 신속히 마무리를 했다고 보인다.

이구 황태손은 살던 집에서 타의로 쫓겨나 호텔에 외상 빚을 지며 참담하게 머물러 있는 최악의 궁지에 몰리게 되었다. 따라서 나시모토에 의해 완전히 포로가 된 상태에서, 그 어떤 삶의 탈출구가 없는 듯한 절망에 빠져 모든 것을 상실한 채 억류상태에 있었다. 그렇기에 그의 죽음은 언제라도 마음만 먹으면, 간단히 소리 없이 끝날 수 있었다고 하겠다.

이구 황태손은 그의 말년 생활이 일본에 억류된 감옥생활과 다름이 없었다. 더구나 죽음을 맞기 약 20일 전부터는 호텔로 쫓겨난 최악의 생활을 했다.[58] 그것은 다시 말하면 스스로 죽을 곳을 찾아간 것이며, 최악

---

58) 나시모토와 일본측은 그들의 1백년 침략범죄의 산물인 이구 황손을 철저히 방치하고 철저히 냉대했다. 더구나 이구 황손은 변사체로 발견될 당시에 일본 천황족보에 있는 황족으로, 일본 국적을 갖고 있었다. 특히 유의할 것은 일본천황은 이구와 같은 학급 동갑이 친구였다. 그럼에도 도대체 한국에서의 송금이 끊기자 7개월을 우유와 빵으로 연명했고, 세금고지서가 쌓인 가운데 사실상 굶어 죽기 직전까지 방치한 천황도 인간인가? 나시모토는 어떤 구차한 변명을 할 것인가? 정말로 인간 이하의 냉혈 천황이고 부끄럽고 부끄러운 일본일 뿐이다. 그러면서 독도타령이나 하고 있다.

의 막다른 감옥을 찾아간 것과 같이 되었다.59)

일본은 원래 악명 높은 독살 능력을 갖춘 나라이다. 세계 최악의 731부대를 운영하면서 마루타 생체실험을 했던 왜구 침략국가에서, 이구 황손은 호텔방을 찾아간 것이 아니라 마루타 실험실을 스스로 찾아간 듯한 상황이 되었다. 이구 황태손의 죽음은 지금도 황실 차원의 독립전쟁이 소리 없이 진행되는 적대국 나라에서, 적대국 감시원이 지키는 적대국의 호텔 감옥에서 간단하게 처리되고 자연사로 위장된 것이 확실하다고 보인다.

그렇기에 일본 천황 이하 모두가 10일장의 마지막 날에 살며시 조화만 보냈다고 보인다. 자신들의 100년 침략 전범행위의 산물인 이구 황손의 죽음을 맞아서, 10일째가 되도록 눈치만 보고 전혀 조문이 없었음은 천황 이하 모두가 범죄의 전모를 아주 소상하게 알고 있었고, 사실상 일본의 국가차원 범죄가 확실함을 자백하는 것과 다름이 없었다. 맨 마지막 10일째에 천황 이하의 조화가 한꺼번에 쭉 줄지어서 들어 온 장면은, 생각하면 너무나 끔찍스런 일이다. 소름이 끼치는 가증스러운 일이었다. 섬뜩하고 전율할 충격적 장면이었다.

이구 황태손의 죽음은 처음부터 끝까지의 모든 과정을, 철저하게 전면적으로 확실히 재수사하고 재검토해야만 한다. 이구 황손의 죽음은 앞에서 밝힌, 이석, 이초남 황손 등의 증언을 종합해 볼 때에 독살된 것이 거의 확실하다고 보인다. 독약을 먹여 순식간에 죽으면서, 화장실 변기에 앉아서 굳은 시체가 되었다고 생각이 된다.

안천, 대한황실황통쟁투사, op. cit., pp. 348-378 참조.

59) 그런데 이구 황태손이 호텔로 간 것도, 생각하면 나시모토의 유인살해를 위한 계략일 가능성도 크다. 나시모토는 양자옹립 강요, 망명권유 등을 모두 알면서, 생활비가 서울에서 보내지지 않으니까 이구 황손을 자연스레 호텔로 가자고 했을 가능성도 크다. 당시 이구 황손은 나시모토의 꼭두각시 포로상태였다.

그렇기에 일본측은 즉시 시신을 넘겼고, 너무나 큰 죄를 저질렀기에 10일장의 끝 날까지 극도로 초조하게 눈치를 살피다가 마지막 날에 형식적인 겉치레 예의만 표한 것이다. 그 엄청난 범죄를 결코 눈감고 그대로 넘길 수는 없다.60)

대한 황실의 마지막 황태손 이구는 결코 평범한 자연인 이구가 아니다. 1천년간 이웃나라를 지옥으로 만든 비극사와 1백년간 이웃 황실을 참혹하게 짓밟은 침략사를 총합하여 상징하는 중차대한 인물이다. 그 역사적 인물은 초현대 시대인 오늘날에 있어서까지도 일제침략의 처절한 피해자로서 참담한 죽음을 맞았으니, 그것은 철저하고 명백하게 규명되어야 한다. 그 놀라운 비밀은 우리민족만이 아니라, 온 세계가 정확하고 확실하게 알아야만 한다. 특히 일본 국민들도 일본의 추악한 범죄를 꼭 알아야 한다.

> 이토록 참담하게 이구 황태손은 충격적인 주검으로 발견되었다. 1천년에 걸친 왜구독재국(倭寇獨裁國)의 잔혹한 침략, 1백년에 걸친 처참한 대한황실 능욕 만행(蠻行)을 쓸어안고서 외롭게 의문사하였다. 천황궁 근처에서 끝내 인질상태 그대로 처절하게 죽었다.
> 일본국 전체가 조기를 내걸고서 사죄하며 정중히 운구하여야 했으나, 싸늘한 시신에조차 예우는 추호도 없었다. 흡사 강아지 죽은 사체를 떠넘기듯 했다. 밀린 집세와 호텔비 등의 푼돈까지 냉혹히 징수하고 위장서류와 함께 시신을 내다 버리듯 넘겼다.
> 짐승만도 못한 흉악천황이요, 능지처참을 해도 부족한 초특급 전쟁범죄이다. 이 시대에까지도 이럴지니, 어찌 천황이 인간의 탈을 썼다고 할

60) 일본은 대한황실에의 침략 만행이 끔찍할 정도로 완벽하였다. 그렇게 완벽한 일본이 이구 황손의 장례 전후의 약 1개월을 과잉으로 침묵하며 눈치를 본 것은 결코 정상이 아니다. 너무나 비합리적이고 비정상적이다.
안천, 대한황실황통쟁투사, op. cit., pp. 215-378.

> 것인가? 어찌 일본을 인간의 나라라고 하겠는가? 오늘의 일본은 1천년 흉악범죄국에서 전혀 바뀐 것이 없다.
> 앞으로 양심있는 일본인들에 의한 1천년 사죄와 1천년 친선교류가 있다면, 흉악전범 천황의 속죄가 가능할 수 있을까?
> 1천년 왜구침략의 가혹한 아픔을 끌어 안고 비명횡사한 이구 황태손의 원혼은, 8천만 겨레 모두를 농락하고 조롱하며 모독한 통한의 피눈물이었다. 8천만 민족의 가슴에 통곡의 쇠못을 무지막지하게 때려박은 잔혹한 재침략이었다.

3. 대한황통 후계자 비극의 근본 원인

1) 내부사회(內部社會) 시각의 상실

어떤 사회나 그 사회가 발전함에는, 그 사회 구성체(構成體) 전체가 고르게 진보하는 것이 아니다. 빠르게 변하는 부문이 있는가 하면 더디고 정체성을 띤 부분도 존재한다. 그런데 그 사회가 내부적으로 그렇게 변하는 다양한 것을 인지하지 못하고 정치 흐름이 이어지면, 공식적 사회에서는 알 수 없는 내면적인 비공식 갈등현상이나 문제가 야기되는 것이다.

어떤 사회나 내부사회가 공식적인 외부사회(外部社會)와 공동 발걸음으로 변화하는 경우는 드물다. 특히 한국사회는 현대시대에 있어서 무조건 미국에서 수입된 대통령제로서의 민주정치는 표면상 외부사회적으로 존재하는 것이었다. 하지만 내면적인 내부사회는 전혀 그렇지가 않았었다. 세월이 흘러서 일제 퇴출 이후 환갑의 세월이 흐른 오늘날에는, 나름대로 외국에서 수입된 제도나 문물에 적응된 바도 크다. 그렇지만 아직도 우리의 내부사회는 예부터의 고유한 흐름이 강하게 잔존하고 있다.

공식적으로 우리나라에서 일제강점 침략에 있어서 최고로 공격이 집중된 임금님은 침략자들의 뜻대로 참담하게 사라졌다. 우리사회는 거의 모든 것이 사실상 일제침략자들이 만든 부끄러운 추친일 국가 그대로인 것이다. 그럼에도 겉보기의 사회로는 그렇지 않다고 표방하는 이중적 표리부동의 사회이기에, 대한황통 후계자의 비극이 당연하게 발생했던 것이다. 대한황실은 살아있는 생명체로서의 황족들의 구성체이다. 일제강점 시대가 끝나고 현대시대가 된 뒤에, 우리의 대한황실이 그대로 살아 있었음에도 겉으로는 죽어서 사라졌다고 몰아쳐 망각 속으로 가게 강요하는 사회였다.

우리의 대한황실은 미군정 시대와 자유당 시대 초기에는 나름대로 입지가 탄탄했었다. 많은 국민들이 임금님을 다시 모시자는 견해가 강했었다. 그러나 이승만 시대의 비정한 황실탄압정책과 6·25전쟁을 겪으면서 차츰 국민들에게서 잊혀져 갔고 잠적해 들어갔다.

그런데 박정희 대통령의 존황애국 뒷받침에 힘입어서 분위기가 차츰 호전되었다. 그러다가 군사정부 시대가 끝날 무렵부터 이석 황손에 의한 황실복원운동이 시작되며, 황실의 명예가 되살아나기 시작하였다. 공식적으로는 물론이고 비공식적으로도 죽은 상태에 있었던 대한황실과 황실가문은, 이석 황손의 용기있는 활약 이후에 기적과 같이 기사회생의 길을 찾게 되었다.

그렇게 되니까 지하에 잠적되어 있던 최고의 황족이며 그 핵심 보물이 수면 위로 떠오르게 되었던 것이다. 생각하면 '이장'은 박대통령의 총애 이후에, 그리고 '이승훈'은 이초남 황손의 부각 이후에, 또한 '이구'는 황실복원운동이 가열된 이후 별안간 비참한 죽음을 맞았다. 내부사회에 생생하게 예부터의 황통이 살아 있음이 알려졌으나, 외부사회의 백안시 속에 전혀 무방비 상태에서 세 명의 최고황통이 비참한 최후를 맞았다.

정상적이라면 최고의 경호와 최고의 예우를 받고 초특급 수준으로 각별하게 보호되어야 하였다.[61] 그렇지만 현대사회의 원천적 병리체제 속에서 황야의 들판에 벌거벗겨 홀로 무방비 상태로 내버려져 덧없는 최후를 맞은 것이다. 우리사회의 내부사회 백안시 흐름의 당연한 귀결인 것이다. 벌거벗겨진 황통의 처참한 참극 그대로인 것이다.[62]

2) 대한황실 항일전쟁의 미해결

공식적으로 일제침략 시대는 끝났고, 대한황실은 죽어서 사라졌다. 침략원흉 일본천황만 생생히 살아있는 것으로 되어 있다. 그리고 한일회담의 타결에 의해서 구시대는 역사청산이 일단락된 듯 되어 있는 것이 공식적 외교관계이다.[63]

그렇지만 황실문제는 전혀 해결된 것이 없다. 현재도 확실하게 미해결된 미제사건이다. 생각하면 오늘날에도 대한황실의 독립전쟁은 현재진행형이다. 실제로 대한황실은 오늘날에도 사실상 생생하게 살아있고, 항일 독립전쟁을 수행하고 있다. 한일관계는 황실차원에서 해결된 것이 하나도 없다.

제2차 세계대전이 끝나고 일제침략이 끝나며 일본이 항복한 뒤에, 한국측의 당사자 주체는 당연히 황실이어야 했다. 그러나 당시까지 인질상태로나마 살아있던 대한황실은 전혀 역사주체로 받아들여지지 않았

61) 이상의 3인은 사실상 전직 대통령 수준의 예우, 경호가 필수적인 주요인물이다. 우리사회가 성숙된 역사인식의 사회라면 확실히 유의해야만 했었다.

62) 조선 말기의 국내에 있어서도, 이러한 어려운 상황을 극복하기 위해 살았던 대원군의 삶에는 소설을 비롯한 전승 이야기가 많이 있다.
연갑수, 고종대 정치변동 연구(서울: 일지사, 2008), pp. 242-278.

63) 대한민국정부, 한일회담백서(서울: 광명인쇄공사, 1965) 참조.
공보부, 한일회담의 어제와 오늘, 1965 참조.
외무부, 한일회담(그 경위와 문제점), 국제문제 시리즈 No. 64-3 참조.

다. 그렇기에 훗날 한일회담이 타결되었다고는 말하지만 황실차원에서는 전혀 아무 것도 논의된 것이 없었다.

특급전범 천황 하수인들의 잔혹한 침략만행

일본천황은 변함없이 황실차원에서는 초특급 전범이다. 그것도 수많은 살인, 방화, 강간, 파괴, 약탈, 폭력, 구타, 고문, 성희롱, 징병, 징용, 조롱, 탄압, 차별, 착취를 자행한 최악의 흉악범이 일본천황이다. 인류의 이름으로 고발되어 준엄한 처벌을 받을 전범이, 전혀 사죄도 배상도 처벌도 받지 않고서 사면이 되었다고 보는 초특급 사기범이 일본천황이다. 오늘날 황실차원에서는 전후 처리가 전혀 되어 있지 않다. 그 확실한 증거로 오늘날에도 대한황실은 일본천황가의 족보에 강제편입된 참담한 상태 그대로 있다. 일본이 독도가 합법적인 일본땅이라고 우기듯이, 일본천황도 정확하게 흉악전범 그대로 족보에 생생히 남았다. 일본이 독도를 자기땅이라는 것은 흉악전범 천황의 입장에서는 옳다. 그것은 흉악한 범죄자 천황과 그대로 일치하는 것이며, 법적청산이 전혀 없었다. 그러한 미청산 상태에서 보니까 독도가 합법적인 일본땅이라고 일본이 우기는 것이다. 전범천황은 초특급 전범에서 전혀 변한 것이 없기 때문이다. 예전의 한일회담은 그토록 불완전한 청산이었다.

황실차원에서는 아직도 일제강점의 법적체제가 그대로 잔존해 있다. 그렇기에 제2의 안중근 의사가 아직도 변함없이 초특급 현행전범인 일본천황을 단호하게 사살하며 처벌해도 전혀 잘못됨이 없다. 오히려 정당한 애국활동에 해당하니까 즉시 범죄자를 응징하며 처벌하라고 촉구하고 크게 칭찬할 일이다. 독도가 법적으로 일본땅이라면, 천황도 전범으로 당연히 사살되어야만 법적으로 옳다. 또 제2의 이봉창, 윤봉길 의사가 일본 천황궁을 폭파해 없애도 잘못됨이 전혀 없다.[64]

그런데 특히 유의할 사항은 일본은 천황만 그런 것이 아니다. 국가전체가 아직도 전범집단 그대로이다. 일본은 예부터의 병농공상(兵農工商) 계급사회 체제가 오늘날에도 생생하게 살아있는 사회이다.[65] 사회의 상층부를 장악한 칼잡이 사무라이들이 살벌하게 국가를 통제하며 추호도 숨 쉴 틈을 주지 않는다.[66] 그것을 벗어나면 잔인한 왕따를 만든다. 왕따는 칼잡이 흉악범 사회인 일본에만 독특하게 존재하는 특이한 전형적 현상이다. 일본인들은 그래서 누구나 겁먹은 얼굴로 본심을 숨기고 이중인격체와 같이 산다. 왕따가 되거나 죽음을 맞을까봐 근본적으로는

64) 안천, 대한황실황통쟁투사, op. cit., pp. 348-378.
65) 와타나베 히로시, 박홍규 옮김, 주자학과 근세일본사회(서울: 예문서원, 2007), p. 81.
66) 최문형, 명성황후 시해의 진실을 밝힌다(서울: 지식산업사, 2002) 참조.

부부간에도 못 믿고 다른 방을 쓰면서 살 정도로 전전긍긍하면서 이웃도 못 믿는 비정하고 더러운 사회가 일본이다.

일본은 제2차 세계대전이 끝나고서 겉보기로는 현대사회가 되었다. 그러나 내부사회는 예부터의 칼잡이 흉악범 사회 그대로이다. 1천년 왜구문화가 고질병이 된 중증환자의 나라요, 1천년 왜구 침략병이 골수에 찌든 부끄럽고 추악한 나라이다. 일본은 제2차 세계대전 전쟁범죄에 대한 전후처리가 없었던 나라와 같다. 정말로 뻔뻔하고 무책임한 나라이다. 그렇기에 오늘날에도 내부사회로는 전혀 변함없이 왜구 칼잡이들에 의한 어둠의 정치를 자행하는 조폭 국가이다. 일본은 지난 세월의 역사시대에 있어서 1천년이 그랬고, 지난 경술왜란 100년에도 전혀 변함이 없이 칼잡이 도둑나라였다. 이웃 나라를 생지옥으로 만들면서 얼마나 많은 살인, 약탈, 파괴, 폭력, 착취, 강간을 자행했는가를 일본인들이 잘 알 것이다.

그러면서도 파렴치하게 합법적으로 침략했다고 강변하는 후안무치한 나라이다. 그러니까 정신대도 합법적 성폭력이고, 강제징용도 합법적 강제노동이라고 하거나, 독도도 합법적 강탈로 정당했다는 억지논리가 살아있는 것이다. 내부사회의 일본은 본질적으로 전혀 흉악한 왜구에서 변한 것이 없다. 특히 자민당은 제2차세계대전의 1급 전범들이 재집결한 왜구의 소굴이다. 행정부는 물론 사법부의 핵심을 생생하게 왜구들이 장악하고 있다. 그들의 실체가 요즘 일본회의(日本會議)라는 이름으로 구체화되어 있는데, 1백년 전의 침략악행을 되풀이하자는 경악할 모임이다. 그 지도층은 아베 신조, 아소 다로 등 자민당의 1급전범 후손들이다. 그들은 그러므로 모든 침략이 합법적이라고 강변하는 무뢰한들이다.67)

---

67) 그들은 사실상 절대다수의 선량한 일본인에 비해 적은 숫자이다. 그들이 없어져야만 한

일본은 오늘날에도 그들 내부의 보다 더 숨겨진 내부사회에는 원초적 도둑놈 칼잡이들이 준동하는 원색적 왜구 나라이다.[68] 그들의 숨겨진 '어둠의 칼잡이'가 오늘날에도 이장, 이승훈, 이구의 비참한 최후를 만든 범죄자들일 가능성이 매우 높다. 일본은 모든 것을 회개하고 새로운 인간, 참된 인간, 바른 인간으로 진실되게 태어날 내일을 진솔하게 모색해야 옳다. 최악의 흉악범죄 국가를 이웃에 둔 한국인들의 전율하는 모습, 대한황실의 잔인하게 이어지는 비극사를 생각하며 겸손하게 새 출발을 해야 할 것이다.

일본은 1천년의 범죄를 진심으로 사죄하고, 1백년의 잔혹침략을 참회하면서 온 나라가 새로운 길을 걸어야 한다. 죄 많은 일본은 한국과 한일회담 조약을 맺은 종이 몇 장에 노예가 되지 말아야 한다. 그 종이 몇 장은 차라리 휴지와 같은 것이다. 그것은 미국의 강요에 의해서 억지로 맺은 불완전한 것이다. 한일회담 조약은 일본이 만든 새로운 죄악에 해당한다고 할 정도로 미흡하고 부족한 것이다. 미국의 강요가 없었어도 진심의 사죄와 화해를 스스로 했어야 하나 일본은 전혀 그것이 없었다. 마지 못해 흉내만 낸 것에 불과하다.

그 휴지 같은 부끄러운 것을 내세우지 말고 진심껏 반성하며 참회하는 나라가 되어야 한다. 내부사회가 근본적으로 바뀌며 내부적 참회 속에 신시대를 맞아 진심으로 탈 왜구의 길을 걸어야 옳다.[69]

다. 선량한 다수가 총궐기하여 일본판 프랑스 대혁명을 만들어야 한다. 야스쿠니 신사도 없애야 한다. 제2차 세계대전의 전후처리가 잘못되어, 온 세계에다 거짓선전을 하며 전범도 없고 침략도 없었다고 강변하는 철면피 전범후손들을 선량한 다수가 응징해야 일본의 미래가 있다. 일본에도 왜구가 아니라 사람이 산다는 것을 증명해야 한다.

68) 일본은 그래서 두 개의 정부가 있다고 말해진다. 공식적인 정부가 하나 있고, 속에 숨겨진 야쿠자들의 숨겨진 정부가 있는 2중구조의 체제를 가진 나라이다. 일본에는 내부적으로 '어둠의 정부'가 예부터의 칼잡이 전통을 그대로 존치시킨 가운데, '어둠의 정치'를 그대로 잇고 있다. 그 흉악한 왜구독재 정치에 가장 큰 피해를 본 나라가 우리나라이다.

69) 일본 사람들 모두가 그런 것은 아니다. 대다수의 일본인은 매우 선량하다. 그러나 일본

V. 맺는 글

1. 일본의 거짓말 평화

일본의 궤변! 그 궤변에 의한 현대사회의 대표적 사건 가운데 하나를 일본 역사 교과서 사건이라고 말한다. 일본의 자라나는 청소년들에게 거짓말을 가르치려는 일본 문부성의 끈질긴 시도가, 바로 일본 역사 교과서를 왜곡시키려는 것이다. 동아시아는 물론 온 세계에서 거센 반발을 불러일으키며, 일본고립(日本孤立)을 자초하고 일본왕따를 만든 이것은 사실상 일본의 독약이다.

일본은 왜냐하면 일본의 궤변이라는 수렁에 빠져서 점차 2등 국가의 길을 가게 되어 있기 때문이다. 어떠한 나라의 발전은 진리추구에 의한 창의적 이론발달로 이룩되는 것이다. 궁극적 진리를 감추고 덮는 나라에서는 궁극적인 창의성이 나오지 않기 때문에, 일본은 점차 2등 국가로 추락하게 되는 것이 숙명이다. 이웃의 중국이 헐벗은 10억 국민을 배경으로 전 세계에 굶주린 앵벌이 노동자를 인해전술 하듯이 깔아 놓은 부도덕 불합리 체제로, 소수 특권층 공산당의 독재를 강화하여 특정한 목표의 달성은 이루더라도 국민들 전체가 창의성을 잃어 항상 2류 국가로 머무는 것과 같다.

지도층을 형성하는 사무라이 칼잡이들이 일본을 오염시키며, 일본국을 전범체제로 이끄는 것이다. 그것을 벗어나면 가혹하게 왕따를 만드니까 어쩔 수 없이 그렇게 오염화되며 전범체제의 큰 흐름을 만드는 것이다. 심지어는 그것을 개혁하겠다면서 나타난 '마쓰시타 정경숙' 출신들도 똑같은 왜구노릇을 한다. 전범국가 일본은 천황과 지도층이 없어지거나 바뀌어야 한다. 정말 혁명이 꼭 필요한 나라가 일본이다. 현재의 일본은 너무 잘못된 왜구독재 국가이다.

일본은 국가 전체가 거짓말로 가득 찬 불의의 나라이다. 중세의 서양이 종교에 짓눌려 암흑시대가 되고, 중공이 공산당 독재에 짓눌려 어둠의 사회가 되듯이, 일본은 사무라이 칼잡이 독재에 짓눌려 진실을 잃고 창의성을 잃은 거짓말 사회가 되어 스스로 침몰하며 망하는 사회이다.

독도 거짓말도 그렇고, 교과서 왜곡도 그렇다. 정신대 거짓말을 비롯하여 모든 것을 그렇게 위선적으로 산다. 일본땅은 정의가 사라진 죽은 사회이다. 온 세계가 비웃는 것을 알면서도 차마 입을 못 열고, 왕따가 될까 보아 이웃의 눈치를 보며 거짓말에 묻혀서 떠내려가는 침몰직전의 더러운 나라가 일본이다.[70]

「동아시아를 지옥으로 만든 1급전범 후손들이 모인 자민당은 즉시 해체되어야 한다. 제2의 대동아전쟁, 제2의 태평양전쟁을 기획하고 다시 제2의 진주만습격을 꿈꾸며 일본회의(日本會議)를 만든 1급전범 후손들은 즉시 정계에서 사라져야 한다. 아베 신조, 아소 다로 등 흉악한 왜구 후손들은, 아직도 반성을 못하고 일본침몰을 향해 선량한 일본인들을 다시금 생지옥으로 이끌고 있다. 1천년 왜구독재국(一千年倭寇獨裁國)의 종말은 일본침몰뿐이다.」

「정의가 실종된 나라! 일본의 시대는 끝났다!」[71]

---

70) 강제적 주종관계로 엮인 일본사회는 그 틀을 벗어나면 존립이 어렵다.
와타나베 히로시, 박홍규 옮김, op. cit., pp. 104-109.

71) ① 1천년 왜구만행에 있어서 고려말 왜란은 이성계 장군의 황산대첩, 임진왜란은 이순신 장군의 전설적 승리, 경술왜란은 안중근 의사의 의거로 확실히 응징되었다. 앞으로 일본의 만행은 불가능하다. 앞으로는 온 세계가 용납치 않을 것이고, 골수에 사무친 원한을 가진 8천만 민족 전체가 용서하지 않을 것이다. 천벌이 내려 죄 많은 일본을 확실하게 침몰시키며, 하늘도 결코 용서하지 않을 것이다. ② 일본 천황은 이구 황손의 비참한 비명횡사 이후에, 전립선암 수술을 받았다는 극비 소식이 있다. 하늘은 최악의 전쟁범죄자에게 결코 무심하지 않다.

2. 일본의 역설(逆說)

일본의 침략본성은 현대시대인 오늘날에도 전혀 변함이 없다. 일본은 정설(正說)이 지배하는 정상적인 나라가 아니다. 역설이 지배하는 비정상적인 나라이다. 물론 일본에도 정직하게 살려는 진실된 개인은 많이 있으나, 그것은 거대한 흐름에 짓눌려 사라지고 위선적인 역설만이 난무한다. 따라서 겉으로만 가면을 쓰고 간교하게 평화를 거짓으로 내세우고, 끊임없이 침략본성을 발휘하고 있다. 그래서 일본 천황은 역설의 두목으로 존재한다.

첫째로 일본 천황은 그 혹독한 침탈로 풍비박산된 대한황실에 대해 추호의 사죄가 없었다. 본인은 온전하게 존재하면서, 비참하게 사라진 대한황실에 대해 어떠한 참회도 없었다.

둘째로 일본천황은 너무도 처절하게 피해를 당해서, 사실상 노숙자, 거지 수준의 최하층민으로 사는 잔존 대한황족 사람들의 실상이라도 알고 있는지 궁금하다. 일본천황은 가혹하게 살육, 약탈, 조롱을 당하고 남은 대한황실의 소수 황족들이 그토록 비참하게 살고 있는 바에 대해 추호도 미안한 심서를 가져 본 적이 없다.

셋째로 일본 천황은 본인의 침략, 방화, 파괴로 인해 사라진, 대한황실 황궁을 비롯한 국가차원의 천문학적 수준의 문화재에 대해 추호도 배상을 한 적이 없다.

넷째로 일본천황은 자신의 침략에 의해 수없이 약탈되고 파괴된 한국의 황실 문화재에 대해서 근본적인 배상이 없었다.

다섯째로 일본천황은 자신의 잘못에 물들어 지금도 독도, 정신대, 교과서 왜곡 등을 자행하는 1급전범 후손들을 준엄하게 꾸짖고 가르친 적이 없다. 본인이 흉악한 특급 전범 그대로니까 그들도 본인을 닮아 변함없이 왜구 전범인 것이다. 이제라도 반성하고 개과천선하여 사람답게 살자고 간곡하게 설득해야 한다. 그것을 못한다면 죄 많은 천황 스스로가 사라져야 한다. 그래야만 잘못된 전범후손들도 없어진다.

「지나간 긴 역사에 있어서 단 한 번도 혁명이 없었던 잘못된 나라 일본에는 꼭 혁명이 일어나야 한다. 혁명이 절실하다.」
「일본도 악마의 나라에서 인간의 나라로 바뀌어야 한다.」

3. 길고도 잔혹한 100년 전쟁을 끝내려면

일본은 지난 1945년 8월 15일의 항복 선언으로 전쟁이 끝났다고 겉으로는 말한다. 그러나 일본은 변함없이 대한황실에 대한 침략을 오늘날까지 진행시켜왔다. 100년간을 이어 현재진행형으로 오늘에 이르렀다.

첫째로 황실족보에 대한황실을 그대로 두고서 전혀 변동조치를 취하지 않았다. 강제로 편입시킨 황실족보라면 당연히 원상조치를 취해야 한다. 일본은 지난 1965년에 있은 한일회담에 있어서도, 대한황실에 대해서는 어떠한 배상도 사죄도 없었다. 죽은 황실로 취급하며 어떠한 배려도 없었음을 잘 알고 있을 것이다.

둘째로 이장, 이승훈은 물론이고 이구 황손의 비참한 죽음에 대해 소상하게 진상을 밝혀야 한다. 특히 이구 황손은 결코 단순한 자연인의 신분일 수가 없다. 일본 천황은 진솔한 자세로 되돌아가 모든 관련사항을 해명하는 백서를 발표하고, 비극적 죽음에 대해 깨끗이 사죄해야 옳다. 대한 황손 비극의 원천 범죄자는 초특급 전범 일본천황이다.

「길고도 잔혹했던 100년 전쟁의 마무리로서, 태조 고황제, 광무황제 폐하의 묘소를 겸허한 자세로 찾아뵙고서 무릎을 꿇고 행하는 피눈물 사죄와 통한의 참회는 필수적이다. 그것이 없이 100년 전쟁은 끝날 수가 없다. 그것이 없이 일본천황은 항상 흉악한 현행범이요[72] 특급 전범자의[73] 신분 그대로이다.」

전범으로 처벌된 이토 히로부미 운구

72) 임진왜란의 전범인 도요토미 히데요시는 도쿠가와 이에야스가 집권하자 그의 무덤을 파헤치고 시신마저 내팽개쳐지는 준엄한 징벌을 확실하게 받았다. 현재 교토에 있는 그의 무덤은 명치유신 때에 만든 가짜 허묘이다.
정재정, op. cit., p. 149.

73) 이토 히로부미는 안중근 의사의 단호한 처벌을 받았고, 명성황후 시해범도 끝까지 추적하여 분명히 처형을 하였다.
이종각, 자객 고영근의 명성황후 복수기(서울: 동아일보사, 2009) 참조.

일본 센다이 서암사의 거대한 와룡매(臥龍梅) 매화나무
(임진왜란 때에 전방위로 약탈한 생생한 증거물로서 1천년 왜구침략을 상징한다.)

친일 블랙홀에 따른 친일청산 부당성 연구

-이구 황태손 죽음의 비밀 제3차 추적연구-

Ⅰ. 심각한 문제제기(問題提起)

Ⅱ. 항일전쟁 시대의 애국과 매국

Ⅲ. 추친일 사회(追親日 社會)와 친일문화(親日文化)

Ⅳ. 대한황실사 블랙홀의 탄생

Ⅴ. 맺는 글: 친일청산 무효선언(親日淸算無效宣言)

친일 블랙홀에 따른 친일청산 부당성 연구

—이구 황태손 죽음의 비밀 제3차 추적연구—

Ⅰ. 심각한 문제제기(問題提起)-친일청산(親日淸算)의 부당성

1. 친일문화(親日文化) 청산의 당위와 현실

오늘날의 우리들은 역사적 착각 속에서 살고 있다. 지난 100여 년의 항일전쟁(抗日戰爭) 역사는, 나름대로의 역사적인 이론적 실체(理論的實體)가 확실하게 존재할 것이라는 막연한 환상이 우리사회를 지배하고 있다. 그리하여 항일전쟁 100여 년의 역사청산(歷史淸算)이 가능하다고 무작정 생각한다. 그리고 친일파(親日派) 청산을 해야 된다고 막연하게 믿는다.

그러나 친일파 청산은 정략적 선전논리로나 가능하다. 실제적으로는 쉽게 가능한 일이 아니다. 그것은 문화정책 방황현상일 뿐이다. 일반인들은 그것을 모르고서 특정세력의 선전에 홀려서 막연하게 추종하게 된다. 오늘날의 우리사회에 있어서 친일파 청산은, 정략적인 선전에 의한 인민재판식 청산으로는 가능할지 모른다. 그렇지만 실제 현실로는 거의 정당한 청산이 이루어지지 않게 되어 있다. 아무리 해도 정당성 확보가 어렵게 되어 버렸기 때문이다.

1) 당위론(當爲論)

처참하고 잔혹했던 일제침략에 따른 항일전쟁의 뒷마무리를 하려면, 민족을 배반하고 나라를 등지고서 사리사욕에 빠졌던 친일파(親日派) 매국노(賣國奴)를 응징해야 한다는 논리는, 언제 어디서나 항상 옳다고 말할 수 있다. 다시는 역사의 반역자가 나오지 말아야 하겠고, 절대로 어둠의 시대가 또 다시 오지 말아야 하겠기 때문이다.

또한 뻔뻔한 침략국인 일본에서는 지금도 변함없이 거짓말로 침략을 호도하고, 역사의 진실을 은폐하려고 책동하고 있다. 그렇기에 침략에 협력했던 부일 매국노를 처벌해야 할 필요성은 확실히 존재한다. 그리고 나름대로 명백하게 매국노가 분명한 친일파까지 그대로 두고서 약 60년의 세월이 흐르다 보니 나라의 정의가 흔들리고 있음도 분명하기에 매국행위 응징은 절실하다고 하겠다.

생각하면 친일파 청산의 당위성은 확실하게 존재하는 것이고, 성공적으로 청산할 수도 있었던 과업이 분명하다. 그렇지만 1945년 8월 15일에 일제 침략자들을 구축하고 조국을 탈환한 때에, 그 결정적으로 중요한 때에 과업을 실행하지 못하고 시간이 길게 흘렀다. 그리고는 약 60년이 흐른 현재 시점에서 그 논의가 다시 대두되었기에, 친일파 청산의 당위성은 명분상으로 내세우는 정략적 당위성의 성격이 보다 강하게 되고 말았다.

2) 현실론(現實論)

친일파 청산을 하려면 청산 절차를 뒷받침할 수 있는 기본적 자료가 있어야만 된다. 친일파 청산은 역사청산이 분명한 것이니까 역사적으로 뒷받침할 기본적 자료가 확실하게 존재해야 하는 것이다.

다시 말해서 친일파 청산은 역사의 죄인에 대한 역사적 재판(歷史的裁判)이다. 궁극적으로는 일본의 침략범죄를 꾸짖는 것이다. 그러므로 시간이 많이 흐른 오늘날에 있어서는, 친일파를 가려내어 응징하는 재판이 가능할 만큼의 역사적 자료가 분명히 존재해야 함을 전제로 말하는 것이다. 따라서 그 조건이 충족될 수 없으면 불가능한 것이다.

그런데 일본의 침략은 워낙 간교하고 악독하였다. 따라서 약 60년 쯤이 흐른 현재로서 쉽게 역사재판이 가능한 형편이 전혀 아니다. 항일전쟁 시대의 역사 연구는 보다 깊게 파고들면 너무나 허술한 상태에 있고, 심층연구가 제대로 된 것이 거의 드물다. 그 까닭은 항일전쟁 이전의 기간에는 옛 시대를 기록한 조선실록이나 다양한 사료, 서적이 나름대로 충분하게 존재했다. 그것은 우리민족의 손으로 쓰인 것이다. 그렇지만 일제침략 강점에 의한 어둠의 시대에는 우리민족이 제대로 된 사료(史料)를 남겨 놓기가 매우 어려웠다. 그러니까 당시의 사료는 상당한 분량이 가해자이며 침략 범죄자인 일본의 일방적인 기록물에 의존하게 되는 지극히 모순된 것이다. 그런데 침략자인 일본이 스스로의 범죄행각에 대한 기록을 정상적으로 남겨 놓았을 리가 없다.

항일전쟁 시대의 역사는, 그러므로 매우 심각한 왜곡과 공백의 역사이다.[1] 제대로 된 기록물을 남겨 놓은 것도 드물다.[2] 아예 당시의 자료가 전혀 없는 경우가 허다하다. 따라서 당시의 역사는 다분히 추적하기도 쉽지 않은 실종된 역사이며, 사실상의 허상으로 남은 허망한 역사이다. 특히 침략자들의 시각에 의해 자의적으로 왜곡시킨 조작된 역사도 비일비재하다. 더군다나 일본과 우리민족은 기나긴 세월에 걸쳐, 이질적 문화에 따른 이질적 시각이 형성되어 왔다. 그런데 우리의 사료를 일본의 이질적 시각으로 남기고, 거기에 덧붙여 침략자로서의 범죄 조작이나 은폐를 위한 의도적인 왜곡을 추가해 놓아서 제대로 된 파악이 결

---

1) 이범석, 우둥불(서울: 삼육출판사, 1994), pp. 60-61 참조.
2) 이범석, 우둥불 후편(서울: 삼육출판사, 1992), pp. 20-21 참조.

코 쉽지 않다.

또한 유의할 사안은 60여 년전 조상들의 친일행적을, 60여 년 뒤의 후손들에게 물을 법적 정당성이 있는가도 헤아려야 한다. 현재의 친일파 청산 논리는 예전의 친일행각을 갖고 오늘날의 살아있는 후손을 징벌하는 것과 같다. 죽은 자는 말이 없고 시시비비를 변명할 수도 없다. 따라서 살아있는 후손이 죽은 조상을 대신하여 변명해야 하는데, 60여 년 혹은 100여 년 전의 조상의 행적을 정확히 바르게 설명할 길이 거의 없다. 따라서 힘있는 후손을 둔 경우에는 유리하지만, 후손이 보잘 것 없거나 관심이 없으면 친일파가 되어 버리는 모순이 된다. 그러니까 당사자가 아닌 후손의 문제로 바뀐 모순성 친일청산으로도 불합리하게 된다.

그리고 가장 확실한 친일파들은 이미 증거인멸을 시켰다. 또한 재산을 처분하여 해외도피를 했거나 잠적했다. 그간 친일청산은 없이 매국노에 대한 성토기간이 장기간 이어졌으므로, 확실한 친일 매국노들은 그들의 범죄를 감추고 일찍이 숨어 버린 것이다. 따라서 나름대로 큰 잘못을 저지르지 않은 인물에게만, 견강부회식으로 짜맞춘 처벌을 억지로 강행하게 될 확률이 높게 되었다.

2. 친일청산 논의의 변천 과정

친일청산의 논의는 민족정기(民族正氣)를 재정립하려는 흐름이다. 그것은 일제강점의 고질화된 친일병을 치유하여 국가정의(國家正義)를 세우려는 것이다. 그러나 우리사회에 있어서 친일청산의 논의가 변천된 과정은 순수성(純粹性)을 상실한 경우가 많았다. 공정성을 상실한 정략적(政略的)인 흐름이 커서, 정상적이고 순탄한 논의가 거의 진행된 적이 없었다. 그 까닭은 근본적으로 일제침략이 너무나 진행된 뒤에 조국을 다시 찾았기 때문이다.

예컨대 일본을 쫓아내고서 일제 앞잡이를 길러 내었던 경성제국대학교를 우리 민족의 대학으로 개편하고자 했을 때에,[3] 새로운 총장 후보를 찾기가 어려웠을 정도였다.[4] 왜냐하면 일제강점 상태에 있었던 당시의 우리민족은 절대 다수가 거의 모두 사실상의 일본인이 되어서 살았기 때문이다. 특히 만 35세까지는 완전히 그 시대에 태어나 일본인으로 살았다고 하겠다. 그리하여 중동고등학교의 최규동 교장을 한국인 최초의 서울대학교 총장으로 옹립하였다. 그 대표적 기준은 암울한 강점상태에서 끝까지 일본어를 쓰지 않은 유일한 교육계 인물이었기 때문이었다.[5]

유명한 소설가 이광수를 많은 사람들이 변절자라고 매도한다. 그런데 이광수는 동경유학생 사회에서 독립운동을 주도했다. 만주땅에서 항일운동에 앞장섰으며, 상해임시정부에서도 큰 일을 했었다. 그러다가 나이가 들면서 지쳐 변절한 것이다. 이광수는 변절자로서 욕을 먹어야 한다. 그러나 많은 사람들은 이광수와 같이 변절도 할 필요가 없었다. 그 어두움의 시대에서 숨죽이며 적응하여, 흡사 일본인 같이 살았었기 때문이다. 이광수에게 당당히 돌을 던질 만큼 떳떳한 사람이 얼마나 될까 의아스러울 정도였다.

1) 자유당 시기

현대시대에 있어서 최초의 대통령인 이승만은 자칭 타칭 위대한 독립운동가라고 말한다. 그러나 항일전쟁 때에 있어서, 이승만의 위대함을

3) 김기석, 일란성 쌍생아의 탄생, 1946: 국립서울대학교와 김일성종합대학의 창설(서울: 교육과학사, 2001) 참조.

4) 정선이, 경성제국대학 연구(서울: 문은사, 2002) 참조.

5) 중동고등학교, 중동백년사(서울: 학교법인 중동학원, 2007), p. 170 참조.

증명할 근거는 사실상 허약하다.[6] 이승만은 본인이 '외교론(外交論)'을 주장하며 외교로 독립운동을 했다고 했으나, 당당한 업적으로서의 외교활동의 결과가 뚜렷하지 못하다. 사실상 정치적 배경이 없이 혼자서 말로만 개인적 외교를 했기 때문이다.

이승만은 미국에서도 박용만이 나름대로 기반을 다진 상태에서 박용만이 초청하여 미국으로 갔다. 그러나 이승만은 곧 박용만을 쫓아내고 그 자리를 차지했다.[7] 이승만은 교민사회의 처세에 유능했던 측면이 컸으며, 실체적인 힘이 없이 혼자서 외교를 한다고 한 것은 공허한 것이었다. 따라서 이승만이 자유당 시기에 친일청산을 요망하는 여론에 의해서, 청산절차의 첫 단추를 낀 순간부터 벽에 부딪칠 수밖에 없었다. 이승만은 자기 사람도 세력도 별로 없었다.[8] 미국의 후원을 받으며 미국의 뒷받침에 따라 집권을 할 수밖에 없었기 때문이다.

특히 정통 항일세력들이 이승만에게서 등을 돌리며, 자신의 정권유지도 위협을 받게 되었다.[9] 그렇게 되자 친일파들에게 권력을 주어 자신의 정권안보를 꾀하는 편법을 쓸 수밖에 없었다.[10] 그러한 상황이니까 독립운동가들은 이승만의 정적이 될 수밖에 없었다.

이승만은 사실상 기회주의적 타협을 한 독립운동가였다. 정면으로 항일전쟁의 선두에서 싸운 인물이 아니었다. 그러므로 친일청산도 타협적으로 끝내고, 그것을 기회주의적으로 이용하는 선택을 했다.[11] 사실상 친일청산을 하지 않았다. 친일옹호 내지 친일묵인의 오도된 입장을 취

6) 안천, 일월오악도 제3권(서울: 교육과학사, 2002), pp. 300-301.
7) 출중한 독립운동가였던 박용만은 이승만에 의해 밀려나 비운의 죽음을 맞는다. 박영석, 항일독립운동의 발자취(서울: 탐구당, 1991), pp. 180-186.
8) 로버트 올리버, 서정락 역, 이승만(서울: 단석연구원, 2009), p. 8.
9) 이현희, 이승만(서울: 신원문화사, 1995), p. 254.
10) 김학준, 한국문제와 국제정치(서울: 박영사, 1987), p. 278.
11) 허재일, 정차근, 해방 전후사의 바른 이해(서울: 평민사, 1991), pp. 101-104.

했다. 그러니까 청산대상이었던 친일세력은 더욱 더 이승만에게 지나친 충성을 할 수밖에 없게 만들었다.

생각하면 이승만은 현대시대에 친일 먹구름의 블랙홀(black hole)이 생기게 한 대표적 인물이라고 하겠다.[12] 제대로 된 독립운동을 하지 않은 이승만은 사실상 독립운동가들을 탄압하고 견제하였기 때문에 친일청산을 못했다. 그러니까 이승만으로 인해 가장 중요한 때를 허송세월로 보내면서, 어둠의 친일 블랙홀이 만들어지게 되었다.[13] 그러다가 6·25전쟁의 폐허 위에서 5·16군사혁명 이후에야, 겨우 독립유공자 표창이 시작되었다.[14] 자칭 독립운동가라는 이승만 시대에는 친일청산을 못하고서, 훗날 일본군 중위 출신이었다고 비판을 받은 박정희 시대에 독립운동에 대한 평가가 시작된 것은 현대사의 자가당착이요 모순이다.

이승만 때의 공백이 있었기에 일제강점의 어두운 그림자가 짙게 뿌리내린 친일 블랙홀이 생길 수밖에 없었다. 이승만은 그리하여 이성을 잃은 과잉충성 인맥에 둘러싸이게 된다. 이승만이 잘못된 사람들의 어둠의 블랙홀에 빠져 묘혈을 파며 자멸한 것이 4·19혁명이다.

그 까닭은 이승만이 때 묻은 친일세력에 의해 과잉으로 뒷받침된 정권유지를 했기 때문이다.[15] 그들은 약점을 가진 만큼 과잉충성을 하면서 합리적 의사결정을 결여하게 되어 있었다. 자유당 정치는 무리수에 무리수가 가중되며 수습할 수 없는 독재체재로 갈 수밖에 없었다. 그 한계점에서 4·19혁명이 발발하는 것이다. 친일청산 논의에 있어서 최고의 청산대상 인물은 결과적으로 이승만이 될 수도 있다. 친일 매국 세력의 보호자가 사실상 최고의 친일 매국인사일 수 있기 때문이다.[16]

12) 박환, 정이형(서울: 국학자료원, 2004), pp. 155-183, 385-420 참조.
13) 박영석, op. cit., pp. 280-281 참조.
14) 이덕일, 한국사 그들이 숨긴 진실(서울: 역사의 아침, 2009), p. 338.
15) 이현희, op. cit., p. 255.

2) 문제화 시기

이승만 이후에 정권을 쥔 박정희는 친일인맥인가 아닌가 논란의 여지가 있다. 박정희는 일제강점의 어둠의 시대에 적응하며 살았던 사람이었기 때문이다. 박정희는 대구사범대학교를 졸업하고 초등학교 교사를 했다. 그리고는 만주군관학교를 나와 일본군 중위로 근무하다가 현대시대를 맞았다. 그는 다시 현대시대에 한국 육군사관학교를 거쳐서, 장군까지 승진을 했다가 5·16혁명으로 집권을 한 인물이다. 따라서 박정희에게 있어서는 훗날 일본군 중위를 했던 것이 논란의 대상이 되었다.

박정희가 항일전쟁시대에 독립운동을 하지 않은 것은 분명하다. 박정희는 일제강점기 어둠의 시대에 있어서 떳떳할 것이 별로 없다. 그렇기에 박정희는 집권기간 동안에 묵묵히 경제건설과 민족번영을 위한 일에 매진했다. 박정희의 집권기간은 그렇기에 박정희가 민족사에 대해서 속죄하는 기간이었다고도 해석된다.

항일애국자라는 이승만이 나라를 도탄에 빠뜨렸다면, 허물 많은 과거를 가진 박정희가 민족중흥 경제건설의 위업을 이룬 것은 현대사의 모순이 분명하다. 그렇지만 박정희 시대에는 친일청산 논의가 거의 거론될 수가 없었다. 그리하여 어둠의 친일 블랙홀을 그대로 묵인한 결과를 만들었다. 박정희 스스로가 당당할 것이 없었기 때문이다. 그럼에도 불구하고 박정희 시대에는 독립운동가를 이승만 시대보다는 폭넓게 받아들였다. 이순신 장군, 안중근 의사의 동상에서부터 많은 애국자의 동상을 박정희 때에 세우고 기념사업도 시작했다.[17)]

생각하면 자칭 독립운동의 대부라고 했던 이승만은 독립운동 세력을 사실상 철저히 탄압했다. 그리고는 일본군 중위 출신의 박정희 시대에야 독립유공자를 차츰 인정하게 된 것은, 일제패망이 워낙 철저히 진행

---

16) 허재일, 정차근, op. cit. pp. 101-156 참조.
17) 정재정, 염인호, 장규식, 서울 근현대 역사기행(서울: 혜안출판사, 2000), p. 283.

된 뒤에 이승만이 어부지리로 정권을 쥔 때문이다. 그리고 이승만이 당당한 독립운동가가 아니었기 때문이다. 그래서 더욱 친일 블랙홀이 강고해진 상태가 되었다.

그런데 박정희가 죽고 난 뒤에, 전두환, 노태우가 집권한 뒤부터 본격적인 친일청산 논의가 대두되기 시작한다. 특히 친일청산 논의의 본격적 출발점은, 전두환 집권의 초기에 촉발된 일본의 교과서 왜곡사건에서부터였다. 전혀 한국측에서는 생각도 못하고 있었으나, 일본이 교과서를 왜곡하고 이에 대해 한국측 여론이 급격히 악화되며 시작된 것이다.[18)]

일본 교과서 왜곡사건은 한국에 독립기념관을 만들게 했다.[19)] 또한 항일전쟁 연구가 출발되며 친일청산 논의의 씨를 뿌렸다. 처음으로 학계에서 본격적인 논의의 출발이 이루어지는데, 일제를 패퇴시키고서 무려 약 40년쯤이 흘렀을 때였다.[20)] 독립운동 연구는 그렇게 늦게서야 출발이 되었다. 그러나 논의가 지지부진할 수밖에 없었다. 많은 사람들은 일제강점기 어둠의 시대에 적응하며 살았기 때문이다. 앞에서 거론했듯이, 이광수에게 당당하게 돌을 던질 수 있을 만한 사람이 별로 없을 정도였기 때문이다. 그리고 이미 시간이 많이 흘러 친일 블랙홀이 상당히 굳어진 상태가 되었기 때문이다.

3) 정략화 시기

본격적인 친일청산 논의가 떠오른 결정적 시기는 김영삼 시대가 끝나며 차기 대통령 선거를 준비할 무렵이었다. 당시 여당 후보로 뽑힌 이회

---

18) 안천, 신사고 사회과교육론(서울: 교육과학사, 1998), pp. 153-185 참조.

19) 한국에 독립기념관이 생긴 이유는 일본의 역사적 후안무치에서 비롯되었다. 피해자에 대한 충분한 사죄절차가 없이 침략미화를 하며 역사적 함정에 빠졌기에, 일본 스스로 묘혈을 파면서 일본의 침략은 더욱 부각되게 되었다.

20) 전두환, 노태우는 현대시대에 육군사관학교를 나왔다. 그러므로 항일논쟁에서는 자유로운 나이였다.

창의 부친이 일제강점기의 고위 법관이었음에서, 친일행위의 부당성 논의가 강조되어 나갔다. 워낙 확실하게 일제 암흑기에 영달한 친일인사였기에, 이회창이 친일 블랙홀의 어두운 혜택을 본 인물일 개연성 논란 등으로 자연스레 거론되게 되었다.

그러다가 김대중 집권기를 지나서 노무현 대통령 때에 친일청산 논의가 급부상했다. 차기 대통령으로 강력하게 떠오르는 박정희의 딸 박근혜에서 비롯되는 것이다. 그리하여 박정희가 일본군의 중위였기에, 중위까지는 친일파이고 그 이하는 친일파가 아니라는 지극히 희극적인 주장까지 표출한다. 그 까닭은 일본군 경력까지를 모두 친일파라고 하면, 당시에 살았던 사람들의 절대다수가 친일파가 되겠기에 나온 희극적 논리로 등장한 것이다. 일제강점 말기에는 장교로 간 사람이나 사병이나 모두가 의무적으로 강제징집이 되던 때였다. 장교냐 사병이냐를 따질 필요가 없을 정도의 상황이었다. 그러니까 박정희 사례는 친일청산의 정략성을 뚜렷하게 보여주는 사례이다. 사실상 그것이 친일청산 논의의 본격적인 출발점이었다. 다만 분명한 사실은 정략적 목적을 확실히 갖고서 출발되어 나름대로의 비극적 희극이 연출되는 것이다.

그 까닭은 무엇보다도 박정희를 겨냥한 김영삼, 김대중, 노무현의 칼이 전혀 떳떳하지 않았기 때문이다. 박정희를 겨냥한 김영삼은 오히려 확실한 친일인맥이었다. 그리고 김대중, 노무현도 당당한 것이 전혀 없었기 때문이다. 오히려 일제가 항복한 이후였지만, 박정희는 만주군 장교로 북경에 도착하여 광복군 북경지대 중대장을 하였다.[21] 미군이 반대하여 박정희도 광복군 모자를 벗고 귀국하였지만, 박정희는 내면적 민족정신을 갖고[22] 방황하는 젊은이였다.[23] 따라서 친일청산은 생각하

21) 정재정, 염인호, 장규식, op. cit., pp. 284-285.
22) 반민족문제연구소, 청산하지 못한 역사 1권(서울: 청년사, 1994), pp. 30-32 참조.
23) 김형아, 신명주 옮김, 박정희의 양날의 선택(서울: 일조각, 2005), pp. 48-51.

면 흙 묻은 개가 겨 묻은 개를 탓하는 희극일 뿐이었다.[24] 친일 블랙홀에 빠져서 이전투구(泥田鬪狗)를 하는 것에 불과하였다.

생각하되 항일전쟁기가 끝나고 현대시대에 들어선 뒤에, 우리사회에는 위대한 항일애국자보다 어둠의 시대에 숨죽이고 적응하며 살았던 사람이 절대다수였었다. 그리고 매우 많은 숫자가 무서운 일본 침략자들에 의해 어쩔 수 없이 죽은 듯 지냈던 때를 재론하는 것은 쉬운 일이 아니었다. 생각하면 한국말을 쓰지도 못하게 하고, 창씨개명을 하면서, 총칼로 위협하며 일본인을 만드는 교육을 강행했던 일제강점 35년간에 있어서, 만 35세까지는 일본인으로 강제로 만들어지며 나이를 먹었었다.[25] 그리하여 공포에 떨며 일본군에 억지로 끌려가 징용, 징병으로 고초를 겪고 정신대가 되거나 가미가제 특공대가 되었던 무수한 사람들이, 불가항력적 타의에 의해 비극적 삶을 살았던 것을 너무나 잘 알고 있었기 때문이다.

그러한 암울한 상태를 자유당 때에 그대로 존치시켜 두어 어둠의 친일 블랙홀이 확실하게 만들어졌음에도 불구하고, 노무현 정부는 친일청산을 무조건 강행하였다. 생각하면 친일 블랙홀을 만든 이승만은 전혀 거론을 하지 않고, 결과론적으로는 애국자에 해당할 수도 있는 박정희를 일본군 중위였다고만 매도하는 억지 논리를 눈감으며 강행시킨 것이다. 그러니 친일 블랙홀에 빠진 흙 묻은 개가 겨 묻은 개를 탓하면서, 서로 짖어대는 국가적 골육상쟁 상태가 될 수밖에 없었다. 친일청산의 준비도 제대로 되지 않고서, 청산논리나 철학의 미정립상태에서 특정세력이 정략적으로 강행하여, 많은 사람이 외면하는 불공정 인민재판이 될 수밖에 없었던 것이다. 대표적인 문화정책 혼란상을 초래한 것이다.

---

24) 안천, 일월오악도 제5권(서울: 교육과학사, 2005), pp. 322-339 참조.

25) 오성철, 식민지 초등교육의 형성(서울: 교육과학사, 2000) 참조.

Ⅱ. 항일전쟁 시대의 애국과 매국

1. 항일전쟁 시대의 매국노 개념

항일전쟁 때에 반민족(反民族)적 행위를 한 친일파(親日派)에 대한 개념정의나 연구가 진행된 바는 그리 많지 않다. 도대체 어디까지를 매국노(賣國奴)라고 정의하며, 어떤 사람을 친일파라고 할 것인가에 대한 확실한 연구는 거의 없었다고 할 정도이다. 학계에서 합의된 뚜렷한 기준이 없이, 막연한 논의에 따라 막연히 흥분하는 사례가 비일비재하다.

그렇기에 일본군 중위를 한 박정희는 친일파이고, 소위 계급까지의 사람들은 친일파가 아니라는 희극적 표현도 맞느냐 틀리냐의 기준이 없다. 확고한 기준이 없으니까, 그것은 맞을 수도 있고 틀릴 수도 있다. 항일전쟁 때의 연구는 거의 연구부재라고 할 정도로 제대로 된 매국노의 개념 정의도 시도된 바가 거의 없으니, 매국노에 대해서도 사전에 생각해 볼 것이 적지 않다.

1) 친일행위의 자발성 문제

친일행위(親日行爲)를 평가하기 위해서는, 우선적으로 매국적 행위의 자발성(自發性) 문제가 주요한 기준이 될 것이다. 워낙 극악했던 일제 침략 강점상태에서는, 사실상 생존했다는 자체가 친일행위였다고 말할 수 있을 정도로 굴욕적인 삶을 영위했던 때였다. 그렇기에 그 당시를 얼마나 적극적으로 적응했느냐는 아주 중요한 기준일 수밖에 없다.

그러나 예컨대 네덜란드의 침공을 받은 인도네시아의 옛 부족들 중에는, 모든 구성원이 칼을 들고서 네덜란드의 야만적 총포에 맞서 싸우면서 장렬하게 모두가 죽어서 사라진 사례를 들 수 있다.[26] 모두 다 애국적으로 거룩하게 처절히 싸우다가 죽었다. 그러나 모두 죽고 난 뒤의 역사는 없다. 그 부족의 미래도 없다.

역사상 가장 비굴한 민족은 우리 이웃의 한족(漢族)들이다. 그들은 북방 이민족들인 거란족, 몽골족, 여진족, 만주족 등의 어떤 침공에도 극도로 비굴하게 살아남았다. 1천년 이상을 어디로든 도망을 가서 숨은 뒤에 더럽고 비굴하게 살면서 화교가 되었다. 때로는 침략자의 앞잡이로라도 확실하게 살아 남았다. 그리고 음식점을 차리면서 더럽고 끈질기게 남았기에 중국의 오늘이 있다. 가장 비애국적이고, 가장 더럽고 비굴한 민족이 한족이지만, 더럽게라도 하층민이 되어 살아남은 것이 애국이 되었다.

생각하면 중국인들의 경우는 애국적으로 싸워서 죽기보다, 극도로 이기적이고 사리사욕적인 비애국이 역설적으로 애국이 되었다. 무려 1천년 이상을 더럽고 비굴한 식민지로라도 살아서 존속한 것이 결과적으로는 애국이 되었다. 그렇게 생각하면 우리민족은 비참하게 생존했던 사람들이 있었기에 오늘이 있는 것이다. 극악했던 일제강점 상태에서 극도로 비참한 삶을 살 수밖에 없었던 절대다수가 있었기에 내일을 기약했고, 오늘의 우리민족이 존재한다는 역설의 역사인 것이다. 생각하면 우리민족은 인도네시아 부족의 사례와 중국의 중간에 있으며, 가장 적절히 조화를 맞췄다고 할 수도 있다.

국가 지도층이 무너지고 강점침략을 당한 때에 모든 구성원이 모두 죽을 수는 없다. 절대로 모두 죽으면 안 된다. 어떻게라도 살아남는 다수가 있어야 한다. 왜냐하면 가장 궁극적 애국심은 누구의 마음에라도 개

26) 네덜란드는 일찍이 해양국가로서 일본과 친밀했다. 그래서 인도네시아와 아프리카를 지옥으로 만든 죄 많은 나라로서 노예무역 등 수많은 악행을 저지른 나라지만 일본이 풍차의 나라로 미화시켰다.

인차가 있을 수는 있겠지만, 궁극적으로는 모두가 애국의 길을 가겠기 때문이다.

항일전쟁 때에 있어서 매국노는, 이완용, 윤덕영, 한창수, 송병준 같이 주도적으로 일제침략에 확실히 협력한 자는 분명히 처벌되어야 한다. 확고부동한 매국노의 경우에만 지탄의 대상이 된다고 하겠다.[27] 그리고 의심의 여지가 없이 명백한 친일행각이 있는 자도 징계되어야 한다. 그렇지만 어쩔 수 없이 살아남기 위한 존속행위나 생존행위는 사실상 응징의 대상이 될 수가 없다. 또한 일제당국의 강요나 조작에 의한 것도 제외되어야 한다. 최악의 국난기에는 살아남아서 생존(生存)을 했다는 것도 일단은 칭찬할 일이다. 죽음으로써 국익에 큰 도움이 되지 않는다면, 비참하게라도 살아남아야 한다. 생존 자체가 궁극적 애국임이 분명하다.

2) 애국적 친일행위의 문제

일제침략의 국난기에는 개인 활동이 평상시의 상태와는 전혀 다르게 되어 있다. 외형상 나타나는 겉보기의 모습은 많은 경우에 진실이 아닐 수가 있다. 사람들은 위기 때의 행태가 자기보호의 본능에 많이 좌우되기 때문이다. 따라서 본격적으로 해외에 망명하여 정면으로 항일애국의 길을 간 사람이 아닌, 국내에 잔류한 사람들에게는 겉에 나타난 바에 의해서만 표피적으로 애국행위 여부를 말할 수가 없다. '손은 안으로 굽는다'는 속담은 위기 상황에서의 인간의 행태를 설명해 주는 좋은 말일 수 있다. 많은 사람들이 겉으로는 일제침략 강점정책에 순응하고 죽어 지내는 듯이 살고 있었지만 적절한 때에는 손이 안으로 굽게 되어 있다.

생각하되 겉보기로 외형상 친일파이면서 속으로는 확실한 독립운동

---

27) 마스이 야스이치, 정운현 옮김, 중국 대만 친일재판사(서울: 한울, 1995) 참조.

가였던 애국적인 사람도 적지 않았다고 보인다. 왜냐하면 3·1만세항쟁, 6·10만세항쟁, 광주학생의거 등을 보면, 많은 사람들이 내면적으로는 일제강점 시대의 어두움에 강한 거부감을 갖고서 살고 있었음을 알 수 있다. 죽은 듯이 평범하게 살다가도, 활화산과 같이 폭발한 내면의 응어리가 분명히 존재했기 때문이다.[28]

특히 대한황실의 인척이었던 이기권의 사례는 애국적 친일파의 두드러진 사례이다. 의왕(義王)의 심복이었던 이기권은 의왕과 사돈관계였는데, 겉으로는 완벽한 매국노 친일파로 처신했었다. 그리고 내면적으로는 의왕의 독립운동 활동의 최고 비밀행위를 수행하는 밀사의 구실을 했었다. 삼엄한 경계망 속에서 의왕의 독립운동을 철저히 숨기려면, 최고의 친일파와 같이 위장행위를 할 수밖에 없었다. 그리하여 이기권은 일제패망 후의 친일파 처단(親日派 處斷) 반민특위(反民特委)에 최고 범죄자로 불려 나갈 수밖에 없었다. 다만 철저히 독립운동을 한 의왕이, 자신의 최고 심복으로 독립운동을 한 위장 친일파라고 적극적 변호를 하여 풀려날 정도의 거물 매국노였었다.[29] 독립운동은 액면 그대로 겉에 드러내놓고 할 수 있는 것이 아니다. 평화시대인 오늘날의 시각으로 당시의 사료를 살피면, 자칫 오해할 함정과 수렁이 널려 있는 것이 독립운동사이다.

특히 유의할 사항으로서 상해임시정부를 예로 들면, 때로는 당시의 수뇌부 비밀회의까지가 거의 동시에 일본의 동경 경시청에 알려졌었다고 한다. 우리는 겉에 나타난 것만 보고서 예전의 위대한 애국자를 거론하고 있다. 그런데 그 중에는 최고의 매국노가 거꾸로 애국자로 위장되어 잠복해 있었던 것이다. 당시의 연구는 결코 쉽게 정답을 찾을 수 있는

28) 김준엽, 장정 1(서울: 나남출판사, 1993), p. 59 참조.
29) 안천, 일월오악도 제4권(서울: 교육과학사, 2004), pp. 396-403.

것이 아니다. 경솔하거나 졸속으로 속단할 수도 없다. 최고의 어려운 수수께끼 같은 연구임이 분명하다.30)

2. 항일전쟁 애국활동의 유형

한편 항일전쟁 때의 애국활동 유형은 매국노의 개념 논의와 상반되면서도 직결되어 있다. 그것은 동전의 양면과 같이 색다르면서도 일치되는 개념이다. 우리는 감정이입된 상태에서 흥분하며 매국노를 지탄하는 경우가 많으나, 실제로는 애국활동에 대한 연구도 쉬운 것이 아니다. 왜냐하면 애국자들도 숨어서 항일애국을 한 사람들이 적지 않기 때문이다. 따라서 애국자의 평가도 겉에 나타난 것만 보고서, 쉽게 결론을 내리기가 어려운 경우도 적지 않기 때문이다.

1) 항일애국의 진실성 여부

항일전쟁 때의 애국활동은 실증적 사료의 존재가 선행됨이 우선적으로 요구되는 것은 사실이다. 그렇기 때문에 사료가 잘 남아 있으면 높은 평가를 받게 되어 있다. 일제침략자들을 몰아내고 조국을 다시 찾은 때에, 90대 노구의 최고 원로 독립운동가인 서재필은 죽기 전에 조국땅을 밟아 보고 죽는다고 고국에 찾아 왔다. 그리고는 극도로 실망한 한탄의 말을 남기고 미국으로 갔다. 서재필은 개탄하길 A급은 모두 사라지고, B급, C급되는 사람들이 애국자라며 정국을 주도하고 있다면서 허탈해 하였다. 그것은 당시에 일제침략자들이 물러가고 난 뒤의 정국을 이끌었던 사람들, 특히 요즘 대단한 듯이 회자되는 사람들을 두고서 한 말이

30) 이강훈, 역사증언록(서울: 신서원, 1994), p. 226.

분명하다.[31]

항일전쟁시대의 역사는 일제패망 이후 사후에 정리가 될 수밖에 없었다. 그렇기에 서재필의 표현에 의하면 A급은 거의 다 죽고, 부족하거나 개탄할 대상인 B급, C급들이 주도적으로 항일전쟁사를 정리했다는 뜻이 된다. 역사는 항상 사후정리가 되겠는데, 사후정리의 자가당착을 지적하는 것이다. 그리하여 우리의 항일전쟁사는 다분히 B급, C급들의 왜곡되고 조작된 역사라는 말이 될 수 있다.

당시 정국을 정확히 꿰뚫어 볼 최고 원로 독립운동가였던 서재필의 개탄은, 현대시대의 우리가 높게 평가하는 사람들의 다수는 사실상 허상일 뿐이라는 탄식일 것이다.[32] 예컨대 김구는 사실상 백범일지에 쓴 일방적 자화자찬에 말려들어 높은 평가를 받는 사람일 수도 있다. TV도 없고, 읽을 거리가 거의 없는 때였기에 김구가 과잉으로 확대되어 알려진 것이다.[33] 또한 이승만의 경우는 물론이고, 이북의 김성주(김일성)도 거대한 항일애국자라고 증명할 확실한 근거가 별로 많지 않다. 나름대로의 항일애국을 한 것은 분명하지만, 그 정도의 업적을 남긴 애국자는 흔하기 때문이다. 다만 김구, 이승만, 김성주(김일성)는 살아남았고, 그들이 정권을 쥔 때부터 항일전쟁사가 정리되었기 때문에 큰 인물로 부풀려진 것이다. 그들은 마지막 정치싸움에서 오래 살아남은 인물일 뿐이다.

특히 이북의 김일성은 흡사 전지전능한 신(神)과 같이 만들어진 불세출의 위대한 애국자로 각색되어져 있다.[34] 거기에 덧붙여 공포의 철벽독재 체제를 갖추었으니까, 아들, 손자까지 대를 이어 정권을 쥘 수 있는 것

31) 안천, 일월오악도 제3권, op. cit., p. 393.
32) 장준하, 돌베개(서울: 세계사, 1997), pp. 255-269 참조.
33) 안천, 일월오악도 제2권, op. cit., pp. 11-226.
34) 박영석, op. cit., p. 282.

이다. 그러니까 자유당 때의 이승만 전기도 그랬지만, 김일성의 항일전쟁사는 온갖 미사여구로 꾸민 거대한 거짓말 정치신화로 꾸며져 있다.35)

2) 항일애국의 적극성 여부

항일애국의 적극성은 애국자 평가에 있어서 진실성 못지않은 주요한 기준이다. 그런데 항일애국자 가운데에서 마지막에 남은 사람들은 오히려 대부분이 소극적인 사람들이었다. 물론 죽는 사람만이 최고의 애국자는 아니다. 하지만 이승만, 김구는 말이나 글로써 미화를 했으나 끝까지 살아남을 만큼 소극적이었다.36) 그리고 이북의 김일성(김성주)은 그러한 논의를 할 만큼도 되지 않는 인물이었다.

항일애국 단체를 대표하는 대종교의 나철, 천도교의 손병희, 유교의 김창숙은 적극적 애국을 했던 전형적 사례이다. 특히 나철이 이끄는 대종교는 항일전쟁의 대표적 상징이었다.37) 30만 조직 대다수가 지도급의 고급 지식인들이었으며, 모든 것을 조국에 내던지고 만주땅에 집단 중심체가 망명하여 장렬하게 싸운 항일전쟁의 정예조직이었다.38) 그들은 항일전쟁 특수군사 집단이었고 우리민족의 노블레스 오블리주를 대변하는 거룩한 조직이었다.39) 그렇기에 대종교는 일제침략자의 최고 표적이었다. 그렇지만 우리의 항일전쟁사는 일제패망 이후 쓰여졌기에 그들의 위대한 역사는 사라진 상태이며, 칭송은커녕 일제당국의 비방과 욕설만 남았다.40) 사실상 모두 죽었기에 아무도 새로 써주거나 고쳐 써주

---

35) 장준익, 북한 인민군대사(서울: 서문당, 1991), pp. 32-43 참조.
36) 안천, 일월오악도 제2권, op. cit. p. 145 참조.
37) 이강훈, op. cit., pp. 286-305.
38) 강용권, 죽은 자의 숨결 산자의 발길: 만주 항일유적지 답사 하권,(서울: 도서출판 장산, 1996), pp. 374-384.
39) 박환, 만주 항일 민족운동사 연구(서울: 일조각, 1991), pp. 256-271 참조.
40) 우리사회에는 예전 항일전쟁 때의 우리민족은 노블레스 오블리주가 없었다고 말하는

려고 하지 않았고, 대종교는 그렇기에 신기루 같이 흔적을 찾기 어렵게 사라지고 말았다고 할 비참한 실태이다.

가장 적극적 애국자였던 개인으로는 예컨대 안중근, 이회영, 이상룡, 신채호, 김광서, 이상설, 홍범도, 양세봉, 윤봉길 등을 거론한다. 그리하여 안중근은 일제침략자의 최고의 표적이 됨은 당연한 것이었다. 안중근은 일제강점 치하에서는 최악의 국사범일 뿐이었다.[41] 또한 대종교의 상징인 단군은 역사상 존재하지도 않는 가짜 조상이라고 온갖 방법으로 매도되었으며, 그 대표자인 나철은 최악의 인물로 몰렸었다.

따라서 현재의 우리사회에는 적절히 타협하면서 소극적이었던 단체나 개인이 주도적 지위로 잔류해 남았다고 해야 옳다. 사실상 친일파의 나라와 같이 되었다. 그러므로 오늘날 친일파를 단죄하며 역사평가를 한다고 할 경우에, 결과적으로 흙 묻은 개가 겨 묻은 개를 탓하는 것과 같이 될 것은 당연하다. 가장 애국적인 단체와 개인은 장렬하게 사라졌지만, 사실상 적절히 비겁하거나 심지어는 친일 매국단체와 친일적 개인이 더 득세하며 남았기 때문이다. 오늘날에 항일애국을 연구하거나 평가할 때에 있어서, 상대적으로 저급한 단계에 있던 사람들에 의해서 침략자가 만든 사료를 갖고 최고 수준의 애국을 평가하는 희극적인 모순이 된다. 오늘날의 항일애국 연구는 오판하거나 오해할 가능성도 적지 않은 함정 투성이라고 하겠다.

3) 항일애국의 다양성 여부

한 사람의 인간이나, 하나의 단체는 단순변인에 의해서 평가되기가

사람이 있다. 그는 친일파 후손이거나, 친일파의 얘기를 들은 제2차적 친일파가 분명하다. 항일전쟁사를 너무 모르기에 망언을 하는 것이다.

41) 안천, 일월오악도 제2권, op. cit., pp. 268-339.

쉽지 않다. 그리하여 독립운동을 연구하면서 연구의 변인을 단순화시키고 단선화시키면서 부당하게 오판할 경우도 적지 않다. 예컨대 애국가를 작곡한 안익태가 친일적 작곡을 한 것이 하나 발견되었다고 신문기사로 나온 적이 있었다. 그러나 그것은 옳은 언론이 아닐 수 있다. 왜냐하면 음악가 안익태가 긴 생애에 걸쳐서 애국적 음악활동을 하는 것을 보고, 일제는 다양한 공작을 획책했을 것이 분명하다. 일본은 침략행위가 워낙 간교하여 애국활동을 하는 애국자나 그 자손들을 끊임없이 다양하게 공략하였기 때문이다. 따라서 당시의 애국활동은 총체적인 시각에 의해서 평가가 되어야 한다. 당시의 애국자들 중 털어서 먼지가 나지 않을 애국자는 거의 없을 수도 있다. 어차피 인간은 털어서 먼지가 나는 것이 당연하다. 그렇기에 총량적, 총체적 평가가 되어야 하는 것이다.

생각하면 항일애국의 형태와 관련사료는 매우 다양한 것이다. 그것을 널리 감안해서 평가해야 한다. 앞에서 보았던 이기권의 사례와 같이 겉으로 적절히 친일을 해야, 속으로 진짜 독립운동을 했던 사례 등을 겉보기로만 평가함은 금물이다. 물고기를 잡을 때에 미끼를 쓰듯이, 어떤 경우에는 일본헌병으로 위장하고 잠입하여 독립운동을 한 강기동 장군과 같이 처신하기도 했다.[42] 여성의 경우는 기생이 되거나 술집 여인이 될 수도 있었다. 그러므로 위장행동이 표출된 겉모습만 보고 단죄할 수는 없다.

3·1만세운동 때에 33인의 애국자들이 독립선언서를 읽은 태화관은[43] 고급요정이었다. 그래서 일각에서는 술집에서 독립선언서를 읽었다고 비아냥댄다. 그러나 삼엄하고 살벌한 일제치하에서 33인의 애국자들이 비밀리에 모일 수 있는 곳이 쉽게 찾아지지는 않는 것이다. 그 위기상황에서의 국난 때에 태화관 모임을 탓하는 것은 탓하는 자체가 모자라는 식견이

42) 안천, 일월오악도 제2권, op. cit., pp. 289-310.
43) 정재정, 염인호, 장규식, op. cit., pp. 245-246.

다.[44] 사실상 악의적인 비방일 뿐이다. 차라리 현대시대에 태화관을 헐어서, 돈벌이 수익추구를 위한 빌딩을 지은 것을 탓하면 그것이 더욱 옳다. 아무리 부동산 수익이 있다고 하더라도, 돈에 눈이 멀어서 3·1만세운동의 최고 애국 성지를 헐어 버릴 수는 없겠기 때문이다. 그러나 문화정책의 극심한 실조현상인 그 부끄러움을 지적하는 글은 사실상 없다.

Ⅲ. 추친일 사회(追親日 社會)와 친일문화(親日文化)

1. 친일청산 정책의 준비성 부족

우리사회의 친일청산 논의는 생각하건대 다분히 정략적 흐름에 의해 진행되어 왔다.[45] 친일청산의 당위성은 분명하게 존재하고 있지만, 그 당위성을 정략적 아전인수 형태로 생각하고 실천했기에 본질이 흐려진 모습이었다.

무엇보다도 일제침략자들을 구축하고 60년쯤이 흐른 노무현 정권 때에 친일청산을 현실화한다는 자체가, 시간적으로는 이미 정당성이 상실된 상태였다. 우리사회의 친일청산 논의는 시효가 끝나고서, 사실상 불가능할 때에 강행한다는 것과 같다. 어둠의 친일 블랙홀이 확실히 뿌리를 내린 상태이므로, 다분히 맹목적 당위성에 따라서 친일청산을 현실

---

44) 안천, 일월오악도 제4권, op. cit., pp. 255-261.

45) 한국의 독립운동사 연구는 기본입장의 반성(反省)이 있어야 한다. 박성수, 독립운동사 연구(서울: 창작과 비평사, 1980), p. 9 참조.

화시킨 것이다. 그렇기에 사실상 친일청산 철학도 없었다. 거의 준비된 것이 없는데 친일청산을 강행한 것이며, 생각하면 현대판 인민재판을 부당하게 강행한 것이 되었다.46)

1) 사료(史料) 준비

친일청산을 위한 역사재판이 성사되기 위해서는 그에 따른 필요조건(必要條件)이 갖추어져야 한다. 역사재판이 열릴 수 있는 여건으로서의 필요한 조건은, 재판을 진행할 수 있는 역사연구물이나 사료가 선행적으로 충분하게 존재해야함이 필수적이다. 그렇지만 오늘날 친일청산을 위한 필요조건으로서의 자료는 불충분하다.

항일 독립전쟁 때에는 당연히 무서운 일제탄압으로 인해 연구가 수행될 수 없었다. 또한 6·25전쟁과 4·19혁명, 5·16혁명을 거치는 격동기에도 연구가 거의 불가능하였다. 특히 배고픔과 가난 속에서는 연구가 어려웠다. 전두환 정권 무렵에야 우리국민의 평균적 배고픔이 극복되었기에, 독립운동에 대한 학회가 그 무렵에 태동하고 독립기념관이 만들어진 것이다. 그러니까 친일 블랙홀이 확실히 굳어진, 1980년대 무렵에야 제대로 된 연구가 시작되었을 뿐이다.

첫째로 너무나 많은 사료가 아직도 미발굴단계(未發掘段階)에 있다. 연구가 수행되려면 항일전쟁 당시의 사료가 모두 발굴되어야 한다. 그렇지만 결정적으로 중요한 러시아 문서는 별로 발굴되지 않았고 연구인맥도 거의 없다. 러시아 말을 하는 사람조차 거의 없다. 또한 프랑스 조계 자료, 영국 기밀 자료, 동맹국과 같았던 타이완 국민당의 자료는 물론이고, 중국 공산당 자료도 거의 실체파악이 되어 있지 않다. 현재로서 빙

---

46) 도둑놈에게 훔쳐 가라고 몇 년씩 집을 비운 뒤에, 아무나 붙들고 죄를 탓하는 것과 같다. 당연히 범죄자는 도망을 갔고 장물도 없앴을 것이다.

산의 일각과 같이 밝혀진 편협한 사료를 갖고서 친일청산을 할 조건은 거의 존재하지 않는다.

둘째로 발견된 사료의 깊이 있는 검증과정(檢證過程)이 없었다. 인생을 걸고서 연구를 진행한 학자도 드물다. 독립운동사 연구는 배고픈 학문이라는 자조적 분위기에 휩싸여져, 총체적 통찰이 이루어진 연구도 드물다. 곳곳의 편린적 사료와 편면적 시각에 따른 지엽적 연구로 졸속 판단을 하는 경우도 많아, 정상적 연구는 너무나 아쉬운 상태에 있다. 생각하되 독립운동사 연구는 아직 영유아기 단계에 머물러 있으며, 앞으로도 긴 기간의 연구가 확실하게 요망된다.

셋째로 연구의 과학화(科學化)가 미진한 상태에 있다. 아직 학문으로서의 패러다임이 확립되지 않은 미성숙 학문의 상태이다. 방법적 성숙은 커녕, 접근법(approach) 자체가 미숙한 상태에 놓여 과학철학적 정체성(正體性) 보완이 절실한 상태에 있다. 따라서 자신있게 항일전쟁사의 학문성을 주장할 형편도 되어 있지 않다.

넷째로 독립운동사 연구의 객관화(客觀化)가 쉽지 않다. 후손들의 사사로운 이해관계가 첨예하게 얽혀 있어서, 학자들을 정실로 이끌고 편견에 사로잡히게 강요하는 경우도 적지 않다. 학문을 연구하는 학자들의 학문적 도전자세나 용기, 결단이 절실하게 필요한 상태이다. 때로는 독립운동을 하듯이 결연하게 연구를 해야 하는데, 그 상황에서 과학적 객관화를 추구하기는 지난한 일이다.47)

2) 연구자(硏究者) 양성

친일청산을 위한 역사재판(歷史裁判)을 진행하려면 그 재판을 수행할 학문연구자가 우선적으로 요망된다. 어떤 학문의 성숙은 그 학문을

47) 이존희, 역사교육 달라져야 한다(서울: 도서출판 혜안, 2001), p. 12.

연구하는 연구자의 성숙 정도와 일치하는 것이다. 그러한 가운데 어떤 뛰어난 학자에 의해 학문적 패러다임이 만들어지고,48) 뒤따르는 여러 다른 학자들에 의해 과학혁명(scientific revolution)이 일어나며 학문적 꽃이 피는 것이다.

그런데 친일청산 역사재판을 수행한다고 함은 목적과 본질보다는 수단을 먼저 앞세우는 것이 된다. 학문은 학문의 본질에 충실할 때에 정상적인 학문발달이 이루어지는 것이다. 그런데 친일청산은 학문의 본질이 아니다. 사실상 학문 외의 목표를 위해서 학문이 응용되거나 이용되는 것을 말한다. 정상적 학문연구를 하면 친일청산은 저절로 되는 것이다. 그런데 친일청산을 위한 학문을 하면 학문이 정상적 흐름을 따르지 않을 경우가 생기며, 때로는 남용되거나 악용되는 상황을 도출하는 것이다.

학문은 옳은 일을 위해 연구되는 것이다. 그러므로 학문은 순수한 진리에 바탕을 두고 수행되는 것이다. 그런데 학문을 학문 외의 목적을 위해 이용하려고 하면 순수성이 많이 저감될 수밖에 없다. 특히 친일청산을 정략적 목적으로 강조하다 보면, 학문이 이용되는 것이 아니라 남용되고 악용될 소지도 크다. 학문 외의 목적을 위해 학문을 남용하거나 악용하는 것은 크게 경계할 사안이다. 현재의 우리사회는 친일청산을 할 어떤 조건도 충분하지 않은 불완전 상태이다.

첫째로 우리사회에는 독립운동사 연구를 대성한 학자가 사실상 거의 없다. 이상하게도 독립운동사 연구자에는 연구보다는 운동에 뜻을 둔 사람도 적지 않다. 그리하여 학문의 본질이 아닌 학문외 활동에 뜻을 두고서, 학문을 종속적 가치로 보고 사는 연구자들도 적지 않다. 학자는 학문으로서 말을 하려고 해야 한다. 학문을 딛고서 학문을 발판으로 다른 사회활동을 하려고 하면 학문은 그 가치를 저감시키게 되며, 때로는 어

48) 안천, 신사고 사회과교육론, op. cit., pp. 77-105 참조.

용학문으로 전락할 수도 있다.

둘째로 우리사회에는 아직 독립운동사 연구를 대성할 분위기와 여건이 만들어지지 않았다. 그것은 앞에서 아직 독립전쟁의 연구는 영유아기 단계에 있다고 한 것과 맥을 같이 한다. 아직 독립운동의 연구는 빙산의 일각만이 밝혀진 단계라고 할 수준인데, 대성한 학자가 나오기도 지난한 상태에 머물러 있다. 그렇기에 정상적인 연구자라면 아직 정상적인 친일청산은 어렵다고 보아야 하며 시기상조라고 판단해야 옳다. 유치원 다니는 아기에게 박사논문을 못 쓴다고 꾸중하는 사회는 그 사회가 모자라는 것이다.

셋째로 우리사회에는 아직 독립운동사 연구를 할 학문적 활동의 장(場)이 미비한 상태에 있다. 독립운동사를 연구할 정상적인 연구기구나 연구소가 충분하게 마련되어 있지 않다. 그것이 초창기 혹은 불모지 상태에 가까운 속에서 학문 활동이 정상적으로 꽃필 수는 없는 것이다.

2. 추친일(追親日) 사회의 탄생

일제침략자들이 패전하면서, 제2차 세계대전이 끝나고 벌써 60여 년이 흘렀다. 침략국이었던 일본이 물러가고서, 새로운 우리사회가 시작되고서도 60여 년의 세월이 흘렀다. 그러면 우리사회는 얼마나 새로워졌는가?

우리사회가 일제퇴출 이후에 새로운 사회체제를 갖춘 정당한 나라로 얼마나 변모했는가를 판단하는 기준은 무엇인가? 그것은 바로 항일전쟁 독립운동의 목표와 얼마나 근접되고 일치되었는가에 의해서 판단되어야 할 것이다. 위대한 독립운동가들의 항일전쟁 의지가 제대로 구현될수록, 우리사회의 정당성은 높아지는 것이다.

그렇지만 우리사회는 근본적으로 변하지 않았다. 독립운동가들의 뜻대로 되지 않았다. 예전 독립운동가들이 다시 살아나서 보면 경악하며 개탄할 나라가 되어 있다. 일제강점 시대의 근본틀이 그대로 유지되는, 친일 블랙홀에 빠진 어둠의 추친일(追親日) 사회체제가 그대로 있다. 친일청산이 불가능할 정도의 제2차적 친일사회(親日社會)가 만들어져 그것을 수술할 연구자료도 미비하고, 탁월한 연구자도 별로 없는 친일병이 고질화된 상태에 있다.

1) 항일전쟁 목표의 혼돈

누란의 위기를 맞아서 바람 앞의 촛불과도 같았던 국난상황(國難狀況)을 극복하려는 항일독립 애국자들의 목표는 분명했다. 그것은 ① 나라의 독립과 ② 나랏님의 만수무강을 위해서 싸운 것이었다. 그리고 ③ 부강한 나라를 만드는 것이었다. 따라서 독립운동사의 지상목표는 궁극적으로 그 논리를 정립하는 것이어야 한다.

경술왜란(庚戌倭亂) 때의 침략국인 일본은 우리의 나라를 해체하고, 나랏님이신 임금님 황통(皇統)을 끊어서 흡수통합하는 것에 최고 침략목표를 두었다. 우리는 통상 일제침략을 말하면서 일제강점(日帝强占)이란 개념을 자주 쓰는데, 이 개념은 때로는 오해를 낳을 수가 있다. 왜냐하면 일제침략(日帝侵略)이 단지 나라를 강제점령한 것뿐이란 오해를 가져올 수 있기 때문이다.

100여 년 전 당시의 일제침략은 우리나라를 향한 전방위 침략이 분명했다. 국토를 강점함은 물론이고, 우리나라의 모든 것을 침탈하였다. 그런데 침략전쟁에 있어서 최고 표적은 당연히 나라의 최고지도자인 임금님을 향하게 되어 있었다. 나랏님을 공략하면서 대한황실을 해체하며 흡수통합하는 것이, 일본의 궁극적인 침략목표였다. 그런데 독립운동의 역사가 전개되면서 점차 목표가 변질되며 혼돈이 초래된다. 점차 최고의 충신 애국자가 사라지고, 사사로운 흑심을 가진 자들이 독립운동을 한다면서 다음과 같은 혼돈이 나타났다.

첫째로 북쪽으로부터 들어온 사회주의 물결의 공산사상에 의한 혼돈이 나타났다. 그리하여 독립운동을 공산당 전략에 맞춰주는 흐름이 생긴 것이다. 생각하면 이북의 김일성 정권은 러시아로부터 유입된 공산주의 이념에 따라서, 그 침략논리를 합리화시키는 길을 택하였다. 김일성은 나름대로의 독립운동을 했다. 그러나 김일성은 누구를 위한 독립운동을 했는가에 분명한 답변이 있어야 한다. 위대한 선배 독립운동가들이 쌓은 금자탑 위에서, 제2차 세계대전 이후에 소련군과 함께 무혈입성하여 정권을 쥐었을 뿐이다. 김일성이 정권을 쥐었던 것은 일제침략이 심각하게 진행된 상태에서 소련의 힘에 의해 공산당을 위한 집권을 했던 것뿐이다.[49] 그렇기에 김일성은 조국애, 민족애보다는 공산당을 도와 6·25 남침전쟁을 일으키며 100만 명의 젊은이를 죽게 했다. 온 나라를 초토화시키며 스탈린, 모택동의 하수인 노릇을 했다.[50] 김일성은 항일전쟁의 제대로 된 목표를 너무 몰랐다.

둘째로 미국의 대통령제에 몰입된 이승만에 의해서 초래된 혼란이 나타났다. 이승만은 현대사의 첫 단추를 끼우는 데에 있어서 자의적인 실책이 매우 컸다. 이승만은 항일전쟁 독립운동에 있어서 사실상의 조연자였다고 하겠다. 기라성 같은 최고 애국자들이 청산리 대첩을 승리로 이끌고, 만주땅과 시베리아 벌판에서 일본군과 혈전을 펼칠 때에 멀리 미국의 안전지대에서 안전하게 시간을 보냈다. 오로지 외교를 통해 나라를 찾는다고 성명서나 낭독하고 편지를 보내는 등으로 독립운동의 중

49) 최성춘, 연변인민 항일투쟁사(북경: 민족출판사, 1999) 참조.
50) 안천, 남침유도설 해부, op. cit., 참조.

심을 잡는다고 했으니까, 사실상 항일전쟁의 조연자가 될 수밖에 없었다. 그렇기에 이승만은 오래 살아남았고 미국의 힘을 업고서 대통령이 될 수 있었다. 하지만 이승만은 멀리 미국땅에 있었기에 현대사를 출발할 목표의식이 흐릴 수밖에 없었다. 독립운동의 변방에 있었던 그는 부통령에 이시영, 비서에 안중근 의사의 조카를 양 옆에 두면서, 독립운동가의 입지를 세우려고 했으나 뼈에 사무치는 항일철학이 미흡하였다.

셋째로 이북의 집권자인 김일성이나 이남의 집권자인 이승만 이외의 사람들도 항일전쟁의 초심(初心)을 제대로 모르는 사람들이 대부분이었다.[51] 대표적으로 거론되는 김구는 항일전쟁의 선두에 서기보다는 허송세월을 하다가 이봉창, 윤봉길 의사가 스스로 찾아와 주어 업적을 쌓았을 뿐이다. 더구나 김구는 항일전쟁 때의 잘못에 의해서, 조국땅에 귀국한 때에 정통 독립운동가들에게 지도력을 발휘하기도 어려운 입장에 있었다.[52] 그리고 일제퇴출 직후에 있어서의 지도자들은 대부분이 항일전쟁의 변방에 머물러 있었거나, 젊은 후세대의 사람들이었다.

넷째로 국내에 있던 지도급 인사들이 있겠는데, 그들은 항일전쟁의 전면에 당당하게 서지 못한 원죄가 있었다. 그래서 결코 큰 목소리를 낼 수가 없었다. 그리고 정면으로 독립운동을 하지 않았기에 항일전쟁의 철학이 투철할 수도 없었다.

요컨대 김일성, 이승만을 비롯하여 현대사 초창기의 인물들은 대다수가 항일전쟁의 초심을 제대로 모르는 사람들이었다. 김일성, 이승만은 독립운동의 뒷전에서 머물다가 결정적인 때에 줄서기에 성공한 사람들이다. 따라서 김일성, 이승만은 권력장악을 합리화하면서 소련, 미국을 대변하거나 심지어는 일본을 따라서 일본도 대변했다. 김일성, 이승만은

---

51) 안천, 일월오악도 제3권, op. cit., p. 408.
52) 안천, 일월오악도 제2권, op. cit., pp. 11-266 참조.

그렇기에 때로는 일본보다도 더 우리의 나랏님이나 독립운동가를 비방하고 탄압했다.

이승만이 정권을 쥐면서 대한황실을 말살시키며 모든 재산을 빼앗고 황족을 길거리로 내몰며 일본보다 더 확실히 탄압한 것은 이유가 분명하다. 그래야 정권을 쥘 수 있었기 때문이다. 오늘날의 사람들은 그렇기에 김일성, 이승만 이후에 항일전쟁의 목표 혼돈현상을 보이고 있다. 그러면서 김일성, 이승만의 뒷조종을 받는 국가철학적 꼭두각시 같이 되어 있다. 배를 타고 산으로 올라간 것 같이 되었다.

2) 추친일 사회의 출발

침략 전범국(戰犯國) 일본이 제2차 세계대전에 패퇴하고 그들의 섬나라로 쫓겨간 때에, 우리나라의 새로운 출발은 매우 중대한 의미를 갖는다. 그렇지만 그 중요한 때를 헛되이 보내며 고질화된 친일병을 고치지 못하고 허송세월을 했다.

물론 항일전쟁사에서 이름도 제대로 없던 김일성(김성주)이 주도한 이북땅은, 소련의 위성국가가 되어 모든 흐름을 사회주의에 맞추었으니 논의할 가치도 없다. 그리하여 스탈린과 모택동의 하수인이 되어 공포의 독재사회를 만들었다. 따라서 침략국 일본을 몰아내고, 새로운 침략국이 다시 들어선 것과 다름없이 되었다. 그리고 동족상잔의 피바다 6·25전쟁을 일으키며 반쪽짜리 분단국가를 만들었다. 이북은 침략국 일본보다 더 나쁜 나라가 되었다. 그런 잘못된 나라를 만들려고 위대한 애국자들이 독립운동을 했던 것은 전혀 아니다.

그런데 이남땅에 있어서도, 일제침략자들이 쫓겨가고 난 곳에 어떤 나라를 세울 것인가에 대한 근본적 국가건설의 철학도 힘도 없었다. 그 까닭은 특히 최고의 정통 항일독립 애국자들이 모두 사라지고 난 뒤였기 때문에 그렇게 된 것이다. 정말 우리나라는 자랑스러운 나라였다. 기라성 같은 위대한 애국자들이 줄줄이 있었다. 나철이 이끄는 30만 대종교 집단을 필두로, 노블레스 오블리주의 모범국가가 우리나라였었다. 그러나 너무나 가혹한 침략을 받고 세월이 흐르면서, 그 위대한 애국자들이 거의 다 사라진 때에 조국을 다시 찾은 것이다. 그래서 서재필의 표현대로 A급은 모두 사라지고 B급, C급들이 A급의 역사를 숨기고 왜곡시키며 부당하게 살아왔다.53)

그리하여 우리나라는 친일청산을 못하고 친일 블랙홀에 빠진 참담한 사회가 되었다. 일제강점 시대를 그대로 이어 받아서 따르는 추친일(追親日) 체제의 추친일 나라가 되었다. 침략자들은 물러갔지만 그들이 만들어 놓은 침략틀은 사실상 온전하게 남아 친일최면(親日催眠) 상태의 부끄러운 나라가 되었다. 그래서 일본 관광객들이 와서는, 거의 모두 자기들이 만들어 놓은 그대로라고 신기해 하는 나라가 되었다. 그래서 그들의 침략중심지였던 명동은 오늘날에 가장 비싼 땅값에 일본 관광객이 넘쳐나고 있다.

그런데 온 몸이 다 추친일 체제인 병든 나라를 고치겠다는 생각은 없이, 노무현 정권 때에 느닷없이 우격다짐 친일청산을 정략적으로 강행하였다. 그리고 몸통은 두고서 지엽말단의 왜곡된 청산을 한다고 하였으니, 그 무엇이 바로 잡혔다고 말할 것도 없다. 제대로 시행도 못하고서 커다란 불협화음만 일으켰다. 국민적 공감대도 크게 형성하지 못하고, 예산만 크게 낭비한 것이 되었다. 친일청산을 왜, 어떻게 할 것인가가 별로 없이, 아무렇게나 무작정 강행한 결과가 그렇게 된 것이다.

---

53) 이웃나라 청나라(중국)도 그것은 마찬가지였다. A급 국민당은 혈전을 펴며 수없이 죽고 타이완으로 갔으나, B급 공산당은 뒤에서 숨어 있다가 그 공백을 차지한 것이다. 중국은 비겁한 B급들의 무서운 독재국가가 되었다.
안천, 타이완의 힘, op. cit., 참조.

3) 추친일 체제의 모순

노무현 정권 때의 친일청산은 근본적으로 잘못된 것이다. 친일청산을 한다고 하면서, 그 자료는 거의 모두 일제침략 강점 당시에 침략자들이 만들어 놓은 것을 갖고 했기에 근본부터 잘못된 것이다.

따라서 노무현 정권의 친일청산은 모순의 청산이다. 궁극적으로는 공정성을 상실한 부당한 행위가 될 수밖에 없다. 왜냐하면 일제당국은 자신들의 침략범죄를 합리화하기 위해 혈안이 되어 있었다. 그들이 발표하여 남겨 놓은 자료는 그들의 침략의지를 관철하기 위한 것이었다. 그들이 남긴 자료는 훗날 우리민족의 친일청산용으로 만들어 준 것이 전혀 아니다. 가급적 영원히 강점침략을 하면서, 친일청산이 되지 않게 하는 것이 그들의 침략목표였다.

그러므로 그들의 자료에 따라서 오늘날에 친일청산을 하면, 그들의 침략을 그들이 원하는 대로 다시금 완성시켜 주는 것이 된다. 그리고 친일청산을 통해 추친일 체제를 보다 강화시켜주게 된다. 일본이 물러간 당시에 즉시 친일청산을 했다면 그래도 제대로 청산을 했겠지만, 이승만에 의해 유야무야되면서 친일 블랙홀이 만들어지게 되었다. 그렇기 때문에 현재는 아무리 해도 일제침략의 본모습을 통찰해 파악하기가 어렵다. 일본이 남긴 자료만을 기계적으로 피상적으로 보게 된다. 친일청산을 한다는 허장성세(虛張聲勢) 속에 자가당착(自家撞着) 청산을 하게 되어 있는 것이다. 따라서 친일최면에 빠져, 친일청산 욕심만 갖고, 추친일의 길을 가게 되는 것이다.[54]

예컨대 친일청산을 한다면서 작위를 받은 자는 무조건 친일 매국노라고 했는데, 침략자들이 왜 작위를 주었나를 잘 살펴야만 된다. 그럼에도 불구하고 무조건 기계적으로 친일파라고 하면, 부당한 인민재판이 되어

54) 박영석, op. cit., p. 16.

버린다. 일제당국은 100년 전 당시에 대한황실의 황족에게는 강제적으로 작위를 주었다. 황족 중에는 물론 친일파로 욕을 먹을 사람도 있었지만, 대다수는 강제로 작위를 준 것이다. 그렇게 한 까닭은 황족과 황실을 흡수 통합하여 궁극적으로는 해체시키려는 것이었다. 그런데 현대시대에 그들이 준 작위를 기준으로 친일청산을 하면, 그것은 친일청산이 아니라 친일을 완성시켜주는 모순이 되는 것이다. 그리고 침략자들이 원하는 대로 대한황실과 황족을 해체 소멸시키는 새로운 친일행위를 하는 것이 된다.

사실상 노무현 정권의 친일청산 강행은 신친일파(新親日派)에 의한 신친일행위(新親日行爲)가 될 가능성이 높다. 진짜 매국노들은 도피하고, 위장하며, 증거인멸을 시키는 등 범죄자들의 행태를 갖고 사라졌다. 그러나 그렇지 않은 사람들은 그대로 살아 왔다. 따라서 현대시대에 친일청산을 한다면, 다분히 그대로 있던 사람을 중심으로 무고한 사람이나 애매한 사람을 징벌하게 되는 부당한 것이다.

또한 친일청산을 주도하는 당사자들도 피당사자보다 결코 깨끗할 것도 없는 자가 대다수이다. 돌을 던질 입장도 못되면서 무조건 돌을 던지는 것과도 같다. 생각하지도 않은 깊고 깊은 블랙홀 심연에 빠져 허둥대는 잘못을 낳는 것이다.

Ⅳ. 대한황실사 블랙홀의 탄생

노무현 정권의 친일청산이 근본부터 잘못된 것은 더 중요한 이유가 있다. 그것은 우리사회 전체가 추친일 체제인데도 불구하고, 몸통은 그냥 두고서 깃털에 묻은 흙을 갖고 친일청산을 한다는 것과 다름이 없기 때문이다.

오늘날의 우리사회는 거대한 추친일 블랙홀(black hole)에 빠져 있는 암흑 사회이다. 엄밀하게 말하여, 오늘날의 우리사회는 전혀 새로운 시대가 아니다. 친일 고질병의 중증환자가 되어 있다.

친일청산을 하여 민족정기를 바로 세운다는 논리에 반대할 사람은 하나도 없다. 친일청산은 당연히 해야만 하는 것이다. 그러나 친일청산을 무조건 하는 것에는 절대로 찬성할 수 없다. 더구나 앞에서 지적했듯이 친일 블랙홀에 빠져서 침략자들의 침략의지를 현대시대에 다시금 재완성시켜 주는 신친일행위는 결코 있을 수 없는 것이다.

1. 추친일 체제의 실상

1) 정치사회면

현대시대의 우리나라 정치체제는 일제 침략자들이 원하는 그대로이다. 일본은 우리의 임금님을 집요하게 공략하면서 대한황실을 해체하며 흡수통합을 시키려고 획책하였다. 거기에 덧붙여 현대시대에 와서는 이승만이 완전히 죽도록 칼질을 했다. 그 여파로 대한황실은 지극히 심대한 피해를 입었다.

그리고는 현대시대에 대통령제가 돌출했는데, 일본이 우리의 대한황실을 너무나 공략하여 그렇게 된 것이다. 그리하여 대한황실은 사라진 상태가 되었다. 그들의 대한황실을 비방하고 공격하는 논리만 남아, 임금님에 대한 존경심은 사라지고 비난과 조롱만 크게 남았다. 그리하여 많은 사람들은 제2차적 친일파가 된 듯, 생각없이 일본과 이승만을 대변하여 말하고 있다. 곳곳에 대통령이 되려는 사람은 많아도, 대통령이 그렇게 나타난 부끄러운 존재인 줄도 모른다.

오늘날 우리사회의 이북에 있는 공산정권 체제와 이남에 있는 미국식 대통령제는 일본의 정치침략이 워낙 가혹했음을 증명하는 것이다. 그리하여 침략자들이 원하는 모습으로 되었다. 우리의 임금님은 사라졌고 그들의 천황은 생생하게 남았다. 다만 흡수통합이 완성되기 직전에 미수에 그쳐, 그 역사적 사생아로 대통령제와 공산정권이 들어선 것이다.

그리고는 정권을 쥔 자들이 추친일 논리를 합리화하고 있는 것이 오늘의 실정이다. 우리사회는 이남도 이북도 혁명으로 임금님을 몰아낸 것이 아니라, 일제침략으로 임금님이 끊겼다. 우리의 정통 독립운동가들은 나랏님을 철저히 사랑했다. 임금님을 지키려고 모든 것을 바치며 싸웠다. 그런데 오늘날 일제침략에 따른 후유증으로, 임금님은 사라지고 그들의 악성 침략논리만 남았다.

오늘날 이북의 김일성 족벌정치나 이남의 대통령제는 일제침략에 따른 제2차적 파생체제일 뿐이다. 그래서 우리민족은 김일성 족벌정치에도 대통령제에도 근본적 애착심이 없다. 오로지 그들의 집권 합리화 선전만이 겉돌 뿐이다. 최고 애국자들은 사라지고, 사실상의 사이비 정치논리가 남았을 뿐이다. 더구나 하부 통치기구까지도 친일틀이 생생하게 그대로 있다.

2) 경제체제

우리사회의 재산권은 원초적으로 일제강점 당시를 계승한 것이다. 일제강점 당시의 틀을 내면적으로 그대로 갖고서 오늘에 이르렀다. 물론 오늘의 우리사회는 비약적인 경제발전을 이루었다. 일제강점 당시를 논하기가 어려울 정도로, 눈부신 규모로 경제체제가 커졌음은 물론이다.

그러나 기본적 재산권은 일제강점 때의 것을 그대로 인정했기 때문에, 현대경제의 출발은 거기서 비롯되었다. 규모의 경제만 비대해졌지, 기초적 경제 흐름은 다분히 추친일체제이다.

그리하여 일본은 오늘날 일제강점 당시의 병들었던 것은 예외로 하고, 그들의 침략이 한국경제의 토대를 놓았다고 강변하고 있다. 추친일경제체제는 가혹한 수탈경제였고, 친일 매국노에게만 특혜를 준 잘못된 중증환자 경제였음을 교묘히 호도하고 있는 것이다.[55]

일본은 생각하면 한국 경제의 모든 것을 앗아간 추악한 원흉이다. 고려말 왜구에서부터 임진왜란의 7년간에 가져갈 것은 모두 약탈해 가고는, 단지 도자기공 몇 명을 잡아갔다고 원색적인 거짓말을 한다. 잡아갈 사람은 모든 직종에 걸쳐 모두 잡아갔고, 모든 문화경제적 사물은 완전히 휩쓸어 갔다. 그리고 경술왜란 때에는 심지어 전국토의 땅 속까지 뒤져 모든 유물, 자원을 총체적으로 빼앗아 갔다. 일본은 일본땅 전체를 주어도 변상이 될 수 없게 약탈해 갔다.[56] 그것은 유구왕국(오키나와)도 그랬고, 홋가이도의 아이누족은 아예 씨를 말려 학살했다. 생각하면 한국과 유구왕국, 홋가이도는 영원히 씻지 못할 불구의 땅이 되어 캄캄한 블랙홀에 빠져 버렸다.

그런데 이승만은 그 참담한 상황에서 집권을 하면서 유독 대한황실에 대해서만은 완전히 재산몰수를 감행하였으니, 그것은 일제강점을 답습한 놀라운 것이었다. 이승만은 친일 매국노에 대해서도 그냥 두면서 정권장악을 하기 위해 오로지 대한황실과 황족에 대해서만 전재산 몰수를 자행하였으니, 최고의 애국 황족마저도 그것은 예외가 없었다.[57] 그런데 당시 이승만은 오로지 조상묘소를 모신 선산은 조상을 모신 곳이며

55) 강재언, 일제하 40년사(서울: 풀빛출판사, 1984), pp. 47-54, 103-111.
56) 안천, 타이완의 힘(서울: 교육과학사, 2007) 참조.
57) 안천, 일월오악도 제4권, op. cit., pp. 165-180.

전혀 땅값도 나가지 않던 때라 그냥 두었는데, 시간이 흘러 노무현 정부에서 친일청산을 한다며 조상묘소를 모신 그 땅까지 마저 환수한다고 하는 것이다.[58] 따라서 노무현 정부는 일제침략과 이승만 탄압을 재현하며, 대한황실과 황족에 대해서는 2중처벌을 강행하는 부당한 것이 된다. 그리고 신친일파가 되어 일본이 미완성시킨 침략을 재완성시키는 것이 된다.

3) 교육체제

우리사회의 교육체제는 매우 추친일 성향이 높다. 일제침략 당국이 섬나라로 쫓겨가고 난 뒤에도 사실상 모든 것을 그대로 이어서 나왔다. 교육체제의 겉과 속이 완전히 추친일 본류가 살아서 오늘에 이르렀다고 보아야 한다. 정상적이라면 성균관과 서원이 부활되었어야 했다. 향교도 부활되고 서당도 부활되었어야 했다. 꼭 일치되는 것은 아니지만 대학은 성균관, 서원으로, 중고등학교는 향교로, 초등학교는 서당으로 하여 전통을 살렸다면 좋았을 것이다.

그런데 오늘날 생각하면 외형적 교육체제나 내면적 교육내용이나, 완전히 친일교육 체제를 그대로 계승했다고 할 정도이다. 더구나 현대시대 초기의 교육 담당자는 거의 모두 일제강점 당시의 친일본류가 주도권을 쥐었다. 일제강점 시대의 교육을 원형(原型) 그대로 이어서 시행했다고 오해할 정도로 추친일 블랙홀 체제가 심각하다.[59] 곳곳에서 제2차적 파생 친일의식의 신친일파를 기르는 교육이 생생히 살아 있는, 교육적 뿌리가 없는 나라와 같이 되었다.

---

58) 결과적으로 이승만은 일제침략을 제2차적으로 완성시켜 주었고, 노무현은 제3차적으로 재완성시켜 준 침략최면 상태의 친일정책을 편 것이다.

59) 안천, 생활화 사회과교육론(서울: 교육과학사, 2001), pp. 335-336.

지금이라도 교육체제의 개혁은 절실하다. 주세붕이 백운동 서원을 세우면서 교육부활을 꾀했고, 다시 퇴계(이황)가 백운동 서원을 소수서원으로 바꾸면서 사실상 국립체제를 부여한 것과 같은 교육결단이 요망된다. 조선 중기의 주세붕과 퇴계의 결단은 위대하고 존경할 만한 것이었다.[60] 오늘날에도 사실상 경성제국대학이 생생히 살아있는 듯한 캄캄한 추친일 상태에서 무슨 교육이 정상적으로 되겠는가? 교육은 머리만 좋다고 되지 않는다. 혼이 우선이다.

생각하면 너무나 서글픈 추친일 문화가 짓누르고 있다. 친일청산을 말하던 김대중은 대통령이 되자 일본의 옛 스승을 찾아가 창씨개명한 이름을 대며 고개를 숙였다. 노무현은 대통령이 되자, 유홍준 문화재청장과 함께 옛 일제강점 때의 황실문화 탄압 파괴정책을 생생히 답습했다. 궁궐을 파괴하며 동물원으로 만들던 때를 본받아, 궁궐과 문화재를 자유로 개방한다면서 끝내 숭례문을 불태웠다. 국보 1호를 불태우고는 아무도 책임지지 않았고, 말단 공무원 몇 명에게 책임을 뒤집어 씌웠다. 그런데 이러한 문화 포퓰리즘의 타성은 그후 그대로 이어져 문화재, 박물관을 무료로 개방하는 등 변함이 없다. 심지어 경복궁 경회루를 공연장으로까지 전락시키고 있다.

최고의 귀중 문화재가 있는 박물관은 궁극적으로 무방비 상태이며, 곳곳의 국보가 숭례문과 같은 위기에 내몰려 있다. 캄캄한 추친일 교육문화 블랙홀 앞에서, 우리의 귀중 문화재들은 공포에 떨고 있다. 너도 나도 추친일 늪에 빠져 혼을 상실하고, 일제침략 답습 문화정책에 따라 덧없이 표류할 뿐이다.

---

60) 퇴계가 소수서원을 세운 소수(紹修)정신은, 찬란한 옛 전통을 다시금 부활하여 잇는다는 것이었다. 차라리 소수대학교가 간절히 요망된다.

4) 종교체제

가장 친일병이 심각한 부면이 또 하나 있다. 그것은 종교체제로서 극심하게 추친일 틀에 묶여져서 우리사회를 오도하고 있다. 항일 독립전쟁 당시, 일본에 의해서 강제로 행정체제가 무너지고 군대해산과 학제 폐지를 당하며 침략에 맞서 싸울 기간조직이 원천적으로 붕괴된 절망적인 상태에서 잔존해 있던 대표적인 조직이 종교체제였다. 일본인들이 종교만은 해체를 못 시켰었다.[61]

생각하면 침략군에 맞서서 가장 정면으로 맞선 조직이 옛부터의 종교조직이었다. 당시의 절망적인 국난을 생각하면 종교체제라도 살아 있었음은 너무도 고마운 일이다. 당시에 유교는 전통적 가족제도인 가문(家門)과 연결되어 항일전쟁의 기본적 토대가 되었다. 거기에다 민초 중심의 천도교와[62] 고급 지식인 중심의 대종교가 묶여져 단호하고 처절한 항일전쟁을 전개했었다. 그리하여 일제 침략의 가장 큰 피해를 입은 조직이 애국적인 민족종교 조직이었다. 대종교, 천도교, 유교는 정면으로 독립운동을 하며 워낙 피해를 많이 입었다. 오늘날에 거의 사라지고 명맥만 유지하고 있을 정도이다.

그런데 가장 친일적인 종교였던 천주교는 기세등등하게 오늘의 우리사회를 만끽하고 있다.[63] 생각하면 천주교는 우리 땅에 와서 친일노선을 걸으며 종교이기주의적인 흐름으로만 일관했다고까지 생각된다.[64] 천주교와 프랑스 군대가 쳐들어 온 결정적인 때가 병인양요(丙寅洋擾)였다. 그러나 지구상에서 유일하게 프랑스 침략군을 격퇴한 당당하고

---

61) 일본 침략자들이 일제말기에 신사참배를 강요한 것은, 그 무렵에 종교해체 친일화 침략을 본격적으로 강행한 것을 뜻한다.

62) 조규태, 천도교의 민족운동 연구(서울: 선인, 2006) 참조.

63) 안천, 신흥무관학교(서울: 교육과학사, 1996), pp. 9-115 참조.

64) 윤경로, 105인 사건과 신민회 연구(서울: 일지사, 1991) 참조.

용감한 나라가 우리나라였다. 그렇게 되자 끈질기게 천주교로 우리 정부를 공략하고 흔들고 침탈하며, 천주교에 맞섰던 대원군을 비방하고 공격하던 논리가 크게 남았으며[65] 서서히 나라가 힘을 잃어 갔다. 조선국의 마지막 흔들기는 프랑스와 천주교가 결정적이었다.

그런 침탈로 남아메리카의 비참한 식민지나, 캄보디아, 라오스, 베트남과 같이 만들려 하니까, 할 수없이 대원군이 대응을 했었다. 그러자 무조건 조선정부가 탄압을 했다고 강변을 했고, 범죄자를 처단하자 그들은 모두 성인이고 그들이 죽은 곳은 성지라고 궤변을 말하고 있다. 그렇다면 이 나라는 모든 것을 프랑스에 내주고 참담한 식민지가 되어야 좋은 나라였던가? 그 때에 약탈해 간 외규장각 도서를 갖고 오늘날까지도 우리를 우롱하는 프랑스를 보면서,[66] 누가 범죄자이고 누가 성인인가는 확실히 판단되어야 할 것이다. 침략자 위주로 쓴 조선후기의 침략찬양 역사는 전면적으로 다시 써야 한다. 어떻게 그런 잘못된 침략적 시각이 살아 있는지 개탄스럽다.

그렇게 프랑스와 천주교가 흔들어 놓아서 허약해진 빈 틈을, 영국의 뒷조종을 받던 일본군이 침략한 것이다. 천주교에서 훗날 체면치레로 세운 대학교는 아주 늦게 현대시대에야 세워 졌다. 천주교가 천주교 이익만 채운다는 비난이 거세자 마지못해 세운 듯한 대학의 이름이, 바로 병인양요 때에 프랑스 침략 군대가 상륙했던 곳임을 유의해야만 한다. 무엇을 기념하고자 세운 대학인가 의아스럽다. 그곳에 대학을 세우고 이름도 그렇게 붙인 것이다.[67] 우리민족을 너무나 깔보고 경시하는 것

65) 서중석, 신흥무관학교와 망명자들(서울: 역사비평사, 2001), p. 11.

66) 프랑스 군대는 40일만에 참패하며 서적, 무기, 금은괴를 약탈해 도주하였다. 이광린, 신용하 엮음, 한국문화사 근대편(서울: 일지사, 1984), p. 9.

67) 프랑스 함대가 1866년 9월에 전함 3척으로 한강 하류의 서강(西江), 양화진(楊花津)까지 침략하였다. 그리고 10월에 강화도를 점령하고 정족산성을 향했으나, 조선 군대의 단호한 대응에 큰 사상자를 내고 참패하며 도주하였다. 그 때에 프랑스가 패전한 기념

이며, 침략자 편에서 침략자 위주로만 생각하는 것이다.

그리고 나름대로 중립적이었던 불교, 개신교가 번창하고 있다. 불교와 개신교는 부끄러운 측면과 애국적인 측면을 공유하고 있다. 그런데 생각하면 프랑스, 영국, 러시아, 일본의 가혹한 침탈에 직면한 상태에서 거의 유일하다고 보겠는데, 항일전쟁 때에도 우리민족을 성심껏 도운 나라가 있었다. 그 나라는 미국이다. 미국 선교사들은 진심으로 우리를 도왔다. 독립운동도 같이 했었다. 특히 개신교를 전파한 미국은 한국을 위해 많은 좋은 일을 했다. 6·25전쟁을 정면에서 육탄으로 막으며 인민군과 중공 오랑캐의 침략을 물리쳐 준 크나큰 은혜도 주었다.

그런데 물론 미국에도 잘못이 있는 경우가 있지만, 우리사회에는 과도하게 반미주장을 하는 일각의 지나친 흐름이 있다. 그것은 추친일 행태의 제2차, 제3차 파생 행태로서 신친일과 같은 것이다. 대원군을 공격하는 것과 미국 공격은 어디서 왔나? 미국 공격은 6·25전쟁을 막아준 바와, 일제침략을 막아준 정의로운 미국활동을 공격하는 데에 편승한 성향이 높다. 우리사회에서 반미 선전이 처음 나온 때는 대동아전쟁 때이다. 美國이 당시 米國이 된 때이다. 대원군과 미국이 없어야 하는 최대 수익국을 주목해야 본질이 보인다.[68)]

특히 우리사회 일각의 이상야릇한 흐름은 100만명의 젊은이를 비참하게 죽게 하고 전 국토를 초토화시킨, 6·25전쟁의 전범국가인 중국,[69)] 러시아, 북한은 접어 두고서 반미구호가 요란하다. 6·25전쟁은 엄밀히 말하면 일제침략틀에서 파생된 거시적 추친일체제 전쟁이다. 일제침략 후유증으로 우리가 남북분단이 되었는데,[70)] 전쟁의 원천범죄국인 일본

으로 약탈 도적질을 해 간 것이 외규장각 도서이다.
이홍직, 국사대사전(서울: 지문각, 1968), p. 588.

68) 임종국 편, 친일논설선집(서울: 실천문학사, 1987), pp. 157-226 참조.

69) 김학준, op. cit., pp. 436-445 참조.

책임론도 없다. 그러면서 전쟁범죄국은 빼고 미국의 잘못은 추호라도 용서없이 찾아내며, 노근리 사건 등을 극대화시켜 부각시킨 흐름의 뿌리는 무엇인가를 직시해야 한다.[71]

친일청산을 한다면서 최악의 전범인 일본 천황에게 총을 쏘는 것은 물론이고 돌을 던진 적도 없다. 심지어 지푸라기 한 올을 내던지는 것을 거의 볼 수 없다. 특급전범 천황에게 면죄부를 주면서, 친일청산을 통해 일제침략의 재완성 작업을 해주는 것에 대해 전혀 부끄러움도 없고 전혀 그렇게 생각하지도 않는다.

더구나 가장 친일적 종교행태를 보였던 종교의 총수가 죽었을 때에는 실로 통탄할 일이 벌어졌다. 추친일 체제를 위해 부끄러운 생애로 일관하다가, 다 죽게 된 때에 시신을 기증한다고 하여 온 나라가 떠들썩하게 칭송을 했다. 그리고서 그의 죽음에는 모든 신문 방송에서 국상을 치루듯 했다. 온 나라가 친일최면에 빠져 거대한 추친일 공룡을 극도로 칭송했다. 이런 참담한 상황에 단 한마디도 못하는 친일청산이 무슨 의미가 있는가? 친일청산을 한다는 자체가 위선적이고 치욕스럽다.

그리하여 오늘날에 종교적 친일 블랙홀이 캄캄하게 만들어졌다. 가장 애국적이었던 대종교, 유교, 천도교의 빈 자리를, 불교, 개신교와 친일노선의 천주교가 차지한 참담한 추친일 체제가 되었다. 일본 침략당국이 원하는 그대로 되어서 친일 블랙홀로 남은 것이다. 그리고 사람들은 깊은 생각없이 대종교, 천도교, 유교를 미개한 미신종교라고 한다. 너도 나도 침략최면에 걸린 신친일파가 되어 일제침략을 대변하고 있다. 일제

70) 이정식, 한국과 일본(서울: 교보문고, 1986), p. 44.

71) 노근리 사건은 6·25 개전범죄국의 원죄에 비하면 사소한 우발적 사건에 불과하다. 그것도 방어를 하다가 생긴 본의 아닌 사건이다. 당시 인민군은 민간인 복장으로 위장하고 공격했었다. 도대체 사소한 일도 무조건 미국의 잘못이고, 전범국에는 확실하게 입을 다무는 역사오도가 너무나 지나치다.

침략의 상흔은 너무나 깊고도 깊다.

또한 우리를 침탈한 프랑스나 영국은 선망의 나라로 우대하고 있다. 일제침략의 공범 동맹국으로 죄악의 나라였던 영국을 신사의 나라라고 극찬을 하고, 일제침략에 협력한 천주교의 나라인 프랑스는 예술의 나라로 미화를 한다. 그리고는 이유없이 대원군을 비방하고, 반미구호를 외치고 있다. 프랑스가 병인양요에 패퇴하며 대원군 때문에 식민지를 못 만들었다고 대원군을 끈질기게 매도했기 때문이다. 그리고 미국이 없었다면 현재도 일본의 식민지로 있거나, 6·25전쟁 때에 공산화되며 티베트, 위구르와 같은 지옥이 될 것을 막아 주었다고[72] 미국이 욕을 먹는 것이다. 프랑스나 영국을 포용하거나 칭송하고 미국을 비방한 교육은 대동아전쟁 때의 교육원형 그대로이다. 실로 친일병이 만연하여 생긴 참담한 블랙홀이 우리사회를 생생하게 짓누르고 있다. 너무나 당혹스러운 친일의 굴레이다.

2. 대한황실 블랙홀의 본모습

이승만 정권 때의 친일청산은 시도만 했다가 중단하고서, 대한황실만을 사사로운 이익을 위해 정략적으로 철저히 탄압하였었다. 그리고 다시 노무현 정권 때에 친일청산을 한다면서, 제대로 된 준비도 없이 정략적으로 지엽말단을 청산한다고 했다. 거대한 추친일 체제의 몸통은 그대로 두고 깃털만을 건드린 가운데, 뚜렷한 기준도 없이 공정성을 상실

72) 중국 공산체제도 추친일 체제에 불과하다. 일제침략이 없었다면 모택동의 승리는 거의 불가능했다. 중국 공산당 정권은 사실상 일본이 장개석을 몰아내며 세워준 사실상의 추친일 공산정권이다.
안천, 타이완의 힘, op. cit. 참조.

하였다.

더구나 노무현 정권에서 시행한 친일청산은 일제 침략자들이 만든 사료가 기본적인 자료였기 때문에, 일제침략의 범죄를 역사적으로 처벌하려는 본질을 상실하고 말았다. 친일청산은 궁극적으로 전범국 일본의 침략범죄를 징벌하려는 것이다. 그런데 오히려 일제 침략자들이 그들의 침략의지를 구현하기 위해서 만들었던 것을 기준으로 청산을 하니까, 큰 시각으로 큰 틀에서 보면 결과적 친일행위(結果的 親日行爲)를 하는 것이다. 따라서 오늘날에 그들의 침략 재완성(侵略 再完成)을 도출시켜주는 신친일(新親日)의 모순을 낳고 말았다. 사실상 새로운 친일파에 의한 신친일행위를 자행하며 일제침략을 도운 것이다. 친일청산의 기본철학이 없이 정략적으로 강행했기 때문이다.

오늘날의 우리사회는 생생하게 예전의 일제강점기 침략틀이 그대로 살아 있다고 보인다. 침략자들은 물러갔으나, 그들이 남겨 놓은 친일병이 그대로 남아 있기에 강력한 추친일 블랙홀이 만들어져 있다. 따라서 일본의 침략적 견해를 전혀 의식도 못하면서, 거의 그대로 추종하며 대변하는 나라가 되어 버렸다. 세월이 지나면서 서서히 고쳐져 나오기는 했지만, 아직도 침략틀은 생생히 살아 있다.

예컨대 계백장군의 황산대첩을 사례로 분석해 보자. 우리사회에서는 그간 황산대첩을 대단히 강조하여 가르친 친일교육의 본질을 아는 사람이 거의 드물다. 그것은 바로 우리민족의 민족적 기개를 꺾고 애국혼을 교란시켜 짓밟으려는 것이었는데, 그것의 본질을 아는 사람은 거의 없다.

일제강점기에 황산대첩은 이상하게도 대단히 강조되어 가르쳐졌다. 그 까닭은 바로 전라북도 남원에서의 황산대첩을 우리민족의 뇌리에서 깨끗이 지워버리기 위한 역사침략이었다. 계백장군의 황산대첩은 오늘날에 충남 연산(連山)인데, 그 한자는 황산(黃山)이다. 그런데 전북 남원의 황산은 한자로 황산(荒山)이며, 실제로 찬란한 대승을 거둔 대첩(大捷)은 남원의 황산대첩이다.

계백장군은 결코 대첩이 아니라, 참담한 대패(大敗)에 해당한다. 완전한 참패로 계백장군 이하 모든 군사가 전멸하고 백제가 망한 것이다. 그렇다면 왜 계백장군의 황산대패를 황산대첩으로 바꿔서 그토록 미화하여 강조했는가? 그 까닭은 조선시대를 개창한 최고 최대의 자랑스러운 승리가 이성계 장군의 황산대첩이기 때문이다. 황산대첩은 살수대첩, 귀주대첩, 한산대첩에 맞먹는 위대한 승리인데, 계백장군의 황산대패를 황산대첩이라면서 철저히 거짓말로 강조하여 가르치고 이성계 장군의 찬란한 황산대첩은 교묘하게 망각시켜 버린 것이다.

이성계 장군의 영웅적인 황산대첩은 현재 완전히 망각상태에 있을 정도이다. 대한황실에 관한 것은 모두 그렇게 비방하고 왜곡시키며 짓밟았으니, 그것이 바로 대한황실의 역사적 블랙홀 실상이다. 그 블랙홀은 너무 강력하게 남아 현대시대인 노무현 정권 때에 황산벌이라는 영화로도 만들어졌다. 욕설 투성이에다 저질스러운 영화로서 학생들 보기가 민망한 영화였다. 그러나 우리사회가 어둠의 블랙홀에 빠져 가족 동반으로 관객이 대거 몰려들었다. 우리사회의 부끄러움을 대변하는 추친일 영화가 흥행 신기록을 세우며 역사상 최대로 관객을 동원했다고 할 정도로 우리사회는 친일문화 병세가 깊다. 친일청산을 한다는 때에, 사실상 국가 전체가 역사의식 실성상태로 문화 까막눈, 문화 문맹상태가 되어 1천만에 가까운 관객이 몰렸다. 이런 상태에서 무슨 친일청산을 거론하는가? 황산벌 최면에 걸려 대통령까지 나서며, 온 나라가 그 참담한 영화를 국민영화나 되는 듯이 거의 의무적으로 보는 듯한 나라에서 친일청산을 한다는 것이 황당할 뿐이다. 계백장군의 허상에 판단마비된, 친일병 말기증세에 빠진 문화공황 상태를 노골적으로 보여 준 것이다.

3. 이구 황태손 죽음의 블랙홀

현재의 우리나라는 일본이 만들어 놓은 침략틀에 온 나라가 기속되어 있다. 그러니까 대한황실은 황산대첩만이 아니라, 사실상 임금님의 모든 것이 추친일 상태에서 완전히 블랙홀에 빠져 있다. 오늘날에도 모든 것이 일본 침략틀에 따라 추친일 상태에서 일제의 볼모가 되어 있다. 대한황실의 마지막 황통을 잇는다고 알려졌던 이구 황태손도 그러한 참담한 상태의 블랙홀 감옥에 깊게 빠져 있었다.

그는 2005년 7월 16일에 일본 동경의 호텔방에서 의문사한 변사체로 발견되었다. 황태손 이구는 그렇기에 마지막까지 일본에 볼모로 잡혀간 상태에서 당연히 죽게 되어 있었다고 할 정도였다.73)

그렇지만 이구 황태손의 마지막 죽음에 있어서, 누구도 그 죽음을 진정으로 가슴아파 하거나 통탄해 하지 않았다. 사실상 감각도 없었다. 이구 황태손이 100여 년에 걸친 일본 천황의 대한황통 침략의 결과로 참담하게 죽은데 대하여, 친일청산을 한다면서 천황을 꾸짖는 성명서 하나도 없었다. 정말로 대통령이 못 한다면 국무총리라도 나섰어야 하고, 최소한 외교통상부에서 성명서 하나 정도는 꼭 발표되었어야 했다. 그리고 문화관광부와 문화재청도 백서(白書) 수준은 아니라도 할 말을 단호하게 분명히 했어야만 했다. 그런데 어느 누구도 역사의식이 없었고 온 나라가 유구무언이었다. 세계적으로 격렬하기로 유명한 시민단체들도 친일최면에 걸려, 일본천황에게 실로 지푸라기 한 올도 던지는 자가 없었다. 그런데도 정략적 친일청산을 해야 한다고 우기는 사람들만 따로 있을 뿐이었다74).

---

73) 안천, 대한황실황통쟁투사(서울: 교육과학사, 2009), pp. 215-378.

74) 이것은 일본측도 마찬가지다. 이구 황태손이 비참한 의문사를 당한 때에 일본이 문명국

생각하면 노무현 정부의 친일청산은 허구의 거짓말이다. 이구 황태손이 도대체 누구인가? 일제침략 공격으로 태어난 유일 최고 최대의 인물이다. 그렇지만 이구 황태손을 전범두목 일본천황이 짓밟고 비방한 시각에서 보았다. 어떻게 그토록 일제의 꼭두각시가 되어 있는가? 오히려 당시 일본 천황이 스스로 떨고 몸조심을 했고, 일본국 전체가 지레 겁을 먹었을 뿐이다.[75] 이런 놀라운 역전상황에서 친일청산을 한다고 어떻게 부끄러워서 말을 할 수 있는가?

2005년 7월 16일을 결코 잊지 말아야 한다. 그 날은 제2의 국치일과 같은 부끄러운 날이다. 이구는 길 잃은 방랑자였고, 역사의 이방인이었다. 이구는 블랙홀 감옥에 깊게 갇혔었고, 그를 둘러싼 어둠의 장벽에 가려져서 세월이 흘렀다. 일반인들의 뇌리에서 사라졌기에 제3자로서의 잊혀진 타인의 참담한 죽음을 맞았다.

진정으로 애국심에 불타는 정의로운 친일청산을 시행한다면, 이구 황손은 결코 그렇게 비명횡사할 수가 없다. 5대 궁궐과 황실 문화재는 대한황실에 정중히 되돌려지고, 이구 황손은 당당하게 경복궁에 들어가서 온 겨레가 우러르는 임금님이 되었어야 했다. 그렇지만 친일청산을 지엽말단 위주로 이현령 비현령 기준에 따라 침략자에 세뇌되어 무작정 시행하는 나라니까, 이구 황손이 그렇게 참담하게 죽음을 맞은 것이다. 최고의 흉악한 전범천황이 원하는 그대로 이구 황손을 길가의 돌멩이

이라면 당연히 사죄성명서를 내고, 침략백서를 발간하며, 역사청산을 하는 겸허한 사죄절차가 꼭 있어야만 했다. 그런데 일본은 전혀 전과가 없는 국가인 듯 적반하장의 독도타령에다 덧붙여 원자탄을 맞아서 억울하다며 거짓 평화타령만 하고 있다. 일본은 지구상에서 차라리 없어져야 할 나라이다. 일본이 지구상에 존재한다는 자체가 너무도 치욕적이고 부끄러운 일이다.

75) 오히려 일본천황이 극도로 겁을 먹고 10일장의 조문도 마지막 날에 도둑질 하듯이 몰래 했다. 그러나 한국인들은 그것조차 관심이 없었다.
Ibid., pp. 348-378.

같이 차버리는 나라에서 친일청산을 한다는 부끄러운 문화정책에 제 정신이 있는가? 나라 전체가 궁극적으로 모두 전범천황의 뜻대로 추친일 문화정책을 시행하고 있다. 친일 블랙홀 수렁에 빠진 너무도 부끄러운 나라의 낯뜨거운 참상일 뿐이다. 신친일파, 추친일파들의 경거망동에, 전범천황이 죄인인지 이구황손이 죄인인지도 모르는 한심한 나라가 되었다. 먼 훗날의 후손들 보기가 부끄럽다. 정말 제대로 된 친일청산이 아쉽고 절실하다.

4. 이구 황태손 이후의 블랙홀

대한황실은 역사적 실종선고의 상태에 있다. 그리고 많은 사람들은 대한황실은 물론이고 황실가문인 전주이씨 집단까지를 일제침략의 논리에 따라 혹독하게 매도하는 것이 일상화되어 있었다. 오늘날 일제침략의 최고 표적이 되었던 것은, 하나같이 그렇게 참담하게 되어 일제강점 때와 똑같다. 곳곳에 신친일파가 널려 있어, 곳곳에서 침략자의 말을 앵무새같이 되뇌고 있다. 예전 일본이 시키던 그대로 태조, 태종, 대원군, 미국, 대종교 등은 왜 나쁜지도 모르며 무조건 나쁘다고 따라하고 있다.

첫째로 황통 혼미 현상(皇統 昏迷 現象)이 극심하다. 대한황실은 허공에 뜬 허상과 같이 되었다. 대한황실이 사라지고서 대한황실은 주인이 없는 무주공산과도 같은 착각현상도 나타났다. 도대체 정통성 있는 황통을 쉽게 찾을 길도 없게 되어 버렸다.

둘째로 황통 전도 현상(皇統 顚倒 現象)이 강화되며 황통 주체성이 상실되고 말았다. 사실상 주인없는 황통과 같이 되면서 이구 황태손의 비극적 죽음이 만들어진 것이다.

셋째로 황통 망각 현상(皇統 忘覺 現象)이 강화되고 말았다. 이구 황태손의 죽음을 맞아서, 대다수의 사람들은 까맣게 잊었던 대한황통에 대한 기억을 어렴풋이 되살리게 되었다. 워낙 가혹했던 일제침략으로 인해서 완전히 잊혀졌던 대한황통을, 흘러가 버린 역사의 흔적 정도로 생각하면서 어렴풋이 회상하게 되었다. 그렇지만 이구 황태손의 장례를 치루고는 다시금 완전히 망각되는 함몰상태에 빠지게 되었다. 이제는 대한황통을 확실하게 흘러간 과거로 인정하며 옛시대의 골동품과 같은 황실로 착각할 정도가 되었다.

5. 대한황실 블랙홀의 극복-이구 황태손 원혼의 살풀이

대한황실의 블랙홀은 잔혹무비의 혹독했던 일제침략의 결과를 치유하지 않고서, 일제패망 이후에 약 60여 년의 세월이 흐르면서 나타난 추친일 함정을 말하는 것이다. 그리하여 대한황실의 황통은 어둠 속의 혼미현상, 뒤바뀐 전도현상, 극도의 망각현상을 보이면서 사실상 실종상태에 있다. 이구 황태손은 그 암울한 블랙홀에 빠져서 제대로 숨도 쉬지 못하고 비명횡사한 변사체로 발견되었다. 대한황실의 캄캄한 블랙홀은 어떻게 극복될 것인가?

1) 역사정의(歷史正義) 회복

이구 황태손은 일제침략에 의해서 억지로 만들어진 황통이면서, 블랙홀에 빠져 참담한 죽음을 맞은 비운의 황통 승계자였다. 이구 황태손은 일제침략자들이 영왕과 그 약혼녀 민갑완의 약혼상태를 강제로 파기시키고서,[76] 침략황녀 방자로 하여금 강제결혼을 시켜서 탄생된 불행한 인물이다.[77] 생각하면 이구 황태손은 태어났다는 자체가 역사의 정의를 상실한 불행한 존재였다. 일본인들의 잔혹한 침략으로 태어났다는 출생 자체가 바로 역사정의를 근본적으로 상실했었다. 그렇기에 이구 황태손은 설혹 비운의 죽음을 맞지 않았다고 하더라도, 그를 그대로 잇는 것은 결코 옳은 일은 아니었다.

조선시대를 전체적으로 통관하여 볼 때에, 역사정의를 상실한 황통승계가 몇 번 있었다. 가장 대표적인 때가 바로 수양대군에 의한 황통찬탈이다. 수양대군이 친조카인 단종 임금님을 몰아내고 참혹하게 살해하면서 황위를 빼앗은 유혈 쿠데타는, 조선시대 전체를 비극으로 몰아가는 아주 잘못된 것이었다. 너무도 부당한 패륜만행(悖倫蠻行)이기에 사육신, 생육신 등의 다양한 황통정의 회복운동이 있었고, 경북 순흥 등지에서 격렬한 분노의 항거가 있었다.[78] 그 흐름은 총합적으로 조선사 전체를 병들게 하면서 긴장되고 어둡게 했다.

세조 쿠데타 이후의 황통은 역사적 정당성을 잃은 황통정의 실조상태에 있었고, 태조, 태종, 세종 3대 영웅시대 이후를 병약한 역사로 만들었다. 세종시대의 그토록 찬란하고 위대한 나라를 짓밟은 패륜은 확실하게 응징되며 국가정의를 회복시켜야만 되었다.[79]

수양대군의 쿠데타는 일제침략의 황위찬탈에 버금갈 만큼 너무도 잘못된 것이었다. 조선시대 역사를 뒤흔든 대표적인 최악의 병리현상은 ① 세조 찬탈, ② 일제침략 두 가지였다. 그 다음으로는 태종 임금님이 정종 임금님의 황위(皇位)를 이은 것을 거론할 수 있다. 그러나 이 경우

76) 민갑완, 백년한(서울: 문선각, 1962) 참조.
77) 이방자, 지나온 세월(서울: 남영문화사, 1974) 참조.
78) 안천, 일월오악도 제4권, op. cit., pp. 129-195.
79) 흡사 한강의 기적을 만든 나라를 급격히 IMF 구제금융을 받는 나라로 전락시킨 것과 같은 것이 수양대군의 패륜만행이었다.

는 수양대군의 사례와 같다고 말할 수는 없다. 정종은 태종이 황위에 앉게 만들고서, 다시 물려 받은 것이기 때문이다. 그렇지만 꼭 정당했다고만 말할 수도 없다. 태종은 형제 사이의 순서를 어기고서 부친인 태조가 8번째의 막내로 황통을 잇는 것은 부당하다면서, 형님인 정종을 임금님으로 옹립했었기 때문이다. 생각하면 조선시대는 태조 이래로 황통승계가 순탄하지 않았던 때가 몇 번 있었다. 그 중에서 대표적인 경우가 세조 쿠데타의 사례라고 하겠고, 정종 임금님의 경우도 상쾌한 흐름이라고 할 수만은 없다.

조선시대에는 중종반정(中宗反正)과 인조반정(仁祖反正)이 있었다. 두 번의 반정은 조선시대의 역사정의를 세우려는 것이었다. 중종반정은 연산군의 타락에서 비롯되었고, 인조반정은 여러 변인이 복합되어 일어났다. 생각하되 일제침략에 따른 대한황실 블랙홀은 역사정의를 찾는 신선한 현대판 반정(反正)에 의해서 회복되어야 한다. 절대로 일제침략에 따른 잘못된 선택인 영왕을 그대로 승계할 수는 없는 것이다. 그것은 역사정의가 아니다. 그러므로 영왕이 아닌, 융희(순종) 황제에서 황통정의를 세우며 황통승계의 새출발이 이루어져야 옳다. 특히 대한황통이 혼미하고, 전도되어, 망각상태에 빠진 칠흑같은 오늘날의 블랙홀 상태에서는 더욱 그렇다.

2) 역사역량(歷史力量) 회복

황통계승의 정당한 흐름은 명분상의 논리로만 만들어지는 것은 아니다. 말로만 되는 것이 아니라 확실한 힘이 있어야 한다. 명분도 없으면서 아무 능력도 없는 경우는 논외로 하더라도, 설혹 명분이 있다고 하더라도 무능한 인물에게 황통이 이어질 수는 없는 것이다.

일제 침략자들은 조선시대를 연 태조 고황제가 매우 부당한 듯한 역사왜곡을 악의적으로 조장하였다. 그래서 정몽주와 태종의 설화나 시조를 과잉으로 꾸며서 강조했고, 선죽교 암살을 의도적으로 부각시켰다.[80] 그리고 태조, 태종을 악의적으로 비방하였다.

하지만 조선시대가 시작된 것은, 당시의 역사로 보아서는 정당한 당위성을 갖고 있었다고 생각된다. 고려말기에는 일제침략에 따른 근현대시대와 같이, 황통이 어둠의 블랙홀에 빠져서 뚜렷한 대책이 없었기 때문이다. 고려 말에는 황통승계가 극도로 혼미, 전도, 망각 상태에 침몰되어 있었다고 보인다.[81] 고려말기는 희망이 없는 노쇠현상으로 정치적 동맥경화 상태가 되어 심장마비 직전이었다. 황건적이나 왜구에게 나라가 망하지 않은 것이 다행이었다.

더구나 공민왕 이후에 특히 황통의 정당성이 상실되어 있었기 때문이다. 당시의 고려 말에는 나랏님의 존엄성이 극도로 실종된 상태에 있었던 데에다, 황건적과 왜구의 침략에 속수무책인 상태에 있었다. 따라서 나라를 안정시키려고 당시의 신진 유학자들이 중심이 되어 유능한 이성계 장군을 태조로 옹립하고 신시대를 열었던 것이다.[82] 그렇기에 세종대왕의 태평성대를 열고 5백년 황통을 개창했던 것이다. 조선시대의 개창은 정당한 역사적 흐름이 확실하다.

그런데 태종의 정치행태를 어떻게 보아야 할 것인가? 그에 대해서는 힘도 없이 명분만 내세우는 논리가 있을 수 있다. 그 논리들은 특히 일본 침략자들이 의도적으로 만들어 놓았다. 그러나 그것은 옳다고 볼 수 없

---

80) 태종의 하여가(何如歌)와 정몽주의 절의가(節義歌)는 온 국민에게 널리 강조하며 가르쳐 졌다. 일제 침략자들은 대동아전쟁 때부터 모든 학교교육에서 정몽주를 조선 최고의 인물로 부각시켰고, 태종은 의도적으로 이방원이라고 이름을 불경스럽게 막 부르며 천하에 없을 몹쓸 인간을 만들었었다.
안천, 일월오악도 제5권, op. cit., pp. 228-232.

81) 김창현, 신돈과 그의 시대(서울: 푸른역사, 2006) 참조.

82) 김영수, 건국의 정치(서울: 이학사, 2006) 참조.

다. 왜냐?

먼저 태종과 정몽주의 대결은 태종이 정치적으로 옳다. 왜냐하면 정몽주는 역사역량이 없는 고려 말의 혼미한 황통에 미련을 품고 연연하며 역사인식의 부족함을 보였기 때문이다. 정몽주는 정치적 판단력과 명분이 부족했다. 현실의 시대정신을 잘못 읽었다. 정치는 꿈만 갖고 되는 것이 아니라 생생한 현실이기 때문이다.

그리고 태종과 정도전의 대결도 그렇다. 그 경우에도 태조가 실책을 저질렀다고 생각된다. 왜냐하면 태조가 어린 막내를 창업 초기에 무리하게 선택한 잘못이 있었다. 그것을 바로 잡은 태종이 옳았다고 보인다. 아무리 정도전이 어린애를 옹호해 줄 수 있다고 하더라도, 어린 막내가 등장하는 것에는 정당성 정립이 미흡할 것이다. 정도전이 역사인식에서 미달하며 죽음을 맞았다고 하겠다. 정도전은 오히려 태조를 설득하여, 막내를 세우지 않게 했어야 정당성이 있었다.

끝으로 정종과 태종의 관계도 신중하게 생각해야 하겠다. 혹자는 생각하길 태종이 형님인 정종을 옹립했다가, 곧 정종을 퇴위시키고 본인이 승계한 것에 얼마나 정당성이 있었겠는가를 말할 수도 있다. 그러나 이 경우에도 정치적 정당성은 태종에게 있고 태종이 옳다. 정종은 명분상으로는 형님이지만 정치적 힘이 없었기 때문이다. 왜냐하면 국가를 이끄는 힘이 없이 보위에 앉아 있을 수는 없다. 국가는 사사로운 형제관계가 아니다. 국가와 민족의 삶을 개척하는 확실한 힘이 없으면 정치적 정당성도 없다. 따라서 태종이 형님을 예우해서 모셨다가 본인이 승계하여 국가안정의 토대를 쌓고, 세종대왕의 태평성대를 만든 것은 정당하다고 평가된다. 특히 태종은 종신 임금님이 아니라, 세종을 세우고 상왕으로 물러난 점에서도 의미있게 생각해야 옳다. 태종은 나설 때와 물러갈 때가 명쾌했다.

역사역량이 없는 사람이 입으로만 나라를 이끌어 갈 수는 없다. 황통승계의 명분과 함께, 역사역량을 갖추고 있는 사람에 의해서 새로운 역사는 창출되는 것이다. 무능하거나 부패한 사람은 역사의 주인공이 될 수 없다. 앞으로 우리나라에서 일제침략에 따른 어둠의 블랙홀을 극복할 사람은 분명하다. 역사역량을 갖추고 황통승계의 명분을 갖춘 사람에 의해서 융희(순종)황제를 이어야만 된다. 정당한 명분과 당당한 능력을 가진 새로운 지도력에 의한 신시대 개창은 현대판 태종 임금님과 같은 분이 탄생될 때에 가능하다.

지난 20여 년 사이에 일제침략을 극복하고 항일전쟁을 완성하기 위한 대한황실 복원운동의 흐름은, 일제침략의 어둠의 블랙홀을 극복하자는 논리와 맥을 같이 한다. 지난 20여 년 사이에 우리사회는 많이 달라졌다. 심각할 정도로 일제침략 후유증을 앓으면서, 어둠의 블랙홀에 침몰되어 있었던 우리사회가 많이 개명되었다. 그럼에도 불구하고 이구 황태손이 친일 블랙홀에 갇혀서 꼼짝없이 죽음을 맞았을 정도로, 우리사회는 아직도 더 많이 개명되어야 한다. 이구 황태손이 죽음을 맞은 비극 이후에 우리사회의 황통 병리현상(皇統 病理現象)은 다양하게 나타났다. 그간 많이 고쳐지고 개명이 되었으나 아직도 어둠은 짙게 깔려 있다.

① 역사정의를 높이고 ② 역사역량을 강화한 ③ 현대판 태종 리더십의 새로운 출현은 아직도 시간을 필요로 한다.

V. 맺는 글-친일청산 무효선언(親日清算 無效宣言)

1. 친일청산은 본질(本質)을 청산해야만 한다.

경술국치(庚戌國恥) 100주년 무렵에 시행된 노무현 정권의 친일파 청산은 의미없는 정략행위에 불과하다. 일제침략자들이 패전으로 쫓겨간 뒤에 허장성세의 빈 말만을 늘어 놓으며 역사재판의 시효를 잃었다. 그리하여 실질적인 역사청산이 불가능한 참담한 상태를 만든 가운데 정략성을 크게 갖고 강행시킨 무리한 친일청산은, 긴 시간이 흐르면서 제대로 된 청산이 불가능하게 되었다. 실질적 소멸시효의 만료 상태가 되었다고 할 만큼 불가능 상황이 된 것이다. 그러한 상황에서 국민적 합의가 없이 특정세력의 입장에서 사실상의 인민재판을 강행하며, 국민적 불협화음만 노출시키고 본질적 청산은 없었다.

특히 친일청산이 가능했던 이승만 정권 때에 직무유기를 하여,[83] 우리사회가 거대한 추친일 블랙홀로 변했는데도 몸통은 빼고 지엽적 깃털만을 청산한 것은 도덕적 해이에 해당한다. 사회 전체에 자리잡은 몸통에는 불가촉 신성지역을 만들고,[84] 힘없고 불쌍한 개인만을 자의적인 인민재판으로서 매국노 파렴치범을 만드는 흐름은 불공정하며 결코 정당성이 없다. 오히려 신종범죄일 수 있다.

역사적 균형감을 상실한 채 본질청산이 없는, 친일청산 과정 자체가

---

83) 이현희, op. cit., pp. 247-267.

84) 독립운동사는 오랫동안 성역화 되어 왔다.
박성수, op. cit., p. 9.

청산되어야 한다. 오히려 맹목적 친일청산이 역사적 심판을 받아야 할 만큼 부당하고 불합리하다. 정상적 친일청산은 친일 블랙홀 자체를 고치는 것이라야지, 지엽말단 인민재판은 무의미하다.

2. 신친일파(新親日派)에 의한 친일청산은 법적 의미가 없다.

일제침략 100년의 침략틀은 이승만 때의 무위행정(無爲行政)으로 변함없이 온전하게 남았다. 일제강점기 어둠의 그림자가 그대로 이어지고, 온 나라가 추친일 체제로서 친일최면(親日催眠) 상태에 빠져 있다.[85]

친일청산은 그러므로 친일병의 치료가 가능한 정도의 필요충분 조건을 갖춘 상태에서만 정당성이 있다. 하지만 작금의 친일청산은 일제침략자들이 침략행위를 위해 만든 자료를 갖고서 지엽말단 친일청산을 하겠다는 무모한 것이다. 그것은 일제침략자들이 잔혹한 침략만행을 저지르다가 마지막 마무리를 못하고 그들의 섬나라로 도망간 뒷처리를 해주는 신친일행위에 불과하다. 따라서 친일청산 특별법 자체가 정당성이 없다. 온 나라가 잘못된 최면에 걸려 만든 잘못된 법이다. 사실상 신친일을 위한 정치폭력에 불과하며 역사정의를 상실한 것이다.

이승만 때의 직무유기 이후 60여 년이란 긴 시간이 흘러서, 추친일 체제의 어둠의 블랙홀이 만들어진 상황을 제대로 직시할 것이 요망된다. 친일청산 특별법에 의한 재판 자체가 무효이다. 정략적 친일청산 자체가 청산되어야 한다.

친일청산은 꼭 해야 한다. 하지만 친일청산은 정상적으로 본질을 찾아야 한다. 그렇기 위해서는 이제부터라도 제대로 된 연구소를 확실히

85) 허재일, 정차근, op. cit., p. 155.

만들어야 한다. 그리고 연구 인력을 충실하게 양성하여야 한다. 그러면서 확실하게 지원을 해주면 친일청산은 저절로 되는 것이다.

노무현 정부에서 친일청산을 하려고 한 것은 용기 있는 일이고 칭찬할 일이다. 그러나 무모하게 졸속으로 불공정하게 정략적 청산을 강행한 것이 문제이다. 이제라도 확실한 수준의 연구소가 창설되어야 하겠다. 친일청산연구원(가칭)은 독립기념관만큼 중요한 상징적 기관이며, 꼭 필요한 것이다.

> 「코리안 드림의 실체를 찾는 길이 역사의 정의를 찾는 것이다. 최악의 전범 천황도, 친일 거두 몸통도 면죄부를 준 신친일 청산은 사사로운 헛된 욕망에서 나온 부당한 것이다. 친일청산은 사심을 갖고서는 진실을 찾지 못하며, 단군 이래의 역사적 정의를 찾으려는 큰 마음이 긴요하다. 민족사의 바른 길을 향한 꿈과 희망을 찾아야 한다.」

3. 추친일 블랙홀 감옥에서 해방되어야 한다.

일제침략자들이 물러나고서 우리민족은 새로운 어둠의 시절을 보내왔다. 온 나라의 요소요소에 친일본당(親日本黨)이 생생히 살아있는 캄캄한 추친일 블랙홀이 만들어졌다. 생각하면 오늘의 우리사회는 친일본당들이 활개치는 속에서, 친일잔당이나 거론하며 비웃는 친일병이 깊은 비정상 사회이다. 그러면서 친일본당에게 면죄부를 주는 친일잔당 처벌이 친일청산인 줄 안다. 우리사회 곳곳의 핵심부를 장악하고 있는 제2, 제3의 이완용은 한 둘이 아니다.[86]

86) 안천, 일월오악도 제4권, op. cit., pp. 155-160.

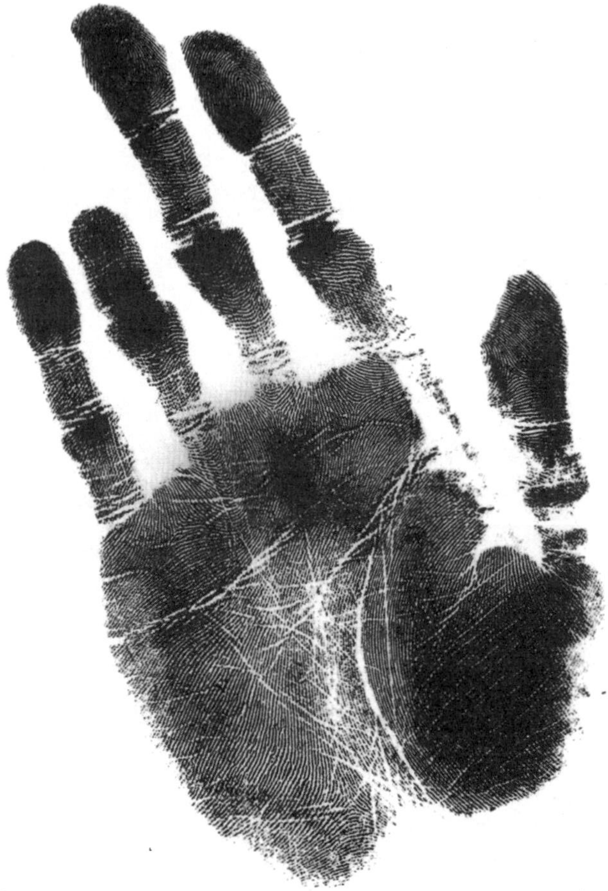

순도 100% 애국의 상징
(안중근 의사의 손바닥 도장)

친일청산은 항일독립전쟁을 완성 짓는 것이어야 한다. 안중근, 윤봉길 의사와 같은 애국적 친일청산이라야 한다. 그렇지만 사실상 이완용을 위한 이완용의 친일청산을 하며 이완용에게 면죄부를 주는 희극이

장탄일성 선조일본
(장탄식 한마디로 일본의
멸망을 미리 조문한다)

되고 말았다. 친일잔당 몇 명에게 돌을 던지며, 오히려 이완용을 당당하게 만들어 주는 신친일 희극은 그 자체가 불법행위이다.

온 나라에 신친일파들이 득세하며 일제강점은 오늘도 지속되고 있다. 온 나라가 항일전쟁의 초심을 잃고 표류하고 있다. 추친일 블랙홀 굴레를 과감하게 부숴야 한다. 온 누리에 광화(光化)의 문(門)을 밝게 열어줄 새로운 광복절(光復節)이 기다려진다. 정상적인 친일청산으로 새로운 광복을 만들 날이 어서 와야 하겠다.

「우리나라와 나랏님을 위해 살신성인 했던 위대한 항일전쟁 독립운동가들의 거룩한 뜻은 순수하게 받들어 모셔져야 한다. 정통 애국지사들의 항일전쟁 초심에 따른 정상적인 나라가 절실하다.」

임진왜란 때의 잔혹무비한 코(귀)무덤
(이웃나라를 지옥으로 만든 극악무도한 침략 증거물)

일월오악도 개국신화의 총합체계 연구
-용비어천가 개국신화 탄생사-

일월오악도 개국신화의 총합체계 연구

－용비어천가 개국신화 탄생사－

Ⅰ. 들어가는 글-조선왕국 개국신화 탄생성지 추적

1. 일월오악도(日月五岳圖) 탄생의 서설(序說)

정치는 상징이다. 정치활동은 상징 활동이다. 정치는 상징을 중심으로 다수의 민초(民草)들을 스스로 움직여 승복하게 하는 것이다. 정치적 상징물은 정치적 자발성의 토대가 된다. 그리하여 하나의 단결된 국가적 의지를 자연스럽게 도출해내는 것이다.[1)]

모든 사람의 마음을 하나로 묶어내기 위해서는 상징물이 필수적으로 따른다. 다수의 개인적 뜻을 용광로에 넣어서 하나로 융합시키는 상징 조작술이 없이 정치는 존립할 수가 없다.

조선시대에 있어서 대표적인 상징물에는 일월오악도가 있다. 임금님의 용상(龍床) 뒤에는 꼭 모시는 것으로서, 일월오악도는 대조선국(大朝鮮國)의 존립 정당성을 분명히 해주는 지극히 의미있는 것이었다. 일월오악도는 태조가 개국하기 이전에 이성계 장군 신분으로 있을 때, 전라북도 진안군 마이산에서의 몽금척(夢金尺) 신화를 형상화한 것이다. 예부터의 성스러운 터(소도)였던 영험스러운 마이산에서,[2)] 꿈에 산신령님

---

1) 조재관, 선전여론(서울: 박영사, 1990), pp. 52-53.

께서 나라를 열어 개창할 황금의 자(금척: 金尺)를 주어 조선국가를 개창할 정치적 명분을 내려주었다는 정치상징 그림인 것이다.3)

그런데 조선국가 창업의 거대한 역사가 단지 몽금척 신화 하나로 이루어지는 것일 수는 없다. 고려말기의 절망적인 나라를 다시금 재창업시키면서, 세종대왕 시대로 대표되는 중흥의 새시대를 만든 위대한 역사는 그 이전의 예비과정이 중요한 것이다. 아름다운 국화꽃을 피우기 위해서는 눈 내리는 겨울과 서리가 어는 차가운 날씨를 이겨내야 한다. 그리고는 봄부터 쉼 없는 땀을 흘리는 노력이 쌓여 가을의 찬란한 영광을 거두는 것이다. 눈부신 역사를 만든 일월오악도의 몽금척 신화는, 그 예비적 역사로서의 서설(序說)을 확실히 보유하고 있다. 그 서설적 역사는 무엇인가?

1) 일제침략 역사학계의 부당성

대조선국(大朝鮮國)을 건국한 태조 이성계는 일제침략의 역사학적 피해를 매우 심각하게 입었다. 일제침략 당국은 조선을 창업한 개국시조이면서, 고려말의 국제정치적 격동상황을 수습하고, 민족사의 중흥을 가져온 위대한 인물이란 이성계 장군의 정치심상(政治心像)을 철저히 짓밟아 아주 나쁘게 부정적인 사람을 만들어 놓았다.

그리하여 우리들은 일제강점 시대의 추친일(追親日) 역사인식을 많이 갖고 있다.4) 일제당국은 그들의 침략을 합리화하기 위한 잘못된 역사이론을 많이 퍼뜨렸었다.5) 그것은 매우 오염된 역사인식인데도 오늘날까지 매우 심대하게 악영향을 끼치고 있다.

2) 박성수, 단군문화기행(서울: 서원출판사, 2000), pp. 239-240.
3) 안천, 일월오악도 제3권(서울: 교육과학사, 2002), pp. 61-113.
4) 이덕일, 한국사 그들이 숨긴 진실(서울: 역사의 아침, 2009), pp. 50-53.
5) 이정식, 한국과 일본(서울: 교보문고, 1986), pp. 191-222.

생각하면 태조, 태종, 세종 임금님의 세 분이 없었다면, 우리민족사는 상상하기도 어렵게 위축되었을 것이다. 경우에 따라서는 지구상에서 우리나라가 사라져 오늘날의 위구르, 티베트, 만주족과 같은 암담한 처지의 민족이 되었을 수도 있다.

그러니까 세 임금님에 의해서 우리민족사는 재창업되면서 위대한 중세사를 가질 수 있게 되었다. 그럼에도 불구하고 일제침략 역사학계의 어둠의 칼날에 의해서, 특히 태조, 태종은 부정적인 역사인식을 극대화시켜서 정착시켰다. 이는 예컨대 중국측 역사서에 영향을 받아서 을지문덕을 연개소문보다 좋게 보는 것과도 같다.[6] 왜냐하면 일본측은 태조, 태종의 정치사적 입지를 흔들지 않고는, 일제침략 강점시대의 침략 합리화가 매우 어려웠기 때문이었다.

2) 조선건국 3대 영웅의 위대함

대조선국(大朝鮮國)을 세운 태조, 태종의 개국 리더쉽은 매우 뛰어난 존재였다. 고려말의 바람 앞에 촛불과도 같은 국난시기를 당하여, 태조, 태종의 정치적 식견과 결단력 및 지도력은 당시의 동아시아 국제사회에서 탁월하고 우수한 것이었다.

우리를 침략한 일본에서는 오다 노부나가, 도요토미 히데요시, 도쿠가와 이에야스를 소설로 쓰는 등 극도로 미화시키면서 세기의 영웅을 만들었다. 그러나 일본에 견주어 볼 때에, 태조, 태종, 세종의 지도역량은 압도적 우위를 갖는다고 생각된다. 당시의 고려말기 국제적 도전과 국내적 혼란상을 종합적으로 평가할 때에, 태조, 태종, 세종의 위대함은 일본과는 비교되기가 어렵다. 조선 개국시기의 3영웅에 비해서 일본 3

6) 그래서 서울에 을지로는 있어도 개소문로는 없다.
김성칠, 김기협 옮김, 용비어천가(서울: 들녘, 1999), p. 117.

걸은 일본국 내에서의 내부적이었다. 더구나 도요토미 히데요시는 조선국을 7년간에 걸쳐 침략하며 총체적으로 약탈한 후에, 이순신 장군에게 참패하여 쫓겨 갔다. 그리고 나라를 도탄에 빠뜨리며 도쿠가와 이에야스에게 참담한 죽음을 맞았다. 그는 결국 일본국 내에서 패가망신의 참담한 최후를 맞는다.

그렇지만 조선 창업의 3대 영웅은 일본의 왜구를 격멸하고, 대마도 정벌은 물론이고, 북으로는 몽골족과 황건적을 격퇴시키고 여진정벌로 국토확장을 이루며 오늘날의 영토를 만들었다. 또한 조선국을 고려말의 혼란 속에서 환골탈태시키며 탄탄한 반석 위에 올려놓는 국가형성(國家形成: nation building)에 확실히 성공하였다. 사망 직전의 나라를 재창업하면서, 정치, 경제, 사회, 문화적으로 매우 강력한 나라를 만들었다.

일제침략 역사학계에서 태조, 태종을 비하하며 깎아내리는 역사서술을 만든 것은 일본의 국가사회적 열등의식에서 비롯되었다고 보인다. 오다 노부나가의 비참한 최후, 도요토미 히데요시의 참담한 죽음, 그리고 도쿠가와 막부의 지리멸렬한 끝맺음을 생각하면서, 조선창업을 부정적 서술로 만들어야만 침략의 명분을 만들 수 있었다고 보인다. 좁은 섬나라에서 원색적 골육상쟁에나 탐닉하는 칼잡이에 불과한 일본 3걸에 비해, 조선창업의 3대 영웅은 너무나 위대하고 크게 돋보였기 때문이다.

2. 태조입국(太祖立國)-공민왕 신당(神堂)의 숨겨진 비밀

조선창업을 만든 태조 이성계 장군의 활동은 대단히 정당성이 높았다고 하겠다. 그렇기에 일제당국의 침략역사학이 태조의 활동행태를 비판적으로 낮추며, 부당한 듯이 왜곡하고 비방했던 것이다. 침략 합리화를 위해서 의도적으로 짓밟은 역사였다.

그렇지만 고려말의 상황은 현대시대에 있어서 조선시대의 말기와 너무나 흡사했다. 고려말기는 몽골족과 황건적 및 왜구침략 때문이었고, 조선말기는 프랑스, 러시아, 영국에다가 특히 영국의 뒷조종을 받는 일제침략에 의해서 극도의 혼란기를 맞았다. 조선말기의 대한황실은 일제침략에 의해서 심각한 황통단절, 오염, 왜곡을 가져 왔는데 고려말기도 그러하였다. 고려말기는 극도로 임금님 황통이 오염되고 왜곡되었으며 단절이 되었다. 고려말기의 공민왕 무렵에는 사실상 황통이 끊어졌었다.

서울시내 종묘는 조선시대 임금님 열성조(列聖朝)를 모신 사당이다. 그런데 놀랍게도 조선국의 국가사당인 종묘의 입구에는, 고려시대의 31대 임금님인 공민왕을 모신 신당(神堂)이 존재한다.[7] 그것은 큰 의문점을 안겨 왔다. 왜 조선국 최고의 정치상징물인 종묘의 맨 앞에 공민왕을 모셨을까? 그것은 매우 중대한 정치사적 의미가 있는 것인데 간과되어 왔다. 그것은 다음과 같이 해석된다.

1) 나라의 정상화

첫째로 태조, 태종은 공민왕을 이어서 나라를 정상화시키며 나라를 새로 만들었다는 뜻을 분명히 했다고 보인다. 조선국은 고려시대 끝무렵에 있어서, 공민왕 이후의 우왕, 창왕, 공양왕은 가짜라고 본 것이다. 그러니까 임금님 잇기의 오염, 왜곡, 단절 상태에서 잘못 이어진 비정상적 국정상황을 밝힌 것이다. 특히 가짜 임금인 우왕의 폭정에 의해서, 사냥과 주색, 살인을 일삼는 폭군을 쫓아냈다는 명분이다. 따라서 고려말을 정상화시킨 것이 조선시대의 개창임을 분명히 하며 공민왕 신당을 세웠다고 보인다.

7) 안천, 일월오악도 제5권(서울: 교육과학사, 2006), pp. 234-239.

2) 나라의 연속성

둘째로 태조, 태종은 새로운 조선국이 고려를 잇는 정통성을 가진 연속적 국가임을 확실히 하기 위해서, 공민왕 신당을 종묘 입구에 세웠다고도 해석된다. 일본은 위화도 회군 등을 강조하면서 태조가 역성혁명으로 부당하게 나라를 이은 듯이 악의적인 왜곡 역사인식을 만들었다. 하지만 공민왕 신당은 태조입국이 공민왕 이후의 끊어진 임금님을 잇는 대단히 정당한 것이며, 일본측 주장같이 부당하지 않음을 강조한 것이다. 공민왕 신당은 그러므로 위화도 회군이 신돈 이후의 신씨 가짜 임금님을 바꾸는 '위화도 결단'임을 분명히 한 것이다.[8] 따라서 구국의 애국결단이었음을 강조하여 일본에 의한 부정적 역사인식이 오히려 잘못된 것임을 뚜렷하게 해주는 것이다.

3) 임금님 정체성

셋째로 태조, 태종의 조선시대 개창은, 정상적인 폐가입진(廢假立眞)임을 확고히 밝힌 것이다. 고려말에는 우왕, 창왕에 대해서 임금님으로서의 정체성(正體性)을 크게 의심했던 때였다. 우왕과 창왕에 대해서 가짜 임금님을 옹립했다는 생각이 국가적으로 널리 퍼졌던 것이다. 국가적 지도력 공황상태가 된 것이다. 그러므로 공민왕 신당을 세워 태조, 태종의 황통이 정상적인 것임을 분명히 했다고 하겠다. 가짜논쟁의 종지부를 찍고, 폐가입진의 정책적 결단을 내렸음을 밝힌 것이다.[9] 그리하여 태조, 태종은 우왕, 창왕을 부정하며 공민왕을 정치적 조상으로 모시고, 고려를 당당히 승계하여 잇는다고 선언한 것이다.

---

8) 회군은 일본측이 강조한 잘못된 용어이다. 위대한 결단으로 해석해야 옳다.
김성칠, 김기협 옮김, op. cit., p. 54 참조.

9) 용비어천가 11장, 12장.

4) 정치적 정당성

넷째로 태조입국은 정치적으로 매우 정당함을 천명한 것이 분명하다. 왜냐하면 고려말기의 국내외 상황은 문자 그대로 누란의 위기에 처한 나라였다. 몽골족, 황건적, 왜구의 끊임없는 침탈로 인하여 자칫하면 망국의 지경에 놓여 있었다. 그러므로 태조가 나라를 세운 태조입국의 결단은 구국의 결단이었음을 뜻하는 것이다.[10] 공민왕 이후에 중심을 잃고 허공에 뜬 듯한 나라였고, 끊기기 직전의 황통이었던 절망적인 국난시대에 종지부를 찍고 망하는 나라를 구한 것의 정당성을 천명한 것이 된다.

5) 국론의 통일

다섯째로 태조입국에 의해서 갈기갈기 찢어진 민심을 하나로 통일하면서 국론을 대통합시킨 것을 뜻한다. 공민왕 이후를 그대로 방치하면 나라는 공중분해될 위기에 놓였었다. 민심이 이반되고 가짜 임금님 논쟁이 격화되어 있었다. 일제침략 역사학은 무조건 태조입국이 부당하다고 몰았는데, 생각하면 일본당국은 침략한 제3자의 역사관이다. 반면에 태조입국은 우리민족의 역사주체성을 확립한 주인으로서의 역사관이다. 공민왕 이후는 수습하기가 곤란할 정도로 국론방황이 극심했던 때였음을 유의해야만 당시를 제대로 깨닫게 된다. 11세의 어린 나이에 등극하여 25세에 쫓겨난 우왕의 시대나, 그의 어린 아들 창왕 때는 사실상 임금님이 공석인 듯 나라가 표류하던 시기였다. 신돈의 아들인 가짜가 임금님이라고 본 때에 정상적인 국가운영은 어려웠을 것이다.

6) 중흥의 토대

여섯째로 태조입국은 태종의 뒷받침을 받으면서 세종대왕 시대의 찬

10) 김영수, 건국의 정치(서울: 이학사, 2006) 참조.

란한 위업을 도출해 냈다. 세종대왕 시대는 현대시대의 우리나라를 창출한 지극히 위대한 때였다. 국가의 정치적 안정과 함께 융성을 가져왔으며, 국제적 위상을 뚜렷이 하였다. 또한 국력을 강화시켜 외침으로부터 나라를 튼튼히 하며 국방력을 확고히 하였다. 따라서 남으로는 왜구정벌로 남쪽 국방을 확실히 다졌고, 북으로는 여진정벌을 통해 함경도와 평안도의 넓은 국토를 확보하며 오늘날의 국가모습을 만들었다. 태조, 태종이 없었다면, 국가존망의 기로에 섰던 나라를 영광의 나라로 대전환시키는 위업은 어려웠을 것이다. 태조, 태종, 세종의 3대 영웅 시대사는 우리나라의 오늘을 만든 위대한 도전이었고 찬란한 승리였다. 너무나 자랑스러운 영광의 시대였다.

7) 정치적 안정

일곱째로 고려말기의 표류하던 정국을 안정시키면서 국가의 정치적 안정성을 드높였다고 생각한다. 일제침략 역사학계는 역성혁명을 강조하면서 최영을 최고의 충신으로 떠올리고 있다. 그리고 최영을 죽인 이성계의 부당성을 부각시키는 역사정리를 하고 있다. 그것은 친일 사학계가 의도적으로 짜맞춘 이성계 짓밟기가 분명하다.

당시의 상황에서 이성계와 최영 사이에 누가 더 애국적이고 충신이었는가는 속단을 불허한다. 그것은 친일 사학계에서 의도적으로 정몽주를 띄우며 태종을 짓밟은 것과도 같다.[11] 하지만 정몽주는 조선 건국세력의 입장에서는 나라를 오도하는 간신에[12] 불과하였다.[13] 최근의 역사연구에서는 최영이 사실상 공민왕의 죽음과 깊은 연관이 있으며, 오히려 최영은 이인임과 함께 공민왕 이후를 도모하려고 한 사사로운 성향이 짙

11) 안천, 일월오악도 제5권, op. cit., pp. 229-232.
12) 금장태, 한국유학사의 이해(서울: 민족문화사, 1994), p. 17.
13) 용비어천가 12장.

다.[14] 그렇다면 이성계가 최영을 참수한 것은 국가를 위한 정당한 처단이 되는 것이다.[15]

최영이 충신이 아니라고 볼 경우에는, 이성계의 결단이 대단히 정당성이 크고 수준 높은 애국행위가 된다고 할 것이다. 당시 이성계 장군은 본인을 요동정벌을 핑계로 나라밖으로 내보내고서, 사사롭게 국권을 탐하는 잘못된 측이 있다고 보았다고 생각된다. 그렇다면 위화도 결단은 오히려 대단히 용기있고 옳은 것이 되며, 역사용어로서의 위화도 회군은 위화도 결단으로 확실하게 고쳐야 될 것이다.

8) 독립정신 고취

여덟째로 태조가 공민왕을 특별하게 예우하면서 극진히 모신 까닭은, 공민왕의 정치적 경륜과 역량을 크게 존경했다고 본 때문이다. 공민왕은 장장 99년에 가까운 몽골의 침략에 따른 억압과 굴레를 떨쳐냈다. 독립된 국가위상을 확고히 한 대단히 존경받을 구국의 임금님 그대로였다.[16] 태조, 태종, 세종 시대에 4군 6진을 개척하며 오늘날과 같게 영토확장을 한 것은, 바로 공민왕의 꿈을 현실화시킨 것이 된다. 왜구, 황건적과 몽골을 몰아내고 확고한 독립국가를 세운 바는, 공민왕을 정치적 이상형으로 받들어 모신 이성계 장군의 용기와 결단에서 비롯된 것이다. 종묘에 공민왕을 모신 것은 조선국가의 독립기념관을 세운 것과도 같다. 태조, 태종은 후손들에게 공민왕 같이 국방에 힘쓰고, 확고한 독립의지로 단단하고 당당하게 나라를 다스리라고 강조했다고 해석된다. 또한 군인을 푸대접하며 무인의 난을 자초하고 무인시대를 거쳤던 역사를

14) 공민왕의 죽음이 여자관계나 성격파탄 등에 의했다는 기록은 믿을 수 없다. 김성칠, 김기협 옮김, op, cit., p. 54.

15) 김창현, 신돈과 그의 시대(서울: 푸른역사, 2006) 참조.

16) 이기백, 민현구 엮음, 한국문화사 고려편(서울: 일지사, 1984), pp. 182-185 참조.

반성하며, 군인의 정당한 위상을 세워준 임금님에 대한 진심어린 보은이라고도 하겠다.

9) 민족 주체성

아홉째로 태조, 태종은 공민왕의 민족주체 철학에 크게 공감했다고 보인다. 공민왕의 정치사상에 결정적 토대가 된 것은 이승휴의 제왕운기(帝王韻記)였다. 충렬왕 때에 간행된 제왕운기는 공민왕에게 큰 감동을 주며 중간(2간)되었고, 조선 태종 17년(1417)에 3간되며 널리 읽혔다. 공민왕은 제왕운기를 읽고 국정운영에서 몽골식을 척결하며 확고한 독립전쟁을 벌였고 몽골을 과감히 쫓아냈었다.

제왕운기는 임금님께 바치는 글로써, 단군 시조를 뚜렷이 하며 민족주체 사관을 정립하였고 특히 발해사를 민족사에서 최초로 확실한 위상을 갖게 만든 위대한 책이다. 민족사를 시간적으로는 단군까지, 공간적으로는 만주땅까지 분명하게 재확인한 것이다. 현재 남아있는 책은 조선 태종 때에 3간된 것이다. 이는 태조, 태종, 세종이 조상의 옛땅을 촌토(寸土)라도 되찾으라며 4군 6진을 개척하는 이론적 근거를 제시한 대단히 중요한 토대임을 증명한다. 태조, 태종이 공민왕의 정치사상에 크게 공감했고 존경했으며, 제왕운기를 간행하며 조선국정의 기조로 삼았다고까지 헤아려진다.

10) 인간적 의리

열째로 태조, 태종이 공민왕을 성심껏 모신 까닭은 인간적 의리로서의 표출이라고도 생각된다. 태조는 젊은 때에 멀리 만주땅의 무명인물이었다.[17] 한낱 고려국의 변방 촌뜨기 무사에 불과하였다. 고려국의 바

17) 한우근, 이태진 엮음, 한국문화사 조선전기편(서울: 일지사, 1984), p. 11.

공민왕릉(개성시 개풍군 해선리)

같에 있었고, 몽골의 원나라 변방 무사에 속했던 이름없는 이방인에 해당될 수도 있었다. 그런데 공민왕의 만주땅 고토회복전쟁과 몽골과의 독립전쟁의 선두에서 혁혁한 승리의 위업을 쌓음에 의해서 크게 발탁되었다. 그리하여 중앙정치 무대의 최고인물로 키워 준 공민왕에 대한 신의를 꿋꿋이 지킨 것이라고도 해석된다.

이성계 장군을 임금님으로 모신 사람들은 고려말기의 암울한 국난기에 대부분 소외된 사람들이었다. 이성계도 변두리 북방 무장이었고, 그를 추대한 세력도 대부분이 서얼 계통이나 정치적으로 소외 계층의 사람들이 조선국의 창업세력이었다.[18] 그들이 등장할 대문을 열어준 임금님이 공민왕이다. 말하자면 정실을 타파하고 실력과 인간됨에 의한 사람 등용을 정착시킨 임금님이 공민왕인 것이다. 공민왕은 당시 신진세력들의 희망이었고 태양같은 분이었다고 하겠다. 공민왕이 부패했다면 태조는 변함없이 촌뜨기 무사였고, 경우에 따라서는 여진족으로 이름없이 사라지며 묻혀졌을 수도 있다.

생각하면 태조, 태종은 당시 사람들의 코리안 드림의 대표적 성공사례로 급기야는 임금님까지 되었다. 따라서 공민왕 신당은 의리의 태조,

18) 조선 창업세력을 학계에서는 신흥 사대부로 불렀다.
김진섭, 조선건국기 재상열전(서울: 지성사, 1998), pp. 14-15.

태종을 상징한다고 보이며, 이성계 장군의 도량 큰 정치적 보은행위를 뜻한다. 그것은 공민왕을 영원히 잊지 않고 정성껏 모시겠다는 뜻이고, 후대의 자손들에게 의리와 도덕을 가르친 것이다. 사사로운 흑심을 갖지 말라고 준엄하게 경고한 것이다. 올바른 국가의식은 물론이며 의리의 바른 길을 가라는 정치적 가르침일 것이다.

11) 정치적 사은행위

끝으로 공민왕 신당을 세운 태조, 태종의 마음은 공민왕을 정치적 사부님으로 모신 것을 뜻한다고도 하겠다. 스승이 없이 큰 인물이 되는 사람은 거의 없다. 이성계 장군도 공민왕을 정치적 스승으로 모셨고 최고의 국사(國師)님으로 정중하게 받들었음을 말해주는 것이다. 태조는 아들, 손자들에게 공민왕의 훌륭하신 점을 항상 가르쳤을 것이다. 본인의 큰스승님으로 모시며, 자손들에게도 나라스승으로 모시라고 강조했을 것이다. 그리하여 종묘의 맨 앞에 공민왕 신당이 들어섰다고 생각된다. 조선시대를 통관하여 후손들은 종묘에 참배하며 열성조(列聖朝)의 성은(聖恩)을 기리기 전에, 확고하게 공민왕의 성은을 먼저 기렸다고 보아야 옳다. 조선시대 임금님들의 영원한 정치적 은인이면서 큰스승이 공민왕이었다고 해석된다.

Ⅱ. 일월오악도 탄생배경 1: 황산대첩

일월오악도는 종묘나 마찬가지로 대표적인 정치상징물이다. 종묘 앞에 모셔진 공민왕 신당도 중요한 정치상징물이다. 아니 임금님 자체가

국가상징이다.[19]

조선시대 임금님의 용상 뒤에는 어디서나 꼭 모셔질 만큼 중차대한 정치상징적 의미를 갖는 일월오악도는, 전북 진안의 마이산을 형상화한 것이다. 그렇다면 마이산 형상화 이전의 시원적 탄생배경은 무엇이며, 무슨 이유로 마이산이 정치신화로 형상화되었는가?

조선개국(朝鮮開國)의 정당성을 천명하는 중대성을 가진 최초 최고의 시원적인 정치적 배경은 1380년(우왕 6년)에 있었던 황산(거칠뫼) 대첩(荒山大捷) 이다. 이성계 장군의 위대한 황산대첩이 있었기에, 이성계 장군이 태조가 되어 나라를 개창할 수 있었던 것이다.

1. 황산대첩비

황산대첩비는 전라북도 남원군 운봉면(雲峰面) 화수리(花水里)에 있는 돌비석이다.[20] 선조 10년인 1577년에 세워졌다. 임진왜란이 발발하기 15년 전에 세워진 것이다. 7년간에 걸쳐 전국토를 노략질하며 초토화시킨 임진왜란이 선조 25년인 1592년에 발발했음을 볼 때에, 이미 15년 전부터 왜국 일본의 위협을 강하게 느꼈었다고 하겠다.

황산대첩비는 조선개국의 정당성을 부여한 찬란한 승전을 기념하는 것이면서, 동시에 항일의지를 굳건히 하는 서약 기념비에도 해당한다. 고려말인 우왕 6년(1380년)에 이성계 장군이 황산(荒山)에서 왜적 아기발도(阿其拔都) 군대를 섬멸하고[21] 대승을 거둔 승전비를, 197년만이니

---

19) 신명호, 조선의 왕(서울: 가람기획, 1998), p. 227.

20) 조성교, 남원지(남원: 남원군 향교, 1972), p. 397.

21) 아기는 몽골어로 어린 아기를 뜻하고, 발도는 용감하다는 뜻이다. 몽골침입 때의 용어가 남은 것인데, 용감한 아기를 말하니까 '아기 장군'이란 뜻이다.

까 약 200년이 지난 때에 건립할 만큼 당시의 한일 국제관계는 긴박하게 전운이 감도는 때였음을 말해준다.

그리고 조선개국 이후에 약 200년이 되었지만, 보다 확고하게 조선국가의 창업명분을 분명히 할 필요성도 높았다고 보인다. 당시는 태조, 태종, 세종의 자랑스러운 창업기를 지나서, 나라가 일종의 형식적 틀(mannerism)에 젖어 표류하면서 국가적 생동감을 잃는 때였다고도 생각된다. 조선개국의 3대 영웅시대가 끝나고서 조선국은 피비린내 나는 수양대군 찬탈을 겪으며, 내부적으로는 중증환자 시대를 맞는다. 특히 잘못된 수양대군 쿠데타 이후에 연산군 시대를 지나면서, 혼돈에 빠진 국정기조의 재확립 필요성이 컸기에 황산대첩비를 세웠다고도 생각된다.

황산대첩비의 비문은 김귀영이 짓고, 송인의 글씨로 남응운이 새겼다.[22] 그리고서 다시 비각은 현종 8년인 1667년에 세웠다. 비석을 세우고서 90년 만이다. 임진왜란이 끝나고는 68년 만에 비각을 세우며 위엄스럽게 단장을 한 것이다. 황산대첩비는 생각하건대, 당시로서는 오늘날 광화문에 세운 이순신 장군 동상에 맞먹을 만큼 정치사적 의의를 갖는 것이다. 소나무가 우거진 화수산(花水山)이 들판 가운데에 반달과 같이 솟아서, 반월강(半月崗)이라고도 부르는 곳의 남향 산기슭에, 화강암으로 커다란 돌거북을 세우고 그 위에 큰 대리석 비석을 세웠으니, 조선시대 내내 강조하고 자랑한 비석이다. 조선개국의 정당성과 항일 애국정신의 최고 표상인 것이다.

황산대첩비는 너무나 중요한 기념비이기에, 일제강점기의 살벌한 때에도 주민들이 보수공사를 했을 정도이다. 3·1운동이 끝나고 9년 뒤인 1928년에도 1차 중수(重修)를 하면서 가꾸었다. 문자 그대로 대대로 국보와 같은 취급을 하는 전승 기념비였다. 그렇게 중요한 승리의 기념비

---

22) 이홍직, 국사대사전(서울: 지문각, 1968), p. 1784.

를 왜놈들이 그대로 둘 리가 없다. 황산대첩비는 항일 독립정신의 상징이고, 태조입국의 역사적 근거가 된 찬란한 승리를 기리는 기념비인 만큼 일제강점 당국에는 눈엣가시와 같은 것이었다. 그러니까 우리나라 사람들이 애지중지하면서 보호하고, 성지순례를 하듯이 찾는 최고의 기념비를 어느날 별안간 부숴버린 것이다.

황산대첩비가 부숴진 때는 제2차 세계대전이 한창인 1945년의 추운 겨울철로서, 정월이다. 마을 사람들이 어느날 아침에 가보니까, 비각을 부수고 깨부숴 버린 기념비가 쓰러져 참담하게 나뒹굴고 있었던 것이다. 더구나 비석의 글씨를 모두 정으로 쪼아 없애 버렸다. 날씨가 추워서 인적이 뜸한 때를 택해서 의도적으로 범행을 저질렀다고 하겠는데, 일제침략의 말기 동맥경화 증세를 보인 것이다. 전국의 곳곳에서 우리민족의 문화재를 말살하고 역사왜곡 교육을 극대화시키던 때에, 그런 참담한 만행이 벌어진 것이다.

그 무렵의 일제강점 침략당국은 침략의 말기증세를 보이면서, 이런 문화재 파괴를 곳곳에서 자행하였다. 생각하면 황산대첩비는 가장 큰 표적이었을 것이다. 창씨개명, 신사참배를 강요하고 징용, 징병, 정신대 강제동원을 하던 때였는데, 마지막 발악을 하던 왜놈들은 그 만행을 저지르고는 곧 망했다. 천벌을 받았다는 생각이 드는데, 비석을 파괴하고서 약 7개월만 에 항복선언을 하고 패전하여 섬나라로 쫓겨 갔다. 하지만 그렇게 중요한 전승 기념비를 부숴버린 그대로 둘 수는 없는 일이었다. 1947년의 5월에 황산대첩비 복구위원회가 조직되었으며, 곧 비각을 다시 세우고 1947년 10월 27일에 준공을 보았다.

2. 황산대첩 왜곡교육

황산대첩비와 같은 실물 기념비가 수난을 당하는 참담한 국난기에, 황산대첩과 같은 중대한 역사에 대한 역사왜곡 만행이 없을 리가 없다. 그리하여 일제당국은 제2차 세계대전이 한창 진행되는 무렵부터, 그간 별로 역사적 관심을 두지 않던 계백장군의 황산싸움을 극대화시켜서 강조한다. 이러한 역사왜곡은 특히 대동아전쟁 때의 일이다. 그들이 패전 직전의 말기증세를 보일 막다른 때이다.

계백장군은 충남 연산 근처의 황산(黃山)에서 대패하여 백제군이 전멸하고 백제가 망할 때의 장군이다. 당시의 군사를 지휘하며 다른 전략을 짜고 구국의 방안을 찾았어야만 했다. 그렇지만 그 많은 부하들을 모두 죽이고 자기도 자결하고 나라가 망했으니 오히려 비판을 받고 꾸중 들을 무모한 인물이다. 그런데도 일제당국은 이성계 장군의 황산(荒山) 대첩을 망각시키기 위해서, 결코 자랑스러울 것도 없는 계백장군을 극도로 크게 미화하며 느닷없이 황산대패(黃山大敗)를 강조시켜서 이성계 장군을 망각시켰다.

3. 왜구 노략질

왜구는 기록상 신라 내물왕 43년(서기 398년) 이래 끊임없이 노략질을 해 온 일본 도둑떼를 말한다. 일본은 역사적 책임을 면하려고 당시의 왜구는 지방 도적떼였다고 하는 거짓 역사를 만들었으나, 결코 지방 좀도둑떼가 아니다. 왜구는 당시 일본의 정규군이지만, 일본은 당시에 너무도 한심한 나라라 정규군이 그런 떼도둑 왜구 수준인 때였다.

예전의 일본은 워낙 야만적이고 미개하여 정규군이 도둑떼 수준이므로, 우리측에서는 그들을 낮춰서 비하하는 공식적인 용어로 왜구(倭寇)라고 했다. 왜놈 도적떼라는 뜻이지만, 당시로는 일본측 정규군을 부르는 우리측의 공식용어였다. 일본은 예부터 오늘날까지 변함없는 떼도둑 노릇을 하였다. 임진왜란이 있을 때도 그들은 왜구 수준에 불과했으니 그렇게 불렀다. 사실상 오늘날에도 일본 천황 이하 그 하수인들이 하는 짓을 보면 결코 추잡한 왜구가 아니라고 하기가 어렵다.[23] 그런데 예전에 왜구떼를 신라의 독자적 힘으로 물리칠 수가 없어서, 고구려 광개토태왕이 기마병과 보병 5만 대군을 보내어 2년 만에 그들을 패퇴시켰을 정도였다. 그러나 왜구의 신라 노략질은 끊이지 않았다. 신라는 왜구가 준동하며 국력이 쇠퇴하고 내란이 일어나면서 망했다.

그리고 고려시대에 들어서 의종 10년(1093년)부터는 급기야 연평도까지 노략질을 하는 등 침탈이 계속되었다. 특히 고려 30대 충정왕 2년인 1350년부터 본격적인 왜구침탈이 시작되었으니, 남해안 일대는 계속 약탈을 일삼았다. 그러다 고려 31대 공민왕 즉위 무렵부터는, 내륙 깊숙이 강화도 앞바다의 교동까지 침략하고 전라도 지역을 연달아 노략질하여 갔다. 심지어는 개경 근처인 교동, 예성강, 옹진, 안성을 공략하고 경상도도 휩쓸었다. 더구나 공민왕 14년에는 교동, 강화까지 들어와 수도 개경을 위협하며 교동에 장기주둔할 지경이었다. 교동은 개경의 입구인데, 그곳이 장기점령될 정도면 전국적 폐해는 말로 표현할 필요가 없다.

급기야 공민왕 16년에는 강화, 해주는 물론이고 멀리 북쪽의 평안도까지 노략질했다. 심지어 수도 개경의 예성강까지 침탈하며, 개경을 점령할 기세였다. 그리고 충청도 해안은 물론이고 전라도의 순천, 장흥, 동해안의 덕원, 강릉까지 휩쓸었다. 몽골족과 황건적의 침입으로 병약해

23) 안천, 대한황실 황통쟁투사(서울: 교육과학사, 2009), pp. 215-378 참조.

진 나라가 망하기 직전으로, 실로 풍전등화 그대로의 절대위기 상황이었다. 훗날의 임진왜란과도 비슷한 국난기였다. 이와 같은 최악의 절박한 국난을 맞아서 이성계 장군은 왜군을 몰아낼 정왜원수(征倭元帥)로 임명된 것이다.

4. 황산대첩 전개과정[24]

왜구는 날로 창궐하여 공민왕 22년에는 고려의 핵심부인 한양, 교동, 서강을 침탈하였다. 또 고려 32대 우왕 2년(1376년)에는 공주와 전주가 왜구에게 함락되었다. 고부와 태인이 불바다가 되었으며, 남해와 황해의 해상교통이 마비되고 온 나라가 난리판이 되었다.

우왕 3년 5월에 왜구는 이성계 장군에게 지리산에서 1차적으로 대파되었다. 우왕 5년에는 그러나 왜구가 500척의 배를 타고 침략하여서 기마병 700과 보병 2000으로 진주, 선주(善州), 상주, 함양을 노략질했다. 전라도, 경상도, 충청도의 3남지역이 거대한 왜구 떼도둑에게 초토화되는 지경이 되었다.

그리하여 우왕 6년에 왜구 대부대는 전라도 남원부 운봉현에 주둔하고서, 고려의 남부지역을 강점할 상태가 되었다. 그리고는 전주, 공주를 거쳐 개경을 공략하겠다고 호언장담을 하고 있었다. 참담한 지경의 왜란이 벌어진 것이었다.[25] 이 때에 왜구 장군에는 약 16세 되는 어린 나이의 아기발도가 있었다. 그런데 워낙 몸이 거대하고 힘이 세며 무예가 뛰어난 데에다, 철갑옷을 입어 대적할 수가 없어 3남지역을 무인지경으로

24) 조성교, op. cit., pp. 393-397.
25) 이한우, 태종 조선의 길을 열다(서울: 해냄출판사, 2005), pp. 65-67.

노략질하고 휩쓸었던 것이다.

당시 정왜장군인 이성계는 무예가 뛰어났고 특히 활쏘기에 있어 백발백중의 달인이었다. 활쏘기로 입신(立神)의 경지에 오른 이성계 장군이었다. 이성계의 군대는 만주벌판의 야전에서 전투생활로 잔뼈가 굵은 특수부대였다. 일컬어 북병(北兵)이었다. 여진족에서 귀화한 병사들이 많았고, 다른 이민족도 합류한 북방지역 다민족 혼성부대였다. 그중 퉁두란이란 백발백중의 여진족 명사수가 이성계의 최고 참모 장군이었다.

이성계는 퉁두란과 논의하여 첫 번째 화살로 이성계가 아기발도의 투구를 힘차게 쏘아, 투구가 반쯤 벗겨지게 하면서 뒤로 밀어냈다. 이에 의해서 투구가 벗어지려하자 아기발도가 입을 별안간 벌리게 되었다. 완전무장하여 공격이 불가능하도록 철갑옷을 입은 아기발도가 입을 벌려서 급소를 무방비 상태로 만든 것이다. 그러자 퉁두란이 즉시 아기발도의 입을 명중시켜 즉사시켰다.[26] 그렇게 되자 왜구들은 지도자를 잃고 우왕좌왕하였고, 쏟아지는 고려군사들의 화살로 추풍낙엽과 같이 쓰러져 시산인해를 이루며 전멸하고 만다.

5. 황산대첩의 의의

운봉현 황산은 695고지로서 전략적 의미가 큰 지형이다. 이성계 장군은 이곳에 진을 쳤다. 황산은 운봉면, 동면, 아영면의 3개 면의 경계에 있는 유명한 산으로서, 아기발도의 왜군을 한 눈에 굽어보는 유리한 지형이었다. 아기발도는 기마병 700과 보병 2000으로 진주, 선주, 상주, 함양

26) 용비어천가에서는 이성계 장군이 연이어 두 번을 쏘아서 투구를 벗겼고, 이어 퉁두란이 얼굴을 쏘았다고 한다.
용비어천가 50장.

을 불태우고 3남지역을 휩쓴 기세로 질풍같이 황산으로 공격해 왔다. 사실상의 왜국 정규군 대부대니까 무인지경으로 휩쓴 것이다. 그러나 이성계, 퉁두란 장군의 화살로 아기발도가 즉사하고서, 왜군들은 우왕좌왕 혼란에 빠져 전멸을 한 것이다.

이 싸움에서 노획한 말이 1600여필이고, 노획한 병장기는 헤아릴 수도 없었다. 얼마나 많은 왜구들이 죽었는지 화수천(花水川)을 온통 핏물로 만들었다. 또한 화수천 바위가 빨간 피로 물들어, 지금까지 그 바위를 피바위 혈암(血巖)이라고 부른다.

그리고 이 싸움이 이기도록 하늘도 도와서 가을철 밝은 달이 왜구가 전멸될 때까지 밝게 떠있었다면서, 인월(引月)이라는 땅이름이 생겼다. 그리하여 '인월의 공격'이라는 경이로운 정치신화가 만들어지게 된다.[27] 그것은 이성계 장군이 워낙 신통력을 가져서 보름달까지도 하늘에 이끌어 온 하늘을 대낮같이 환하게 밝히면서 대승을 거뒀다는 경이로운 전설이 되었다. 따라서 유명한 황산대첩의 터는 전라북도의 남원부 운봉현 동면(東面) 인월(引月)이라는 땅이름이 되며, 전설의 고향이 되어 오늘에 이른다.

황산대첩이 갖는 정치사적 의미는 대단하다. 이로 인해서 왜구는 여러 해에 걸친 약탈 침략을 단념하고, 그 기세가 완연히 꺾인다.[28] 그리고 황산대첩에 의해서 지리멸렬 상태에 있었던 고려시대를 끝내고, 조선시대로 역사적 대전환을 가져오는 것이다. 황산대첩은 당시 한일국제관계와 국내정치의 대세를 결정짓는 중요한 결전이었다.

이 위대한 승전으로 난국을 풀고 평화의 기틀을 마련할 수 있었다. 물론 나중에 세종대왕 때의 대마도 정벌로 왜구의 본부를 대파하며 일본

---

27) 용비어천가 11장.

28) 이홍직, op. cit., pp. 1783-1784.

이 사죄를 하고 조선초의 평화시대가 된다.

당시 황산대첩은 거대한 왜란을 막아낸 것이었다. 황산대첩은 1380년의 고려말기에 왜구들이 금강 입구의 진포(鎭浦)에 500척의 배로 쳐들어 온 것이니까 임진왜란만큼의 큰 전쟁이다. 여말왜란(麗末倭亂)이라고 해도 되지만 당시까지 우리민족은 그들을 도적떼라고 가소롭게 인식했기에 역사서에 왜구 노략질이라고 썼을 뿐이다. 생각하면 조선국은 황산대첩에 의해서 탄생했다. 황산대첩은 살수대첩, 귀주대첩, 한산대첩에 비견되는 역사적 승리로서, 우리나라의 신시대를 만든 획기적인 전환점이었다. 그리고 대마도 정벌을 통해 왜국 일본을 응징하면서 우리민족사의 찬란한 중세를 만든다. 세종대왕의 영웅시대는 왜놈들의 준동이 없는 평화의 산물이었다.

하지만 평화의 단꿈에 젖어서 시간을 보내다가 임진왜란으로 나라가 다시 초토화된다. 그리고 다시 경술국치를 만든 경술왜란으로 조선국이 흔들리며 대한황실이 문을 닫게 되는 것이다. 우리민족은 신라도 왜구들로 망했고, 고려도 왜구들로 망했고, 조선국도 왜구들로 망했다. 왜구를 단호하게 응징하며 막은 세종대왕 때의 흥륭강성을 보며 국방의 중요성을 절감하게 된다. 우리나라의 역사는 왜구를 철저히 막아야만 나라의 안정과 번영이 구현되었다. 일본 측에게는 황산대첩의 승리가 평시는 물론이고 꿈에라도 잊고 싶은 참담한 참패였다. 그리고 우리민족의 영광을 가져온 위대한 승리였다.

6. 역사의 재정리

현재 우리민족의 역사는 너무나 추친일(追親日) 왜곡역사이다. 생각하면 결정적인 곳에는 일본사 그대로라고 할 정도로, 친일성이 짙은 역사인식이 곳곳에 산재해 있다.[29] 침략자들은 물러갔어도, 그들의 왜곡교육은 우리사회에 강하게 찌들어 남아있다.[30]

우선 고려말의 왜구침탈이라는 역사는 여말왜란(麗末倭亂)으로 고쳐야 하겠다. 생각하면 1380년의 황산대첩이 경신년이니까 그것에 맞출수도 있으나, 당시 왜구침략은 1380년만이 아니라 고려말기의 장기간에 걸친 끈질긴 떼도둑이었다. 그러므로 일제 침략 역사학계는 너무나 일본의 악행이 심했음을 알고서, 실질적 도둑 마음의 역사학자들답게 고려말의 왜구침탈을 축소하고 인멸시켰다고 생각된다. 하찮은 왜구가 노략질을 한 것이라며 이성계 장군의 위업을 보잘 것 없게 하려고 왜구를 깎아내린 역사기록은 매우 잘못되었다.

그리고 경술국치를 만든 최악의 침략에 대해서는 사실상 정식 용어도 아예 없었다. 차마 당시의 침략 현행범으로서의 강점 상태에서는 쓸 말이 없었으니까 용어도 없었다고 하겠다. 생각하면 경술국치라는 말도 그들이 패전으로 쫓겨간 뒤에 우리가 나중에 만든 것이며 그 용어조차 없던 것이다. 용어도 없이 직무유기를 하며 현대시대를 보냈으니 우리의 역사인식은 너무나 추친일 그대로이다. 그렇기에 그 최악의 침략은 경술왜란이라고 해야 옳다.

우리는 오로지 임진왜란이란 용어만 조선시대에 만들어 쓴 것이라 그대로 갖고 있다. 그러나 고려말의 망국을 만든 왜구침탈은 여말왜란, 그리고 조선말기의 망국을 가져온 경술국치는 경술왜란으로 역사정리가 되어야 하겠다. 고려말과 조선말의 왜란이 용어도 없이, 일본이 만든 그대로 있는 것은 역사학적 직무유기에 해당한다. 여말왜란, 임진왜란, 경술왜란의 3대 왜란을 결코 잊지 말아야 하겠다.

---

29) 신복룡, 한국정치사론(서울: 박영사, 1978), p. 79.
30) 이덕일, op. cit., pp. 50-53.

7. 동편제

황산대첩비가 세워진 곳은 현재 아무 것도 남지 않은 황량한 들판이 되었다. 요즈음은 그러니까 농촌 들녘으로서 농사를 짓는 평야지대에 해당한다. 그렇다면 조선국의 탄생배경이 된 남원부 운봉현으로서, 선조 10년에 황산대첩비가 세워진 대단히 중요한 곳이 아무 것도 없는 농촌 들녘이 된 것은 매우 기이한 일이다.

황산대첩 기념비는 조선개국을 상징하는 것이므로, 조선시대로서는 최고의 국가적 성지였다. 일종의 항일전쟁 독립기념비에 해당하는 중요한 곳이다. 그런데도 비석만이 다시 세워져 덩그러니 남아 황량한 들녘이 되어 있다는 것은 의아로운 것이다.

그 비밀을 풀 것이 그곳에 하나가 있다. 바로 황산대첩비가 세워진 옆이 국악인 묘역으로 단장되어 있음을 유의해야 한다. 물론 오늘날에 만들었지만, 황산대첩비에 비해 국악인 묘역은 국악의 발상지로 너무나 정비가 잘 되었다. 그 곳은 바로 조선시대 판소리의 최고 명창인 송흥록과 그의 동생 송광록, 그리고 송광록의 아들 송우룡과 손자 송만갑으로 이어지는 송씨 판소리 가문의 본향인 것이다.

송흥록은 가왕(歌王)이란 놀라운 칭호를 듣는 인물이다. 동편제(東便制)의 최고 우두머리 가수였고 그곳에서 태어났다. 그곳에는 송흥록의 생가가 복원되어 보존되어 있다. 황산대첩비가 있는 운봉면 화수리 비전마을이 그의 출생지라, 이름하여 동편제탯자리로 부른다.

그러니까 동편제의 발상지가 바로 황산대첩비 마을이고, 송흥록의 후손 송만갑에 이르러 많은 제자를 배출하였다.[31] 요즘 현대시대를 풍미하는 박녹주, 박초월, 안숙선 등의 명창들이 바로 이곳 출신이다. 동편제

31) 전북대신문사, 전라기행, 1996, pp. 139-145.

는 서편제에 비해 우람하며 우렁차고 선이 굵어 남성적이다. 실로 태조 이성계 장군의 위업을 기리는 승리의 땅의 노래답고, 황산대첩의 기개를 강력하게 잇는다고 하겠다.

그러니까 황산대첩비가 있던 운봉현은 당시 많은 사람들이 모이는 조선왕국의 국가성지였고 나름대로 인구가 많았을 것이다. 동편제의 발상지가 되며 판소리의 본고장으로 가왕(歌王)으로서의 명창을 배출한 곳일 만큼 나름대로 번화했다고 하겠다. '판소리'는 판을 벌리고 소리를 한다는 뜻이니까, 판을 벌리고 구경꾼 관중이 있어야만 존재하는 것이다. 이 곳은 많은 사람이 모여 판을 벌릴 만큼 번화했던 곳이다. 더욱 지적할 것은 우리민족의 대표적 판소리를 상징하는 춘향전이 이곳에서 탄생했고 그것이 나중에 소설이 된 것이다.[32] 이 곳은 당시 최고의 문화중심지였으니, 요즘으로 치면 주요한 관광지가 될 것이다.

그런데 조선시대에 많은 사람들이 찾던 자랑스러운 곳이, 현재 덩그러니 쓸쓸하고 외롭게 황산대첩비가 서 있는 곳이다. 더구나 송흥록의 생가가 복원되어 있고, 그 옆의 언덕은 국악인 묘역으로 동편제 판소리 음악인들의 공원묘지가 되고 말았다. 그러니까 황산대첩 성역은 망각의 땅이 되었고 국악인 묘역의 부속시설과 같이 역전되고 말았다. 일제 당국의 황산대첩 성지탄압의 결과가 생생하게 드러나는 통탄스럽고 참담한 모습일 수 있다.[33]

현대시대에 전라북도 전주는 소리문화의 고장이고 판소리의 본향이라고 말한다. 물론 동편제의 발상지 남원시에는 현재 국립민속국악원이 있지만, 민족전통음악 판소리가 태어난 남원땅 황산이 황폐화되고 판소

32) 한우근, 이성무 엮음, 한국문화사 조선후기편(서울: 일지사, 1985), p. 383 참조.

33) 오늘날 전라북도 남원에서 춘향전 소설의 무대인 광한루, 오작교는 항상 관광객이 붐빈다. 그런데 춘향전 판소리가 시작된 황산대첩터 운봉은 지극히 한산하다. 완전히 뒤집히고 거꾸로 된 그대로 일제침략의 상처는 너무나 깊다.

리 음악의 본향이 전주시로 옮겨진 흐름은 결코 순탄한 것만은 아닐 것이다. 시대가 바뀌어 대도시인 전주가 소리문화의 본향이 되었지만, 일제강점기의 황산대첩 성지탄압의 여파로 판소리의 본향이 전주로 옮겨갈 수밖에 없었다고 해석될 수 있을 것이다.

Ⅲ. 일월오악도 탄생배경 2-상이암 전설

1. 정치신화(政治神話)의 태동

정치권력의 탄생은 정치신화적 배경을 필연적으로 수반한다. 지도력을 창출하려면 기계적 흐름으로는 가능성이 낮다. 기계적 흐름은 필수적으로 강제력을 무리하게 동원하게 되기에 강압적인 독재가 될 수밖에 없다. 따라서 정치권력의 폭넓은 지지기반을 만들려면, 자연스럽게 정치권력에 대한 믿음을 조성해야만 되며 그에 필수적인 것이 정치신화이다.

정치신화는 민초(民草: grassroots)들의 자발적 동의를 도출해 낸다. 원만한 통치행위를 위한 일종의 정치적 마법과 같은 것일 수도 있다. 그것은 자연스럽게 민초들의 정치적 동의를 이끌어내는 신비로운 힘을 가진 상징적 존재이다. 그러면서도 나름대로의 정당성 수준을 유지한 것으로, 민초들을 자발적으로 도취시켜서 동화시키며 이끄는 기능을 한다.

조선시대를 개창한 이성계 장군은 무엇보다도 그의 절륜한 무예와 지도력, 인품이 가장 큰 정치신화였다. 그는 생긴 외모부터가 기위(奇偉)함이 절륜하였다. 키가 크고 오뚝한 코에 얼굴은 마치 용(龍)과 같았다. 특히 귀가 커서 사람들을 저절로 압도하면서 사모하게 만들었다.[34] 생긴 외모부터가 뭇사람을 우러러 보게 만드는 용과 닮았음은 천부적인 임금님이며, 저절로 고개를 숙이게 만드는 거대한 마력의 인물이었다. 더구나 백발백중의 명사수로서, 고구려의 시조 고주몽 동명성제(東明聖帝)와도 흡사한 마력을 가진 것이다.

고주몽은 신기에 가까운 활쏘기의 명인이었다. 그의 이름부터가 바로 만주땅 토착어로서 쭈모를 말한다. 쭈모는 만주땅 원주민 용어로 명사수를 뜻한다. 쭈모의 음차 한자글이 추모(鄒牟), 주몽(朱蒙), 도모(都慕) 등으로 남았기에, 그중에서 주몽을 골라 통용해 쓰는 것이다. 고주몽 동명성제에게는 명사수 쭈모가 최고의 정치신화이며, 나머지는 그에 따른 파생신화이다. 태조 이성계 장군도 당대 최고의 명사수였다. 먼 옛날에는 활이 최고의 무기로써, 경이로운 신기의 활쏘기로 민초들을 압도하는 경이로운 마력을 낳은 것이다.[35] 그 놀랍고 불가항력적인 마력이 축적되며 이성계 장군의 정치신화가 형성된 것이다. 그를 일컬어서 거룩한 성무(聖武)라고 할 정도였다.

그 놀라운 절대적 힘이 가이 없이 드높아진 극대점에서 황산대첩의 찬란한 승리를 거두며, 일세를 풍미하는 정치신화를 태동시키는 것이다. 그리고 신비로운 마력을 띤 조선 개국신화로 발전하는 것이다. 이성계 장군은 이미 요동정벌을 가거나 위화도에서 결단을 내릴 무렵에는 놀라운 마력을 창출하는 때였다. 이성계 장군이 많은 부하들의 찬탄과 존경을 받을 신화적 지도력은, 당대를 풍미하는 신비로운 경지에까지 이르렀던 것이다.

---

34) 용비어천가 29장, 97장.

35) 용비어천가 27장, 28장, 31장, 32장, 46장, 58장, 63장.

무엇보다도 이성계 장군의 부하들은 특수한 다국적 혼성부대였었다. 그의 군사들은 만주땅의 여진족이 많았다.[36] 위구르와 몽골 출신들도 있었다. 그는 스스로의 부하들을 감싸는 커다란 포용력을 발휘했기에 다국적 북방군대를 이끌 수가 있었다. 그러한 힘은 그들의 절대적 복종을 수반할 만큼 신비로운 절대적 힘이 있어야만 가능하며, 신비로운 감탄심과 존경심이 축적되어야 가능한 것이다.

이성계 장군의 최고 측근 참모인 퉁두란(佟豆蘭)은 여진족의 명사수였고, 최고지도자였다. 그 뛰어난 퉁두란까지도 절대적으로 복종을 하고 심복할 만큼의 탁월한 능력을 보여준 것이다. 이성계 장군은 유능한 사람을 출신에 관계없이 확실히 기용하고 키워주었다. 널리 따뜻하게 감싸며 포용한 것이다. 퉁두란은 태조가 자신과 같은 이씨로 만들어 청해 이씨 시조가 되고, 이지란(李之蘭)으로 이름을 바꿔 조선 개국공신이 된다.

이성계와 퉁두란, 그리고 용맹하고 충성스러운 다국적 군대는 그것이 바로 살아있는 정치신화였던 것이다. 여진족, 몽골족, 위구르족까지도 철저히 따르는 마력의 사나이 이성계에서 조선개국은 출발된 것이다. 정치적 지도력, 특히 나라를 세우는 거대한 개국의 지도력은 불가사의한 신비력으로서의 마력(charisma)이 있어야만 가능하다. 무능한 자는 독재를 하고, 부족한 자는 남을 탓하며 불평을 한다. 그러나 유능한 인물은 자발적 복종을 만드는 마법을 창출한다. 정치적 신화의 인물은 스스로 신화를 만들고, 그 창조된 신화를 바탕으로 거대한 신화를 다시 확대 재생산시키며 민중을 압도하는 흡인력을 갖고 새 역사를 만드는 것이다.

이성계의 위대한 포용력은 바다와 같은 커다란 그릇이었다. 이성계의 철저한 실력주의 용인술은 뛰어난 인간파악에서 비롯된 자신감이었다. 여진족, 몽골족, 위구르족은 물론이고, 실력이 있으면 누구라도 확실하

36) 용비어천가 53장.

게 기용한 거대한 포용력은 새나라를 여는 힘을 창출했다. 난세를 극복하며 태평성대를 만들고, 사람다운 삶을 사는 나라를 만들 지도자로서의 이성계를 향해 수많은 사람들의 마음이 뭉쳐졌다. 훗날 이성계 장군의 손자 세종대왕이 장영실을 등용하며 과학입국 선진국을 만드는 흐름은 바로 이성계 리더십이었다. 그리하여 큰 바다를 향해 하나로 뭉쳐지는 거대한 정치신화가 탄생하며, 세종대왕 때의 부국강병 태평성대를 만든 것이다.

일본의 왜곡 역사학이 최영을 내세우고, 정몽주를 부각시키며 태조, 태종을 짓밟았다. 그러나 새나라를 여는 정치신화의 마력은 일제 강점기의 잔꾀 역사학으로 덮을 수 없는 것이다. 차라리 손바닥으로 태양을 가리려는 거짓말에 불과하다. 위대한 정치신화는 시대를 통관하여 새역사를 여는 강력한 추진력이 되는 것이다. 세종대왕의 태평성대는 태조, 태종의 태평성대이기도 했다.

2. 상이암의 위치

상이암(上耳庵)은 전라북도 임실군에 위치하고 있다. 임실군 성수면 성수리 1-1번지로서, 성수산에 자리한 아주 작은 절이다. 조계종 제24교구 선운사에 속한 자그마한 암자이다. 그런데 이렇게 깊은 산 속의 작은 절이 갖고 있는 정치설화가 엄청나다. 아마도 우리나라에 현존하는 절에 있어서, 상이암만큼 거창한 정치설화를 갖고 있는 절이 없다고 할 정도이다.

왜냐하면 고려 태조 왕건과 함께, 조선 태조 이성계에 관한 정치설화가 분명히 남아 있기 때문이다. 그러니까 고려국과 조선국의 두 시대의 개국 탄생신화를 갖고 있는 놀라운 절이다. 생각하건대 우리나라 정치사에 있어서 유일 최고의 절이라고 하겠다. 이런 중차대한 절이 망각된 것도 일제당국의 태조, 태종에 대한 역사인멸 탄압일 가능성이 크다. 일제 침략당국의 조직적 탄압의 결과가 확실하다.

덕분에 성수산은 현재 자연 휴양림을 운영할 만큼, 자연경관이 깨끗하고 수려하게 보존되고 있는 곳이다. 첩첩산중이라고 말할 깊은 산 속에 있는 대단히 의미가 큰 산이다. 예부터 풍수지리상 최고 길지(吉地)에 해당하는 곳이다. 일찍이 도선국사가 이곳은 하늘이 응하고 땅이 도와주는 최상의 장소라면서 '천자를 맞이할 최고의 길지'로 점찍은 유명한 곳이다. 그리하여 신라 헌강왕 원년(875년)에 도선국사가 창건하여 도선암이라는 절을 지었다고 한다.

도선국사는 고려를 세운 왕건과 주유천하를 하다가 이 산에 이르러, 지극히 아름답고 뜻깊은 산세를 살펴보고서 위대한 여덟 성인이 나올 탄복할 땅이라 예언하고서 팔공산이라고 명명했다. 왕건은 도선국사의 권유에 따라 이곳에서 백일기도를 드리고 연못에서 경건하게 목욕재계를 하였다. 백일기도의 마지막 날에 하늘에서 큰 울림과 함께 하얀 빛기둥이 왕건에게 내려와서는 상제(上帝) 만세, 상제 만세, 상제 만세라고 크게 세 번을 울렸다. 하늘의 거룩한 계시를 받은 것이다. 그리고 하늘에서 용이 내려와 몸을 씻겨 주고 승천하며 성수만세(聖壽萬歲)라고 외쳤다. 이는 요즘의 현대식 용어로 바꾸면 '임금님 만세'와 같다. 성수는 임금님께서 오래오래 사시라는 뜻이니, 다시 말하면 임금님이 되셔서 길이길이 영화를 누린다는 성수무강(聖壽無疆)의 드높은 뜻이 되는 것이다. 이에 왕건은 산이름을 성수산(聖壽山)이라고 고쳐 지었다. 또한 계곡의 연못을 기쁨에 겨워 '환희의 못'이라는 환희담(歡喜潭)이라고 지었다고 하며, 친필로 쓴 돌비석까지 상이암에 현존하여 전해 내려온다.

성(聖)스럽다는 뜻은 예전부터 임금님을 뜻하는 거룩한 용어로, 아무나 함부로 쓸 수 없는 거룩한 것이었다. 물론 요즘에는 불경스럽게 마구 함부로 쓰는 경우도 있으나, 일제침략의 혼란기 어둠의 시대가 없었다면 감히 마음대로 마구 쓸 수 없는 것이다. 예부터 성상(聖上), 성은(聖恩), 성덕(聖德), 성경(聖經), 성학(聖學), 성골(聖骨), 성군(聖君), 성왕(聖王), 성제(聖帝), 성모(聖母), 성상(聖像), 성세(聖世), 성심(聖心), 성령(聖靈), 성대(聖代), 성역(聖域), 성지(聖地), 성소(聖所), 성당(聖堂), 성자성손(聖子聖孫), 성지(聖旨), 성의(聖意), 성충(聖衷), 성총(聖聰), 성총(聖寵), 성칙(聖勅), 성탄(聖誕), 성후(聖候), 알성(謁聖), 열성조(列聖朝) 등은 모두 드높은 임금님의 삶을 뜻하는 것이었다. 따라서 성수만세(聖壽萬歲)라는 하늘의 뜻을 용이 승천하며 전해준 최고의 거룩한 성지(聖地)가 이 곳인 것이다.

3. 상이암 용비어천 개국신화 탄생성지

성수산은 그후 조선시대를 개창하는 이성계 장군의 개국신화 탄생지로서도 유명하다. 고려말의 국난기를 맞아서 몽골족은 물론이며 황건적과 왜구를 소탕하는 혁혁한 공훈을 세운 이성계 장군이, 조선국을 세운 꿈의 기도처가 이 곳이다. 현재 100일 기도처의 장소까지 그대로 전승되고 있다.

이성계 장군의 스승으로 국사(國師)였던 무학대사가, 남원에서 황산대첩의 승리를 거두고 귀경하는 이성계 장군에게 기도를 권유했다는 것이다. 이에 이성계 장군이 기도를 올리자 꿈에 용이 나타나서 정성껏 몸을 3번 씻어 주었다고 한다. 그리고 아기동자가 나타나 이성계 장군에게

용비어천 임금님 깃발(어기)

성수만세의 드높은 뜻을 전했다는 것이다. 이성계 장군은 이미 황산대첩 출전을 위해 운봉으로 향하기 이전에 꿈을 꾸었는데, 신령님께서 나타나 서까래 3개를 등에다 지게 하였다고 한다. 이는 바로 서까래 3개와 이성계 장군의 몸에 의해 임금 왕(王)의 글자를 뜻하는 대단한 길몽이었던 것이다.

당시에 용이 나타나 이성계 장군의 몸을 3번 씻겨 주자,[37] 아기동자에 의해 성수만세라는 거룩한 소리가 들렸다. 몸을 3번 씻었다는 것은 불교에서 말하는 삼업(三業)을 씻어 냈다는 것이다. 그것은 자신의 입으로 짓는 죄(口業), 자신의 몸으로 짓는 죄(身業), 자신의 마음으로 짓는 죄(意業)의 3가지를 말끔하게 씻어 냈다는 것이다. 그러니까 이성계 장군이 3업을 씻어내자 하늘의 드높은 계시가 들렸다는 것이다. 이 꿈은 바로 이성계 장군이 평범한 민초들과는 다른 지엄하고 거룩한 차원의 초월적 신분으로 승격하면서, 새로운 임금으로 등극할 것을 계시하는 것이다.

이는 조선 태조가 용, 아기동자, 불교의 뜻에 따른 삼청(三淸)의 드높은 계시에 의해, 임금님으로 등극하셨음을 뜻하는 중차대한 개국신화인 것이다. 태조의 일월오악 개국신화의 바탕을 이루는 예비적 정치신화가 되는 것이다.

당시 이성계 장군은 100일 기도를 드리면서, 산신령이 현신한 동자스님에게 '가죽신이나 벗고 기도를 드리라'는 꾸짖음을 들었다는 설화가 있다. 이는 생각하면 꽤 의미있는 것이다. 왜냐하면 이성계 장군은 애초에 등극할 마음이 없었으나, 황산대첩의 승리를 끝내고 귀경하며 무학대사의 권유를 받았다는 것이다. 그것은 임금님이 되시는 과정이 추대과정에 의했고, 이성계 장군은 애초에 그런 마음이 없었다는 것으로 해석되기 때문이다. 그것은 타의에 의한 '추대과정'을 정치신화로 합리화시킨 것이란 뜻이다. 이성계 장군은 항상 충성스러운 애국충심을 가진 정당한 인물임을 뜻한 것이다.

특히 여기서 말하는 3청절차는 이성계 장군이 거룩한 신분으로 격상

37) 우리는 용이 중국문화라고 잘못된 생각을 한다. 하지만 가장 최초의 용은 고조선 옛터에서 나왔고, 흑룡강이 흐르는 만주땅 고구려 옛터가 뿌리이다. 오늘날 중국의 용문화는 그들이 1천년 이상을, 고구려 옛터에서 나온 북방족의 식민지로 살며 식민문화가 남은 것에 불과하다.
이형구, 한국 고대문화의 비밀(서울: 김영사, 2004), pp. 118-122 참조.
이형구, 이기환, 코리안 루트를 찾아서(파주: 성안당, 2009), p. 198.

된 것을 뜻하는 중대한 절차이다. 이는 세례를 하는 것과도 같은 것이다. 이성계는 더구나 용이 나타나서 3청절차를 밟아주고 하늘로 올라갔다.[38] 용비어천(龍飛御天)이란 최고의 3청절차를 밟았다는 뜻이다. 크게 감격한 이성계 장군은 훗날 이 영험스런 절의 이름을 친히 하사하여 상이암(上耳庵)이라고 고쳤다. 하늘에서 성수만세의 감격적인 소리를 들은 곳이라고 윗귀, 드높은 귀로서, 거룩한 소리가 귀에 울린 암자라는 뜻이다. 아니 임금님의 계시를 내려주는 최고의 소리를 들은 최고의 절이란 뜻이다.[39] 하늘의 계시에 감사하고 감격하는 태조께서 친히 절 이름을 지어준 실질적인 국가사찰이며, 조선국가 제1의 드높은 최고 개국사찰이란 뜻이 된다.

상이암 현판

38) 세례는 기독교에만 고유한 것이 아니다. 예부터 거룩한 일을 만드는 뿌리가 깊은 신탁행위임을 말한다. 물론 왕건 임금님도 그랬고, 3청절차(세례)에 의해 이성계 장군은 보통 사람을 초월하는 드높은 위인으로 거룩하게 승격되는 것이다.

39) 태조 이성계 장군은 누구보다도 귀가 크고 신비로웠다고 한다. 상이암은 태조의 '드높은 귀'를 뜻하는 상징일 수 있고, 용비어천의 고귀한 계시를 들려준 용비어천 정치신화를 뜻하는 중대한 의미를 갖고 있다고도 하겠다.

태조 어필-삼청동

따라서 상이암은 태조의 등극을 알리는 하늘의 거룩한 뜻을 알려준 기쁘고 기쁜 소식의 절이니까, 조선개국의 성스러운 '용비어천 개국신화'가 존재하는 '개국사찰'에 해당한다. 또한 태조가 얼마나 감격했으면 세 번 목욕한 것을 기념하여 삼청동(三淸洞)이란 글씨를 친필로 직접 내려 주었으니, 그토록 고귀한 태조의 어필 '삼청동'은 바로 세 번 목욕한 삼청이 아닌 '용비어천 등극절차'를 밟았다는 뜻이며, 임금님이 되실 감격의 계시를 받았다는 것이다. 상이암에는 삼청동 글씨가 새겨진 비석이 현재 비각까지 세워져서 대한황실 최초 최고의 성스러운 성지가 되어 존재하고 있다. 그러니까 상이암은 태조가 직접 쓴 친필의 어필까지 갖고 있는 지극히 뜻깊은 최고의 절이다.

깊은 산속의 아주 작은 암자이지만 ① 성수만세의 성수산에, ② 하늘의 뜻을 들은 감격의 상이암, 그리고 ③ 용비어천의 계시를 받고 감격한 ④ 태조의 어필 삼청동 비석이 있는 놀랍고 대단한 대한황실 개국유적이 되겠다. 더구나 그 옆 산에는 ⑤ 뜬봉샘까지 있다. 완벽할 정도로 모든 것을 다 갖춘 총체적 개국신화 탄생유적이다.

그런데 특히 여기서 유의할 것이 있으니, 이성계 장군은 왕건 임금님의 등극을 만든 성수산에서 임금님 등극의 계시를 받았다는 점이다. 그것은 바로 조선왕조가 고려왕조를 정상적으로 승계한 것이고, 하늘의 뜻에 부합하는 정당한 왕조승계였음을 증명하는 것도 된다. 왕조승계의 정당성까지 포함한 개국신화인 것이다.

4. 뜬봉샘(飛鳳泉)

뜬봉샘은 전라북도 장수군에 있다. 해발 780m의 높은 곳에서 솟아나는 맑은 물이 천리(397.25km)를 흘러 큰 강을 이룬다. 충청도의 젖줄인 금강의 발원지가 바로 뜬봉샘이다. 뜬봉샘은 조선개국 정치신화가 깃든 뜻깊은 샘물이다. 이 샘물에서는 이성계 장군이 신무산 중턱에 단을 쌓고서 100일 기도를 드리는데, 100일째의 새벽에 멀리 오색 찬란한 무지개가 떠오르더니 그 영롱한 무지개를 타고서 봉황새가 하늘로 훨훨 날아올라 갔다고 한다.

그런데 봉황새가 날아오르는 곳을 보니, 봉황새가 날아가는 하늘에서 신비한 빛이 눈부시게 비추며 아련하게 들려오는 거룩한 소리가 있었다. 자세히 들어보니까 그것은 '새나라를 열라'는 천지신명의 드높은 계시였던 것이다.

이성계 장군은 정신을 가다듬고 봉황새가 떠오른 곳을 찾아 가보니까 맑은 물이 샘솟는 옹달샘이었다. 그래서 그후 조선개국의 하늘의 계시를 내려준 정치신화가 깃든 샘이고, 봉황새가 떠오른 영험한 샘이라고 뜬봉샘이라는 이름으로 불리게 되었다.

이성계 장군은 하늘의 계시를 내려준 곳의 절을 상이암이라고 부르고, 뜬봉샘의 샘물로 하늘에 감사하는 천제(天祭)를 드렸다고 한다. 그러니까 뜬봉샘은 상이암 전설을 보완해주는 조선개국의 정치신화에 해당한다. 이후 상서로운 계시를 내려준 용과 봉황은 태조의 황통을 말하는 주요 정치상징이 된다. 그리고 우리나라는 용과 봉황이 충심으로 보우하는 거룩한 나라가 되었다.[40)]

Ⅳ. 일월오악도의 탄생-몽금척 개국신화

1. 마이산 몽금척 성지

마이산은 전라북도 진안군에 있다. 그 곳은 예부터 영험스러운 곳으로 유명하여, 고조선 때의 소도(수두) 유적이 오늘날까지 그대로 내려오는 신비스런 땅이다. 우리나라의 긴 역사상 대표적인 기도터이다. 마이산은 이성계 장군이 황산대첩의 위대한 승리를 거둔 때에도 이름난 기도처에 해당했었다. 예로부터 감(龕:神)님을[41)] 모신 기도처가 개경과 황산대첩터의 왕복 길목에 놓여 있음에, 이성계는 자연스레 들러서 구국

---

40) ① 우리나라는 예부터 용과 봉황의 나라였다.
이형구, 이기환, op, cit., pp. 78-93.
② 오키나와의 홍길동 유적에서는 용봉통보(龍鳳通寶)라는 돈이 발견되었는데, 용봉사상(龍鳳思想)은 조선시대에 폭넓게 퍼져 있었다고 생각된다.

41) '감'은 순수한 우리말로 신(神)을 뜻하며, 영감, 상감, 대감 등으로 남았다. 또 일본어의 '가미'가 되었다.
안천, 거시국토통일론: 만주는 우리땅이다(서울: 인간사랑, 1990), pp, 199-258.

의 기도를 드리게 되었을 것이다.

그런데 현재까지 알려지기는 이성계 장군이 임금님이 되기 위해서 기도를 드렸다고 하는데, 그것은 훗날 만들어진 잘못된 얘기일 것이라고 본다. 아니 일제침략 당국의 모함성 짙은 악의적인 얘기가 분명하다. 왜냐하면 상이암, 뜬봉샘 전설은 물론이고 마이산 전설도 하나같이 이성계 장군이 임금님이 되려고 기도를 올렸다는데, 그것은 옳지 않으며 와전된 것이 분명하다.

왜냐하면 이성계 장군이 마이산에서 기도를 올리게 된 것은, 당시의 절박한 위기의 나라를 구하려는 '구국의 기도'를 올리는 순수한 충정이었다고 보아야 한다.[42] 그런데 훗날 이성계 장군이 태조가 되고 나니 사람들이 일컬어 마이산이나 상이암, 뜬봉샘에서 이성계가 임금님이 되려고 마음을 정하고서 기도를 올렸다고 와전되어 전해진 것이라고 하겠다.

따라서 이성계 장군이 애당초 마음을 먹고 임금님이 되려고 했다는 것은, 훗날 태조를 비방하는 생각을 가진 측에서 만들어낸 잘못된 것이 퍼졌다고 해야 옳다. 이성계 장군은 목숨을 내놓고 몽골족, 황건적, 왜구의 침략을 막아내려고 전쟁터를 누빈 희생적이고, 헌신적인 애국 군인이었다. 많은 경우에 정상적인 군인은 최고의 애국자이다. 애국심, 충성심은 정직한 마음에서 생기는 것이고, 이성계 장군도 마이산에서 진심어린 구국의 기도를 올린 것이다. 어찌 처음부터 임금님이 되려고 기도를 올릴 리가 있었겠는가?

그런데 마이산 최고의 기도처에서 독실한 마음으로 나라를 구하려는 기도를 올리는 이성계 장군에게, 산신령이 꿈(夢)에 나라를 구할 계시를 내리면서 황금의 자(金尺)를 주었다고 보아야 옳다. 그러니까 나라를 구하려는 간절한 기도에 감응한 산신령께서 꿈에 나타나 '황금자'를 주면

42) 용비어천가 83장.

서, 고려말기의 혼란 속에서는 전혀 별다른 대안이 없으니까 차라리 네가 스스로 개국하며 구국하라는 계시를 내려주었다고 해석해야 된다. 태조가 하늘의 뜻을 받아서 추대되었다는 뜻이다.43) 생각하면 마이산 구국 기도에 화답하여 '몽금척 계시'가 내려진 바에 따라, 우리나라는 문자 그대로 구국의 길을 갔다. 그리고 태조, 태종, 세종의 3대 영웅에 의해 우리 민족이 중흥되었다. 그리고 세종대왕의 찬란한 태평성대를 만든 것이다.

2. 용비어천 개국신화 탄생-상이암, 뜬봉샘 정치신화

일제침략에 따른 오염된 추친일 역사인식에 의해서 이성계 장군을 부정적으로 이끈 설화는, 일제강점기에 널리 확산되었다고 보인다. 광무황제, 융희황제가 생존해 계실 때에는, 정상적인 우리민족이라면 이성계 장군을 비방하고 헐뜯는다는 것은 감히 상상도 못할 일이 분명하다.

그렇지만 일제강점 침략시대에 오도된 것을 퍼뜨린 추친일 역사인식의 잔재가 우리를 2차, 3차로 오염시키고 있는 것이다. 우리의 주변에는 일제강점기의 잘못된 역사인식을 뒤따르는 추친일 생각과 행태를 그대로 갖고 있는 일각의 사람들이 있다. 사실상의 추친일파이면서, 이 시대의 신친일파들이 분명하다. 조선건국의 정치신화에도 그 어두운 그림자는 상당히 남아 있다.

상이암, 뜬봉샘은 황산대첩 승리의 땅과 마이산의 사이에 있다. 그러니까 황산대첩터에서 상이암, 뜬봉샘을 거쳐서 마이산에 다다르게 되어 있는 것이다. 그렇다면 상이암, 뜬봉샘 정치신화는 무엇을 말하는가?

상이암 절이 있는 성수산은 풍수지리적 관점에서 보았을 때에 매우

43) 용비어천가 12장, 13장.

절묘한 곳이다. 계곡을 따라서 맑은 물이 내려오는 가운데에 불쑥 작은 봉우리가 솟아 있다. 그러니까 여러 계곡물이 가운데의 작은 봉우리를 향해 내려와 합치는 형국이다. 여러 겹의 꽃잎이 아늑하게 감싸주는, 꽃 봉오리의 가운데에 암술이 솟은 듯 하기도 하다.

따라서 상이암은 원래 팔공산으로서 8마리의 용이 가운데에 놓인 여의주를 다투면서 한 곳으로 모이는 지극히 탄복할 만한 풍수의 땅에 지은 절이다.44) 그 여의주를 바로 내려다 보는 곳이기도 하고, 여의주를 품어 안는 자리 같기도 한 신비스러운 땅에 상이암 절이 절묘하게 지어져 있다.

이는 이성계 장군이 황산대첩터에서 개경으로 상경하면서, 처음으로 만난 성스러운 구국기도처에 해당한다고 생각된다. 그 곳에서 이성계 장군은 간절하게 나라를 구할 기도를 올렸다. 그리고 영험스러운 용이 나타나서 이성계의 몸을 정성껏 3번 씻어주며 하늘로 날아 올라갔다. 그토록 신비하고 경이로운 곳이니, 문자 그대로 '용비어천의 삼청동(三淸洞)'이 된 것이다.

이성계 장군의 개국 정치신화는 3단계로 발전되었다. 그 첫 번째의 단계는 황산대첩의 위대한 승리이다. 두 번째 단계가 바로 용비어천의 감격적 계시를 받는 상이암, 뜬봉샘 전설이다. 이것은 개국신화의 내용이 연이어서 확대되고 증폭되는 단계이다. 끝으로 세 번째 단계가 마이산 몽금척 신화이며, 그것이 일월오악도로 만들어지면서 개국신화의 종합적 체계가 완성되는 것이다. 이성계 장군이 임금님으로 탄생되는 개국신화는, 그 체계가 내부적으로 확실한 계통적 발전단계를 갖고서 흡

44) 현재 상이암의 주지인 동효(東曉)스님은 상이암이 구룡쟁주혈(九龍爭珠穴)의 영험스런 장소라고 말한다. 9마리의 용이 여의주를 다투는 최고의 신비스러운 땅이라는 뜻이다. 동효스님 면담, 전북 임실군 성수면 성수리 상이암, 2011. 7. 19.

사 입체적 동영상 같이 형성된 것이다.

태조의 상이암 삼청동 정치신화는 현재 전라북도 임실군의 토착 전설로 남아 있다. 이는 황산대첩 승전보를 접한 민초들에서 우후죽순과 같이 신화가 태어나고 확대되면서 증폭되는 발전과정을 생생하게 보여주는 것이다. 그 곳에는 그리하여 성수산이 하나만 있지 않고 무려 3개나 있다. 그리고 아직도 근처에는 다른 팔공산이 그대로 있다. 또한 곳곳의 전설이 약간씩 틀리니, 확대되고 증폭되는 발전과정이 뚜렷한 전설로서의 신화답다. 아니 고려말기에서 조선초에는 그렇게 남아야 더 생생한 자연발생적 개국신화답다.

그리고 뜬봉샘 전설도 생각하면 전설 그대로의 정치신화이다. 전설은 과학이 아니고 논리가 아니다. 감동하면서 믿는 것이다. 뜬봉샘에 오색영롱한 무지개가 떠오르고 봉황새가 훨훨 날아오르면서 이성계 장군에게 개국의 거룩한 계시를 전해준 전설은, 뜬봉샘 맑은 물과 함께 전설로서의 정치신화로 계속하여 남아 있으면 되는 것이다. 민초들의 구국의 영웅에 대한 감동이 나날이 증폭되며 성스러운 신화로 승화되면 된다.

더구나 뜬봉샘은 남한에서 한강, 낙동강에 이어 3번째로 긴 강인 금강(錦江)의 발원지이다. 전라북도 장수군 장수읍 수분리 신무산(神舞山: 897m)에서 발원하여 약 400㎞를 흐른다. 여기서 생각할 것은 특히 금강이 神(신)을 뜻하는 '감'강으로 이름이 정해진 것은 조선개국 신화와도 큰 연결점이 있으며, 뜬봉샘이 있는 산이 신무산으로서 신이 춤을 춘다는 뜻도 조선개국과 무관치 않다고 보인다.

우리들은 조선개창을 노래한 용비어천가(龍飛御天歌)를 잘 알고 있다. 그 자랑스러운 개국찬가를 왜 조선왕국의 개국 주체집단이 세계최고 한글노래로 만들어서 수많은 민초들에게 널리 널리 펼쳤는가를 되새겨야 한다.[45] 유독 새로 만든 한글을 쓴 것은, 온 겨레에게 용비어천의 감동스런 계시를 넓고 확실하게 선언하려는 것이다. 그 자신만만하고 당당했던 자부심을 가슴에 새겨야만 한다.46)

그러므로 그것은 일제탄압의 제1순위 개국찬가였다. 그래서 예전 학교에 다닐 때에 절대 다수의 많은 국어선생님들이 용비어천가는 국어학 자료로는 최초의 한글문헌으로서 대단히 귀중하지만,그 내용은 태조, 태종을 황당하게 찬양하는 말도 되지 않는 허황된 것이라고 비방하며 몰아세우던 기억이 날 것이다. 일제탄압 교육정책에 병들어 태조, 태종을 실컷 비방, 조롱하고서 옛 시대의 국어 낱말교육이나 시키던 비참한 때의 기억인 것이다. 용비어천가는 일제침략자들이 철저히 짓밟던 태조, 태종을 칭송하며 조선창업을 노래하는 개국찬가인데, 예전의 악의적인 일제침략 교육을 받은 타성으로 국어선생님들이 생각없이 그렇게 부끄럽기 짝이 없는 추친일, 신친일 국어교육을 했었던 것이다.

용비어천가는 일제침략 강점시대의 제1순위 금서였다. 무식하고 무지막지한 왜구 칼잡이들이 그들의 고유한 글자도 없고 문화도 천박함을 인지한 극도의 열등의식으로 철저히 짓밟고 탄압했던 서사시요 노래였다. 그리하여 이성계 장군을 욕하며, 비하하고, 짓밟고, 조롱하면서, 조선개국을 지극히 황당하다고 매도하며 형편없는 노래책이라고 했던 추친일 교육이 곳곳의 국어교실에서 이어졌었다.

---

45) 용비어천가는 세종께서 정인지, 권제, 안지 등에게 짓게 하였다. 세종은 스스로 이 노래를 용비어천가라고 이름짓고, 최항, 박팽년, 강희안, 신숙주에게 상세한 주해(註解)를 붙이게 하였다. 사실상 개국사업으로 진행하여 훈민정음을 발표하기 1년 전인 1445년에 완성하였고, 1447년(세종25년)에 목판본 10권 5책으로 간행했다. 정인지가 서문을 쓰고 최항이 발문을 써서, 조선개국의 유래가 유구하고 태조의 창업이 천명(天命)에 따른 것을 널리 선언한 것이다.

46) 용비어천가는 훈민정음 창제 후에 125장 서사시로 하여 최초로 나온 한글문헌이며, 월인천강지곡과 함께 조선시대 악장문학의 대표적 작품이다.

> 용비어천가는 세종대왕이 이성계 장군의 고조부 이안사(李安社)로부터 그 어버이 이자춘(李子春)에 이르기까지의 4대를 추존한 목조(穆祖), 익조(翼祖), 탁조(度祖), 환조(桓祖)와 태조, 태종의 6세가 화가위국(化家爲國)한 자랑스러운 얘기를 웅장한 노래로 만든 것이다.

그러니까 조선국의 자랑스러운 개국찬가이다. 그것은 상이암 삼청동에서 용비어천의 계시를 받은 감동을 노래한 개국신화 서사시에 해당한다. 조선개국의 아버지들은 그 감격적 장소를 일월오악도의 그림으로 승화시키고, 그 감동을 용비어천가로 당당히 노래했던 것이다. 몽골족 침탈과 왜구, 황건적 발호로 바람 앞의 등불과 같았던 고려시대를 극복하고, 찬란한 신시대를 열면서 세종임금님 때의 영광을 만든 영웅시대를 우렁차게 노래한 것이다.

그렇다면 왜 개국찬가의 제목이 용비어천(龍飛御天)으로서 용이 하늘로 날아 올랐는가? 왜 용비어천가의 앞 부분에 세종대왕의 6대조까지를 해동6룡(海東六龍)으로 노래했는가? 이는 6마리의 용이 여의주를 다투다가 이성계 장군이 여의주를 품고서 하늘로 용이 되어 날아간 상이암 전설과 그대로 일치되는 것이다.

그런데 왜 상이암 계곡은 8마리의 용이 여의주를 다투는가? 아니 동효스님의 얘기로는 9마리의 용이 다툰다던가? 예전에 도선국사는 8명의 성인이 나올 최고의 길지라고 했는데, 해동6룡이 승천(昇天)하며 용비어천가를 장식했다면 나머지의 용은 아직도 내일을 기다리는 잠룡(潛龍)으로 있는가? 그것이 역사의 수수께끼이다. 왜 나머지 용은 아직도 때를 기다리고 있는가의, 역사의 진실은 더 살아 보아야 해답을 알 것이다. 그 해답은 미래에 나올 것이다.

우리들은 대한제국 때에 최초로 만든 훈장제도에[47] 있어서, 최고의 훈장이 금척대훈장인[48] 것을 몽금척 개국신화를 알아야만 이해하게 된다. 일월오악도가 마이산을 형상화한 정치신화라는 것도 개국신화를 알아야 깨닫게 된다. 상이암 전설이 바로 용비어천 개국찬가의 노래 제목이 된 것도 삼청동 개국전설을 알아야만 터득되는 것이다. 그리고 용과 봉황이 우리 임금님의 존엄한 황통을 상징하는 것도, 대조선국의 창업신화를 알아야 올바른 해석이 가능한 것이다.

3. 유구왕국의 일월물결도

현재 일본땅이 되어 있는 오키나와는 유구왕국이 망한 비극의 땅이다. 오늘날 유구왕국은 고려말의 삼별초가 망명하여 세운 나라라는 것이 밝혀지고 있다. 우리나라는 독립이 되었으나, 우리나라와 비슷한 때에 침략을 받아 일제강점이 그대로 이어지는 비극의 나라인 오키나와에는 기묘한 것이 남아 있다. 그러니까 우리나라에만 있는 일월오악도의 아류 정치신화 그림이 특이하게도 존재하고 있다. 일월오악도와 비슷한 것으로는 지구상에 유일하게 남아 있다.

그 까닭은 무엇인가? 유구왕국에서는 조선개국 무렵에 잦은 외교사절이 다녀 갔고 많은 것을 배워갔다. 그 과정에서 조선국의 개국그림인 일월오악도의 존재와 의미를 알아갔다고 생각된다. 그리고 유구왕국의 개창에 맞게 변형된 일월물결도가 탄생하게 되었다고 해석된다. 그러므로 조선왕국의 개국 이후 비슷한 때에 탄생한 나라인 유구왕국에, 일월

47) 최초의 훈장제도는 광무 4년(1900년) 4월 17일에 칙명 13호로 반포되었다. 고종실록 제40권.
48) 이강칠, 대한제국시대 훈장제도(서울: 자유출판사, 1999) 참조.

〈조선개국 일월오악도 정치신화 탄생개념도〉

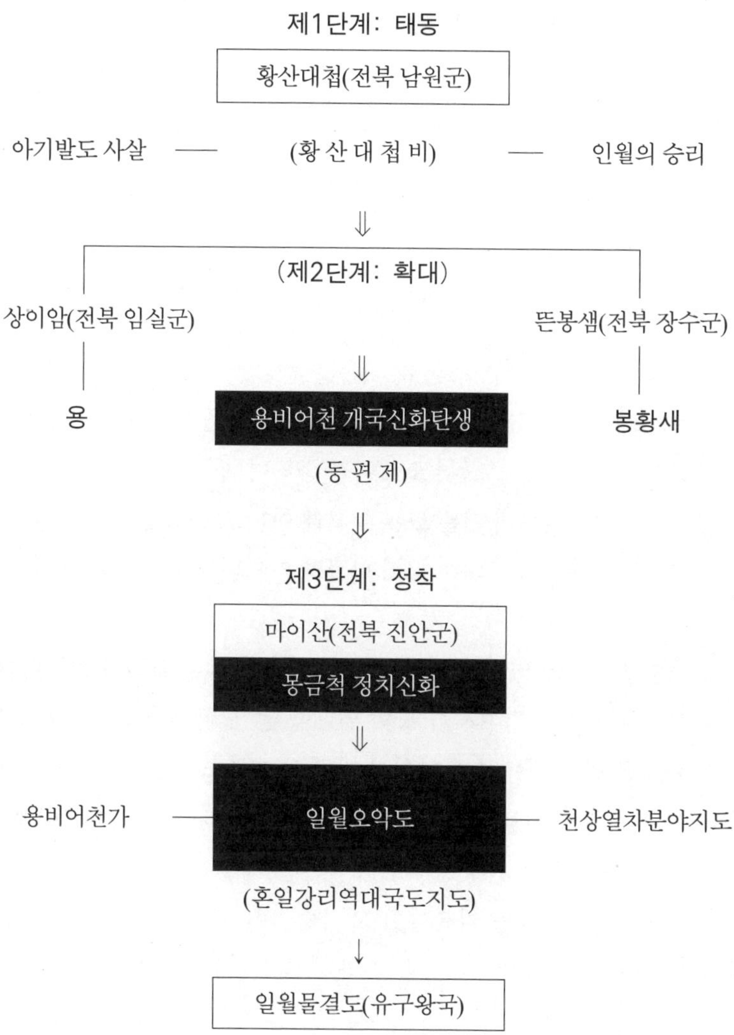

오악도가 전승문화로 옮겨간 것은 매우 자연스런 인류학적 현상일 수도 있다. 삼별초는 몽골군과 싸운 정통 고려군사들이다. 그들이 이성계 장군이 세운 나라를 따르는 것은 너무도 자연스러운 일이다. 지극히 정상적인 문화현상 그대로라고 하겠다.[49]

Ⅴ. 맺는 글

①

불휘 기픈 남ᄀᆞᆫ ᄇᆞᄅᆞ매 아니 뮐ᄊᆡ
곶됴코 여름 하ᄂᆞ니
ᄉᆡ미 기픈 므른 ᄀᆞᄆᆞ래 아니 그츨ᄊᆡ
내히 이러 바ᄅᆞ래 가ᄂᆞ니

5천 년 긴 시간에 있어 찬란한 역사를 잉태한 많은 인걸이 있었다. 수많은 시련과 고통을 겪고서 영광의 열매를 낳은 뛰어난 인재들이 있었다. 지난 5천 년의 민족사에 있어서 자랑스런 선조들은 헤아릴 수 없이 많다. 그런데 그 중에서 조선국가를 개창한 태조, 태종, 세종의 3대 영웅시대는 아주 으뜸가는 자랑에 속한다.

물론 후세의 모자라는 자손들이 그 자랑스런 영웅시대를 제대로 지켜내지 못했다. 간난과 부끄러움을 초래하기도 했었다. 일제침략 강점시대의 어두운 암영이 영웅의 초상화에 먹칠을 하기도 했었다. 그리고 오

49) 용비어천가 12장, 53장.

늘날에도 부끄러운 모습이 많이 이어지고 있다.

그렇지만 아무리 혹독하게 영웅의 모습에 재를 뿌리고 흙먼지를 날려도, 진실은 결코 지워지지 않는 영원한 역사이다. 고려 말기의 문자 그대로 풍전등화 상태에 처한 나라를, 온 몸을 던져서 구한 구국의 영웅이 이성계 장군이었다. 일제침략의 어두운 붓끝이 아무리 탄압하고 모독해도, 영웅 이성계의 진면목은 꿋꿋하게 청사에 길이길이 빛나고 있다.

공민왕 이후에 끊어진 임금님에 의한 정치적 공백은 실로 민족사상 최악의 수렁에 속했었다. 그러한 절체절명의 국난을 극복하고 나라를 탄탄한 반석 위에 올려 놓은 태조 이성계 장군의 공로는, 일제침략의 어둠의 붓이 어떤 악행으로도 덮을 수 없는 찬란한 위업이었고 영광의 역사였다. 우리 민족사에 있어서 태조 이성계 장군을 추친일 사관의 어두움을 걷어 내고 보면, 사실상 광개토태왕에 견줄만한 제1순위의 위대한 임금님이다. 다만 너무나 일제침략의 악성 먹구름이 우리의 판단력을 흐리게 하고 있을 뿐이다.

②

몽골족을 몰아내고 함경도의 드넓은 땅을 태조 이성계 장군이 되찾았다. 그의 아들, 손자인 태종과 세종에 의해 4군6진을 개척하면서 평안도와 함경도의 고토회복 전쟁을 승리로 이끌었다. 먼 옛날의 고조선과 부여, 고구려 때의 역사 속의 만주벌판도 물론 자랑스럽다. 그러나 오늘날의 우리나라를 만든 실질적 영토확장의 위업은 태조, 태종, 세종의 영웅시대에 만들어졌다.

생각하면 고조선, 부여, 고구려, 발해 이후 역사 속의 옛 땅을 되찾은 고토회복은 태조, 태종, 세종의 영웅시대 이외에는 전혀 없었다. 평안도와 함경도의 드넓은 땅을 되찾는 등 우리의 국토를 비롯한 모든 기틀은 영웅시대의 승리의 산물이다. 더구나 왜구들로부터 남쪽땅을 지키고, 몽골족으로부터 북쪽땅을 되찾으며, 황건적을 격퇴하는 등 이성계 장군의 공로는 너무도 화려하고 웅장하다.

그후 영웅시대의 유산을 제대로 지켜내려는 노력도 때로는 힘겨운 것이었다. 임진왜란의 이순신 장군, 경술왜란의 안중근 의사는 무엇을 위해 온 몸을 던지며 살신성인을 했던가? 오늘의 후손들은 생각하면 이순신 장군과 안중근 의사의 애국의 뜻도 제대로 터득하지 못하는 경우도 적지 않다.

오늘날에 우리들의 자화상은 너무도 부끄러운 때가 많다. 아직도 일제침략에 뒤따르는 추친일 의식으로 침략자들을 대변하는 부끄러운 사람도 적지 않다. 아직도 영웅시대를 만든 태조, 태종을 일제침략의 앞잡이가 되어 헐뜯는 추태도 많이 본다. 아직도 일제강점의 식민지 시대에 사는 듯이 추친일 의식에 찌든 신친일파가 적지 않다.

먼 옛날 영광의 역사를 만든 고주몽 동명성제, 광개토태왕, 을지문덕, 연개소문의 위업을 결코 잊을 수가 없다. 무너진 고구려를 즉시 되살린 대조영 장군의 역사도 잊을 수가 없다. 그런데 그 영광의 역사를 실질적으로 되찾은 유일한 때가 영웅시대이다. 평안도와 함경도의 드넓은 고토를 되찾으며 4군6진을 개척한 영웅시대의 태조, 태종, 세종에 버금가는 실질적 역사는 아직 없다. 태조, 태종이 토대를 놓고 세종대왕이 만든 찬란한 태평성대가 바로 그 때였다.50)

그렇지만 오늘의 우리는 1만 명의 중국 유학생이 서울 거리를 휩쓸며 횡포를 부려도, 중국 외교부의 전화 한 통이면 아무 소리도 못한다. 주권국 수도 서울에서 공부를 하겠다고 온 중국 유학생들이, 서울시내를 붉은 깃발로 뒤덮고 중국 대사관의 진두지휘로 하루 종일 난동을 피워도

50) 한우근, 이태진, op. cit. 참조.

말 한 마디를 못했다. 100만 명의 젊은 목숨을 앗아간 전범 중공 오랑캐의 두목이 6·25전쟁을 정의의 전쟁이라고 강변해도 입을 다무는 국가가 되었다.[51] 황해를 불법 침략하여 한국 해양경찰에 온갖 폭력을 행사하는 불법어로 현행범을 붙잡아도 사법절차가 없이 놓아주는 나라가 되었다. 태조, 태종이 사대외교를 했다고 일본침략 역사학계의 대변인이 되어 앵무새 같이 떠들면서도,[52] 중국에 대해 단호한 말은 전혀 하지 못한다.

주원장이 표전문 글자를 트집 잡아 강압적으로 정도전 송환을 요구해도, 끝까지 충신 정도전을 보호하고 버티며 뚝심외교를 한 태조가 사대외교를 했는가? 오히려 태조는 이승휴의 제왕운기를 탐독하면서 단군역사를 살리고 발해사를 예찬하며, 정도전과 요동정벌을[53] 준비하고[54] 병력을 강력하게 증강했었다.[55] 태조, 태종, 세종과 같이 단호하게 4군6진을 개척하고, 황건적, 몽골족, 왜구를 확실하게 응징한 영웅시대를 비방하는 지각없는 사람들은 많아도 땅 1평의 고토회복 발언도 겁이 나서 못하는 부끄러운 시대가 되었다.[56] 중공 오랑캐의 폭력외교에 유구무언인 참담한 나라가 되었다. 오늘날의 우리들은 어즈버 영웅시대가 언제 있었던가 착각될 정도로 역사인식이 실종된 상태에 있다.

태조, 태종, 세종은 영웅시대의 영웅외교를 했다. 태조, 태종, 세종과 같이 실력으로 말해야 한다. 영웅시대의 진면목을 알아야 진정한 영웅의 후손이다.

---

51) 안천, 남침유도설 해부(서울: 교육과학사, 1993) 참조.

52) 사대는 예전 동아시아 국제관계의 보편적 상호관계였다.
이춘식, 사대주의(서울: 고려대학교 출판부, 1997) 참조.

53) 조유식, 정도전을 위한 변명(서울: 푸른역사, 2000), pp. 292-323.

54) 박원호, 명초조선관계사 연구(서울: 일조각, 2003), pp. 3-113.

55) 태조와 정도전은 한낱 떼도둑 출신의 주원장을 가소롭게 보았다고 생각된다.
전순동, 명왕조 성립사연구(청주: 도서출판 개신, 2000) 참조.

56) 안천, 거시국토통일론: 만주는 우리땅이다, op. cit. 참조.

용비어천의 감동이 넘치는 조선 백자

③

태조, 태종, 세종 임금님 때가 진심으로 영웅시대라는 생각이 들 때에, 우리는 진실로 역사주권을 되찾은 것이다. 몽골족, 황건적, 왜구를 단호하게 격퇴하고 4군6진을 개척하고 대마도를 정벌하던 때의 주인공 태종이, 세계최고의 아프리카·유라시아 세계지도인 혼일강리역대국도지도(混一疆理歷代國都地圖)를 만든 당당한 호연지기를 되찾아야 우리민족의 진실된 자화상을 알게 된다.57) 황산대첩의 위대한 승리가 역사 속에 가려져 있는 참상을 직시하고, 황산대첩의 항일애국 독립정신이 생생히 되살아날 때에 우리는 진정한 독립국이 되는 것이다.

전라북도 남원의 황산대첩 성지가 일제강점 중심지였던 서울의 명동거리보다 자랑스럽게 보여야 한다. 우리를 침략한 명치천황을 기리는 메이지 동네 명동에 영합하며 지나온 명동성당 보다 황산대첩비가 거룩하게 보일 때에 우리는 진정한 독립이 되는 것이다.58) 우리들은 아직도 추친일 먹구름에 드리운 부끄러운 삶을 살고 있다. 우리들의 눈은 아직도 많은 것을 거꾸로 보고 있다. 우리의 눈을 고치고 마음을 재탄생시켜야만 한다.

새로 자라나는 어린 새싹들에게 황산대첩의 자랑스런 역사를 가르쳐주며 황산대첩터 성지순례를 하는 부모님들이 아쉽다. 성수산 휴양림 속의 상이암 용비어천 신화를 자손들에게 자랑스럽게 말해주는 슬기로운 할아버지가 아쉽다. 뜬봉샘 봉황새 전설을 얘기하는 할머니의 무릎에 영웅시대 재건의 웅지를 품고 기대앉은 어린 손자 손녀들의 초롱초롱한 눈빛이 정말로 아쉽다.

「일월오악도를 따라 펼쳐지는 용비어천 개국신화가 한국 문화정책 결정의 근본 원천이다. 온 누리가 그 맑은 샘물로 흠뻑 젖어 넘치는 늘 푸른 낙원을 만들어야 하겠다.

우리민족의 자랑스러운 일월오악도 정치신화가 궁극적인 국가이념, 정치이념, 교육이념이다.」

57) 이 지도는 현존하는 세계에서 가장 오래된 세계지도로, 세계적 보물이며 우리민족의 국보이다. 일본의 약탈에 의해 류코쿠(龍谷)대학 도서관에 소장되어있다.
미야 노리코, 김유영 옮김, 조선이 그린 세계지도(서울: 소와당, 2010) 참조.

58) 안천, 신흥무관학교(서울: 교육과학사, 1996) 참조.

참고문헌

가종수(2010). 신들의 섬 발리. 서울: 북코리아.
강석화(2002). 조선후기 함경도와 북방영토의식. 서울: 경세원.
강영민(2009). 조선왕들의 생로병사. 서울: 이가출판사.
강용권(1996). 죽은 자의 숨결 산자의 발길: 만주 항일유적지 답사 하권. 서울: 도서출판 장산.
강용자(1994). 왕조의 후예. 서울: 삼신각.
강재언(1984). 일제하 40년사. 서울: 풀빛출판사.
고구려 연구재단(2004). 다시 보는 고구려사. 서울: 고구려 연구재단.
고종실록 제40권.
국립고궁박물관(2007). 국립고궁박물관 길잡이. 서울: 국립고궁박물관.
국립민속박물관(2004). 한국 무예의 역사 문화적 조명. 서울: 국립민속박물관.
국립전주박물관(2006). 옥새전. 서울: 인디북.
권비영(2009). 덕혜옹주. 서울: 다산북스.
권오엽(2009). 독도와 안용복. 대전: 충남대출판부.
권혁태(2010). 일본의 불안을 읽는다. 서울: 교양인.
금장태(1987). 한국실학사상연구. 서울: 집문당.
금장태(1994). 한국유학사의 이해. 서울: 민족문화사.
김광성, 김경지(1991). 한국태권도사. 서울: 경운출판사.
김광언(1994). 민속지. 서울: 조선일보사.
김광언(2002). 동아시아의 뒷간. 서울: 민속원.
김귀달, 설민호(1980). 굽이굽이 흐르는 강물처럼. 부산: 삼보문화사.
김기석, 일란성 쌍생아의 탄생(2001). 1946: 국립서울대학교와 김일성종합대학의 창설. 서울: 교육과학사.
김기흥(1993). 한국고대사. 서울: 역사비평사.
김기흥(2002). 고구려 건국사. 서울: 창작과비평사.

김도형(2000). 대한제국기의 정치사상연구. 서울: 지식산업사.
김득황(2003). 만주의 역사. 서울: 삶과 꿈.
김문자(1994). 한국복식문화의 원류. 서울: 민족문화사.
김병모(1985). 한국의 발자취. 서울: 정음사.
김병우(2006). 대원군의 통치정책. 서울: 혜안.
김선자(2007). 황제신화. 서울: 책세상.
김성칠, 김기협 옮김(1999). 용비어천가. 서울: 들녘.
김성호(2006). 옥새. 서울: 예나루.
김영수(2006). 건국의 정치. 서울: 이학사.
김영신(2001). 대만의 역사. 서울: 지영사.
김영중, 장붕익(1994). 네덜란드사. 서울: 대한교과서주식회사.
김용숙(1987). 조선조 궁중풍속연구. 서울: 일지사.
김용신(2007). 사회과교육과 강한 정치교육론. 서울: 교육과학사.
김용옥(1996). 태권도 철학의 구성원리. 서울: 통나무.
김을한(1971). 인간 이은. 서울: 한국일보사.
김을한(1981). 인간 영친왕. 서울: 탐구당.
김인희(2004). 휜바지 야오족사회와 신앙. 서울: 경인문화사.
김인희(2010). 1300년 디아스포라 고구려 유민. 서울: 푸른역사.
김재승(2002). 만주벌의 이름없는 전사들. 서울: 혜안.
김준엽(1993). 장정 1. 서울: 나남출판사.
김진섭(1998). 조선건국기 재상열전. 서울: 지성사.
김진혁(1999). 단군성조의 사상과 그의 인간학. 서울: 인간사랑.
김창현(2006). 신돈과 그의 시대. 서울: 푸른역사.
김택민(2008). 중국역사의 어두운 그림자. 서울: 신서원.
김학준(1987). 한국문제와 국제정치. 서울: 박영사.
김형아, 신명주 옮김(2005). 박정희의 양날의 선택. 서울: 일조각.
김호동(2002). 동방기독교와 동서문명. 서울: 까치글방.
남재우(2003). 안라국사. 서울: 혜안.
노희상(2009). 2012년 위기 살수경영으로 돌파하라. 서울: 승연사.
니토베 이나조(양경미, 권만규 옮김-2004). 사무라이. 서울: 생각의 나무.

다니가와 미치오(송정수 옮김-1996). 중국민중반란사. 서울: 혜안.
동아출판사(1996). 우리말 돋움사전. 서울: 동아출판사 1996.
로버트 올리버(서정락 역-2009). 이승만. 서울: 단석연구원.
류시원(1996). 풍운의 한말 역사산책. 서울: 한국문원.
류연산(2003). 만주 아리랑. 서울: 돌베개.
마스이 야스이치(정운현 옮김-1995). 중국대만 친일재판사. 서울: 한울.
문흥호(2007). 대만문제와 양안관계. 서울: 폴리테이아.
미야 노리코(김유영 옮김-2010). 조선이 그린 세계지도. 서울: 소와당.
민갑완(1962). 백년한. 서울: 문선각.
민홍규(2005). 옥새. 서울: 인디북.
박경룡(2007). 정동. 서울: 서울특별시 중구문화원.
박광희(2003). 중국 실제로는 이렇게 움직인다. 서울: 바다출판사.
박상수(2006). 중국혁명과 비밀결사. 서울: 심산출판사.
박선희(2003). 한국고대복식. 서울: 지식산업사.
박성봉, 이연복(1990). 민족한국사. 서울: 보림사.
박성수(1980). 독립운동사 연구. 서울: 창작과 비평사.
박성수(1988). 단군기행. 서울: 교문사.
박성수(2000). 단군문화기행. 서울: 서원출판사.
박영석(1991). 항일독립운동의 발자취. 서울: 탐구당.
박영석(1993). 재만한인독립운동사연구. 서울: 일조각.
박영석(1993). 한민족독립운동사연구. 서울: 일조각.
박영희(2001). 근현대 중한관계사연구. 서울: 국학자료원.
박원호(2003). 명초조선관계사 연구. 서울: 일조각.
박은경(1999). 일제하 조선인관료 연구. 서울: 학민사.
박종윤(2009). 의친왕 이강. 서울: 하이비전.
박창범(2003). 하늘에 새긴 우리역사. 서울: 김영사.
박환(1991). 만주 항일 민족운동사 연구. 서울: 일조각.
박환(1995). 러시아한인민족운동사. 서울: 탐구당.
박환(2004). 정이형. 서울: 국학자료원.
반민족문제연구소(1994). 청산하지 못한 역사 1권. 서울: 청년사.

배우성(1998). 조선후기 국토관과 천하관의 변화. 서울: 일지사.
사또 후미히꼬(2003). 먼 옛날의 어후회. 도쿄: 작품사.
사에키 신이치(2011). 무사도는 없다. 서울: 리빙북스.
4월혁명동지회(1965). 4월혁명. 서울: 4월혁명동지회출판부.
上里隆史(2009). 琉日戰爭 1609: 시마즈 씨의 유구침공. 나하: 보다 잉크.
서미경(2010). 문순득 조선을 깨우다. 부천: 북스토리.
서병국(1997). 고구려제국사. 서울: 혜안.
서영대 엮음(2002). 용 그 신화와 문화. 서울: 민속원.
서영대, 송화섭(2002). 용, 그 신화와 문화 한국편. 서울: 민속원.
서영희(2005). 대한제국 정치사 연구. 서울: 서울대출판부.
서정주(1995). 우남 이승만전. 서울: 화산문화기획.
서중석(2001). 신흥무관학교와 망명자들. 서울: 역사비평사.
서철종(1992). 4월민주혁명사. 서울: 제3세대.
성삼제(2009). 고조선, 사라진 역사. 서울: 동아일보사.
송춘영(2006). 태극기의 변천과 국기교육. 서울: 형설출판사.
신명호(1998). 조선의 왕. 서울: 가람기획.
신명호(2003). 궁중문화. 서울: 돌베개.
신명호(2004). 궁녀. 서울: 시공사.
신복룡(1978). 한국정치사론. 서울: 박영사.
신복룡(1982). 대동단 실기. 서울: 양영각.
신숙주(신용호 주해-2004). 해동제국기. 파주: 범우사.
신용하(1986). 한국민족독립운동사연구. 서울: 을유문화사.
신용하(1987). 한국근현대사회사상사연구. 서울: 일지사.
신채호(이만열 주석-1988). 조선상고사 상권. 서울: 형설출판사.
심재우 외(2009). 조선의 국가제사. 성남: 한국학중앙연구원.
아라사키 모리테루(정영신·미야우치 아키오-2008). 오키나와 현대사. 서울: 논형.
안동일(1997). 새로운 사일구. 서울: 김영사.
안지원(2005). 고려의 국가 불교의례와 문화. 서울: 서울대출판부.
안천(1990). 거시국토통일론: 만주는 우리땅이다. 서울: 인간사랑.
안천(1993). 남침유도설 해부. 서울: 교육과학사.

안천(1994). 황실은 살아있다 상. 하권. 서울: 인간사랑.
안천(1996). 신흥무관학교. 서울: 교육과학사.
안천(2002). 여성 대통령은 언제 나올까. 서울: B. B Books.
안천(2009). 타이완의 힘. 서울: 교육과학사.
안천(1998). 신사고 사회과교육론. 서울: 교육과학사.
안천(2001). 생활화 사회과교육론. 서울: 교육과학사.
안천(1998). 일월오악도 제1권. 서울: 교육과학사.
안천(1999). 일월오악도 제2권. 서울: 교육과학사.
안천(2002). 일월오악도 제3권. 서울: 교육과학사.
안천(2003). 일월오악도 제4권. 서울: 교육과학사.
안천(2006). 일월오악도 제5권. 서울: 교육과학사.
안천(2009). 대한황실황통쟁투사. 일월오악도 제6권. 서울: 교육과학사.
양승윤. 박재봉. 김긍섭(1997). 인도네시아 사회와 문화. 서울: 한국외국어대학교 출판부.
연갑수(2001). 대원군집권기 부국강병정책연구. 서울: 서울대출판부.
연갑수(2008). 고종대 정치변동 연구. 서울: 일지사.
오성철(2000). 식민지 초등교육의 형성. 서울: 교육과학사.
오영섭(2007). 고종황제와 한말의병. 서울: 선인.
오장환(1998). 한국 아나키즘운동사 연구. 서울: 국학자료원.
오함(박원호 옮김-2003). 주원장전. 서울: 지식산업사.
와타나베 히로시(박홍규 옮김-2007). 주자학과 근세 일본사회. 서울: 예문서원.
우실하(2007). 요하문명론. 서울: 소나무.
유주현(2010). 황녀 문용옹주. 서울: 아름다운 날.
윤경로(1991). 105인사건과 신민회연구. 서울: 일지사.
윤내현(1989). 한국고대사. 서울: 삼광출판사.
윤명수(2006). 금사. 서울: 완안출판사.
윤명수(2006). 금조사연구. 서울: 완안출판사.
윤용혁(2000). 고려 삼별초의 대몽항쟁. 서울: 일지사.
윤용혁(2007). 고려 몽골 전쟁사. 육군본부 군사연구소.
윤은숙(2010). 몽골제국의 만주지배사. 서울: 소나무.

윤종영(1999). 국사교과서 파동. 서울: 혜안.
윤홍길(1999). 전주이야기. 전주: 신아출판사.
이강칠(1999). 대한제국시대 훈장제도. 서울: 자유출판사.
이계형(2007). 고종황제의 마지막 특사. 서울: 역사공간.
이광수(1981). 민족개조론. 서울: 우신사.
이덕일(2007). 역사사랑. 서울: 랜덤하우스코리아.
이덕일(2009). 한국사, 그들이 숨긴 진실. 고양: 위즈덤하우스.
이덕일, 김병기(2007). 고구려는 천자의 제국이었다. 서울: 역사의 아침.
이성미(2000). 조선시대의 오봉병. 궁중유물전시관. 지역문화학교 자료집 제8권.
이연복(1999). 대한민국임시정부 30년사. 서울: 국학자료원.
이연복(2004). 한민족독립운동사연구. 서울: 국학자료원.
이옥(1986). 고구려 민족형성과 사회. 서울: 교보문고.
이왕선(2005). 마이산의 메아리. 전주: 신아출판사.
이왕선(2007). 마이산 예찬. 전주: 신아출판사.
이이화(1980). 허균의 생각. 서울: 뿌리깊은 나무.
이정재(1998). 시베리아 부족신화. 서울: 민속원.
이존희(1990). 조선시대지방행정제도연구. 서울: 일지사.
이종각(2009). 자객 고영근의 명성황후 복수기. 서울: 동아일보사.
이춘식(2003). 중화사상의 이해. 서울: 신서원.
이태룡(1992). 의병찾아 가는 길. 서울: 다물.
이태진(2000). 고종시대의 재조명. 서울: 태학사.
이필영(1995). 마을신앙의 사회사. 서울: 웅진출판사.
이한우(1995). 거대한 생애 이승만 90년. 서울: 조선일보사.
이한우(2005). 태종 조선의 길을 열다. 서울: 해냄출판사.
이현희(1995). 이승만. 서울: 신원문화사.
이형구(1994). 단군을 찾아서. 서울: 살림터.
이형구(2004). 한국 고대문화의 비밀. 파주: 김영사.
이형구, 이기환(2009). 코리안루트를 찾아서. 파주: 성안당.
이홍문(양필승 옮김-1992). 만주현대사. 서울: 대륙연구소.
이홍직(1968). 국사대사전. 서울: 지문각.

이화수(1985). 4월혁명. 서울: 평민사.
이황(1999). 하늘은 말이 없고 도는 형상이 없다. 서울: 퇴계학연구원.
이황(조남국 옮김—1985). 성학십도. 서울: 교육과학사.
이훈(2005). 대마도 역사를 따라 걷다. 서울: 역사공간.
일본동아연구소(서병국 옮김—1991). 이민족의 중국통치사. 서울: 대륙연구소.
일본부락해방연구소(최종길 옮김-2010). 일본부락의 역사. 서울: 어문학사.
임계순(2001). 청사, 만주족이 통치한 중국. 서울: 신서원.
임기환(2004). 고구려 정치사 연구. 서울: 한나래.
임동권(2005). 한국에서 본 일본의 민속문화. 서울: 민속원.
전북대신문사(1996). 전라기행.
전순동(2000). 명왕조 성립사 연구. 청주: 개신.
전주이씨대동종약원(2000). 선원강요.
정근식, 주운우, 김백영 편저(2008). 경계의 섬 오키나와. 서울: 논형.
정운현(2011). 친일파는 살아있다. 서울: 책으로보는세상.
정정화(1998). 장강일기. 서울: 학민사.
정주동(1983). 홍길동전 연구. 서울: 민족문화사.
조남국(1997). 율곡의 삶과 철학 그리고 경제윤리. 서울: 교육과학사.
조남국, 조남욱(1982). 성학과 경. 서울: 양영각.
조우연(2009). 황제, 그리고 중국의 민족주의. 파주: 한국학술정보.
주학연(문성재 옮김-2009). 진시황은 몽골어를 하는 여진족이었다. 서울: 우리역사연구재단.
지은주(2009). 대만의 독립문제와 정당정치. 파주: 나남.
진명여자중고등학교(1980). 진명 75년사.
진현종(2003). 마이산 탑사. 서울: 은행나무.
최강호(2011). 대만의 중국대륙정책. 서울: 문사철.
최광식(2004). 우리 고대사의 성문을 열다. 파주: 한길사.
최덕수(2005). 대한제국과 국제환경. 서울: 선인.
최무장(1988). 발해의 기원과 문화. 대전: 예문출판사.
최봉영(1997). 조선시대 유교문화. 서울: 사계절.
최재석(1990). 백제의 대화왜와 일본화과정. 서울: 일지사.

최재석(1990). 일본고대사연구 비판. 서울: 일지사.
타카시마 토시오(신준수 옮김—2007).중국, 도적황제의 역사. 서울: 역사넷.
하우봉 외(2002). 조선과 유구. 서울: 아르케.
한국안보교육협회(1991). 북한문화재대관.
한상도(1994). 한국독립운동과 중국군관학교. 서울: 문학과지성사.
한석정(1999). 만주국 건국의 재해석. 부산: 동아대출판부.
호사카 유지(2005). 일본 고지도에도 독도 없다. 서울: 자음과 모음.
호사카 유지(2007). 조선 선비와 일본 사무라이. 파주: 김영사.
호사카 유지(2009). 우리역사 독도. 파주: 성안당.
혼마 야스코(이훈 옮김-2008). 덕혜옹주. 서울: 역사공간.
KBS 한국사傳 제작팀(2008). 한국사傳 제1권. 서울: 한겨레출판.
Mitsugu Matsuda(2001). The Government of the kingdom of Ryukyu. 1609-1872. Okinawa: Yui Shuppan Co

찾아보기

ㅌ

ㅍ

ㅎ

기타

지은이 소개

안 천(安 天) 서울교육대학교 명예교수, 정치학 박사

<대표저서>

○ 일월오악도(日月五岳圖)

●제1권:이승만 뿌리 정치심리(교육과학사, 1998)
●제2권:김구 재평가와 안중근(교육과학사, 1999)
●제3권:일월오악도의 탄생(교육과학사, 2002)
●제4권:황실부흥 선구자 이석(교육과학사, 2003)
●제5권:정통 대한황손 이초남(교육과학사, 2005)
●제6권:대한황실 황통쟁투사(교육과학사, 2009)
●제7권:대한황실 문화정책사(교육과학사, 2011)
●제8권:임금님 대관식(교육과학사, 2014)
※황실은 살아있다(인간사랑, 1994)

○ 거시국토 통일론(巨視國土統一論)

•만주는 우리땅이다(인간사랑, 1990)
•남침유도설 해부(교육과학사, 1993)
•신흥무관학교(교육과학사, 1996)
•타이완의 힘(교육과학사, 2008)
•단군 할머니론(교육과학사, 2016)

<교과교육 관련저서>

•생활화 사회과교육론(교육과학사, 2001)
•신사고 사회과교육론(교육과학사, 1993)
•통합교과운영론(한국방송통신대학, 1990, 공저)
•한국사회과 교육학개론(교육과학사, 1989, 공저)
•사회과 탐구논리(교육과학사, 1988, 공역)
•한국교과서전쟁사(나무미디어, 2019)

일월오악도⑦

대한황실문화정책사

2011년 12월 20일 1판 1쇄 발행
2019년 12월 20일 1판 9쇄 발행

지은이 : 안 천
펴낸이 : 한 정 주
펴낸곳 : 교육과학사

경기도 파주시 광인사길 71
전화 (031) 955-6956～8 / 팩스 (031) 955-6037
Home-page : www.kyoyookbook.co.kr
E-mail : kyoyook@chol.com
등록 : 1970년 5월 18일 제2-73호

낙장 · 파본은 교환해 드립니다.
Printed in Korea.

정가 15,000 원
ISBN 978-89-254-0542-1